250

NEW ADDITI

DRIVING MANUAL

IN

URDU

FIRST PUBLISHED IN GREAT BRITAIN IN 2000

SOLE PUBLISHER & DISTRIBUTOR

MRS BANO BASHIR

PHONE: BFD 01274 574185

MOBILE: 0779 0779 926

EMAIL :<mrsbashir@deluxe.fsnet.co.uk>

Copyright Acknowledgments

کاپی رائٹ ایکنالج مینٹ

نیا ایڈیشن

ڈرائیونگ مینول

مسز بانو بشیر

سول پبلشر و ڈسٹری بیوٹر

بریڈفورڈ اِنگلینڈ

FIRST PUBLISHED IN GREAT BRITAIN IN 2000

SOLE PUBLISHER & DISTRIBUTOR
MRS BANO BASHIR

[illegible]

EMAIL :< sofiaadam786@yahoo.com >

ATTENTION

Every effort has been made to ensure the information given herein is correct at the time of going to press. However, with the passage of time, the information may become obsolete or outdated.
This manual is sold on the condition that the publisher, printer or translator cannot be held legally responsible for any error or omission therein.

توجّہ کیجئے

اگرچہ پوری کوشش کی گئی ہے کہ اِس کتاب میں دی گئی تمام معلومات صحیح ہوں تاہم وقت گزرنے کے ساتھ ساتھ معلومات میں تبدیلی بھی ہوسکتی ہے یا مصنف یا مترجم سے کوئی غلطی بھی ہو سکتی ہے۔یہ کتاب اِس شرط کے ساتھ فروخت کی جارہی ہے کہ پبلشر پرنٹر یا ٹرانسلیٹر کسی غلطی پر ذمّہ دار نہ ہونگے۔

Acknowledgments

I would like to thank my dear husband Bashir, children Faisal, Latafat, Shugufta and son-in-law Tariq, without whose support and encouragement I would not have been able to produce this comprehensive manual.

I would also like to thank the Driving Standards Agency and Her Majesty's Stationery Office for their co-opration and assistance in the compilation of this manual.

Finally, I hope my efforts to improve the comprehension and technical ability of urdu speaking Asians is achieved and leads to improved standards of driving.

اظہار تشکر

میں اپنے شفیق خاوند بشیر ، پیارے بچوں فیصل ، لطافت و شگفتہ اور داماد طارق کی بھی شکر گزار ہوں جن کی امداد اور تعاون کے بغیر میں اتنا اچھا مینول تیار نہ کر سکتی۔

میں ڈرائیونگ سٹینڈرڈ ایجنسی اور ہر میجسٹی کے سٹیشنری آفس کا اِس مینول بنانے میں تعاون کی شکر گزار ہوں۔

آخر میں مجھے اُمید ہے کہ میری یہ کاوش اُردو بولنے اور سمجھنے والے ایشیائی بہن بھائیوں کو ڈرائیونگ کی تکنیک اور سوجھ بوجھ میں خاصی مدد دے گی اور اِسکے نتیجہ میں ڈرائیونگ سٹینڈرڈ میں بہتری آئے گی۔

پبلشر کی کہانی اُس کی اپنی زبانی

یہ چند سطور میں اپنے بارے میں لِکھ رہی ہوں تاکہ قارئین کو پتہ چل سکے کہ میرے دل میں ایسی کتاب ترجمہ کرنے کی خواہش کیسے پیدا ہوئی اور میری اِس کامیابی میں کونسے عوامل نے کیا کردار ادا کیا۔

اَلحمدُ للہ ، میں پاکستان کے ایک دینی گھرانے میں پیدا ہوئی۔

میرے والد صاحب پنوں خان اور والدہ صاحبہ نور بیگم اگرچہ خود کُچھ زیادہ تعلیم یافتہ نہ تھے لیکن تعلیم کی قدر سے واقف تھے۔ اِسی لئے انہوں نے اپنے تمام وسائل ہم بہن بھائیوں کی تعلیم کیلئے وقف کر دیئے۔ میں نے پاکستان میں ایف اے تک تعلیم پائی۔ ابھی مزید تعلیم کی خواہش دِل میں موجزن تھی کہ والدین کو ایک اچھا رشتہ مل گیا۔ اور اُنہوں نے 1966ء میں میری شادی کردی۔

میں اُسی سال اپنے خاوند محمد بشیر کے ساتھ انگلینڈ آگئی۔ یہاں کا ماحول پاکستان سے خاصا مختلف تھا اور زندگی وہاں کی نسبت بہت تیز رفتار تھی۔ تعلیم حاصل کرنے کی خواہش نے مجھے یہاں بھی چین نہ لینے دیا۔ اور میں پڑھنے گھر سے جانے کیلئے اکثر بسوں سے سفر کرتی تھی۔ بسوں پر آنے جانے سے خاصا وقت لگ جاتا تھا۔ یہیں سے میرے دل میں ڈرائیونگ سیکھنے کی خواہش نے جنم لیا۔ میرے مشفق خاوند نے مجھے بڑی محنت سے گاڑی چلانا سکھایا۔ اس سے میری منزلیں آسان ہوتی چلی گئیں۔ میں نے مختلف کورسز کرنے شروع کردیئے۔ بچوں کو سکول لے جاتی اور لے آتی۔ اس طرح میرے خاوند کو خاصا وقت کام اور کاروبار کیلئے ملنے لگا۔ میں نے اُن کا ہاتھ بٹانے کیلئے کام بھی کرنا شروع کردیا۔ اور یوں میں کم وقت میں زیادہ کام کرسکتی تھی۔ اپنی فیملی اور عزیزوں کو ہسپتال و شاپنگ وغیرہ کیلئے بھی سہولت مہیّا کرتی تھی۔

میں خدمتِ خلق اور رضاکارانہ کام کرنے کے جذبہ سے بھی سرشار تھی اور ڈرائیونگ سیکھنے کے بعد میرے اِس جذبہ کی تکمیل میں بھی مجھے بہت مدد ملی۔ میں معذور بچوں کو ہفتہ و اتوار کے دن کُچھ وقت کیلئے گھر لے آتی تاکہ اُن کے والدین کو کُچھ وقت اپنے ضروری کام کرنے کیلئے مل جائے۔ اِس سے مجھے دلی سکون ملتا تھا۔

میں دوسال تک گرینج فرسٹ سکول بریڈفورڈ میں ایشیائی بچوں کو اُردو پڑھاتی رہی۔ یہ کام میں نے دوسال تک بغیر کسی معاوضے کے کیا۔

جب مسلم گرلز سکول بریڈفورڈ کھُلا تو مجھے وہاں نوکری مِل گئی اور میں نے ایشیائی لڑکیوں کو پانچ سال تک اولیول اُردو اور حساب پڑھایا۔

اِسی عرصہ میں میرے بیٹے فیصل (جو کہ اب ماشاءاللہ سیول انجینیر ہے) اور لطافت (جو کہ اب ماشاءاللہ

کمپیوٹر کنسلٹنٹ ہے) ڈرائیونگ سیکھنے کی عمر کو پہنچ گئے۔ میں نے اُنہیں ڈرائیونگ سکھائی۔ اِس سے میرے دِل میں ڈرائیونگ سکھانے کا شوق پیدا ہوا ۔ اِسی دوران جب میری بیٹی شگفتہ (جو کہ اب ماشااللہ فارماسسٹ ہے) ڈرائیونگ سیکھنے لگی۔ تو میں اُسے سکھانے کیلئے ڈرائیونگ انسٹرکٹر کورس اور پریکٹس کرتی رہی اور میں کوالیفائڈ ڈرائیونگ انسٹرکٹر بن گئی۔ میرے ڈرائیونگ انسٹرکٹر بننے میں میرے خاوند ، بیٹی و بیٹوں نے میری بہت مدد کی۔ اور میرے والدین کی دُعائیں بھی شامل رہیں ۔ میرے والدین جو 1977ء میں انگلینڈ آئے تھے۔ اگرچہ اب وُہ اِس دُنیا میں نہیں لیکن اُنہیں میری کامیابیوں سے وہاں دلی سکون ہو گا۔

ڈرائیونگ انسٹرکٹر کوالیفائی کرنے کے بعد میں نے جب ڈرائیونگ سکھانا شروع کی تو ابتداء میں مجھے اُردو میں کوئی ڈرائیونگ سکھلانے کی کتاب نہ ہونے کی وجہ سے خاصی دِقّت پیش آئی۔ میں نے اُردو میں نوٹس بنائے۔ اور گزشتہ دس سال میں ان نوٹس میں ترمیم و اضافہ کرتی رہی اور ان کی وجہ سے سٹوڈینٹس کو ڈرائیونگ سیکھنے میں آسانی رہتی۔ مجھے یہ خُوشی ہے کہ اب تک سینکڑوں ایشیائی لڑکیوں و عورتوں کو میں ڈرائیونگ سکھا چُکی ہوں شائید وُہ ایک ایشین لیڈی ڈرائیونگ انسٹرکٹر کے ہوتے ہوئے ہی ڈرائیونگ سیکھ سکیں کیونکہ ان کے کلچر اور زبان کی وجہ سے وُہ کسی غیر ایشین لیڈی یا مرد سے کبھی سیکھ نہ سکتیں۔ لیکن میری یہ تمنّا رہی کہ میں اردو میں پہلی اور اچھی کتاب لکھوں۔ اِس کیلئے میں نے انگریزی کتاب ڈرائیونگ مینول کے اُردو ترجمہ کا مصمّم ارادہ کر لیا۔ لیکن میری اِس خواہش کی تکمیل اتنی آسان نہ تھی۔ میں نے اپنے بیٹے لطافت سے اُردو لکھنے کیلئے کمپیوٹر سیکھا ۔ میری یہ کتاب جنوری میں شائع ہو جاتی مگر اچانک میری پیاری والدہ کا انتقال نومبر 1999ء میں دل کے فیل ہونے سے ہو گیا۔ اِس صدمہ سے میں کافی نڈھال ہو گئی اور اِس طرح یہ کتاب جو جنوری 2000ء میں آپ کے ہاتھوں تک پہنچنی تھی کُچھ تاخیر سے آپ کو مل رہی ہے جس کیلئے میں معذرت خواہ ہوں۔

مسز بانو بشیر

عنوانات

بسم اللہ الرحمن الرحیم

تعارف

"محفوظ ڈرائیونگ ہمیشہ کیلئے"

انگلینڈ میں ہر سال ہزاروں مرد ، عورتیں اور بچّے روڈ پر حادثات کے سبب سخت زخمی یا فوت ہو جاتے ہیں۔ یہ واقعات اکثر تجّربہ کار ڈرائیوروں کی ناپختہ ڈرائیونگ کی وجہ سے ہوتے ہیں۔ اس لئے یہ ضروری ہے کہ ہر ڈرائیور گاڑی چلانے میں ذمہ داری کا مظاہرہ کرے اور حفاظت کی اہمیت کو اوّلین ترجیح دے۔

صحیح طریقہ کار اور مثبت رویّہ اپنا کر ہی محفوظ ڈرائیونگ کی جاسکتی ہے۔ اور اس کے ساتھ ساتھ دوسرے ڈرائیوروں کی غلطیوں سے بچنے کی تکنیک کا خاطر خواہ علم بھی نہایت ضروری ہے۔

دوسرے ڈرائیوروں کا خیال رکھنا چاہئے اور نہ صرف اُن سے خوش اخلاقی کا برتاؤ کرنا چاہئے بلکہ اُن کی غلطیوں کی گنجائش رکھ کر گاڑی چلانی چاہئے۔

آج کل ہماری ٹریفک کے حُجم کا مطلب یہ ہے کہ ہر قسم کے روڈ پر آپ کا سامنا پُر ہجوم ٹریفک سے ہو گا۔ آپ مثبت رویّہ اور اپنی ڈرائیونگ پر اعتماد کی وجہ سے یقیناً اس ٹرانسپورٹ کی سہولت کے ذریعہ کو محفوظ اور پُر لُطف بنا سکتے ہیں۔

ڈرائیونگ کی سرکاری کتاب (Official Driving Manual) کو کافی عرصہ سے ہر ڈرائیور کیلئے (بلا لحاظ تجربہ) اور انسٹرکٹرز کیلئے ایک اہم ریفرنس کی کتاب تسلیم کیا گیا ہے۔ اس کے نئے ایڈیشن کو نہ صرف ضروری تصویروں سے سجا دیا گیا ہے بلکہ اسے ایک نئے اسٹائیل سے لکھا گیا ہے اور اس میں قانونی ، روڈ ، گاڑیوں ، ڈرائیونگ تکنیک اور طریقہ کار میں اب تک ہونے والی تمام تبدیلیوں کا بھی ذکر کر دیا گیا ہے تاکہ اِس کے مطالعہ سے خاطر خواہ فائدہ اُٹھایا جا سکے۔

اس کتاب کا گہرا مطالعہ کیجئے اور اس میں مندرجہ ہدایات پر عمل کر کے اس بات کو زیادہ سے زیادہ یقینی بنائیے کہ آپ کا اصل مقصد ہے **" محفوظ ڈرائیونگ ہمیشہ کیلئے "**۔

سیکشن 1 ڈرائیور

آپ کی گاڑی خواہ کتنی ہی اچھی ، تیز ، مہنگی ، قیمتی یا اعلیٰ کار کردگی کی حامل ہی کیوں نہ ہو پھر بھی یہ آپ (ڈرائیور) ہی ہیں جو یہ سمجھ سکتے ہیں کہ یہ واقعی محفوظ ذریعہ ٹرانسپورٹ بھی ہے کہ نہیں۔

ڈرائیونگ کی مہارت اور مثبت رویہ دو کلیدی چیزیں ہیں جو گاڑی چلانے کیلئے آپ کی رہنمائی کرتی ہیں۔

آپ نہ صرف اپنی ڈرائیونگ کی اہلیت اور مہارت دکھانے سے لطف اندوز ہونگے اور مطمئن رہیں گے بلکہ سڑک پر چلتے دوسرے ڈرائیوروں سے خوش اخلاقی و مروت سے پیش آکر آپ کو دلی اطمینان حاصل ہوگا یا ایک ہلکی سی مسکراہٹ سے کسی کے تعاون کے جواب میں سر ہلا کر آپ کو یہ تسکین ملے گی کہ آپ روڈ کو کس قدر محفوظ بنا رہے ہیں۔

آپ کا مثبت رویہ اور خوش اخلاقی ایک اچھا ڈرائیور بننے میں اہم کردار ادا کریں گے۔ یہ سیکشن آپ میں ایسی خصوصیات پیدا کرنے میں ممد و معاون ثابت ہوگا۔

اس سکشن میں مندرجہ ذیل موضوعات ہیں

☆......ڈرائیور کا رویہ یا برتاؤ

☆......اچھی عادت

☆......صحت یعنی تندرستی

☆...... سیکھنے والے ڈرائیورز

☆......نئے ڈرائیورز

☆......عمر رسیدہ ڈرائیورز

☆......معذور ڈرائیورز

ڈرائیور کا رویہ یا برتاؤ

ایک ''اچھے ڈرائیور'' کا مطلب ایک ''مکمل ڈرائیور'' نہیں ہے کیونکہ ایک ''مکمل ڈرائیور'' کا وجود بلاشبہ ممکن نہیں۔ تاہم مہارت اور تجربہ (جس کیلئے ایک عرصہ درکار ہے) کے علاوہ ایک اچھے ڈرائیور میں مندرجہ ذیل خوبیاں ضروری ہیں :۔

☆......ذمہ داری

☆......توجہّ

☆...... خطرے سے پیشگی آگاہی

☆...... صبر و تحمّل

☆......اعتماد

یہ سب خوبیاں مل کر ڈرائیور کا ''مثبت رویہ'' بنانے میں اہم کردار ادا کرتی ہیں۔ یہ ''مثبت رویہ'' ہی ڈرائیور کی کارکردگی بڑھاتا ہے۔

کُچھ ڈرائیوروں میں دوسروں کی نسبت ''صحیح رویہ'' اور ''کارکردگی'' جلد گھر کر لیتی ہیں۔ لیکن یہ خاصیتیں محفوظ ڈرائیونگ کیلئے اس قدر اہم ہیں کہ ہر ایک ڈرائیور کو انہیں حاصل کرنے کیلئے کوشاں رہنا چاہئے۔ اپنی صلاحیت پر اعتماد رکھیں۔ لیکن یہ بھی یاد رکھیئے کہ خواہ آپ کتنے ہی سالوں سے گاڑی چلا رہے ہوں پھر بھی کُچھ نہ کُچھ سیکھنے کی گنجائش ہمیشہ موجود رہتی ہے۔ یہ ایک حقیقت ہے کہ تمام حادثات کی ذمہ داری کسی حد تک ڈرائیوروں پر ہی عائِد ہوتی ہے۔ لہذا حاداثات کی تعداد کم سے کم کرنا ہر ڈرائیور کی ذمہ داری ہے۔

یہ ذمہ داری کیا ہے؟ ایک ذمہ دار ڈرائیور کی حیثیت سے آپکو فکر ہونی چاہئے۔

☆......اپنی اور اپنی سواریوں کی حفاظت کی

☆......دوسرے تمام اُن لوگوں کی حفاظت کی جو روڈ کو استعمال کرتے ہیں۔ خصوصاً اُن کو جن کو کسی بھی بے احتیاطی کی وجہ سے نقصان پہنچ سکتا ہے مثلاً بچے ۔ضعیف۔ معذور۔ سائیکل سوار۔ موٹر سائیکل سوار اور جانور اور گلہ ّبان وغیرہ۔

ہمیشہ صبر و تحمل سے کام لیجئے : یاد رکھیئے کہ ہر انسان کو روڈ استعمال کرنے کا پورا حق ہے۔ اسلئے وقتاً فوقتاً دوسرے لوگ جو روڈ استعمال کرتے ہوں اُن کا خیال رکھنا چاہئے۔

ہمیشہ دھیان رکھیئے اور کسی قسم کے خطرے یا تکلیف سے بہت پہلے مطلوبہ اقدام کی پیش بندی کیجئے اس طرح آپ جلد بازی میں خطرناک نتائج سے بچ سکیں گے۔

اپنی اور دوسروں کی مجبوریوں کو تسلیم کر کے اور روڈ کی صورت حال کے مطابق اقدام کر کے ذمہ داری کا ثبوت

دیکھئے.......... **ایک بات یاد رکھیئے کہ حفاظت سے گاڑی چلانے کی ذمہ داری آپ کی ہی ہے۔**

پوری توجہ اور حاضر دماغی - موجودہ وقت میں روڈ پر ٹریفک اتنی زیادہ ہے کہ جب بھی آپ گاڑی چلا رہے ہوں تو آپ کی توجہّ سو فیصدی اپنی ڈرائیونگ پر ہونی چاہیئے ۔

اگر ایک لمحہ کیلیئے بھی آپ کا خیال کہیں اِدھر اُدھر ہو گیا تو غلطی کرنے کا خطرہ بڑھ جائیگا اور غلطیاں ہی اکثر ایکسیڈینٹ کا سبب بنتی ہیں۔

ڈرائیونگ سے پرہیز کریں اگر آپ

☆...... تھکے ہارے یا بیمار ہیں

☆...... کسی اور سوچ و بچار میں ہیں

☆...... اُداس یا ناراض ہیں

☆...... کسی ذہنی دباؤ کا شکار ہیں۔

ایسے حالات میں بھی آپ کو ڈرائیونگ کرنی ہے تو اپنے آپ کو سنبھالنے کیلیئے زیادہ وقت دیں۔

پوری توجہ ہی پیش بندی کی کنجی ہے اور اس سے مزید تقویت ملتی ہے:-

☆...... **اچھی نظر سے** ☆...... **اچھی سنائی سے** ☆...... **اچھی صحت سے** ☆...... **ضبطِ نفس سے**

ایسا مت کریں - ڈرائیونگ کے دوران مندرجہ ذیل مت کریں

☆...... اپنی سواریوں سے کسی قسم کی بات چیت کیونکہ اس کے دوران آپ کی توجہّ ڈرائیونگ سے ہٹ سکتی ہے (ساتھیوں سے بحث و تمحیث سے بچیں)

☆...... فون کا استعمال

☆...... میوزک اونچی آواز میں یا ہیڈ فون کا استعمال اس طرح اور کوئی آواز سنائی نہیں دیتی۔

☆...... ایریا معلوم کرنے والے نقشہ پر دیکھنا

☆...... ریڈیو کی آواز سیٹ کرنا یا ڈیسکز یا کیسٹ کو تبدیل کرنا

☆...... کھانے پینے کی کوشش کرنا (خواہ یہ شراب نہ بھی ہو) جس سے توجہ ادھر اُدھر ہو جائے۔

اس کے علاوہ ، مندرجہ ذیل بھی نہ کریں

☆...... **اپنی گاڑی کی سکرین یا ونڈوز پر فضول سٹیکر** ؛ یہ بھی منظر دیکھنے میں رکاوٹ بن سکتے ہیں

☆...... **گاڑی میں ایسی چیزیں لٹکانا** ؛ جو آپ کے منظر کیلیئے رکاوٹ بن سکتے ہیں (مثلاً، گڑیا ، ڈائس و فٹ بال ، بوٹس وغیرہ)

پیش بندی (عین وقت سے پہلے سوچنا) - ڈرائیونگ میں پیش بندی سے مطلب پہلے سے منصوبہ بندی کرنا اور آپ کے چاروں طرف ٹریفک کی نقل و حرکت میں کسی بھی تبدیلی پر فوری قابو پانا ہے۔ تجربہ کے ساتھ ساتھ ہر ردّ عمل خود بخود ہو جاتا ہے۔ یہ ڈرائیور کی بہت ہی اہم خوبی ہے۔

آپ کو دوسرے روڈ کو استعمال کرنے والوں کے نقل و حرکت کے بارے میں آگاہ رہنا ضروری ہے۔

اگر آپ آگے کا منصوبہ بنا لیتے ہیں اور دوسروں کی نقل و حرکت پہلے ہی سے جاننے کی کوشش کرتے ہیں۔

تو آپ

☆...... کسی اچانک حیران کن واقعہ سے بچ سکتے ہیں ۔

☆...... آنے والی رکاوٹوں سے بچ سکتے ہیں

☆...... جو رکاوٹیں کھڑی ہونے والی ہوں اُن سے پہلے ہی بچنے کی تدابیر کر سکتے ہیں۔

پیش بندی اور اچھی منصوبہ بندی محفوظ ڈرائیونگ کے طریقے اپنانے کیلیئے لازمی ہیں۔

صبر و تحمل - کہاوت ہے کہ صبر ایک خوبی ہے۔ اور یہ یقیناً بالکل سچ ہے خصوصاً جب کہ آپ ڈرائیو کر رہے ہوں۔ افسوس صد افسوس کہ نالائقی ، بداخلاقی اور غُصہ ہماری سڑکوں پر ایک عام سی بات بن گئی ہیں لیکن جب آپ ڈرائیو کر رہے ہوں تو اِس قسم کے رویّے کا کوئی جواز نہیں ہے۔ آپ کسی اختلاف میں مبتلا نہ ہو جائیں۔

دوسروں کی بُری ڈرائیونگ کی وجہ سے اگر آپ ایسا کرینگے تو آپ کا آسانی سے ایکسیڈینٹ ہو سکتا ہے۔

دوسروں کی غلطیوں کو معاف کرنے کی کوشش کریں اُن کے غلط طور طریقہ کو در گزر کر دیں۔ اسی میں سب کی بہتری ہے۔

مت کریں

☆......ڈرائیو انتقام یا مقابلہ کیلیئے

☆......گالیاں دینا یا مارنے کیلیئے اُبھرنا

☆......دوسروں کو سبق سکھانے کی کوشش کرنا خواہ وہ آپ کیلیئے کتنی ہی تکلیف کا باعث بنے ہوں۔

ایسا کریں

☆......اپنے آپ پر قابو رکھیں

☆......اچھی طرح اندازہ لگائیں

اچھی مثال سے بہتر کوئی سبق نہیں ہے۔

سیکھنے والے ڈرائیور - اگر آپ کے آگے کوئی سیکھنے والا گاڑی ڈرائیو کر رہا ہے تو صبر سے کام لیں۔

مت کریں

☆......کسی کے بہت پیچھے یا نزدیک گاڑی چلانا

☆......انجن کی آواز تیز کرنا

☆......بے صبر ہو جانا اگر دوسری گاڑی حرکت کرنے میں زیادہ وقت لیتی ہے۔

☆......اوورٹیک کرنا راستہ کاٹ کر دوبارہ واپس آجانے کیلئے۔

آپ کو یہ پتہ ہونا چاہئے کہ سیکھنے والے غلطی کرتے ہیں اور اُنہیں ایسا کرنے دیجئے۔

یادرکھیں- سیکھنے والی گاڑی جس پر L پلیٹس لگی ہوں ضروری نہیں کہ ڈیول کنٹرول بھی اُس میں لگا ہو اور ہو سکتاہے کہ ساتھ بیٹھا ہوا شخص پیشہ ور اُستاد نہ ہو۔

اعتماد - یہ سب ایک ڈرائیور کے رویہ کا ایک حصہ ہےاور اس کا تعلق ہے :-

☆......مہارت سے

☆......قوتِ فیصلہ سے

☆......تجربہ سے

نئے ڈرائیوروں کو قدرتی طور پراپنے آپ پر اعتماد نہیں ہوگا لیکن تجربہ سے اعتماد پختہ ہوتا چلاجائے گا۔

ایک اچھا ڈرائیور ضرورت سے زیادہ اعتماد سے پرہیز کرے گا۔ایسا کرنے سے بے احتیاطی ہو سکتی ہے۔

یادرکھیں - خطرات مول لینے سے حادثات ہو جاتے ہیں ۔

اچھی عادات

اچھی عادات ؛ صحیح طریقہ سے گاڑی چلانے سے آپ کو خود اور ساتھ مسافروں کو بحفاظت اپنی منزل تک پہنچنے میں مدد مل سکتی ہے۔ اگر سفر کے دوران کسی ڈرائیور کے غلط طور طریقہ سے آپ پریشان ہورہے ہوں تو بدلہ لینے کی کوشش نہ کریں۔ اگر ممکن ہو تو آہستہ ہو جائیں تاکہ پُرسکون رہیں۔

خواہ آپ کو بہت زیادہ غصہ آگیا ہو۔ بہتر ہے کہ گاڑی کو کسی محفوظ جگہ روک کر وقفہ کرلیں۔ جب آپ بہت پریشان ہوں تو آپ پر بُرا اثر پڑ سکتاہے۔ آپ میں توجہ دینے ،پیش بندی کرنے اور مشاہدہ کرنے کی طاقت میں بہت ہی کمی ہو جاتی ہے۔اور ایکسیڈینٹ ہونے کا امکان بڑھ جاتا ہے ۔

دوسروں کی غلطیوں سے بچنے کیلئے اپنے آپ کو تیار رکھیں۔

آرام

☆......اپنے آپ کوزیادہ سے زیادہ وقت دیں

☆......اپنے آپ کوتکلیف میں نہ رکھیں

☆......پورا دھیان ڈرائیونگ پر رکھیں

جتنا آپ اچھامحسوس کریں گے اُتنی ہی آپ کو سفر میں آسانی ہو گی۔

لحاظ - اگر آپ سڑک پر پوری طرح نظر رکھیں تو اس سے دوسرے ڈرائیوروں کی بڑی مدد ہوتی ہے۔
اسلیئے کبھی

☆......دوسری گاڑیوں کا راستہ نہ کاٹیں

☆......ٹریفک میں سے جلد بازی سے نہ گزریں

☆......دیر سے ارادہ نہ بدلیں

☆...... لڑائی جھگڑے کی زبان نہ بولیں اور نہ ہی گالی دیں۔

سکون (برداشت) - جھنجھلاٹ اور غصہ خطرناک ہیں چاہے کوئی بھی وجہ ہو۔ ان کی وجہ سے غلطیاں ہو سکتی ہیں اور غلطیوں سے ایکسیڈینٹ ۔

اگر آپ غصے میں ہیں توسفر شروع کرتے ہی غصہّ تھوک دیں۔جب آپ غصے میں ہوں تو گاڑی میں نہ بیٹھیں۔ اُتنی دیر تک انتظار کریں جب تک آپ کا غصہ ختم نہیں ہو جاتا۔غصے کی حالت میں ڈرائیونگ کرنے سے ایکسیڈینٹ کا امکان زیادہ ہوتا ہے۔

یاد رکھیں - آپ کا عمل دوسرے ڈرائیوروں کے عمل پر اثرانداز ہوتا ہے۔ایک دوسرے کا خیال نہ رکھنے سے انجام بہت ہی خطرناک ہو سکتا ہے۔ہائی وے کوڈ میں دیئے گئے رولز پر عمل کریں۔

سفر کیلیئے منصوبہ بندی

☆......سفر کیلیئے اپنے آپ کو زیادہ وقت دیں۔ جلد بازی سے غلطیاں ہوتی ہیں اور غلطیوں سے ایکسیڈینٹ۔

☆......اگر سفر لمبا ہے تو وقفہ اور کھانے پینے کیلیئے بھی وقت نکالیں۔

☆......سفر شروع کرنے سے پہلے نقشہ سے راستے کی معلومات حاصل کرلیں۔

راستہ بھولنے سے پریشانی بھی ہو سکتی ہے اور توجہّ بھی مرکوز نہیں رہتی۔

ٹریفک - جہاں تک ممکن ہو ہجوم یا بھیڑ کے وقت بڑے شہروں میں گاڑی چلانے سے پرہیز کریں۔
سفر شروع کرنے سے پہلے ریڈیو یا ٹیلی ٹکسٹ سے روڈ پر کام کے بارے میں اور زیادہ ٹریفک کے بارے

میں معلومات حاصل کرلیں۔

موسم - جب آپ ڈرائیونگ کررہے ہیں تو موسم ایک اہم پہلو ہے۔ اگر موسم بہت ہی خراب ہے تو بہتر یہی ہے کہ اپنا سفر ملتوی کر دیں یا پبلک ٹرانسپورٹ استعمال کریں۔

ہمیشہ کوشش کریں کہ زیادہ فوگ یا آئسی حالات میں ڈرائیونگ سے پرہیز کریں ورنہ بہت زیادہ ذہنی کوفت اُٹھانی پڑے گی اور ایکسیڈینٹ کا خطرہ بھی بہت زیادہ ہوتا ہے۔

خراب موسم میں ڈرائیوروں کو زیادہ تر مشکلات کا سامنا کرنا پڑتا ہے۔

ڈرائیوروں کیلئے مقامی اور قومی میڈیا میں دیئے گئے موسمی پیشگوئیوں اور عام ہدایات پر عمل کریں۔

جانور - جانوروں کو کنٹرول میں رکھیں۔ گاڑی میں جانوروں کو کھول کر نہ رکھیں اور کبھی بھی ان کو گاڑی میں چھوڑ کر نہ جائیں خاص کر گرم موسم میں جانوروں کو پبلک روڈ پر کھُلا نہ چھوڑیں اِن کی وجہ سے ایکسیڈینٹ ہو سکتے ہیں۔

اپنا ایریا - ہر روز باقاعدہ یا روٹینِ سفر میں گھروں کے نزدیک کئی ایکسیڈینٹ ہوتے ہیں اگر آپ ہر روز کام پر جانے کیلئے ڈرائیو کرتے ہیں۔ تو کم سے کم وقت میں وہاں پہنچنے کی کوشش نہ کریں۔ جلد بازی کریں گے تو رفتار اُتنی ہی کم ہو جائے گی۔

اپنے ایریا میں اور اردگرد سے واقفیت کا یہ مطلب نہیں کہ آپ خواہ مخواہ خطرات مول لیں محض اِسلئے کہ آپ کو اپنے ایریا کی تفصیل پتہ ہے۔ یاد رکھیں کہ جو لوگ آپ کے ایریا میں اجنبی ہیں وہ لوکل معلومات سے ناواقف ہیں۔ جتنا کہ آپ جانتے ہیں اسلئے شائید وُہ بہت زیادہ احتیاط سے ڈرائیو کریں گے۔

صحت یعنی تندرستی

آپ کی نظر - آپکی نظر اِتنی اچھی ہونی چاہئے کہ آپ دن کی روشنی میں عینک یا کونٹکٹ لنس سے پڑھ سکیں اگر آپ نظر کیلئے یہ لگاتے ہیں تو 20.5 میٹر (تقریباً 67 فٹ) کے فاصلہ سے موٹر کار کی نمبر پلیٹ حروف 79.4 ملی میٹر (3.1 انچ) اونچائی تک پڑھ سکیں۔

ڈرائیونگ کیلئے صحت -

آپ کو ضرور ہونا چاہئے :-

☆......ڈرائیونگ کیلئے فِٹ

☆......اگر آپ کو ڈرائیونگ کرنی ہو تو اتنی سمجھ بھی ہونی چاہئے کہ کونسی دوائیاں نہیں لینی چاہیئں۔

☆......اگر آپ کی صحت آپکی ڈرائیونگ پراب یا آئندہ اثرانداز ہورہی ہو توDVLAڈرائیور ویکل لائسنسنگ ایجنسی سوانسی کواطلاع کردیں ۔

اگر آپ تھکاوٹ محسوس کررہے ہیں یا بیمار ہیں یا زکام ہے تو اِس سے بھی آپ ڈرائیونگ کیلئے غیر محفوظ ہوسکتے ہیں ایسی صورت میں ڈرائیونہ کریں۔

اگرڈرائیونگ کے دوران آپ پورا دھیان نہیں دے رہے یا ٹھیک محسوس نہیں کررہے تو گاڑی آہستہ چلائیں اور اپنے آپ کوردِعمل کرنے کیلئے زیادہ وقت دیں۔

شراب۔شراب آپ کی محفوظ ڈرائیونگ کی قوت کو گھٹادیتی ہے۔ آپ کو معلوم ہوناچاہئے کوشراب پی کرڈرائیو کرنابہت ہی خطرناک ہے۔اور اگر آپ قانونی حد سے زیادہ شراب پی کرڈرائیونگ کرتے ہوئے پکڑے گئے تو آپ کو بھاری جرمانہ اور سخت سزا بھی ہوسکتی ہے۔

اگر آپ نے شام کوشراب پی ہے تو شائید دوسرے دِن صبح بھی گاڑی چلانے کے قابل نہ ہوں۔

اگر آپ کاسانس الکول لیول35ملی گرم /100ملی لیٹر (برابر بلڈ الکوحل لیول80ملی گرام /100ملی میٹر) سے زیادہ ہوتو آپ کوڈرائیو نہیں کرناچاہئے ۔

محفوظ رہیں !

اگر شراب پی ہے۔

توڈرائیومت کریں !

اگرڈرائیوکرناہے۔

توشراب مت پیئیں !

ڈرُگ

غیر قانونی ڈرُگ۔جب آپ غیر قانونی ڈرگ یعنی نشے والی دوائی لیتے ہیں تواس کے زیراثرڈرائیور کرنا ایک جرم ہے۔اس کے بارے میں پہلے سے بتایانہیں جاسکتالیکن یہ شراب سے بھی زیادہ خطرناک ہوسکتاہے۔ اوراس کا انجام مہلک یا خطرناک روڈ ایکسیڈینٹ ہوسکتاہے

دوائیاں۔ دوائیاں جو آپ لیتے ہیں اُن کوچیک کریں کہ کیا وُہ آپ کی ڈرائیونگ کی صلاحیت پراثرانداز نہیں ہوتیں کھانسی یا بخار کیلئے دوائی کھانے سے آپ کونیند یا سستی آسکتی ہے ۔ دوائیوں کے لیبل پڑھیں اگر آپ کو تسلی نہیں ہے تواپنے ڈاکٹر یا فارماسسٹ سے مشورہ کریں اور اُن کے کہنے کے مطابق عمل کریں۔

صدمہ کے بعد - صدمہ یا کسی عزیز کی وفات سے آپ کی سوچ بچار پر بہت ہی خراب اثر پڑ سکتا ہے۔ ایسے حالات میں ڈرائیونگ سے بالکل پرہیز کریں۔

کیا آپ آرام دہ محسوس کرتے ہیں؟ اس بات کی پوری تسلی کرلیں کہ آپ آرام دہ محسوس کرتے ہیں۔ ڈرائیونگ کیلئے آرام دہ کپڑے پہنیں۔ خاص کر لمبے سفر کیلئے۔

جُوتے - ڈرائیونگ کیلئے جُوتے خصوصاً اہم ہیں۔ اُونچی ایڑی والے یا پھسلتے تلے والے جوتے پیڈلز پر بہت ہی خطرناک ہو سکتے ہیں۔ جوتے جو بہت ہی کھلے ہوں یا جن سے آسانی سے گر سکتے ہوں خطرناک ثابت ہو سکتے ہیں۔ بہتر یہ ہے کہ ڈرائیونگ کیلئے مناسب جوتے آپ گاڑی میں ہی رکھیں اور جب ڈرائیونگ کرنی ہو پہن لیں۔

تھکن - اگر آپ تھکاوٹ محسوس کریں تو کسی محفوظ جگہ پر گاڑی کھڑی کر کے اور کُچھ کھالیں ۔ اگر فوراً گاڑی کھڑی کرنا ممکن نہ ہو تو تازہ ہوا کیلئے گاڑی کے وینڈو کھول دیں اور جیسے ہی محفوظ جگہ ملے اور قانونی طور پر اجازت ہو تو گاڑی کھڑی کرلیں۔

غنودگی یا نیند پر قابو پانے کیلئے موئثر طریقہ یہ ہے کہ تھوڑا سا اُونگھ لیا جائے (پندرہ منٹ تک) یا کوئی ڈرنک لے لیں یا مثال کے طور پر دو پیالی سٹرانگ کوفی۔ تازہ ہوا یا ورزش سے تھوڑی مدد مل سکتی ہے۔ لیکن زیادہ دیر تک اس کا اثر نہیں رہے گا تو موٹروے پر سروس ایریا میں جائیں یا موٹروے چھوڑ دیں۔ ہارڈ شولڈر پر آرام کیلئے ہرگز گاڑی نہ کھڑی کریں۔

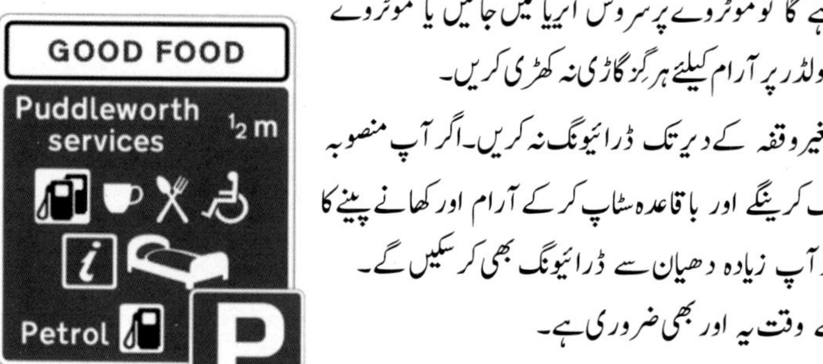

مت کریں- بغیر وقفہ کے دیر تک ڈرائیونگ نہ کریں۔ اگر آپ منصوبہ بندی سے ڈرائیونگ کرینگے اور باقاعدہ سٹاپ کر کے آرام اور کھانے پینے کا خیال رکھیں گے تو آپ زیادہ دھیان سے ڈرائیونگ بھی کر سکیں گے۔ خاص کر رات کے وقت یہ اور بھی ضروری ہے۔

گاڑی سیکھنے والے

ایک نئے ڈرائیور کیلئے غلط اور صحیح میں تمیز کرنا بہت ضروری ہے وہ اپنی ڈرائیونگ اور دوسرے روڈ استعمال کرنے والوں کی غلطیوں سے سیکھتا ہے۔

اگر آپ بالکل ہی نئے ہیں۔ تو آپ ذمہ داری ، صبر اور خوش اخلاقی جیسی خوبیاں استعمال کر کے ایک اچھے ڈرائیور بننے کیلئے ضروری ہنر اپنے اندر پیدا کر سکتے ہیں۔
آپ جو کُچھ سیکھیں گے اس کا زیادہ دارومدار آپ کے انسٹرکٹر پر ہو گا۔

منصوبہ بندی سے گاڑی سیکھنا - صحیح طریقہ سے گاڑی سکھانا خصوصاً شروع شروع میں بہت ہی ضروری ہوتا ہے۔ کہ ہر ایک سبق آپ کی ضرورت اور قابلیت کے مطابق ہونا چاہئے۔ اچھا اور محفوظ ڈرائیور بننے کیلئے کوئی shortcut نہیں ہے۔

کس کو چاہئے کہ آپ کو سیکھائے ؟ سب سے اچھا سیکھنے کا طریقہ مندرجہ ذیل ہے۔ کہ

☆......ایک اچھے تجربہ کار اُستاد کے ساتھ باقاعدگی سے ترتیب دیئے گئے سبق۔

☆......زیادہ سے زیادہ پریکٹس ۔

جب آپ کو بنیادی چیزیں سمجھ آجائیں تو سب سے بہتر طریقہ ہے کہ اپنے تجربہ کار اُستاد کے ساتھ ساتھ اپنے رشتہ داروں اور دوستوں کے ساتھ بھی زیادہ سے زیادہ پریکٹس کریں۔

اگر آپ ٹیوشن کیلئے کسی کو فیس دیتے ہیں تو وُہ لازمی کار کا کوالیفائیڈ ڈرائیونگ انسٹرکٹر (ADI) یا ٹریننگ لائسنس ہولڈر ہونا چاہئے۔

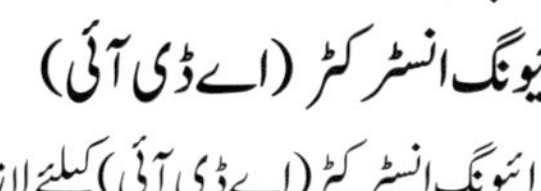

منظور شدہ ڈرائیونگ انسٹرکٹر (اے ڈی آئی)

ایک منظور شدہ ڈرائیونگ انسٹرکٹر (اے ڈی آئی) کیلئے لازمی ہے کہ

☆......کوالیفائیڈ بننے کیلئے تینوں ٹسٹ پاس کیئے ہوں۔

☆......ڈرائیونگ سٹینڈرڈ ایجنسی کے ساتھ نام رجسٹر ہو۔

☆......ٹیوشن گاڑی کی ویِنڈ سکرین پر اپنی پہچان ہونے کا اے ڈی آئی سرٹیفکیٹ لگا ہو۔

☆......ڈرائیونگ سٹینڈرڈ ایجنسی کی ضروریات کے مطابق سٹینڈرڈ حاصل کرے اور اُسے برقرار رکھے۔

اے ڈی آئی کا انتخاب کیسے کیا جائے ؟

☆......اپنے دوستوں اور رشتہ داروں سے معلوم کریں

☆......ایسے انسٹرکٹر کا انتخاب کریں

-جس کی شہرت اچھی ہو

-جو قابلِ اعتبار اور وقت کا پابند ہو

-جس کی گاڑی آپ کیلئے مناسب ہو۔

☆......جب آپ عارضی ڈرائیونگ لائسنس حاصل کرتے ہیں تو ساتھ میں "Learn to Drive" "ڈرائیونگ سیکھیں" پیپر ملتا ہے۔ اُن پر اے ڈی آئی کے گریڈ کے بارے میں تفصیل سے بتایا جاتا ہے۔

اپنے ڈرائیونگ انسٹرکٹر سے مشورہ کریں

☆......ڈرائیونگ کے تمام پہلو ☆......کون سی کتابیں پڑھنی ہیں

☆......کب ڈرائیونگ ٹسٹ کیلئے تیار ہونگے ☆......پریکٹس کیسے کرنی ہے۔

نوٹ - کُچھ تربیت پانے والے انسٹرکٹر جنہوں نے ابھی اپنا مکمل امتحان پاس نہیں کیا اُن کو سیکھنے کیلئے لائسنس ملتا ہے جس سے وُہ اس قابل ہو جاتے ہیں کہ تجربہ حاصل کرنے کیلئے ڈرائیونگ سکھا سکتے ہیں۔ اُن کے پاس اپنی پہچان کیلئے گلابی رنگ کا سرٹیفکیٹ ہوتا ہے جو ٹیوشن کی گاڑی میں ونڈسکرین پر دکھانے کیلئے رکھا ہوتا ہے۔

باضابطہ سیلیبس - اگر آپ ڈرائیونگ انسٹرکٹر سے سیکھتے ہیں تو یہ تسلی ضرور کر لیں کہ وُہ باضابطہ سیلیبس کے مطابق سکھا رہا ہے۔اس کے بارے میں ڈرائیونگ ٹسٹ کتاب میں پڑھیں۔

سیکھنے والے کے ساتھ بیٹھنا - اگر آپ کسی سیکھنے والے کے ساتھ بیٹھتے ہیں تو آپ کو اُن میں اعتماد پیدا کرنے کی کوشش کرنی چاہیئے۔ یہ بھی ضروری ہے کہ اُن کو ایسے حالات میں نہ ڈال دیں جن کیلئے زیادہ مہارت کی ضرورت ہے اور جس کیلئے وہ ابھی تیار ہی نہیں ہیں۔

چلنے سے پہلے ہی دوڑنا سکھانا نہ شروع کریں یعنی اگر حد سے زیادہ سکھانا شروع کر دو تو یہ غلط ہے اس سے سیکھنے والے کیلئے اور دوسرے روڈ کو استعمال کرنے والوں کیلئے تباہ کن واقعات ہو سکتے ہیں۔اس سے

☆......سیکھنے والے کی ترقی میں رکاوٹ پیدا ہو سکتی ہے ۔ ☆......خطرات بڑھ سکتے ہیں۔

آپ کو یہ بھی معلوم ہونا چاہیئے کہ اگر کوئی سیکھنے والے کو سپروائز کرے تو

☆......اُسکی عمر کم سے کم 21 سال ہونی چاہیئے

☆......تین سال ڈرائیونگ کا تجربہ اور ویسی ہی گاڑی کا لائسنس ہونا ضروری ہے۔

مثالوں سے سیکھنا - ناتجربہ کار اکثر مثالوں سے سیکھتے ہیں۔اسلئے اُن کو

☆......دکھایا جائے کہ کس طرح پورے اعتماد سے ڈرائیونگ کی جاتی ہے

☆......خراب ڈرائیونگ کی مثالوں کو سمجھایا جائے درگزر نہ کیا جائے

☆......خراب عادت ڈالنے سے باز رکھا جائے۔ یہ نہ کہے مثلاً کہ دوسرے ایسا کرتے ہیں میں ایسا کیوں نہ کروں

☆......اچھی مثالوں سے سیکھائیں اور آپ خود اچھا کر کے دکھائیں۔

بہت زیادہ سیکھنا- جو شیلے سیکھنے والوں کو بہت ہی احتیاط کرنی چاہیئے بہت زیادہ نہ سیکھیں کہ یاد ہی نہ رکھ سکیں۔ حد سے زیادہ اعتماد لاپرواہ بنا دیتا ہے اور سیکھنے والے خطرات مول لینے لگتے ہیں۔ اور بعض اوقات مہلک ایکسیڈینٹ ہو جاتے ہیں۔

سیکھنے کی گاڑی- سکھلائی والی گاڑی پر سیکھنے کے دوران L پلیٹس یا D پلیٹس (ویلز میں) ضرور لگی ہوں ۔ لیکن جب وہ گاڑی کسی اور وقت استعمال کی جائے تو یہ پلیٹس اُتار دیں یا ڈھانپ دیں۔

اگر آپ کے پاس گاڑی ہے یا لینے کا ارادہ ہے تو بہتر ہو گا کہ آپ ایسا ڈرائیونگ سکول ڈھونڈیں جس کے پاس اُس سے ملتی جلتی گاڑی ہو۔

بعد میں یہ بھی ممکن ہے آپ اپنی گاڑی میں لیسن بھی لینا شروع کر دیں۔ شروع شروع میں مختلف گاڑی میں پریکٹس نہ کریں مختلف گاڑی میں کنٹرول بھی اتنا مختلف ہو گا کہ سیکھنے میں مدد دینے کی بجائے اس میں رکاوٹ کا سبب بن جائے اور ڈرائیونگ میں بھی آپ اتنا فرق محسوس کریں گے۔

ونڈ سکرین یا پچھلے ونڈو پر L(D) پلیٹس نہ لگائیں اُن سے آپ کے منظر کے آگے رکاوٹ پڑ جاتی ہے۔

نئے ڈرائیورز

(نئے ڈرائیورز سے مطلب جو حال ہی میں پاس ہوئے ہیں) نوجوان اور نا تجربہ کار ڈرائیور روڈ پر غیر محفوظ ہوتے ہیں اور اکثر ڈرائیونگ کے شروع شروع میں ہی ایکسیڈینٹ کر سکتے ہیں۔ جو بعض دفعہ زیادہ خطرناک ہوتے ہیں۔ ایسے ایکسیڈینٹ کے اسباب مندرجہ ذیل ہیں :-

☆......جوانی کا بھرپور جوش

☆......نا تجربہ کاری سنجیدہ طرزِ ڈرائیونگ سے عہدہ برآ ہونے کی نااہلیت ۔

☆......دوستوں کے سامنے شیخی مارنا ؛سواریاں بھی خوش ہوتی ہیں اور تیز چلانے پر اکساتی ہیں۔

☆......کسی کے ساتھ شرط لگانے کی عادت ، ریس لگانا وغیرہ

☆......کم تجربہ اور فیصلہ کرنیکی صلاحیت نہ ہونا خاص کر تیز چلنے والی سپورٹ کار ڈرائیو کرتے وقت ۔

☆......اپنی قابلیت پر حد سے زیادہ یقین ہونا۔

پرہیز کریں

☆......بہت تیز ڈرائیو کرنے سے؛ تیز سپیڈ سے موت واقع ہو سکتی ہے

☆......لاپروائی سے ڈرائیونگ کرنے سے ؛پورے ہوش و حواس اور احتیاط سے ڈرائیو کریں

☆......شیخی مارنے سے؛ اگر اپنے دوستوں کو حیران کرنا چاہتے ہیں تو یہ ثابت کر دکھائیں کہ آپ کتنے محفوظ ڈرائیور ہیں۔

☆......افسردہ ہونے سے ؛خاموش رہیں دوسروں کی بے وقوفی کو نظر انداز کرنا سیکھیں

☆......لڑنے جھگڑنے والے رویہ اور غلط برتاؤ سے مطمئن اور محفوظ رہیں

☆......اونچی آواز میں میوزک سے ؛جب کوئی بہت ہی نازک لمحہ ہو تو یہ آپ کے دھیان اور سنائی میں رکاوٹ پیدا کرتا ہے۔

☆......اپنی قابلیت سے بڑھ کر ڈرائیو کرنے سے۔

☆......سواریوں کی وجہ سے توجہ اِدھر اُدھر کرنے سے۔

ہمیشہ –ہمیشہ ایک ذمہ دار اور بااِخلاق ڈرائیور بنیں۔ دوسرے روڈ کو استعمال کرنے والوں کا خیال رکھیں اور اُن سے خوش اخلاقی سے پیش آئیں (اِسی پر آپکی اور دوسروں کی زندگی کا دارومدار ہے)۔

محفوظ رہیں کبھی خطرہ مول نہ لیں۔

جھوٹے تصوّرات– زیادہ تر نوجوان ڈرائیورز غلط یقین کر لیتے ہیں کہ تیز ردِ عمل اور گاڑی جلدی سے سنبھالنے سے وہ ایک اچھے اور محفوظ ڈرائیور بن جائینگے۔ وہ یہ سمجھ نہیں سکتے کہ اکیلا ڈرائیونگ کا ہنر ایکسیڈینٹ نہ روک سکے گا۔

صحیح ذہنی رویہ اور محفوظ ڈرائیونگ تکنیک کا خاطر خواہ علم بہت ضروری ہے ۔

پاس پلس - آپ ڈرائیونگ کا ٹسٹ پاس کرنے کے بعد ڈرائیونگ کا زیادہ تجربہ حاصل کرنے کیلئے ایک اور کورس جو کرتے ہیں اِس کا نام پاس پلس ہے ۔ ڈرائیونگ سٹینڈرڈ ایجنسی نے نئے ڈرائیوروں کیلئے پاس پلس سکیم بنائی ہے

جو اپنی ڈرائیونگ کے تجربہ کے بنیادی ہُنر کو زیادہ بہتر بنانے کی خواہش رکھتے ہیں۔ اور اسے محفوظ اور وسیع کرنا چاہتے ہیں۔ جب آپ یہ کورس کر لیتے ہیں تو آپ کی گاڑی کی اِنشورنس بھی سستی ہو سکتی ہے ۔

اس سکیم کی تفصیل معلوم کرنے کیلئے اپنے ADI سے رابطہ قائم کریں ۔

عمر رسیدہ ڈرائیور

تجربہ کار اور عمر رسیدہ ڈرائیورز بھی غیر محفوظ ہو سکتے ہیں۔ عمر کے ساتھ جسمانی فٹنیس اور اہلیت میں قدرتی اور بتدریج کمزوری کی وجہ سے توجہ اور قوت فیصلہ پر بُرا اثر پڑ سکتا ہے۔

مندرجہ ذیل کا خیال رکھیں اور ذمہ داری کا ثبوت دیں۔

☆......باقاعدگی سے نظر ٹسٹ کراتے رہیں جس میں رات کی نظر بھی شامل ہے۔

☆......اگر آپ بیمار ہوں تو ڈرائیو نہ کریں۔

☆......جنکشن پر آتی ہوئی ٹریفک کی سپیڈ کا اندازہ کرتے بہت ہی احتیاط کریں۔ اگر شک ہو تو انتظار کر لیں جلد بازی سے مینوور (حرکت یا عمل) نہ کریں۔ کوئی بھی عمل کرنے سے پہلے دیکھیں ،اندازہ لگائیں اور پھر

فیصلہ کریں۔

☆......ہر وقت اپنی ڈرائیونگ پر دھیان رکھیں۔

ہمیشہ ایسا کریں !

☆......اگر تھکاوٹ محسوس کریں تو کسی محفوظ جگہ پر گاڑی کھڑی کر کے آرام کر لیں۔

☆...... قانون قاعدوں کی تبدیلیوں پر دھیان دیتے رہیں۔مثال کے طور پر نئے روڈ مارکنگ، ہائی وے کوڈ کے نئے ایڈیشن کا مطالع کرتے رہا کریں اور نئے نئے مشوروں کے مطابق پریکٹس کرتے رہیں

☆......بہت زیادہ احتیاط کریں آپ کا ردِ عمل اتنا تیز نہیں ہونا چاہئے جتنا کہ پہلے تھا۔

سب سے پہلے بڑھ کر آپ کو اپنی مجبوریوں (limitition) کا پتہ ہونا چاہئے

۔بہر حال محفوظ رہئے !

معذور ڈرائیورز

موجودہ ترقی یافتہ دَور میں بہت سے معذور لوگوں کیلیئے بھی ایسا بندوبست کیا گیا ہے کہ اُن کو بھی گاڑی ڈرائیو کرنے کے مواقع ملتے رہیں۔کوئی بھی ایسی گاڑی نہیں ہے جو معذور ڈرائیوروں کے استعمال کے قابل نہ بنائی جاسکے۔ معذور ڈرائیوروں کیلیئے زیادہ تر گاڑیاں ایٹومیٹک ٹرانس میشن (خود کار) اور پاور سٹیئرنگ والی مل سکتی ہیں۔

موڈیفی کیشن (تبدیلیاں) - ان میں مندرجہ ذیل شامل ہیں۔

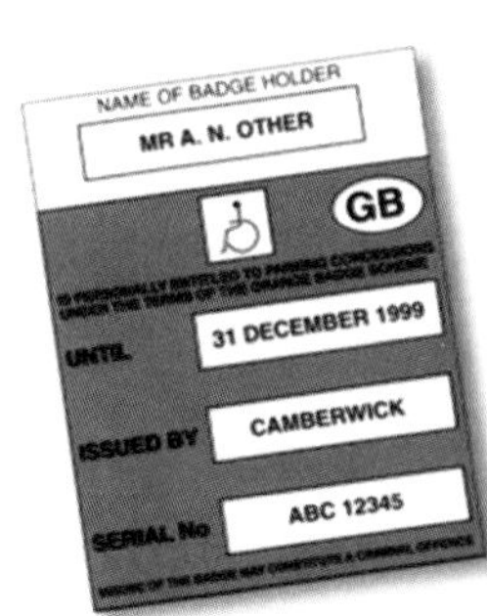

☆...... بریکنگ اور ایکسلریٹر اور بریکوں کیلیئے ہاتھوں سے کنٹرول

☆......سٹیئرنگ اور دوسرے کنٹرولز میں تبدیلیاں

☆......ایکسلریٹر کیلیئے لیفٹ فٹ

☆......کلچ میں تبدیلی

☆......ہینڈ بریک آلات

☆......گاڑی میں فالتو شیشے

☆......سیٹ بیلٹ میں تبدیلیاں

☆......ہارنسیز (harnesses) یعنی سیٹ بیلٹ باندھنے کا بندوبست

☆......خاص سیٹنگ

☆......ویل چیئر رکھنے کا بندوبست

بہت زیادہ معذور ڈرائیور کیلیئے

☆......جوئے سٹیک اور فُٹ سٹئیر نگ ؛ جوئے سٹیک اب چار طریقے سے ایکسیلریٹ بریک اور سٹئیر نگ کرنے کیلیئے استعمال کرسکتے ہیں۔

☆......سرخ ریموٹ کنٹرول سسٹم جس سے ڈرائیور گاڑی میں داخل ہونے کے قابل ہو جاتا ہے اور ویل چیئر سے بڑی آسانی سے ڈرائیو کرسکتا ہے۔

جانچ پڑتال - ڈرائیونگ اسسمنٹ سنٹر معذور لوگوں کی مدد کیلیئے بنائے گئے ہیں

☆......جو ڈرائیونگ کی قابلیت کا ٹسٹ لیتے ہیں۔

☆......جہاں معذور لوگوں کو مشورے دئے جاتے ہیں کہ اُن کو کیسے کنٹرولز اور حفاظت اور آرام سے ڈرائیو کرنے کیلیئے کون سی تبدیلی کرنے کی ضرورت ہے۔

معلومات کیلیئے موبیلیٹی ایڈوائس اینڈ وہیکل سروس سے رابطہ قائم کریں۔

سیکشن 2 ڈرائیور اَور قانون

گاڑی چلانے کیلیئے کُچھ قانونی لوازمات ہیں ۔اِن میں سے کُچھ روڈ پر گاڑی چلانے سے پہلے پوری کرنی پڑتی ہیں جبکہ باقی کی تعمیل گاڑی چلانے پر کرنی پڑتی ہے۔

ان میں سے اکثر آپ کی اور دوسرے روڈاستعمال کرنے والے لوگوں کی حفاظت کیلیئے ہیں۔اگر آپ ان کو نظرانداز کرینگے توسب سے پہلے آپ کواور آپ کے خاندان کو نقصان پہنچنے کا احتمال ہے۔

آپ کو اُن سزاؤں سے آگاہ ہوناچاہیئے جوکہ عدالتیں روڈ ٹریفک قانون کی خلاف ورزی کرنے پر آپ کو دے سکتی ہیں ۔

قانون کی پابندی شائید آپ کو مہنگی نظر آئے لیکن خلاف ورزی اس سے بھی مہنگی اور تکلیف دہ ہوسکتی ہے۔

اس سیکشن میں مندرجہذیل موضوعات ہیں

☆......ڈرائیونگ لائسنس

☆......گاڑی کی انشورنس

☆......وہیکل رجسٹریشن کاغذات

☆......وہیکل ایکسا ئیز ڈیوٹی

☆......وہیکل ٹسٹ سرٹیفکیٹ

☆......روڈپر چلنے کے قابل

☆......ہائی وے کوڈ

☆......سیٹ بیلٹس

☆......گاڑی پر سامان لادنا

ڈرائیونگ لائسنس

ڈرائیونگ لائسنس یعنی جس طرح کی گاڑی ہو لائسنس بھی ویسا ہی حاصل کرنا پڑتا ہے۔ مثلاً

☆......دستخط شدہ اور (valid) استعمال کے قابل پرووِیژنل ڈرائیونگ لائسنس۔

☆......دستخط شدہ اور (valid) استعمال کے قابل فل ڈرائیونگ لائسنس۔

یا بعض دفعہ

☆......دستخط شدہ اِنٹرنیشنل فُل ڈرائیونگ لائسنس اور (valid) استعمال کے قابل ۔

☆......کسی دوسرے مُلک کا فُل ڈرائیونگ لائسنس۔

ڈرائیور اور قانون

عمر - ڈرائیونگ سیکھنے کیلئے آپ کی عمر کم از کم 17 سال ہونا ضروری ہے ۔ بعض صورتوں میں آپ کو 16 سال میں بھی ڈرائیونگ کی اجازت مل سکتی ہے۔

عارضی لائسنس -اگر آپ گاڑی چلانا سیکھ رہے ہوں تو آپ کے پاس عارضی (پرووِیژنل)ڈرائیونگ لائسنس ہونا چاہئے۔ اُس طرح کا جس قسم کی گاڑی آپ چلا رہے ہوں۔

اسکے علاوہ مندرجہ ذیل شرائط کو بھی پورا کریں :-

فوٹو لائسنس - 1998ء سے فوٹو لائسنس جاری کئے جارہے ہیں نئے ڈرائیوروں کو بھی اور پرانے لائسنس کی تجدید کرانے والوں کو بھی۔ اس لائسنس کے دو حصے ہیں ایک لائسنس اور دوسرا اُسکا متبادل۔ اگر آپ کا فوٹو لائسنس ہے تو پولیس جب چاہئے دوسرا حصہّ بھی چیک کر سکتی ہے۔ دونوں کو اکٹھا رکھیں۔

گاڑی سیکھتے وقت L پلیٹیں لگی ہونی چاہئیں اور آگے پیچھے سے صاف دکھائی بھی دیتی ہوں۔ تاکہ دوسرے ڈرائیور آپ کو پہچان سکیں اور آپکا خیال رکھ سکیں۔ اِسطرح آپ اور روڈ کو اِستعمال کرنے والے دوسرے لوگ بھی محفوظ رہیں گے۔ یاد رکھیں کہ اگر سیکھنے کیلئے گاڑی کو استعمال نہیں کر رہے ہیں تو L پلیٹیں اُتار دینی یا ڈھانپ دینی چاہئیں۔

اگر آپ چاہتے ہیں کہ کوئی ڈرائیور آپ کو سُپروائیز کرے تو اُس کی عمر کم از کم اِکیس سال اور تین سال ڈرائیونگ کا تجربہ ہونا چاہئے۔

موٹروے - گاڑی یا موٹر سائیکل سیکھنے والوں کو عام طور پر موٹروے پر جانے کی اجازت نہیں۔

ملک میں نئے لوگ یا ویذیٹرز - ایسے لوگ صرف ایک سال تک اپنے غیر ملکی لائسنس پر ڈرائیونگ کر سکتے ہیں مزید معلومات کیلئے آپ DVLA کے ادارہ سے رابطہ کریں۔

گاڑی کی اِنشورنس

گاڑی کی اِنشورنس کرانا بہت ہی لازمی ہے ۔ بغیر اِنشورنس گاڑی کو روڈ پر لے جانا غیر قانونی ہے۔اور اس طرح آپ کو ایک غیر ذمہ دار ڈرائیور سمجھا جائے گا۔ بغیر انشورنس کے گاڑی چلاتے کسی کی پراپرٹی کو نقصان کرنا یا کسی کو زخمی کرنا بہت ہی مہنگا پڑتا ہے۔اور ایک مجرم کی حیثیت سے جرمانہ اور سزا بھی ملتی ہے۔

یاد رکھیں -گاڑی کو روڈ پر لے جانے سے پہلے مکمل اِنشورنس کرا لیں۔اِس کیلئے کسی اِنشورنس کمپنی ، بروکر یا کسی کار ڈیلر سے بھی رابطہ کریں۔

تھرڈ پارٹی اِنشورنس - تھرڈ پارٹی اِنشورنس سستی ترین اور کم از کم قانونی حد پورا کرتی ہے تھرڈ پارٹی سے مراد وہ شخص ہے جسے آپ زخمی کریں یا جسکی چیز کو نقصان پہنچائیں ایسا نقصان آپ کی انشورنس ادا کر دے گی۔ مگر آپ کا اپنا نقصان آپ کو خود برداشت کرنا پڑے گا۔

تھرڈ پارٹی، آگ اَور چوری کی اِنشورنس - تھرڈ پارٹی اِنشورنس اُسی طرح ہے جو پہلے بیان کر چکے ہیں مگر آپ کی گاڑی کو آگ لگ جائے یا چوری ہو جائے تو اِن حالات میں آپ کی انشورنس آپ کا نقصان پورا کرے گی۔

مکمل(کمپری ہنسیو) اِنشورنس - اِس قسم کی اِنشورنس سب سے اچھی اِنشورنس ہوتی ہے ۔ مگر دوسری انشورنس کی نسبت مہنگی ہوتی ہے کیونکہ ایسی انشورنس ہر قسم کے نقصان کو پورا کرتی ہے۔ مثلاً آپ کی اپنی گاڑی یا دوسرے کی گاڑی کا نقصان اور آپ کو کسی قسم کی چوٹ کا نقصان بھی پورا کرتی ہے۔

اگر آپ کسی اور کی گاڑی ڈرائیو کرتے ہیں تو اِنشورنس کمپنی سے تسلی کرانا ضروری ہے کہ آپ کی اِنشورنس آپ کا مکمل ساتھ دے گی کہ نہیں۔

اِنشورنس کی لاگت کا انحصار - اِنشورنس کی قسمیں یعنی مختلف طرح کی اِنشورنس

☆...... عمر کے لحاظ سے - خاص کر پچیس سال سے کم عمر ہو تو اِنشورنس زیادہ ہو گی

☆...... پاس پلس مکمل کرنے سے

☆...... فل ڈرائیونگ لائسنس یا پروویژنل ڈرائیونگ لائسنس پر

☆...... ڈرائیونگ ٹیسٹ پاس کئے کتنا عرصہ ہوا ہے

☆...... گاڑی کس کمپنی کی بنی ہے

☆......گاڑی کتنی پاور کی ہے

☆...... آپ کی رہائش کیسے ایریا میں ہے

☆......گاڑی کس استعمال میں ہے

☆......کورٹ کی طرف سے کوئی سزا یا جرمانہ۔

اِنشورنس کمپنیوں کا ریٹ ایک دوسرے سے مختلف ہوتا ہے۔اسلئے انشورنس کرانے کیلئے مختلف کمپنیوں سے پوچھنا پڑتا ہے۔

اِنشورنس کا جاننا- انشورنس کے بارے میں پوری جانکاری ہوناضروری ہے۔ اِنشورنس پالیسی کواچھی طرح پڑھنا چاہئے۔

اگرپوری طرح سمجھ میں نہ آئے یا کوئی شک ہوتواپنے اِنشورنس بروکر سے معلوم کریں۔ تاکہ کلیم کرنے پر کوئی مشکل پیش نہ اُئے۔

جب بھی آپ کلیم کرتے ہیں تو عام طوپر پہلے اپنے پاس سے پچاس پونڈ یا سو پونڈادا کرنے پڑتے ہیں۔اس کو اِیکسس کہاجاتاہے۔ سستی اور اچھی پالیسی خریدیں تاکہ آئیندہ بھی کام آتی رہے۔

اِنشورنس سرٹیفکیٹ- یہ ایک مختصر اورسادہ دستاویزہے جو تصدیق کرتی ہے کہ

☆......کس کی اِنشورنس ہے

☆......کیسی گاڑی کی اِنشورنس ہے

☆......کس قسم کی اِنشورنس ہے

☆......کتنے عرصہ کیلئے اِنشورنس ہے

☆......خاص شرائط۔

بعض اوقات اِنشورنس ایجنٹ آپ کو کچھ دنوں کیلئے ایک عارضی سرٹیفکیٹ مہیاء کرتے ہیں۔جب تک آپ کا اصلی سرٹیفکیٹ تیار نہیں ہوجاتا تو آپ اِس کو ثبوت کے طورپر استعمال کرسکتے ہیں۔

سرٹیفکیٹ کی ضرورت - سرٹیفکیٹ سنبھال کررکھیں یہ مندرجہ ذیل کو دکھاناپڑتاہے :-

☆......پولیس کے پوچھنے پر

☆......گاڑی کاروڈ ٹیکس لیتے وقت

☆......کسی ایکسیڈینٹ کے ہونے پر۔

ایکسیڈینٹ- اگر آپ کسی ایسے ایکسیڈینٹ سے دوچار ہوجاتے ہیں :-

☆......جس میں کوئی زخمی ہوجاتا ہے۔

☆...... کسی کی گاڑی کو نقصان پہنچتا ہے۔

☆...... روڈ پر کسی جانور سے ایکسیڈینٹ ہوتا ہے یا کسی گاڑی میں سوار جانور زخمی ہو جاتا ہے تو آپ اپنی گاڑی کو روکیں اور کسی متعلقہ شخص کو مندرجہ ذیل بتائیں:-

☆...... اپنا نام اور پتہ

☆...... گاڑی کے مالک کا نام اور پتہ

☆...... گاڑی کا رجسٹریشن نمبر۔

اگر کوئی زخمی ہوا ہے تو آپ جلد از جلد یا چوبیس گھنٹے کے اندر اندر پولیس کو ایکسیڈینٹ کی اطلاع کر دیں۔ یہ بہت ہی ضروری ہے اور کار کی انشورنس کی تفصیل بھی پولیس کو بتائیں۔

اگر اس وقت انشورنس کے کاغذات آپ کے پاس نہیں ہیں تو سات دن کے اندر کسی بھی پولیس سٹیشن میں جا کر دکھا دیں۔

بیشک یہ معمولی ہی ایکسیڈینٹ کیوں نہ ہو یا کسی کی بھی غلطی کیوں نہ ہو۔ پولیس کو بتانا ضروری ہے۔

گاڑی کی رجسٹریشن کے کاغذات۔

گاڑی کے رجسٹر ہونے کیلئے گاڑی کی تفصیل یعنی ماڈل ، میک اور برطانیہ میں گاڑی کی پہلی رجسٹریشن ، انجن سائیز اور نمبر اس کے علاوہ جس کے نام گاڑی رجسٹر ہے یعنی مالک کا نام و پتہ دینا لازمی ہے۔

اگر نئی گاڑی خریدیں گے -تو آپ کا کار ڈیلر آپ کو رجسٹریشن کے کاغذات دے گا۔

اگر پرانی گاڑی خریدیں گے- جس کی رجسٹریشن دستاویز 27مارچ 1997ء سے پہلے جاری ہو چکی ہے تو

☆...... یہ یقین کرلیں کے آپ کو یہ کاغذات مل گئے ہیں

☆...... نئے مالک کی تفصیل بھر کر DVLA کے ادارہ کو دیئے گئے پتہ پر بھیج دیں۔

اگر رجسٹریشن دستاویز(document) 27 مارچ 1997ء کے بعد جاری ہوئی ہو تو...

☆...... خریدار اور بیچنے والے ، دونوں کو رجسٹریشن دستاویز (document) مکمل کرنی چاہئے۔

☆...... یہ بیچنے والے کی ذمہ داری ہے۔ کہ وہ یہ دستاویز دیئے گئے پتہ پر DVLA کو بھیجے۔

یہ فوراً کریں کیونکہ ایسا نہ کرنا جُرم ہے۔

وارننگ - گاڑی کے رجسٹریشن کے کاغذات مالک ہونے کا ثبوت نہیں ۔

گاڑی کی ایکسائیز ڈیوٹی

اس کو روڈ ٹیکس یا گاڑی کا لائیسنس بھی کہاجاتا ہے یہ ایک سال کا یا چھ ماہ کا بھی ہوتا ہے۔ روڈ ٹیکس ڈسک گاڑی کی سامنے کی سکرین کے اندر کی طرف کونے پر لگانا ہوتا ہے۔ روڈ ٹیکس ڈسک ایک گاڑی سے دوسری گاڑی پر اِستعمال کرنا جرم ہے روڈ ٹیکس ری فنڈ بھی ہوسکتا ہے۔

روڈ ٹیکس حاصل کرنا - اگر گاڑی پہلے سے آپ کے نام پر ہے تو روڈ ٹیکس ختم ہونے سے کچھ ہفتے پہلے DVLA والے آپ کو روڈ ٹیکس حاصل کرنے کا فارم خود بخود بھیج دیتے ہیں۔ روڈ ٹیکس کا فارم V10 پوسٹ اُفس سے بھی حاصل کر سکتے ہیں۔

روڈ ٹیکس کیلیئے جو "کار رجسٹریشن آفس" آپ کو نزدیک پڑتا ہے وہاں درخواست دیں اور یہ یاد رکھیں کبھی فارم پُر کر کے DVLA کو نہ بھیجیں۔

روڈ ٹیکس حاصل کرنے کیلیئے مندرجہ ذیل کاغذات پیش کرنے کی ضرورت ہوتی ہے۔

☆...... فارم v10 مکمل پُر کیا ہوا

☆...... گاڑی کا اِنشورنس سرٹیفکیٹ

☆...... اگر گاڑی تین سال سے پرانی ہے تو گاڑی کی MOT یعنی ٹسٹ سرٹیفکیٹ،

گاڑی کا ٹسٹ سرٹیفکیٹ

ایم۔او۔ٹی ٹیسٹ تین سال یا اس سے زیادہ پرانی تمام گاڑیوں پر لاگو ہے۔

ایم۔او۔ٹی کا مقصد یہ یقینی بنانا ہے کہ آپ کی گاڑی کی اہم حفاظتی اور انوائیر نمینٹل (فضائی) نظام (سسٹم) اور آلات کم از کم قانونی لوازمات کو پورا کرتے ہیں۔

یہ ٹیسٹ ہر سال وہیکل ٹیسٹنگ سٹیشن کرتا ہے جسے وہیکل انسپیکٹوریٹ مقرّر کرتا ہے۔ جو کہ محکمہ انوائرنمنٹ، ٹرانسپورٹ اور ریجنز کی ایک ایگزیکٹو ایجنسی ہے۔

گاڑیاں جن کا ٹیسٹ ہونا ضروری ہے - اگر آپ کی گاڑی تین سال سے زیادہ پرانی ہے تو آپ کے پاس نیا "ایم او ٹی" ٹیسٹ سرٹیفکیٹ ضرور ہونا چاہیئے۔ اس کے بغیر آپ روڈ ٹیکس ختم ہونے پر نیا نہیں لے سکتے۔

ٹسٹ ٹائم ۔ آپ موجودہ سرٹیفکیٹ کے ختم ہونے سے زیادہ سے زیادہ ایک ماہ پہلے اپنی گاڑی ٹیسٹ کرا سکتے ہیں ۔ نئے سرٹیفکیٹ کی ختم ہونے کی تاریخ پرانے سرٹیفکیٹ کی آخری تاریخ سے ایک سال بعد کی ہوگی۔

نوٹ :- ایسی گاڑیاں جو کہ

☆...... بڑی مال بردار (ایل۔جی۔وی ز) جن کا کُل وزن 3.5 ٹن سے زائد ہو۔

☆...... مسافر بردار (پی۔ سی۔ وی ز) جن کی آٹھ سے زیادہ سیٹ ہوں۔

☆......ایمبولنس اور ٹیکسیاں۔

ان کا ٹیسٹ رجسٹریشن کے ایک سال بعد ضروری ہے اور اس کے بعد ہر سال

فیل ہونے والی وہیکل- ٹیسٹ سرٹیفکیٹ کیلئے گورنمنٹ رجسٹریشن ایجنسی کے پاس جانا پڑتا ہے۔ اُن کا نمائندہ آپ کی گاڑی کا پوری طرح معائنہ کرتا ہے کہ آپ کی گاڑی روڈ پر چلنے کے قابل ہے کہ نہیں گاڑی میں کوئی بھی پارٹ خراب ہو تو اُس کی مرمت کرتا ہے۔ اگر مرمت کے قابل نہ ہو تو اُس کے بدلے نیا پارٹ ڈال دیتا ہے ۔ جب گاڑی MOT میں پاس ہو جائے تو آپ کو ٹیسٹ سرٹیفکیٹ دیتا ہے۔

ٹسٹ سرٹیفکیٹ سے یہ گارنٹی نہیں کہ گاڑی روڈ پر چلنے کے قابل ہمیشہ کیلئے ہو گئی ہے بلکے سال کے دوران کوئی نہ کوئی خرابی ہو سکتی ہے۔ اِس لیے گاڑی کی کنڈیشن کو نظر انداز نہیں کر دینا چاہیئے۔ ہمیشہ اُسکی کنڈیشن پر نظر رکھنا ضروری ہے اِس میں سب کی بہتری ہے۔

اپیل - اگر آپ کے خیال میں آپکی گاڑی کو غلط فیل کیا گیا ہے تو آپ اپیل کر سکتے ہیں۔ وہیکل ٹیسٹنگ سٹیشن سے اپیل کرنے کے دفتر کا پتہ لے سکتے ہیں۔

یاد رکھیں - ایم۔او۔ٹی سرٹیفکیٹ اس بات کی گارنٹی نہیں کہ گاڑی اس دوران سڑک پر چلنے کے قابل رہے گی اور سرٹیفکیٹ میں دیئے گئے کم از کم اسٹینڈرڈ کے مطابق چلتی رہے گی۔ نہ ہی اسکا یہ مطلب ہے کہ انجن اور ٹرانسمشن کا نظام (سسٹم) اچھی حالت میں ہے۔ یہ باتیں حفاظت کیلئے زیادہ ضروری نہیں ہیں اور اسلئے ایم۔او۔ٹی ٹیسٹ میں شامل نہیں ہیں۔

فیس - موجودہ ٹسٹ اور ری ٹسٹ کی فیس کسی بھی وہیکل ٹسٹنگ سٹیشن سے معلوم کی جاسکتی ہیں۔

ایگزاسٹ ایمشن لمٹس- یاد رکھیں کہ ٹیسٹ میں صحیح ایگزائسٹ ٹرانسمشن ٹیسٹ شامل ہے۔ اس کا مطلب یہ ہے کہ آپ کی گاڑی کا انجن صحیح طور پر ٹیون اور ایڈ جسٹ ہونا چاہیئے۔ یہ پٹرول انجن گاڑیوں کیلئے مقررہ حدود (لمٹس) ہیں جو کہ 1975ء کے بعد رجسٹر ہوئی ہوں۔ اور ایم.او.ٹی ٹسٹ یہ چیک کریگا کہ ان حدود کو تجاوز نہیں کیا گیا۔

روڈ کے قابل

گاڑی کے بارے میں آپ کو مندرجہ ذیل کے بارے میں تسلی کرنا بہت ہی ضروری ہے۔ کہ

☆...... قانونی طور پر روڈ کے قابل

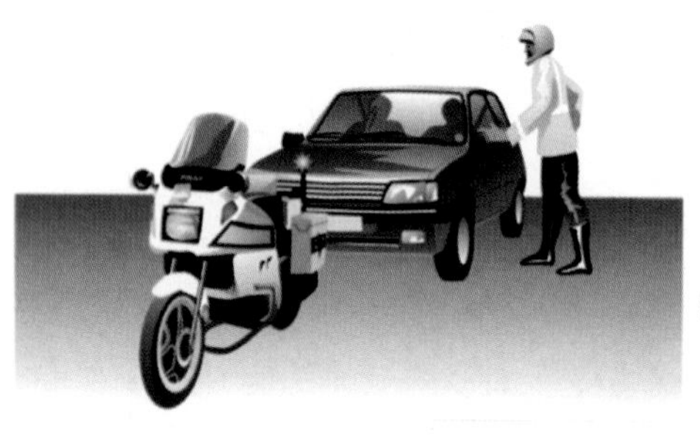

☆ ...... اِسکی MOT

☆ ......روڈ ٹیکس ادا شدہ ہے اور صحیح روڈ ڈِسک اس پر نظر آ رہی ہے۔

گاڑی کا بریک سسٹم - گاڑی کی بریکیں پوری طرح کام کرتی ہوں اور ہینڈ بریک یعنی پارکنگ بریک بھی صحیح حالت میں ہو۔

گاڑی کے ٹائیرز- تمام ٹائیرز قانونی طور پر اچھی حالت میں ہونا ضروری ہے۔ ٹائیرز کی گہرائی کم از کم 1.6 ملی میٹر ہونی لازمی ہے۔ کسی قسم کے کٹ یا کیل سے ٹائر محفوظ ہوں۔

گاڑی کی لائیٹس - گاڑی کی تمام لائیٹس اور اِنڈیکیٹر بھی پوری طرح کام کرتے ہوں۔ دن کے دوران بھی۔

ایگزاسٹ -ایک سائیلنسر لگانا ضروری ہے۔ جو شور کو ایک خاص حد تک کم کر سکے۔ کار اور ہلکے وزن کی گاڑیوں کیلیئے ایگزائسٹ ایمشن مقرّرہ حد سے زیادہ نہیں ہونا چاہیئے۔ کوئی بھی ایم.او. ٹی ٹیسٹنگ سٹیشن آپ کی گاڑی کیلیئے مقرّرہ حدود آپ کو بتا سکتا ہے ۔ پٹرول کا خرچہ بچانے کیلیئے ، گاڑی بنانے والی کمپنی کی بتائی ہوئی سفارشات کے مطابق انجن کی ٹیوننگ کرائیں۔

ڈیش بورڈ - گاڑی کے ڈیش بورڈ پر جو بھی انسٹرومینٹس وغیرہ دکھائی دیتے ہیں وہ سب مکمل طور پر کام کرتے ہوں۔ مثلاً تمام لائیٹس ، انڈیکیٹر لائیٹس ، ہینڈ بریک ، سپیڈومیٹر ، پٹرول میٹر ، ہائی بیم بلُو لائیٹ ، ٹمپریچر، ہارن ، وینڈ سکرین وائیپرز اور واشرز وغیرہ۔

ہائی وے کوڈ

ہائی وے کوڈ کی کتاب کو پڑھنا اور اُس کے اصولوں پر عمل کرنا ہر اِیک کیلیئے لازم ہے۔ مثلاً سب روڈ اِستعمال کرنے والے یعنی پیدل چلنے والے، گھوڑا سوار ،سائیکل اور موٹر سائیکل سوار، اور ہر ایک ڈرائیور۔

ہمیشہ روڈ اِستعمال کرتے وقت ہائی وے کوڈ کے قاعدوں پر عمل کریں۔ روڈ اور ٹریفک کے اصولوں میں وقت کے ساتھ ساتھ تبدیلی آتی رہتی ہے۔ اِسلیئے ہر ایک کو اِن تبدیلیوں کو مدِ نظر رکھنا چاہیئے۔

روڈ سائینز اور سگنلز -مندرجہ ذیل کے سگنل کا سمجھنا اور اس پر عمل کرنا لازمی ہے۔

- پولیس آفیسرز
- ٹریفک وارڈنز
- سکول کراسنگ وارڈن

- روڈ پر کام کرنے والوں کا اشارہ (سٹاپ یا گو کا بورڈ)

ٹریفک سگنلز پر دھیان رکھیں مثلاً

- جنکشنز اور کراس روڈز
- روڈ پر کام
- چھوٹے اور تنگ پُل
- پیدل چلنے والوں کے کراسنگ
- فائر بر گیڈ اور ایمبولنس کے سٹیشن
- ریلوے کراسنگ
- ٹرام وے کراسنگ
- ریڈ فلیشنگ لائیٹس

روڈ پر حفاظت (روڈ سیفٹی) - ہر ایک ڈرائیور کیلئے یہ ضروری ہے کہ ہائی وے کوڈ پر عمل کرے۔ جس سے وہ خود بھی محفوظ رہے اور تمام روڈ کو استعمال کرنے والے بھی محفوظ رہیں گے۔

اگر آپ تجربہ کار ڈرائیور بھی ہوں تب بھی آپ کو ہائی وے کوڈ اچھی طرح جاننا چاہیئے اور اسے ڈرائیونگ کے دوران استعمال کرنا چاہیئے۔

آپ کو ڈرائیونگ نہیں کرنی چاہیئے...

☆......خطرناک طریقہ سے

☆......پوری احتیاط اور توجہ کے بغیر

☆......دوسرے سڑک استعمال کرنے والوں کا خیال کئے بغیر

اگرچہ "ہائی وے کوڈ" میں دیئے گئے تمام رولز قانونی لوازمات نہیں ہیں ۔ تاہم یہ عدالتوں میں دائر مقدمات کی سپورٹ کیلئے استعمال کیئے جاسکتے ہیں۔

کبھی بھی خطرناک ڈرائیونگ نہ کریں۔

سیٹ بیلٹ

سیٹ بیلٹس جان بچاتے ہیں اور زخمی ہونے کے خطرے کو کم کرتے ہیں۔ اگر آپ کو سیٹ بیلٹ باندھنا معاف نہ ہو تو آپ کو سیٹ بیلٹ ضرور باندھنا چاہیئے۔ بشرطیکہ یہ موجود ہو۔

مندرجہ ذیل فہرست میں (ٹیبل) مختصراً سیٹ بیلٹ باندھنے کی قانونی ضروریات بیان کی گئی ہیں۔

یہ ضروری ہے کہ سیٹ بیلٹ ہمیشہ صحیح طرح سے ایڈجسٹ کیئے جائیں اور گود والے بیلٹ کے علاوہ ترچھے بیلٹ بھی جہاں کہیں مہیّا ہوں ، جسم کی حفاظت کے ساتھ ساتھ آرام دہ بھی ہونے چاہئیں۔

کس کیلیئے	فرنٹ سیٹ (تمام گاڑیاں)	پچھلی سیٹ (گاڑی یا منی بس)	کس کی ذمہ داری ہے؟
ڈرائیور	اگر بیلٹ موجود ہو تو باندھنا چاہیے		ڈرائیور کی
تین سال سے کم عمر کا بچہّ	(بچے کی حفاظت کیلیئے ضروری پہنانا چاہیئے)	بچے کی حفاظت کیلیئے پہنانا ضروری ہے اگر موجود ہے تو	ڈرائیور کی
3 سال سے **11** سال کے بچے کیلیئے جو **1.5** میٹر (تقریباً **5** فٹ اونچا ہو۔)	اگر بچے کیلیئے مناسب ہے تو ورنہ بڑوں والا سیٹ بیلٹ پہننا چاہیئے	اگر بچے کیلیئے مناسب ہے تو ورنہ بڑوں والا سیٹ بیلٹ پہننا ہے	ڈرائیور کی
12 یا 13 سال کا بچہ یا چھوٹا جو 1.5 میٹر یا زیادہ اونچا (لمبا) ہو	بڑوں والا سیٹ بیلٹ اگر ہو تو پہننا چاہیے	بڑوں والا سیٹ بیلٹ اگر ہو تو پہننا چاہیے	ڈرائیور کی
مسافر 14 سال سے زائد عمر	بڑوں والا سیٹ بیلٹ اگر ہو تو پہننا چاہیئے	بڑوں والا سیٹ بیلٹ اگر ہو تو پہننا چاہیے	مسافر کی

ائیر بیگز -ائیر بیگ حفاظتی سیٹ کی پچھلی سیٹ پر بچے کی سیٹ نہ لگائیں۔
حادثہ (اکسیڈنٹ) کی صورت میں ائیر بیگ ، بچے کی سیٹ کو اتنی شدت سے مارے گا کہ بچے کو یقینی طور پر سخت یا مہلک ضربات لگیں گی۔

گاڑی پر سامان

گاڑی پر سامان یا وزن لادنے کی ذمہ داری ڈرائیور پر ہوتی ہے۔

حد سے زیادہ سامان نہ لادیں۔ اور جو بھی سامان ہو اُسکو مضبوطی سے باندھنا چاہئے۔

کوئی بھی چیز باہر کی طرف نکلی یا لٹکی نہ ہو کیونکہ اس طرح دوسروں کیلیئے بہت خطرہ ہوتا ہے۔

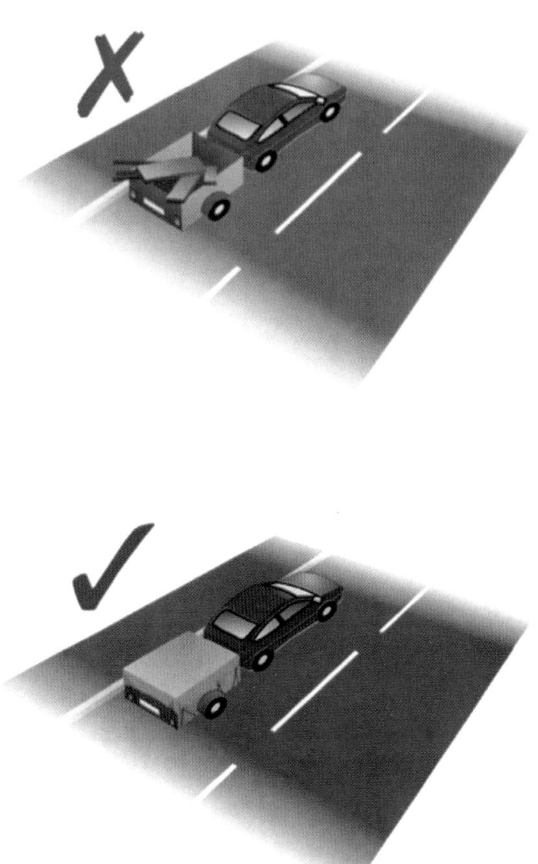

سیکشن 3 گاڑی کے کنٹرولز

ماڈرن گاڑیوں کے کنٹرول زیادہ تر سیدھے سادھے ہیں۔

گاڑی کے ہر ایک کنٹرول کو سمجھنے میں وقت لگتا ہے ۔جب آپ کو یہ علم ہو جاتا ہے کہ گاڑی کے کنٹرولز کیسے کام کرتے ہیں۔ تو آپ اُن کو حفاظت سے اور صحیح طرح سے استعمال بھی کر سکیں گے۔

کنٹرولز کے کام کرنے کا طریقہ آسانی سے یاد ہو جاتا ہے۔

اِس سیکشن میں مندرجہ ذیل موضوعات ہیں

☆......ڈرائیونگ پوزیشن

☆......ہاتھوں کے کنٹرولز

☆......پاؤں کے کنٹرولز

☆......سوئچز

☆......دوسرے کنٹرولز

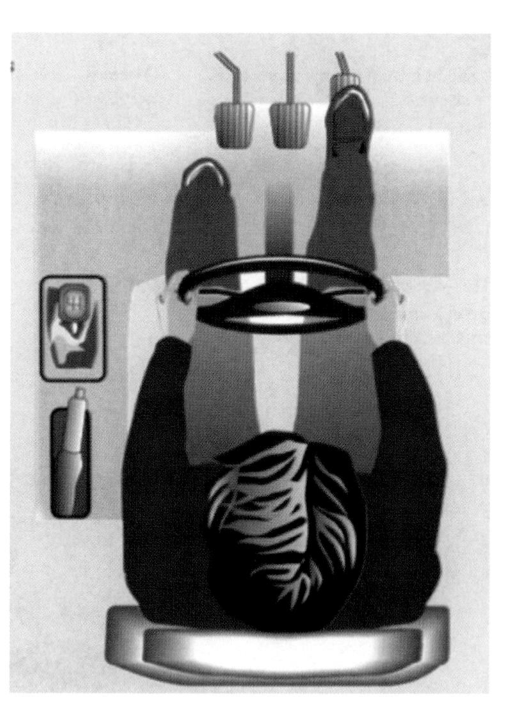

ڈرائیونگ پوزیشن

اس سے پہلے کہ آپ کنٹرولز کو حفاظت سے استعمال کر سکیں۔ آپ کیلئے موزوں ڈرائیونگ پوزیشن کا ہونا لازمی ہے۔ آپ کو اس قابل ہونا لازمی ہے کہ

☆...... کنٹرول تک پہنچ جائیں اور آسانی سے اور آرام سے اُنہیں استعمال کر سکیں۔ مثال کے طور پر آپ کو اس قابل ہونا چاہئے کہ لیفٹ ٹانگ کو کھینچ لگے بغیر کلچ کو استعمال کر سکیں۔

☆...... گاڑی کو کنٹرول رکھنے کیلئے سٹئیرنگ ویل پر مناسب مضبوطی رکھ سکیں آپ کے بازوؤں میں لچک ہو اور کہنیوں پر رکاوٹ نہ ہوں۔

☆...... روڈ پر آگے صاف دیکھ سکیں۔

ڈرائیونگ سیٹ کی ایڈجسٹمنٹ-

آپ کو یہ ضرور تسلی کرنی چاہئے کہ آپ کی سیٹ آپ کی ضرورت کے مطابق ٹھیک ہے

☆...... 'ریک'- سیٹ کے پچھلے حصے کا زاویہ ٹھیک کر لیں۔

☆...... پوزیشن- سیٹ آگے یا پیچھے حرکت کرے گی۔

بعض اوقات خاص کر بڑی گاڑیوں کی ڈرائیونگ سیٹ اونچی بھی ایڈجسٹ ہو جائے گی۔ ڈرائیور اور فرنٹ سواروں کو چاہئے کہ سٹئیرنگ ویل یا ڈیش بورڈ کے بہت قریب بیٹھنے سے گریز کریں۔

اگر کسی اور نے گاڑی ڈرائیو کی ہے تو گاڑی چلانے سے پہلے سیٹ کو اپنے لئے ایڈجسٹ کر لیں۔

جب گاڑی حرکت کر رہی ہو تو سیٹ کو ہرگز ایڈجسٹ نہ کریں۔

سیٹ کو ایڈجسٹ کرنے کے بعد یہ تسلی کر لیں کہ سیٹ مضبوطی سے لاک ہو گئی ہے ۔ سنیں یا محسوس کریں کہ مکمل لاک ہو گئی ہے۔

غیر محفوظ ڈرائیونگ سیٹ خطرناک ہوتی ہے۔

ضروری نوٹ -جیسے ہی سیٹ پر بیٹھیں تو ہینڈ بریک لگا کر تسلی کر لیں کہ گاڑی محفوظ ہے۔

ہیڈریسٹرینٹ ایڈجسٹمنٹ

ہیڈریسٹرینٹ - یہ گردن اور پُشت کی حفاظت کرتا ہے اور آگے پیچھے اور اوپر نیچے ایڈجسٹ ہو سکتا ہے ۔اس کو اسطرح ایڈجسٹ کریں کہ یہ آنکھوں اور کانوں کے لیول تک اونچا اور سر کے اتنا نزدیک ہو کہ سر اور گردن آرام دہ محسوس کریں اور کبھی بھی اس کو سیٹ سے نہ اُتاریں یہ آپ کی حفاظت کیلیئے لگائے جاتے ہیں اور ایکسیڈینٹ کی صورت میں آپ کو زیادہ شدید چوٹوں سے بچاتے ہیں

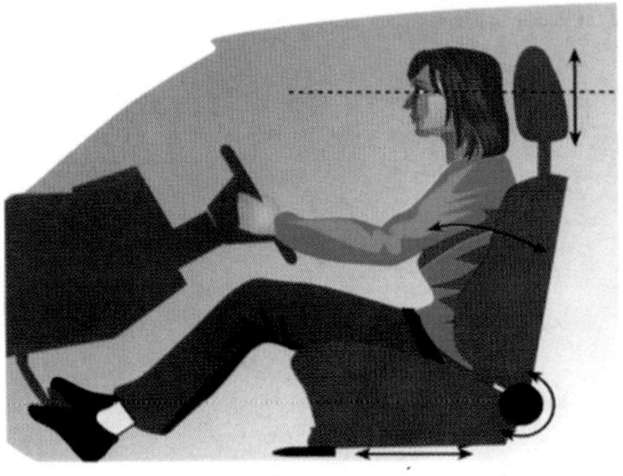

سٹئیرنگ کالم ایڈجسٹمنٹ

کُچھ گاڑیوں کے سٹئیرنگ کو بھی اپنے لئے مناسب ایڈجسٹ کر سکتے ہیں ۔ جب بھی سٹئیرنگ کو ایڈجسٹ کریں تو بہت ہی احتیاط کریں تاکہ آپ کو انسٹرومنٹ پینل پر دیکھنے میں رکاوٹ نہ ہو اور یہ بھی تسلی کریں کہ سٹئیرنگ مکمل ایڈجسٹ کیا ہو۔

کبھی بھی چلتی گاڑی میں سٹئیرنگ کو ایڈجسٹ نہ کریں۔

ہاتھوں کے کنٹرولز

کُچھ کنٹرول کی پوزیشن جیسے کہ انڈیکیٹرز۔لائیٹس کے سوئیچز اور ونڈسکرین وائیپر زماڈل کے مطابق مختلف ہوتے ہیں۔

کسی انجان گاڑی کو چلانے سے پہلے آپ کو تمام کنٹرول کی پوزیشن سے واقف ہونا چاہیئے۔ آپ کو کبھی بھی کنٹرول کو ٹٹولنا یا اُن کیلیئے نیچے دیکھنا نہیں چاہیئے۔اپنی آنکھیں روڈ پر رکھیں ۔

سٹئیرنگ ویل—سٹئیرنگ ویل عام طور پر دونوں ہاتھوں سے کنٹرول ہونا چاہیئے۔

سٹئیرنگ کا کام—ڈائیریکشن کو کنٹرول کرنا جس طرف آپ چاہتے ہیں کہ گاڑی جائے۔ سٹئیرنگ ویل سٹئیرنگ کے سسٹم کو کنٹرول کرتا ہے۔جو موڑتا ہے۔

☆......زیادہ تر گاڑیوں کے فرنٹ ویلز

☆......بہت کم گاڑیاں جو فورویل ڈرائیو ہیں اُن کے چاروں ویلز۔

سٹئیر نگ ویل کا استعمال-سب سے بہتر کنٹرول کیلئے۔

☆...... گھڑی کے ڈائل کی طرح اپنے ہاتھوں کوسٹئیر نگ پر نمبر2اور10 کی جگہ یا نمبر3اور نمبر9کی پوزیشن پر رکھیں۔جو بھی پوزیشن سب سے مناسب ہو۔

☆...... کبھی بھی اپنے بازو کو دروازے پر نہ ٹیک لگائیں اس سے حرکت میں رکاوٹ ہو سکتی ہے۔

☆...... سٹئیر نگ ویل کو مضبوطی سے پکڑیں لیکن بہت ہی سختی سے نہ پکڑا ہو۔جب گاڑی حرکت میں ہو تو آپ کو سٹئیر نگ ویل کو موڑنے کیلئے بہت کم کوشش کی ضرورت ہوتی ہے۔

☆......دونوں ہاتھ سٹئیر نگ پر رکھیں بشرطیکہ آپ گئیر تبدیل نہ کر رہے ہوں یا کسی اور کنٹرول کو ایک ہاتھ سے استعمال نہ کر رہے ہوں۔ جیسے ہی آپ کام ختم کرلیں تو دونوں ہاتھ سٹئیر نگ پر فوراً واپس رکھ لیں۔

جب گاڑی حرکت کر رہی ہو کبھی بھی دونوں ہاتھ سٹئیر نگ ویل سے نہ اُٹھائیں۔

سٹئیر نگ لاک - یہ ایک زاویہ ہے جس طرف فرنٹ پہیئے مُڑتے ہیں۔جب آپ سٹئیر نگ ویل کو گھماتے ہیں یہ رائیٹ لاک یا لیفٹ لاک ہو جاتا ہے۔سٹئیر نگ ویل کو گھماتے جاؤ جتنا گھوم سکے گا اُس کو فُل لاک کہتے ہیں ۔سٹئیر نگ فُل لاک کا حساب ہر ایک گاڑی کا مختلف ہوتا ہے۔ چھوٹی گاڑی بڑی گاڑیوں کی نسبت مُڑتے وقت چھوٹا چکر بناتی ہے۔ ٹیکسی گاڑیاں اس سے مستثنٰی ہیں۔

نوٹ - سٹئیر نگ ویل کے لاکنگ سسٹم کے ساتھ اِسے confuse نہ کریں۔جب گاڑی سے اگنیشن چابی نکال دی جاتی ہے تو نئے ماڈل کی گاڑیوں کا سٹئیر نگ زیادہ تر لاک ہو جاتا ہے تاکہ چوروں سے محفوظ رہے۔

موڑنا –جب بھی سٹئیر نگ ویل کو گھمائیں۔ہاتھوں کو ہر گز کراس نہ کریں۔اس سے کنٹرول کمزور ہو سکتا ہے اور ایکسیڈینٹ بھی ہو سکتا ہے۔ سوائے بہت کم سپیڈ کے وقت سٹئیر نگ ویل کو اپنے ہاتھوں سے واپس گھمائیں۔

ہاتھوں کی حرکت کا انحصار اس پر ہے کہ آپ نے سٹئیر نگ کو کتنا گھمانا ہے۔

اس کو پُل-پُش(pull- push)کا طریقہ کہا جاتا ہے۔

گاڑی کو لیفٹ موڑنا- (جیسا کہ اگلے صفحہ پر بتایا گیا ہے)

☆......لیفٹ ہاتھ کو سٹئیر نگ پر اوپر کی طرف سرکائیں مگر گھڑی کے 12 نمبر سے آگے نہیں۔

☆...... سٹیر نگ کو لیفٹ ہاتھ سے نیچے کی طرف لے آئیں اور اسی وقت رائیٹ ہاتھ کو بھی نیچے کی طرف سرکا کر ویل کے برعکس جس سائیڈ ویل ٹرن کر رہا ہے لے آئیں۔

☆......رائیٹ ہاتھ سے سٹیر نگ کو مضبوطی سے پکڑیں اور اوپر کو سرکا کر لے جائیں اور لیفٹ ہاتھ کو ویل کے اوپر سرکا کر لے جائیں۔

☆......جتنا ضرورت ہو دوسرے اور تیسرے عمل کو دہرائیں۔

Slide left hand up

رائیٹ موڑنا اسی عمل کو برعکس طریقہ سے شروع کریں۔

☆......رائیٹ ہاتھ کو ویل پر اوپر سرکائیں لیکن گھڑی کے 12 نمبر سے آگے نہ جائیں۔

☆......رائیٹ ہاتھ سے ویل کو نیچے کھینچ کر لے آئیں اور ساتھ ہی لیفٹ ہاتھ کو نیچے کی طرف سرکا کر جس طرف ویل ٹرن ہو رہا ہے اُس کے برعکس لے آئیں۔

Left hand grip and PULL down,
right hand slide down

☆......لیفٹ ہاتھ سے مضبوطی سے پکڑیں اور اُوپر کی طرف لے جائیں جب کہ آپ رائیٹ ہاتھ کو سرکا کر اُوپر لے جائیں۔

☆......دوسرا اور تیسرا عمل ضرورت کے مطابق دہرائیں۔

موڑنے کے بعد سیدھا کرنا - گاڑی کو جب کسی روڈ میں لیفٹ یا رائیٹ موڑنے کیلئے سٹیرنگ کو گھماتے ہیں اور مُڑنے کے بعد گاڑی کے ویلز کو سیدھا کرتے ہیں۔ اگر سٹیرنگ کو چھوڑ دیں تو اُس کے اندر اس قسم کا سسٹم ہے کہ خود بخود واپس ضرورت سے زیادہ گھوم جائے گا اور گاڑی کسی طرف جا کر ٹکرائے گی ۔ اِسلئے سٹیرنگ کو اپنے ہاتھوں سے واپس گھما کر گاڑی کو سیدھا کریں۔

Right hand grip and PUSH up,
left hand slide up

ایک کھلے روڈ میں گاڑی کے سٹیرنگ ویل کو گھڑی کے ڈائل کے مطابق نمبر10 اور 2 یا نمبر3 اور 9 کی جگہ پر سے پکڑیں اور ضرورت کے مطابق گھمائیں اور لگاتار یہ طریقہ کریں اور آگے دیکھتے رہیں جس سے آپ وقت پر سیدھا کر سکیں گے۔

Left hand grip and PULL down,
right hand slide down

کئی موقع پر جب آپ روڈ کے علاوہ کسی جگہ بہت ہی آہستہ سپیڈ میں مینوور کر رہے ہوں تو کراس ہینڈ کر سکتے ہیں۔ لیکن عام ڈرائیونگ کے دوران تیز سٹیرنگ گھمانے کی ضرورت کیلئے ایسا ہرگز نہیں کر سکتے۔

سٹیئرنگ زیادہ یا کم گھمانا-جب بھی کوئی نئی گاڑی چلائیں تو اُس کے سٹیرنگ کا علم نہیں ہوتا تو اس طرح کبھی ضرورت سے زیادہ اور کبھی ضرورت سے کم گھوم جاتا ہے۔ اسلئے بہت ہی ضروری ہے کہ ٹریفک میں جانے سے پہلے کسی خالی روڈ پر گاڑی چلا کر سٹیئرنگ کو سمجھ لیں ورنہ ایک دم گاڑی کو ٹریفک میں لے جانے سے زیادہ یا کم

سٹیرنگ موڑنے سے بھی ایکسیڈینٹ ہو سکتا ہے۔ یاد رکھیں اپنی اور دوسروں کی حفاظت کرنا آپ کی ذمہ داری ہے۔

طاقتور سٹیئرنگ (PAS) - موجودہ وقت میں زیادہ تر گاڑیوں کا سٹیئرنگ ایسا ہے کہ گھمانے میں طاقت یا زور نہیں لگانا پڑتا یہ "پی اے ایس" یعنی طاقتور سٹیرنگ کہلاتا ہے۔ایسے سٹیرنگ کا یہ بھی فائدہ ہے کہ گاڑی تھوڑی جگہ میں آسانی سے پارک ہو جاتی ہے اور تنگ کونوں سے آسانی سے موڑی جاسکتی ہے۔

کھڑی گاڑی کا سٹیئرنگ گھمانا - کھڑی گاڑی کا سٹیئرنگ کبھی نہ گھمائیں۔ اِس سے گاڑی کے ٹائرز خراب ہو جاتے ہیں اور سٹیئرنگ کے سسٹم کو نقصان ہوتا ہے۔ خواہ کیسی ہی گاڑی ہو کھڑی گاڑی میں کبھی سٹیئرنگ نہ گھمائیں۔

گیئر لیور- گیئر لیور عام طور پر ڈرائیونگ سیٹ کی لیفٹ سائیڈ پر ہوتا ہے نیچے کی طرف یا اوپر کنسول (console) پر۔ کُچھ گاڑیوں کا گیئر لیور انسٹرومنٹ پینل سے باہر نکلا ہوتا ہے جبکہ کئی گاڑیوں کا گیئر لیور سٹیئرنگ کالم پر ہوتا ہے۔

کام - گیئر لیور ایک گیئر سے دوسرے گیئر بدلنے کے کام آتا ہے۔

گیئر بکس-گیئر بکس میں گیئر ہوتے ہیں جو انجن سپیڈ اور روڈ سپیڈ کے درمیان کے تعلق کو کنٹرول کرتا ہے۔

پہلا گیئر ڈرائیونگ ویل پر سب سے زیادہ طاقت لگاتا ہے۔اور عام طور پر گاڑی حرکت کرنے کیلئے استعمال ہوتا ہے ۔جوں جوں آپ رفتار تیز کرتے جاتے ہیں آپ بڑے گیئر لگاتے چلے جاتے ہیں ۔ ان میں سے ہر ایک کم سے کم طاقت استعمال کرتا ہے لیکن زیادہ سے زیادہ سپیڈ بڑھاتا چلا جاتا ہے۔ٹاپ گیئر سب سے کم طاقت استعمال کرتا ہے لیکن سب سے زیادہ سپیڈ بڑھاتا ہے۔

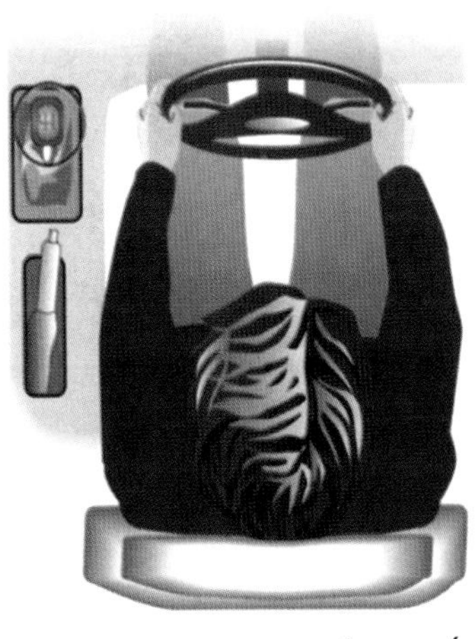

بہت سی نئی گاڑیوں کے پانچ گیئر ہوتے ہیں جبکہ وزنی گاڑیوں کے اس سے بھی زیادہ گیئر ہوتے ہیں۔

چار یا پانچ گیئر کے علاوہ ریورس گیئر بھی ہوتا ہے۔

جب گاڑی "نیوٹرل" پر رکھیں تو کوئی بھی گیئر استعمال میں نہیں ہوتا۔

کلچ ۔انجن کو روڈ ویلز سے گیئر بکس کے ذریعے ملاتا ہے۔اور بتدریج انجن کو ویلز (پہیوں) سے ملاتا ہے۔

فور ویل ڈرائیو گاڑیوں کے ڈبل گیئر باکس بھی ہوسکتے ہیں جو ہائی یا لورینج(Low .ratio ranges)

جن سے گیئر ڈبل یعنی آٹھ یا دس ہو جاتے ہیں کو ریئج عام طور پر پختہ (پکّی) روڈ سے اُتر کر سفر کے دوران استعمال ہوتا ہے۔

گیئرز کی پوزیشن-اس صفحے پر دی گئی شکلیں چار یا پانچ گیئر کیلئے مقبول عام ہیں۔

پہلے چار گیئر عام طور سے " H " بناتے ہیں جب کہ ریورس اور پانچواں گیئر " I " بناتے ہیں۔ پانچویں گیئر سے ریورس جانا اکثر protected ہوتا ہے۔جب کوئی گیئر استعمال میں نہیں ہوتا تو گیئر لیور خود بخود اُچھل کر نیوٹرل میں چلا جاتا ہے ۔گیئر لیور کا یہ رجحان جو خاص گیئروں کے ساتھ لائین میں رہتا ہے بائیس (bies) کہلاتا ہے۔

تیسرا اور چوتھا گیئر اکثر لائین میں ہوتے ہیں۔

چار گیئر گیئر بکس کے گیئرز " H "شکل میں ہوتے ہیں جبکہ ریورس گیئر لیفٹ یا رائیٹ پر ہوتا ہے۔

گیئر لیور پر دیکھنے سے پرہیز کریں- گیئر کی شکل آپ کے ذہن میں ہونی چاہیئے۔اس طرح آپ گیئر کو دیکھے بغیر تبدیل کر سکیں گے / گی۔ آپ کی نظر روڈ پر ہونی چاہیئے۔ پریکٹس کرتے کرتے گیئر تبدیل کرنا ایک عادت سی بن جاتی ہے۔

ہینڈ بریک- بعض دفعہ ہینڈ بریک کو پارکنگ بریک بھی کہتے ہیں۔

پوزیشن : عام طور پر ہینڈ بریک گیئر لیور کے پیچھے فرش سے ذرا اونچی لگی ہوتی ہے۔کُچھ گاڑیوں میں انسٹرومینٹ پینل کے بالکل نیچے ہوتی ہے ۔ جبکہ بعض دوسرے ماڈلز میں پارکنگ بریک کسی ایڈیشنل پیڈل کو استعمال کر کے لگائی جاتی ہے۔

کام - ہینڈ بریک کا کام گاڑی کو کھڑی حالت میں قائم رکھنا ہے۔زیادہ تر گاڑیوں میں ہینڈ بریک پچھلے پہیّوں پر لگتی ہے ان کے لاک ہونے اور سکڈ کرنے کا خطرہ ہوتا ہے۔

ہینڈ بریک چلتی گاڑی کو روکنے کیلئے استعمال نہیں کرنی چاہیئے سوائے ایمرجنسی کی صورت میں جب فُٹ بریک کام نہ کر رہی ہو۔ یہ تقریباً ناممکن ہے ڈیول بریکنگ سسٹم کے ہوتے ہوئے۔

طریقہ استعمال :- ہینڈ بریک لیور کے اوپر والا بٹن دبائیں اور لیور کو بالکل اوپر کھینچیں پھر بٹن کو چھوڑ دیں۔

ہینڈ بریک ''آن'' ہو گئی ہے۔

بٹن دبائے بغیر لیور اوپر کھینچنے سے ریچٹ کے دندھانے ٹوٹ پھوٹ کا شکار ہو سکتے ہیں ۔ اگر متواتر کچھ عرصہ ایسا کرتے رہیں تو ریچٹ فیل ہو سکتا ہے اور ہینڈ بریک بغیر کسی وارننگ کے آف ہو سکتی ہے۔

بریک ختم کرنا:- لیور کو معمولی سا اوپر کھینچیں اور بٹن دبا کر ریچٹ چھوڑ دیں۔ پھر بٹن کو اندر رکھ کر لیور کو **''آف''** پوزیشن میں لے جائیں۔

کچھ گاڑیوں میں بٹن دبانے کی بجائے ہینڈ گرپ کو مروڑ کر ہینڈ بریک ریلیز کر دی جاتی ہے۔

یاد رکھیں

ہیند بریک کو صحیح طریقہ سے استعمال کریں۔ اگر کسی جگہ بھی پارک کریں تو ہینڈ بریک لگانا نہ بھولیں۔ بیشک آپکا اپنا ڈرائیو وے ہی کیوں نہ ہو یہ تسلی ضرور کرلیں کہ ہینڈ بریک پوری طرح آن ہے اور پوری طرح نہ استعمال کرنے سے کئی بہت ہی خطرناک ایکسیڈینٹ ہو جاتے ہیں اگر خراب ہو جائے تو فوراً ٹھیک کروائیں۔

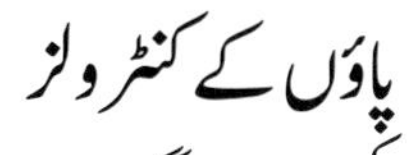

پاؤں کے کنٹرولز

ایکسیلریٹر یا گیس پیڈل

گیس پیڈل رائیٹ پاؤں سے استعمال ہو تا ہے۔ یہ تینوں پیڈلوں میں بالکل رائیٹ سائیڈ والا پیڈل ہے۔

گیس پیدل کا کام- گیس پیڈل پٹرول اور ہوا کا مکسچر انجن کو سپلائی کرتا ہے۔

پٹرول انجن - کاربوریٹر پٹرول کو ہوا کے ساتھ مکس کرتا ہے جس کو پھر انجن میں لے جاتا ہے۔

ماڈرن گاڑیوں میں کاربوریٹر کی بجائے الیکٹرونک فیول انجکشن سسٹم ہوتا ہے۔

ڈیزل انجن -ہائی پریشر فیول انجکشن فیول کو سیلنڈر میں پہنچاتا ہے۔یہ کمپریشن اگنیشن انجن بھی کہلاتا ہے۔

دونوں قسم کا انجن -جتنا گیس پیڈل کو دبائیں گے۔پٹرول انجن میں زیادہ جائے گا اور پاور زیادہ پیدا ہو گی تو انجن کی سپیڈ زیادہ ہو جائے گی۔

گیس پیڈل پر پریشر کا استعمال جاننے کیلئے پریکٹس کی ضرورت ہوتی ہے۔

جب گاڑی کو حرکت دینی ہو تو آپ کو صحیح مقدار میں گیس دینی پڑتی ہے اگر گیس بہت کم ہو تو انجن سٹال ہو جاتا ہے اور بہت زیادہ ہو تو گاڑی آگے تیزی سے بڑھتی ہے ۔

فٹ بریک-یہ پیڈل بھی گیس پیڈل کی طرح رائیٹ پاؤں سے ہی استعمال ہوتا ہے۔آپ کو دونوں پیڈل ایک بار استعمال کرنے کی ضرورت نہیں ہے۔یہ تینوں پیڈلوں میں سے درمیانہ پیڈل ہے۔ اسلئے رائیٹ پاؤں ایک پیڈل سے دوسرے پیڈل پر آسانی سے جاسکتا ہے۔

فٹ بریک کا کام - فٹ بریک کا کام گاڑی کو آہستہ کرنا یا سٹاپ کرنا ہے۔

فٹ بریک کو استعمال کرنے کا طریقہ :- فٹ بریک پر جتنا زیادہ دباؤ ڈالتے جائیں گے گاڑی اُتنی ہی زیادہ آہستہ ہوتی جائے گی۔

پورے کنٹرول میں آہستہ کرنے سے یہ مطلب نہیں ہے کہ بریک پر جتنا ہو سکے زور سے دباؤ ڈال کر آہستہ کرلو ۔ فٹ بریک کو بھی دوسرے پیڈلوں کیطرح استعمال کرنے کیلئے پریکٹس کی ضرورت ہے۔اپنے پاؤں کے بال سے فٹ بریک پر دباؤ ڈالیں۔ مناسب دباؤ ڈالیں کہ گاڑی کے پہئیے لاک ہوئے بغیر آہستہ ہو جائیں۔

آہستہ آہستہ بریک کا استعمال :- عام حالات میں بریک پیڈل پر شروع تھوڑے دباؤ سے کریں اور اس دباؤ کو بڑھاتے جائیں یہاں تک کہ بریک اپنا عمل شروع کردے۔یہ بریک استعمال کرنے کا طریقہ ہے۔اس سے زیادہ سے زیادہ کنٹرول رہتا ہے اور گاڑی آہستہ آہستہ کھڑی ہو جاتی ہے۔

دوہرا بریکنگ سسٹم:- ماڈرن گاڑیوں میں دوہرا بریکنگ سسٹم لگایا ہوتا ہے۔اس سسٹم سے یہ یقین ہوتا ہے کہ اگر کبھی غیر متوقع طور پر بریکنگ سسٹم فیل ہو گیا تو پھر بھی بریک دبانے سے بریک کام کرسکے گی۔بریک فیل

ہونے کے حالات میں عام بریک دبانے کی نسبت ہو سکتا ہے بریک پر زیادہ دباؤ ڈالنے کی ضرورت ہو۔ انٹی لاک بریکنگ سسٹم (ABS) انٹی بریک سسٹم جب بریک استعمال کی جائے تو اگر بریک سے ویل لاک ہونے والے ہوں تو خود بخود بریک ویلز کو چھوڑ کر دوبارہ ویلز کو کنٹرول کرتی ہے۔ اور اس طرح ایک سیکنڈ میں کئی بار یہ عمل برقرار رکھتی ہے۔ آپ کو گاڑی کی ٹیک میں اس کا استعمال تفصیل سے بتایا جاتا ہے۔

کیونکہ ویلز لاک ہونے سے بچ جاتے ہیں تو اس طرح آپ بریک کے استعمال کے دوران گاڑی کو سٹیئرنگ سے اِدھر اُدھر بھی موڑ سکتے ہیں۔ اے بی ایس یہ صرف ڈرائیور کی سہولت کیلئے ہے۔ یہ ڈرائیونگ کی صحیح پریکٹس کی ضرورت کو کم نہیں کرتی جیسے کہ خطرہ کے وقت فوری عمل اور روڈ کی کنڈیشن کو سمجھنا پھر بھی آپ کو پہلے سے منصوبہ بندی کی ضرورت ہے اور بریک نرمی سے اور آہستہ آہستہ استعمال کریں۔

کلچ پیڈل- کلچ پیڈل لیفٹ پاؤں سے استعمال ہوتا ہے۔ یہ تینوں پیڈلوں میں سے لیفٹ سائیڈ کا پیڈل ہوتا ہے

کلچ پیڈل کا کام - کلچ انجن اور گیئر بکس کے درمیان تعلق پیدا کرتا ہے۔ یہ ایک ایسا تعلق ہے اور جس پر ڈرائیور کا ہی کنٹرول ہوتا ہے۔ لیکن اس کے استعمال کیلئے بہت پریکٹس کی ضرورت ہے۔

کلچ پیڈل کیسے کام کرتا ہے۔ یہ بتانا بہت آسان ہے کہ کلچ دو پلیٹوں سے بنا ہے ایک انجن کے ساتھ ہے جب انجن چلتا ہے تو یہ پلیٹ ہر وقت گھومتی رہتی ہے۔ اور دوسری کا تعلق گیئر بکس کے ساتھ ہے یہ صرف اُس وقت گھومتی ہے جب پہلی پلیٹ کے ساتھ برعکس جڑتی ہے۔

جب آپ کلچ پیڈل کو دباتے ہیں تو کلچ پلیٹ الگ ہو جاتی ہیں اور اُن میں چلنے کا تعلق ختم ہو جاتا ہے۔

صحیح معنوں میں دونوں پلیٹس جُڑی ہوتی ہیں لیکن گاڑی کے پہیئے نہیں چلتے کیونکہ گیئر لگا ہوا نہیں ہوتا۔

بائیٹنگ پوئنٹ دونوں پلیٹس کے ملنے کا نقطہ - جب دونوں پلیٹس کا آپس میں تعلق ہونا شروع ہوتا ہے اور انجن پر وزن بڑھنا شروع ہو جاتا ہے تو اس کو بائٹنگ پوئنٹ کہا جاتا ہے۔

آپ کو صحیح بائیٹنگ پوئنٹ کا ماہر ہونے کیلئے پریکٹس کر کے سیکھنا پڑے گا۔ آپ اس کو محسوس کریں گے اور سُن بھی سکیں گے کیونکہ انجن کی سپیڈ معمولی سی کم ہو جائے گی۔

مختلف گاڑیوں کیلئے کلچ کو محسوس کرنا بھی مختلف ہوگا۔ یہ بھی کہ جب کلچ پلیٹس گھسنا شروع ہوتی ہیں تو بائیٹنگ پوئنٹ میں ہو سکتا ہے تبدیلی آجائے۔

کلچ کنٹرول

بائیٹنگ پوئنٹ کو سمجھنا بائیٹنگ پوئنٹ کلچ کنٹرول کا نازک حصہّ ہے۔دوسرا اہم حصہّ کلچ پلیٹس آپس میں نرمی اور مکمل طور پر جوڑنا ہے۔اگر پلیٹس آپس میں تیزی سے یا اچانک ملتی ہیں تو انجن بند ہو سکتا ہے یا پھر گاڑی زور سے جھٹکا مار کر کنٹرول سے باہر ہو جائے گی۔

صحیح کلچ کنٹرول پریکٹس کے ساتھ آتا ہے اور گاڑی چلانے اور گیئر تبدیل کرنے کیلئے نہائیت ضروری ہے۔

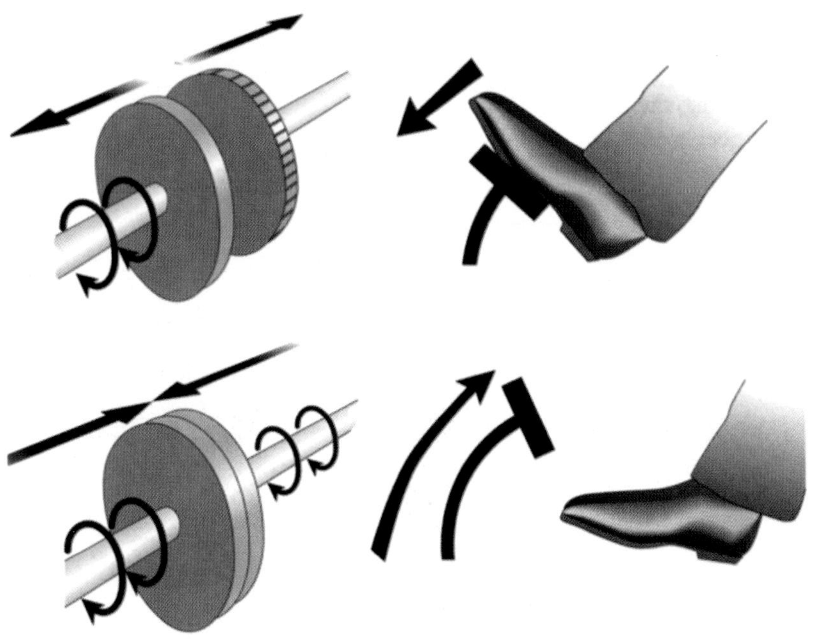

سوئیچز۔

سائیڈ لائیٹس اور ہیڈ لائیٹس۔

پوزیشن- زیادہ تر گاڑیوں میں لائٹنگ کنٹرولز سٹیرنگ ویل کے قریب سائیڈ پر ایک ڈنڈی سی لگی ہوتی ہے۔ اور اُس ڈنڈی پر مندرجہ ذیل تین پوزیشن دکھائی جاتی ہیں۔

1 - آف

2 - سائیڈ لائیٹ (ڈِم یا ڈِپ). پیچھے کی لائیٹ اور نمبر پلیٹ لائیٹ

3 - ہیڈ لائٹیٹ (بڑی لائیٹ یا ڈِپڈ بیم)اور ڈِپ کنٹرول

جب بیم لائیٹ آن کرو تو وارننگ نیلی لائیٹ ڈیش بورڈ پر ظاہر ہوتی ہے۔

کُچھ گاڑیوں میں ڈیم ڈپ لائیٹس ہوتی ہیں ۔ وہ اُس وقت آن ہوتی ہیں جیسے ہی سائیڈز لائیٹس آن کرو۔ گاڑی کو صرف سائیڈ لائیٹس آن کر کے چلانا ناممکن ہوتا ہے سائیڈ لائیٹس عام طور پر بغیر اگنیشن آن ہوئے بھی کام کرتی ہیں۔

لائیٹس کے بارے میں رات کی ڈرائیونگ کے سیکشن میں بھی بتایا گیا ہے۔

فوگ لائیٹ :۔ فوگ لائیٹ صرف سائیڈ لائیٹس یا ہیڈ لائیٹس کے آن ہونے پر کام کرتی ہیں۔ ماڈرن گاڑیوں میں کم از کم ایک پیچھے کی فوگ لائیٹ ضرور لگی ہوتی ہے۔ فرنٹ فوگ لائیٹ پسند پر لگائی جاتی ہے۔

جب پیچھے کی فوگ لائیٹ آن کرو تو وارننگ لائیٹ نظر آئے گی۔

پوزیشن۔ فوگ لائیٹ کا سوئچ عام طور پر سٹئیرنگ کی بجائے انسٹرومنٹ پینل پر ہوتا ہے۔ یہ لائیٹ صرف خراب موسم میں ہی جلائی جاتی ہے۔

استعمال۔ آپ کیلئے ضروری ہے کہ فوگ لائیٹ اُس وقت آن کریں جب بہت ہی کم فاصلہ تک دکھائی دے یعنی 100 میٹر یا اور کم فاصلہ اس کے علاوہ کبھی بھی فوگ لائیٹ کو آن نہ کریں کیونکہ یہ لائیٹ اتنی تیز ہوتی ہیں کہ دوسرے ڈرائیوروں کی آنکھوں میں جب پڑتی ہے تو اُن کی آنکھیں چندھیا جاتی ہیں اور اُن کو آگے کچھ دکھائی نہیں دیتا۔

ڈائیریکشن انڈیکیٹر یا سگنل

پوزیشن ؛ ڈارکشن انڈیکیٹر سوئچ عام طور پر سٹئیرنگ کالم کے کسی بھی سائیڈ ایک ڈنڈی پر ہوتے ہیں جس کو اوپر کرنے یا نیچے کرنے سے سگنل آن ہو جاتا ہے۔

سگنل یا انڈیکیٹر کو استعمال کرنے سے آپ اس قابل ہو جاتے ہیں کہ دوسرے روڈ استعمال کرنے والوں کو بتا سکیں کہ آپ کس طرف جانا چاہتے ہیں اس کا صحیح استعمال ہی محفوظ ڈرائیونگ کا اہم حصہ ہے۔ سگنل خود بخود آف بھی ہو جاتا ہے۔ اس کا دارومدار سٹیرنگ پر ہے کہ سٹئیرنگ کتنا گھمانے کی ضرورت ہے

اگر سٹئیرنگ معمولی سا گھمانا پڑے تو سگنل آف نہیں ہوتا اور خود آف کرنا پڑتا ہے۔

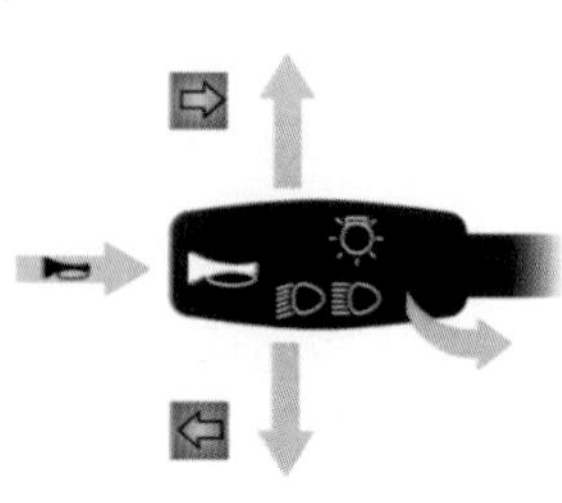

ڈیش بورڈ پرڈائیریکشن کی سبز لائیٹ فلیش کرتی نظر آئے گی اور ساتھ میں ٹِک ٹِک کی آواز بھی آئے گی تاکہ ڈرائیور کی ضرورت پوری ہونے کے بعد سگنل کو آف کر دیں۔ ورنہ دوسرے ڈرائیور غلط فہمی کا شکار ہو کر ایکسیڈینٹ کر سکتے ہیں۔ اسلیئے ہر ڈرائیور کیلیئے بہت ہی ضروری ہے کہ وہ اپنی گاڑی کے سگنل اور دوسرے ڈرائیوروں کے سگنل پر پورا دھیان رکھیں۔

خطرہ سے آگاہ کرنے والی لائیٹس

پوزیشن ۔اس سوئچ کی پوزیشن مختلف جگہوں پر ہوتی ہے کُچھ گاڑیوں کے سٹئیرنگ کالم پر اور کئی کے انسٹرومنٹ پینل پر

☆......ڈرائیور آسانی سے آن اور آف کر سکتا ہے

☆......صاف دکھائی دیتا ہے تاکہ غلطی سے استعمال ہونے سے بچ جائے۔

یہ لال چکور پر ایک تکون سفید باڈر والی ہوتی ہے۔اسکو آن کرنے سے ڈبل پیلی لائیٹ فلیش کرتی ہے۔ اس لائیٹ کو اس وقت آن کیا جاتا ہے ۔جب آگے کوئی خطرہ ہو یا آپ کی گاڑی اچانک کسی غیر محفوظ جگہ پر خراب ہوگئی ہو مثلاً موٹروے پر یا ممانعت والاڈیول کیرج وے پر اگر آپ کو کُچھ دیر رکنا ہے تو دوسروں کو آگاہ کرنے کیلیئے اس لائیٹ کو آن کر دیا جاتا ہے۔

جو ایریا پارکنگ کیلیئے منع ہے مثلاً ڈبل پیلی لائنیز وہاں پر لاپرواہی سے گاڑی کھڑی کرنا قانون کی خلاف ورزی ہے۔اسلیئے وہاں پر کوئی بہانا بنا کر گاڑی کبھی بھی نہ کھڑی کریں۔

جب آپ خطرے کی لائیٹ آن کریں گے وارننگ لائیٹ فلیش کرے گی ۔دوبارہ گاڑی چلانا شروع کریں تو اس لائیٹ کو آف کرنا نہ بھولیں۔

یاد رکھیں - اگر کوئی دوسرا ڈرائیور آپ کی گاڑی کی دونوں لائیٹوں کو نہ دیکھ سکا تو وہ یہ سمجھے گا کہ آپ نے کسی طرف مُڑنا ہے۔

وِنڈسکرین واشرز اینڈ وائپرز - واشرز اور وائپرز کو استعمال کرنے کیلیئے سٹیئرنگ کالم کے پاس ایک ڈنڈی لگی ہوتی ہے جس سے وائپرز اور واشرز آن کیئے جاتے ہیں۔ سٹیرنگ پر سے ہاتھ ہٹائے بغیر وائپرز

اور واشرز آن کئے جاسکتے ہیں۔ آپ کواس قابل ہوناچاہئے کہ روڈپر سے نظر ہٹائے بغیران کنٹرولز کو ڈھونڈ سکیں ۔کئی گاڑیوں میں کنٹرول کی ڈنڈی وائیپرز اور واشرز دونوں کے کنٹرولز کیلئے ہوتی ہے۔واشرز خراب موسم کیلئے بہت ہی اہم ہیں۔ جن گاڑیوں میں پچھلی سائیڈ پر بھی وائیپرز اور واشرز ہوتے ہیں اُن کیلئے الگ کنٹرول ہوتے ہیں۔ کچھ گاڑیوں کے ہیڈلیمپ اور پچھلی وِنڈسکرین کیلئے بھی وائیپرزاورواشر لگے ہوتے ہیں۔

استعمال؛ ان کا کام وِنڈسکرین کو بارش برف اور فوگ سے صاف رکھنا ہے۔

وائیپرز سے پہلے واشرز کا استعمال - وائیپرز کا سوئچ آن کرنے سے پہلے سکرین کا گیلا ہونا ضروری ہے ورنہ خشک سکرین پر مٹی یا ریت کی وجہ سے خراش یا نشان پڑ جائیں گے اور وائیپرز کے بلیڈ بھی خراب ہو جائیں گے۔ اور زیادہ عرصہ کام نہیں کر سکیں گے۔ سکرین پر رگڑ کے نشان پڑجانے سے رات کی ڈرائیونگ اور مشکل ہو جاتی ہے۔وِنڈسکرین اور وائیپر بلیڈز کو صاف رکھنا بھی ضروری ہے۔ اسلئے بہت سا پانی لے کر سپنج کے ساتھ سکرین کو باقاعدہ دھونا اور ساتھ میں وائیپر بلیڈز کو بھی دھوناچاہئے۔

پانی کی ٹنکی کو باقاعدگی سے چیک کرنااور بھرنا ضروری ہے۔اس میں ایک خاص دوائی ڈالیں جس کے استعمال سے گلاس بہت صاف رہتاہے خاص کرسردی کے موسم میں یہ پانی بھی جمنے نہیں دیتی۔

وائیپرز بلیڈز- وائیپر بلیڈز بھی ڈرائیور کی زندگی کی حفاظت کیلئے اہم ہیں اسلئے اگر بلیڈز خراب ہو جائیں یا ٹوٹ جائیں تو فوراً ٹھیک کروانا یا نئے لگوانا نہ بھولیں۔

ہارن

پوزیشن؛ ہارن عام طور پر گاڑیوں کے سٹیئرنگ پر یا سگنل کی ڈنڈی جو انڈیکیٹر کو کنٹرول کرتی ہے اُس کے کونے پر ہوتا ہے۔

کام؛ اس کا کام دوسرے ڈرائیوروں کو اپنی موجودگی کا بتانا۔

استعمال؛ دوسرے ڈرائیوروں کواپنی موجودگی سے آگاہ کرنے کیلئے اگر ضروری ہو تو استعمال کریں۔

مگرہارن زیادہ زور سے دبانا دوسروں کیلئے خطرہ بھی ثابت ہوسکتاہے۔اُن کی توجہ پر غلط اثرپڑتاہے ہارن صرف اُس وقت استعمال کرناچاہئے جب دوسری گاڑی آپ کی گاڑی کیلئے خطرہ بن رہی ہو جب کہ آپ کی گاڑی

کھڑی ہے۔

آبادی والے ایریا میں رات کے ساڑھے گیارہ بجے سے لے کر صبح کے سات بجے کے دوران ہارن دینا قانوناً منع ہے۔ کیونکہ رات کو سونے اور آرام کا وقت ہوتا ہے اور اُس وقت ہارن کی بجائے لائیٹ کو فلیش کرنا بہتر ہوتا ہے۔

وِنڈ سکرین اور پچھلے ونڈو کو گرم کرنا:۔ زیادہ تر گاڑیوں میں وِنڈ سکرین اور پچھلے وِنڈو کو گرم کرنے کا اِنتظام ہوتا ہے۔اس کا کام وِنڈ سکرین اور پچھلی سکرین کو مندرجہ ذیل سے صاف رکھنا ہوتا ہے۔

☆...... گاڑی کو اندرونی بھاپ سے۔

☆...... باہر سے سکرین اور وِنڈو پر پانی کے جمنے سے ۔

اِن کو ضرورت کے وقت فرنٹ اور پچھلی وِنڈ سکرین صاف رکھنے کیلیئے استعمال کرنا چاہئے۔خاص کر سردیوں میں بہت ضرورت پڑتی ہے۔

ڈی میسٹر ۔گاڑی کا انجن گرم ہونے پر سکرین کے ہیٹر کو آن کیا جاتا ہے اور ہیٹر کو ڈائریکٹ سکرین کی طرف سیٹ کریں تو گرم ہوا سیدھی سکرین کی طرف جاتی ہے۔کچھ گاڑیوں کے فرنٹ وِنڈو کی طرف بھی گرم ہوا جاتی ہے اور وِنڈو پر بھاپ نہیں ہوتی اور صاف رہتے ہیں۔ یاد رکھیں کہ ہر موسم میں ونڈ سکرین اور وِنڈو کا صاف رکھنا بہت ہی ضروری ہے۔

اگنیشن سوئچ اور سٹارٹر

پوزیشن ؛ اگنیشن سوئچ عام طور پر سٹیئرنگ کالم پر لگا ہوتا ہے۔

سٹارٹر کے استعمال سے پہلے یہ تسلی کرنا ضروری ہے کہ

☆...... ہینڈ بریک آن ہو

☆...... گیئر لیور نیوٹرل میں ہو۔

مگر کُچھ گاڑیوں میں اگنیشن اور سٹارٹر ایک ہی سوئچ سے آن ہوتا ہے۔کُچھ گاڑیوں کے سٹارٹر بٹن الگ الگ ہوتے ہیں۔زیادہ تر گاڑیوں میں چوروں سے بچاؤ ڈیوائس اگنیشن سوئچ میں ہی اکٹھی کر دی جاتی ہے۔اس سے سٹیئرنگ کالم لاک ہو جاتا ہے چابی سے اگنیشن آن کرنے پر سٹیئرنگ ویل معمولی سی حرکت سے فری ہو جاتا ہے۔جب بھی انجن سٹارٹ کرنا ہو تو چابی کو تھوڑا سا گھمانے سے ریڈیو اور فین وغیرہ آن ہو جاتے ہیں۔چابی کو معمولی

سااور گھماؤ تو تمام الیکٹریکل لائٹس آن ہو جاتی ہیں۔ اور جب تیسری بار چابی کو گھماؤ تو انجن سٹارٹ ہو جاتا ہے۔ انجن کے سٹارٹ ہوتے ہی چابی کو چھوڑ دیں زیادہ چابی کو گھمانے سے سٹارٹر موٹر کے خراب ہونے کا خطرہ ہوتا ہے

وارننگ -گاڑی خراب ہونے پر جب گاڑی کو کھینچ کرلے جانا ہو تو اگنیشن چابی کا استعمال کرنا پڑتا ہے تسلی کر لیں کہ سٹیئرنگ ویل حرکت کرنے کیلئے فری ہے۔

چوک ناب

پوزیشن:- یہ زیادہ تر کھینچ کر استعمال کی جاتی ہے یا انسٹرومنٹ پینل کے نیچے یا اوپر ہوتی ہے۔ موجودہ دور کی گاڑیوں میں زیادہ تر ایٹومیٹک چوک ہوتی ہے۔

کام :-اس کو آن کرنا ہو تو ناب کو باہر کی طرف تھوڑا سا کھینچنا پڑتا ہے اور اس طرح پٹرول انجن میں زیادہ مقدار میں جاتا ہے۔ اس کی ضرورت اس وقت پڑتی ہے۔ جب انجن سٹارٹ کرنے میں مشکل پیش آتی ہو خاص کر سردیوں کے موسم میں گاڑیوں کے انجن جب زیادہ ٹھنڈے ہو جاتے ہیں تو چوک استعمال کرنا پڑتا ہے۔ مگر انجن کے سٹارٹ ہونے کے کچھ دیر بعد چوک کو آف کرنا نہ بھولیں۔ ورنہ پٹرول بھی ضائع ہوگا اور فالتو پٹرول آتے رہنے کی وجہ سے انجن بھی خراب ہو سکتا ہے۔

چوک کی زیادتی انجن کو تیز چلائے گی اور گاڑی پر کنٹرول کرنا زیادہ مشکل ہو جائے گا یہ خطرناک بھی ہو سکتا ہے۔

ایٹومیٹک ٹرنسمشن سے ایکسلیریٹر کو دبائے بغیر گاڑی حرکت کرنا شروع کر دے گی۔

ایٹومیٹک چوک-اگر انجن ٹھنڈا ہو تو چوک انگیج ہو جاتی ہے جیسے ہی انجن گرم ہو تو خود بخود ڈس انگیج ہو جاتی ہے۔ جب تک چوک ڈس انگیج رہے انجن بہت تیز چلتا ہے اور گاڑی کو کنٹرول کرنا مشکل ہوتا ہے۔

ڈیزل انجن۔ جب آن کریں تو لائیٹ آن ہوتی ہے۔ گرم ہونے کے بعد جب لائیٹ آف ہو جائے تو سٹارٹ کریں۔

دوسرے کنٹرولز نسٹرومنٹ پر نظر آنے والے آلات۔اس قسم کے آلات کی تفصیل آپ کی گاڑی کی کتاب میں بتائی گئی ہے

خاص آلات

☆......**سپیڈو میٹر**:۔ سپیڈو میٹر سے یہ پتہ چلتا ہے کہ گاڑی کتنے میل فی گھنٹہ کی سپیڈ سے چل رہی ہے۔اور ٹوٹل

کتنے میل چل چکی ہے۔

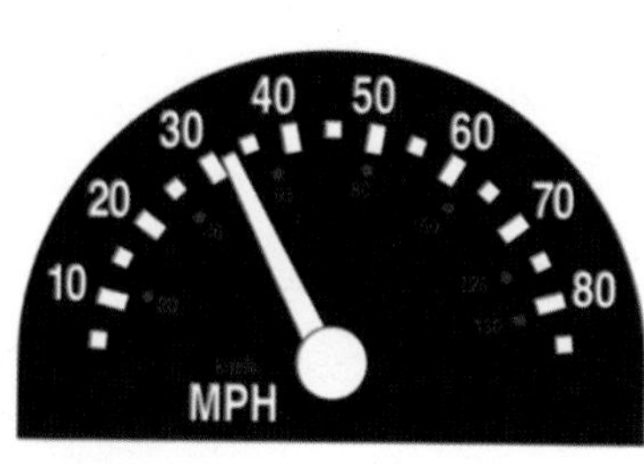

☆......ڈائریکشن انڈیکیٹر آن کرنے کی لائیٹس۔

☆......پٹرول گیج

☆......ہائی بیم انڈیکیٹر لائیٹس (زیادہ تر نیلی)

☆......ریوکاؤنٹر، کچھ گاڑیوں میں انجن سپیڈ میل فی منٹ

☆......انڈیکیٹر لیمپ کو گرم کرنا ؛ڈیزل انجن پر

☆......ٹمپریچر گیج۔

پوزیشن۔دکھائی دینے والے آلات انسٹرومنٹ پینل پر ڈرائیور کی سیٹ کے بالکل سامنے ہوتے ہیں۔

وارننگ لائٹس - یہ لیمپ آپ کو مندرجہ ذیل مدد دیتے ہیں۔

☆......حفاظت سے ڈرائیونگ کرنے کیلیئے

☆......انجن کے کام کے بارے میں بتانے کیلیئے اس کا انجن کے ساتھ تعلق ہے۔

☆......انجن اور دوسرے آلات کو خراب ہونے سے بچانے کیلیئے

☆......کام کرنے کی ترتیب کو دیکھنے کیلیئے۔

لیمپ کی قسمیں -کئی قسم کے مختلف لیمپ جو لگے ہوئے ہیں۔جن میں مندرجہ ذیل بھی شامل ہیں :-

☆......آئیل پریشر (اکثر پیلی ہوتی ہے)۔ اگر گاڑی میں تیل بہت ہی کم یا صحیح استعمال نہ ہورہا ہو جیسا کہ ہونا چاہیئے۔جب اگنیشن کو آن کریں تو لائیٹ آن ہو جاتی ہے۔ مگر انجن سٹارٹ ہون پر یہ لائیٹ ختم ہو جاتی ہے۔

☆......اگنیشن وارننگ لائیٹ (عموماً سرخ ہوتی ہے) انجن کے چلنے پر اگر یہ آن ہو تو اس کا مطلب ہے کہ گاڑی میں الیکٹریکل سسٹم میں کوئی نقص ہے۔

☆......اے بی ایس۔ یہ لائیٹ اُس وقت تک آف نہیں ہوتی جب تک گاڑی کی سپیڈ پانچ یا دس میل فی گھنٹہ نہ ہو جائے۔

☆......بریک کی کنڈیشن بتانے کیلیئے وارننگ لائیٹ آن ہو جاتی ہے۔

☆......واٹر ٹمپریچر۔اگر انجن زیادہ گرم ہو جائے تو یہ سوئی بتاتی ہے۔

☆......دروازے کھلے رہیں۔ تو وارننگ لائیٹ آن ہو جاتی ہے۔

☆......ہینڈ بریک آن رہ جائے تو لائیٹ وارننگ دیتی ہے۔

Low brake fluid level

Brake pad wear warning light

Seat belt warning light

Handbrake 'ON' warning light

ABS 'ON' warning light

☆...... چاروں طرف ہیزرڈ لائیٹ فلشرز۔

☆...... پیچھے کی فوگ لیمپ کی وارننگ لائیٹ۔

☆...... پچھلی سکرین کے ہیٹر انڈیکیٹر لائیٹ۔

☆...... سیٹ بیلٹ وارننگ لائیٹس۔

☆...... فوگ / ہیڈ / سائیڈ لیمپ انڈیکیٹر لائیٹ

☆...... بُوٹ کا ڈھکنہ کھلا رہنے کی وارننگ لائیٹ۔

کروز کنٹرول - یہ ایک الیکٹرانک ڈیوائس ہے جو ڈرائیور کو کھلے روڈ پر محفوظ رفتار کا انتخاب کرنے اور اسے برقرار رکھنے میں مدد دیتی ہے۔ اِس سے ڈرائیور کو ایکسیلریٹر پر لمبے عرصہ کیلئے برابر دباؤ رکھنے سے نجات مل جاتی ہے۔ یہ صرف ایسی صورتوں میں مناسب ہے جہاں رفتار میں متواتر تبدیلیوں کی ضرورت نہیں ہوتی۔

اگر ضرورت پڑے تو عام کنٹرول فوراً حاصل کیا جاسکتا ہے ۔یہ تب ہوتا ہے جب عام طور پر ڈرائیور ایکسیلریٹر یا فٹ بریک استعمال کرتا ہے۔

اوور ڈرائیو - اوور ڈرائیو ایسی ترکیب (device) ہے جو ہائی گیئرز کو زیادہ ریشو دیتی ہے۔ یہ انجن کی ٹوٹ پھُوٹ کم کر سکتی ہے اور پٹرول کی بچت زیادہ کر سکتی ہے۔

یہ ضروری نہیں کہ گاڑی کو تیز چلائے۔

اگرچہ یہ کئی سالوں سے موجود ہے لیکن پانچ گیئر والی گاڑیوں میں اضافے کی وجہ سے یہ سہولت بہت کم گاڑیوں میں لگائی گئی ہے۔

یہ عام طور سے گیئر لیور پر ایک سوئچ سے چلتی ہے۔

سیکشن 4 ڈرائیونگ شِیشے

اس سیکشن میں شیشوں کے بارے میں اور اُن کے استعمال کے بارے میں بتایا گیا ہے۔ شیشوں کا استعمال ایم ایس ایم روٹین کا ایک بنیادی حصہّ ہے۔ یہ بہت ہی ضروری ہے کہ آپ کو ہمیشہ یہ پتہ ہو کہ آپ کی ڈرائیونگ پچھلی ٹریفک پر کیسے اثر انداز ہو رہی ہے۔

ایم ایس ایم روٹین میں یہ سب شامل ہے کہ آپ شیشوں میں کیا دیکھتے ہیں اور اس کے مطابق کیسے عمل کرتے ہیں۔ باقاعدگی سے اور عقل سے شیشوں کا استعمال محفوظ ڈرائیونگ کے اصولوں کا ایک اہم جزو ہے۔

آپ کو چاہیئے کہ ایم ایس ایم روٹین کو اپنی ڈرائیونگ کا ایک اہم پہلو بنالیں۔

اس سیکشن میں مندرجہ ذیل موضوعات ہیں

☆......ڈرائیونگ شِیشے

☆......شیشوں کو سیٹ کرنا

☆......شیشوں کو استعمال کرنا

☆......پوشیدہ ایریا

☆......ایم ایس ایم روٹین (MSM)

☆......شِیشے اور خطرے

ڈرائیونگ شیشے پوزیشن - زیادہ تر گاڑیوں میں تین ڈرائیونگ شیشے ہوتے ہیں۔

☆......اندرونی شیشہ

☆......دو بیرونی شیشے ایک دروازے پر لیفٹ ہینڈ سائیڈ کا شیشہ اور ایک دروازے پر رائیٹ ہینڈ سائیڈ کا شیشہ

شیشوں کا کام

ڈرائیونگ شیشے

☆...... پیچھے اور سائیڈز کے منظر دکھاتے ہیں۔

☆...... آپکو اس قابل بنائے رکھتے ہیں کہ آپ کو ہر وقت پتہ چلتا رہے کہ آپ کی گاڑی کے چاروں طرف کیا کُچھ ہو رہا ہے۔

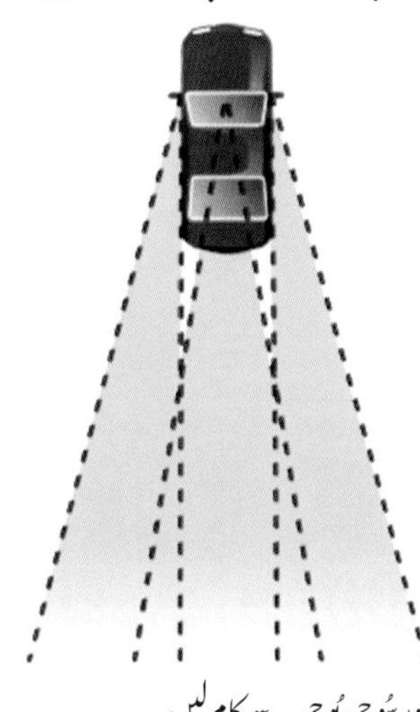

☆...... آپ کو دوسری ٹریفک کی پوزیشن اور سپیڈ کے بارے میں فیصلہ کرنے کیلئے محفوظ اور صحیح فیصلے کرنے میں مدد دیتے ہیں۔ جس کی بنیاد دوسری ٹریفک کی پوزیشن اور سپیڈ ہے۔

دفاعی (بچاؤ کی) ڈرائیونگ-ڈرائیونگ شیشوں کو ڈرائیور کی تیسری آنکھ کا درجہ دیا جاتا ہے۔

شیشے "بچاؤ کی ڈرائیونگ" کی تمام خوبیوں میں سے ایک اہم خوبی ہے۔

ہمیشہ شیشوں کو استعمال کریں تاکہ کے آپ کو ہر وقت پتہ چلتا رہے کہ آپ کے پیچھے اور سائیڈوں پر کیا ہے۔

یادرکھیں کہ شیشوں میں دیکھنا ہی کافی نہیں جو کُچھ دیکھیں اس پر حفاظت اور سُوجھ بُوجھ سے کام لیں۔

فلیٹ شیشے-زیادہ تر اندر کے شیشے اور کُچھ باہر کے شیشے ہموار یعنی فلیٹ ہوتے ہیں۔ فلیٹ شیشے پیچھے روڈ پر پکچر کو غلط نہیں دکھاتے ہیں۔ ان سے پچھلی ٹریفک کی سپیڈ اور فاصلہ کا اندازہ لگانا آسان ہوتا ہے۔

کنویکس شیشے - زیادہ تر باہر کے شیشے کنویکس گلاس کے ہوتے ہیں۔

☆......جو معمولی سے مُڑے ہوتے ہیں

☆......زیادہ ایریا دکھاتے ہیں۔ایسے شیشوں میں پچھلی ٹریفک کی پوزیشن اور سپیڈ کا صحیح اندازہ لگانا مشکل ہوتا ہے۔

بیرونی شیشے -ماڈرن گاڑیوں میں ڈرائیور سائیڈ کا بیرونی شیشہ بھی اندرونی شیشے کی طرح فلیٹ لگانے کی ضرورت ہوتی ہے۔اُن گاڑیوں میں ہوسکتا ہے حصّوں میں بٹے ہوئے شیشے بھی لگے ہوں۔ جن سے بہت زیادہ منظر نظر آتا ہو۔ ویگن اور دوسری گاڑیوں میں جن کے پیچھے دیکھنے میں رکاوٹ ہوتی ہے اُن کی دونوں سائیڈوں پر بیرونی شیشے لازمی ہونے چاہئیں۔

گاڑی کے ساتھ کاروان لگانا -اگر آپ کو کاروان یا کوئی چوڑا ٹریلر باندھ کر لے جانا ہو تو شیشے سائیڈ پر باہر کی طرف بڑھا کر لگے ہونے چاہئیں تاکہ آپ سائیڈوں پر سے کاروان یا ٹریلر کے اور آگے بڑھ کر دیکھ سکیں۔ جب آپ کارواں کو باندھ کر لے جارہے ہیں تو آپ کے اندرونی شیشے بے فائدہ ہیں۔ کیونکہ آپ کے پیچھے کے منظر کے بیچ رکاوٹ ہے۔

شیشوں کو سیٹ کرنا - حرکت کرنے سے پہلے پوری تسلی کرلیں کہ پیچھے روڈ پر ٹریفک کا جتنا بھی ممکن ہو سکے پورا اور اچھا منظر دیکھنے کیلئے شیشے صاف اور صحیح سیٹ ہیں۔جب آپ عام ڈرائیونگ پوزیشن میں بیٹھے ہوں تو شیشے اس طرح سیٹ کریں کہ آپ کو پچھلی ٹریفک کا پورا اور صحیح منظر دیکھنے کیلئے گردن کو حرکت دینے کی ضرورت نہ پڑے۔

ہمیشہ منظر کو دیکھنا ایسے سمجھیں کہ یہ کوک پٹ ڈرل کا ایک حصہ ہے۔

جب بھی شیشوں کو سیٹ کریں تو کناروں سے پکڑیں اور انگلیوں کے نشان شیشوں کے اوپر نہ لگنے دیں۔ شیشوں پر انگلیوں کے نشان منظر کو غلط اور دھندلا کرسکتے ہیں۔

اندرونی شیشہ -اندرونی شیشہ کو اس طرح سیٹ کریں کہ گاڑی کے پچھلے پورے ونڈو میں سے جتنا بھی ممکن ہو پورا اور صحیح منظر دکھائی دے۔خاص کر رائٹ سائیڈ کا منظر بغیر سر ہلائے نظر آجائے۔

باہر کے شیشے - باہر کے شیشے کو سیٹ کریں کہ

☆......پیچھے کا سب سے بہتر منظر نظر آسکے

☆......گاڑی کی سائیڈ صرف معمولی سی دکھائی دے۔

جب آپ ڈرائیونگ کررہے ہوں تو شیشوں کو ہرگز سیٹ نہ کریں۔

گاڑی کو حرکت دینے سے پہلے یا جب گاڑی کھڑی ہے تو اس وقت سیٹ کرلیں۔

جب آپ گاڑی کے اندر داخل ہوں تو شیشوں کو ضرور چیک کریں کہ آپ کے داخل ہونے سے وہ اپنی پوزیشن سے ہل تو نہیں گئے۔

گاڑی کو دھونے کے بعد ضرور چیک کریں کہ بیرونی شیشے ابھی بھی اپنی صحیح پوزیشن میں ہیں۔

الیکٹریک شیشے -زیادہ تر گاڑیوں کے دروازے کے شیشے الیکٹریکلی سیٹ کیئے ہوتے ہیں اُن کو استعمال کرنے کیلئے گاڑی کے اندر سوئچز ہوتے ہیں۔

کئی گاڑیوں کے ہیٹنگ کیلئے آلات لگے ہوتے ہیں جو فروسٹ اور جمے ہوئے پانی سے سکرین کو صاف رکھنے کیلئے استعمال کیئے جاتے ہیں۔گاڑی کے شیشے حرکت دینے سے پہلے سیٹ کرلیں نہ کہ ڈرائیونگ کے دوران۔

اینٹی ڈیزل شیشے - اندرونی شیشے میں عموماً اینٹی ڈیزل پوزیشن بھی ہوتی ہے۔ جب رات کو ڈرائیونگ کرتے ہیں تو پیچھے کی گاڑی کی کلائٹس اندر کے شیشے پر پڑتی ہیں اور آپ کی آنکھیں چُندھیا جاتی ہیں اس سے بچاؤ کیلئے اندرونی

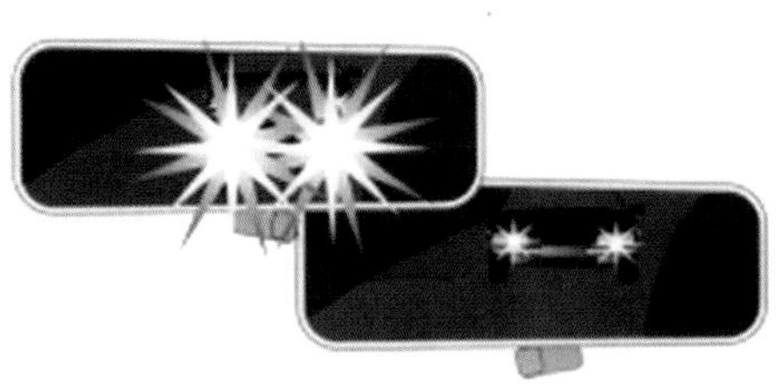

شیشہ کے نیچے کے کنارے پر ایک ٹِک لگی ہوتی ہے ۔ اُس ٹِک سے شیشہ کا رخ اوپر کی طرف کریں تو پھر بھی پیچھے کی ٹریفک کی لائٹس نظر آتی رہتی ہے مگر آنکھوں کے چندھیانے میں کمی ہو جاتی ہے۔

یاد رکھیں کہ عام استعمال کیلئے شیشے کو پھر سیٹ کرلیں۔

شیشوں کا استعمال- شیشوں کو باقاعدگی اور سمجھ سے استعمال کرنا اچھی ڈرائیونگ کیلئے نہایت اہم ہے۔

آپ کو پچھلی ٹریفک کی سپیڈ اور فاصلہ کا اندازہ کرنے کے بارے میں سیکھنے کیلئے وقت لگتا ہے۔

جب آپ کی گاڑی پوری طرح کھڑی ہو تو مندرجہ ذیل مشق کرنے کی کوشش کریں۔

☆......جب آپ اندرونی اور بیرونی شیشوں میں دیکھ کر پچھلی گاڑیوں کے منظر کا مقابلہ کرتے ہیں تو آپ کو فرق کا گمان ہوتا ہے۔ ہو سکتا ہے بیرونی شیشے میں گاڑیاں چھوٹی نظر آئیں۔ پھر اپنے کندھے پر سے مُڑ کر صحیح منظر کو دیکھیں۔

☆......جب آپ کی گاڑی بالکل کھڑی ہے تو پوشیدہ (blind) ایریا کو دیکھیں۔ یہ وہ ایریا ہیں جو آپ کے شیشے آپ کو ہمیشہ نہیں دکھاتے ہیں۔ان کے بارے میں اگلے صفحہ پر بتایا گیا ہے۔

کون سا شیشہ استعمال کرنا ہے - آپ کے شیشوں کے استعمال کا مطلب یہ ہے کہ آپ کس قسم کا مینوور کرنا چاہتے ہیں اور آپ کس ٹائپ کی گاڑی ڈرائیو کر رہے ہیں۔

عام طور پر آپ کو ہمیشہ اندرونی شیشہ پہلے اور اُس کے بعد میں بیرونی شیشہ استعمال کرنا چاہئے۔

بیرونی شیشے کے استعمال کا دارومدار مینوور اور حالات پر ہوگا۔ مثال کے طور پر بہت ہی آہستہ چلنے والی ٹریفک سے لفٹ مُڑنے سے پہلے آپ کو لیفٹ سائیڈ کا بیرونی شیشہ میں سائیکل سوار جو آپ کی لیفٹ سے لپک رہا ہے اُس کو دیکھنے میں مدد کرے گا۔

شیشوں میں کب دیکھنا چاہیے -ہمیشہ مندرجہ ذیل سے پہلے شیشوں میں دیکھنا بہت ہی ضروری ہے۔

☆......شیشوں کو صحیح وقت پر استعمال کریں۔

-کسی خطرہ کے نزدیک پہنچنے سے بہت پہلے

-آہستہ ہونے. لین تبدیل کرنے یا کوئی بھی مینور شروع کرنے سے پہلے۔

☆......جو کُچھ بھی دیکھیں اُس پر ہوشمندی سے عمل کریں

☆......ایم ایس ایم روٹین کا استعمال بہت پہلے شروع کریں

ہمیشہ شیشوں میں دیکھیں۔

☆......گاڑی کو حرکت دینے سے پہلے

☆......سگنل دینے سے پہلے

☆......ڈارکشن تبدیل کرنے سے پہلے

-لیفٹ یا رائیٹ مُڑنے سے پہلے

-اوورٹیک کرنے یا لین تبدیل کرنے سے پہلے

☆......آہستہ ہونے یا گاڑی کھڑی کرنے سے پہلے

☆......گاڑی کا دروازہ کھولنے سے پہلے

اوپر دیئے گئے سب ڈرائیونگ کے رول ہیں. جن پر عمل کرنے کیلئے کوئی شرط یا گرفت نہیں ہے ضروری استعمال کرنے ہیں۔سوائے ایمرجنسی کے

اپنے آپ سے مندرجہ ذیل سوال پوچھیں کہ آپ کے پیچھے کیا ہے؟

☆......آپ کے پیچھے آنے والی ٹریفک کتنی نزدیک ہے؟

☆......کتنی سپیڈ سے آرہی ہے؟

☆......کیا کر رہی ہے؟

☆......کیا مینور کرنا محفوظ ہے؟

یہ بھی بہت ضروری ہے کہ آپ شیشوں کا استعمال اتنا پہلے کریں اور دوسری ٹریفک کو اتنا وقت دیں کہ وہ آپ کے کسی بھی سگنل جو آپ کو دینے کی ضرورت ہے وقت پر عمل کرلیں۔ آپ شیشوں کو استعمال کر کے پچھلی ٹریفک

کے ردِ عمل کو چیک کریں۔

پوشیدہ اِیریا (ایسا ایریا جو دکھائی نہیں دیتا) –سامنے کا ایریا اور شیشوں میں ایریا کے علاوہ ایریا جو نظر نہیں آتا پوشیدہ ایریا کہلاتا ہے۔ خاص خاص پوشیدہ ایریا مندرجہ ذیل ہیں۔

☆...... جیسے آپ آگے کی طرف دیکھتے ہیں تو کیا دیکھتے ہیں اور بیرونی شیشوں میں کیا دیکھتے ہیں ان دونوں کے درمیان والا ایریا۔

☆...... جب آپ شیشوں میں دیکھتے ہیں تو کُچھ ایریا جو گاڑی کی بناوٹ کی وجہ سے پوشیدہ ہوتا ہے۔ مختلف بناوٹ کی گاڑیوں کے پوشیدہ ایریا بھی مختلف ہوتے ہیں۔

باہر کے شِیشے پوشیدہ ایریا کو کم کرنے میں مدد دیتے ہیں۔ مگر یہ یاد رکھیں کہ شِیشے آپ کو پیچھے کی ہر چیز نہیں دکھائیں گے۔ اِن کے علاوہ کئی اور بھی شیشے ملتے ہیں جن کو باہر کے شیشوں کے اوپر لگانے سے پوشیدہ ایریا میں کُچھ فرق پڑ جاتا ہے اور زیادہ ایریا دیکھنے کے قابل ہو سکتے ہیں۔

لیکن اِس کے باوجود کچھ ایریا پوشیدہ رہ جاتا ہے بیشک آپ شیشوں کو استعمال کرتے ہیں پوشیدہ ایریا کو کسی نہ کسی طرح نظر میں لانا ضروری ہے اِسلیئے ڈرائیور کو کندھوں پر سے مُڑ کر دیکھنا پڑتا ہے۔ یاد رکھیں گاڑی کو حرکت دینے سے پہلے شیشوں میں دیکھنے کے بعد رائٹ کندھے پر سے مُڑ کر ضرور دیکھیں اور اچھی طرح تسلی کر لیں محفوظ ہو تو گاڑی کو حرکت دیں۔

حرکت کرتے پوشیدہ ایریا کو چیک کرنا (ڈرائیونگ کے دوران)

بعض اوقات ایسے حالات ہوں گے جب آپ کیلیئے حرکت کرتے ہوئے پوشیدہ ایریا دیکھنا ضروری ہو گا۔ یہ پوشیدہ ایریا بالکل پیچھے اور کسی بھی سائیڈ پر ہونگے۔ مُڑ کر دیکھنے کی ضرورت نہیں چاہیے۔ لیکن بہتر ہے کہ سائیڈ پر سرسری نظر ڈالیں۔ خاص کر جب گاڑی تیز سپیڈ سے ڈرائیو کر رہے ہوں تو پوشیدہ ایریا کو کندھوں پر سے مُڑ کر دیکھنا ناممکن اور خطرناک ہوتا ہے۔ اُس وقت آپ آگے کے واقعات سے بھٹک جائیں گے اور اُسی لمحہ آگے سے ایکسیڈینٹ بھی ہو سکتا ہے۔ اگر شِیشے باقاعدگی سے اور ہوشمندی سے اِستعمال کرتے رہیں گے اور پیچھے کی ٹریفک سے ہر وقت باخبر رہیں گے کہ پیچھے کیا ہو رہا ہے تو پھر بھی کسی نہ کسی وقت سائیڈوں پر سرسری نظر ڈالنے کی

ضرورت رہے گی۔

سائیڈ پر سرسری نظر ڈالنا

☆...... لینز تبدیل کرنے سے پہلے۔

☆......سلیپ روڈ سے موٹروے یا ڈیول کیرج وے میں شامل ہونے سے پہلے

☆......جہاں ٹریفک آپ کے لیفٹ یا رائیٹ سے شامل ہو رہی ہے ایسے حالات میں مینوورنگ کرنے سے پہلے۔

دفاعی (بچاؤ کی) ڈرائیونگ – آپ کو یہ پہچان ہو کہ دوسرے ڈرائیوروں کا پوشیدہ ایریا کہاں ہوگا اور اُن کے پوشیدہ ایریا میں ضرورت سے زیادہ رہنے سے پرہیز کریں۔

میرر سگنل مینور (ایم ایس ایم) روٹین

ڈرائیونگ میں جتنا بھی تجربہ ہو میرر سگنل مینوور کو اپنی ڈرائیونگ کا اہم جزو بنائیں۔

اِس محفوظ عمل (روٹین) کو ہمیشہ یاد رکھیں۔

☆...... **میررز یعنی شیشے**. پچھلی ٹریفک کی سپیڈ پوزیشن اور فاصلہ معلوم کرتے رہیں ۔

☆...... **سگنل** ۔ یہ معلوم کرنا ہے کہ کب سگنل دینا ضروری ہے مثلاً کوئی بھی تبدیلی کرنا ، گاڑی کو آہستہ کرنا اگر سگنل دینا ضروری ہے تو صحیح وقت پر دیں۔

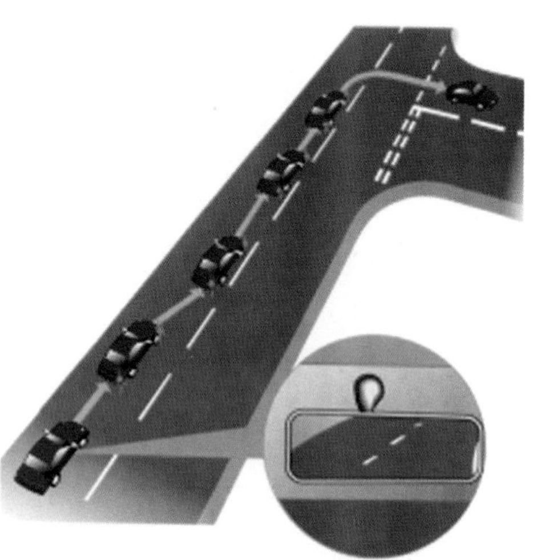

☆...... **مینوور** ۔ مینوور کا مطلب کوئی بھی تبدیلی سپیڈ میں یا پوزیشن میں۔

مینوور–مینور تین حصّوں پر مشتمل ہے

(پی ایس ایل)

پی - پوزیشن

ایس - سپیڈ

ایل - دیکھنا

پوزیشن - مینوور کیلئے ہمیشہ آپ کی گاڑی

صحیح پوزیشن میں ضروری ہو۔ جب بھی ڈائریکشن میں تبدیلی کی ضرورت ہو تو صحیح وقت پر پوزیشن بنالیں۔

سپیڈ– یہ یقین کرلیں کہ آپ کی گاڑی حفاظت سے مینوور مکمل کرنے کیلئے مناسب سپیڈ اور مناسب گیئر میں ہے۔

دیکھنا اِس کے بھی مندرجہ ذیل چار اہم اور لازمی حصے ہیں۔

☆...... **دیکھنا**

آپ کیا دیکھ سکتے ہیں؟

☆...... **غور کرنا**

آپ نے کیا پسند یا انتخاب کیا ؟

☆...... **فیصلہ کرنا**

فیصلہ کا اِنحصار اِس پر کہ آپ نے کیا دیکھا؟

☆...... **عمل کرنا**

جاتے رہنا چاہیئے یا اِنتظار کرنا چاہیئے.

ہمیشہ کریں– ہمیشہ ایم ایس ایم روٹین استعمال کریں

☆......گاڑی کو حرکت دینے سے پہلے

☆......سگنل دینے سے پہلے

☆......راستہ بدلنے سے پہلے

☆......ڈائریکشن تبدیل کرنے سے پہلے یعنی

– لیفٹ یا رائیٹ مُڑنے

–اوورٹیک کرنے یا لین بدلنے

☆......آہستہ کرنے یا رُکنے سے پہلے

ایسا کبھی نہ کریں

☆......شیشوں میں دیکھنے سے پہلے سگنل دینا

☆......ریورس کرتے وقت صرف شیشوں میں دیکھنا بلکہ روڈ کو استعمال کرنے والے اوروں کو بھی ساتھ ساتھ دیکھتے رہنا چاہیئے۔

☆......یہ سمجھنا عذکہ بس سگنل دے دیا ہے اور آپ محفوظ ہوگئے ہیں اور اب مینوور کرسکتے ہیں۔

تسلی کرنے کیلئے چیک ضرور کریں ہوسکتا ہے روڈ کو اِستعمال کرنے والے اوروں نے آپ کے سگنل کو نہ دیکھا

ہو یا اس کا مطلب نہ سمجھے ہوں۔

شیشے اور خطرے۔خطرہ سے مراد کوئی بھی ایسے حالات ہونا جن کی وجہ سے آپ کو کوئی مشکل یا خطرہ ہو۔ یا جسکی وجہ سے آپ کو گاڑی آہستہ یا اپنے عمل میں کوئی تبدیلی کرنی پڑ جائے۔جب بھی کوئی خطرہ نظر آئے تو شیشوں میں دیکھ کر سپیڈ یا ڈائریکشن میں تبدیلی لانے کیلئے آپ کو تیار رہنا چاہیئے۔

مندرجہ ذیل کو خطروں میں ہی شمار کیا جاتا ہے

☆......روڈ پر کوئی بھی موڑ

☆......تمام جنکشن

☆......پیدل چلنے والوں کے کراسنگ

☆......روڈ پر کام

☆......روڈ پر کوئی جانور

ہمیشہ شیشوں کا استعمال وقت پر کریں اور سوچ کر مندرجہ ذیل کے بارے میں درست فیصلہ کریں

☆......کیا سگنل دینا ضروری ہے؟

☆......کیا گاڑی کو حرکت دینا محفوظ ہے؟

☆......کیا راستہ بدلنا محفوظ ہے؟

پیچھے کی ٹریفک سے ہر وقت باخبر رہنا - پیچھے کی ٹریفک کی پوزیشن یا سپیڈ میں جو بھی تبدیلی ہو رہی ہو اُس کا ہر وقت علم ہونا ضروری ہے۔

اچھے ڈرائیور کو ہمیشہ جتنا آگے کے حالات کو جاننا چاہیئے اُتنا ہی پیچھے کے حالات کو بھی جاننا چاہیئے۔ ایسے روڈ پر جہاں پر ٹریفک کی پوزیشن میں تبدیلی تیزی سے ہوتی ہے۔ شیشوں میں باربار سرسری نظر ڈالتے رہنا چاہیئے اس سے ہر ایک تبدیلی کے بارے میں علم ہوتا رہتا ہے۔ شیشوں میں باربار سرسری نظر ڈالنا یا تھوڑے تھوڑے وقفہ کے بعد دیکھنے کا اِنحصار روڈ اور ٹریفک کی کنڈیشن پر ہے۔

موٹروے ڈرائیونگ - عام روڈ کی نسبت موٹروے پر ڈرائیونگ کرتے وقت شیشوں میں بہت پہلے دیکھنا پڑتا ہے کیونکہ تیز سپیڈ میں ٹریفک کا اندازہ لگانا زیادہ مشکل ہوتا ہے اور ٹریفک کی حالت میں تبدیلی بھی جلد سے جلد ہوتی رہتی ہے۔

سیکشن 5 گاڑی کو چلانے کی تیاری

مصروف روڈ اور ٹریفک میں ڈرائیو کرنے سے پہلے آپ کو گاڑی سٹارٹ کرنے۔ حرکت دینے اور کھڑی کرنے کے بنیادی طریقوں کا ماہر ہونا چاہیئے۔

آپ کیلیئے لازمی ہے کہ اپنی گاڑی پر ہر وقت پورا کنٹرول رکھیں خصوصاً

☆...... آپ کو مختلف کنٹرولز کے صحیح کام کرنے کے بارے میں پورا علم ہو

☆...... آپ ہاتھوں اور پاؤں کے کنٹرولز کو ایک ساتھ استعمال کرنے کے قابل ہوں۔

اس کے علاوہ ضروری ہے

☆......روڈ کے تمام اصولوں کا سمجھنا

☆......روڈ کو استعمال کرنے والے دوسرے لوگوں کی ضروریات کا خیال رکھنا

☆......گاڑی چلانے سے پہلے گاڑی کی بنیادی چیزوں کا علم ہونا جس سے آپ گاڑی کو چیک کر کے تسلی کر لیں کہ ہر ایک چیز صحیح طرح کام کر رہی ہے اور گاڑی چلنے کیلیئے محفوظ ہے ۔

اس سیکشن میں مندرجہ ذیل موضوعات ہیں

☆......گاڑی کو چلانے کی تیاری

☆......انجن کا سٹارٹ کرنا

☆......گاڑی کو حرکت میں لانا

☆......بریکنگ

☆......گاڑی کو ایمرجنسی میں روکنا

☆......ہینڈ بریک

☆......سٹیئرنگ

☆......گیئر تبدیل کرنا

☆......سگنلز

☆......گاڑی کو کسی زاویہ پر حرکت دینا

☆......گاڑی کو چڑھائی پر حرکت دینا

☆......گاڑی کو نیچے یا کسی ڈھلوان پر حرکت دینا

گاڑی کو چلانے کی تیاری

گاڑی ڈرائیو کرنے سے یہ مطلب نہیں ہے کہ انجن سٹارٹ کرنا آگیا تو ڈرائیونگ آگئی۔
سب سے پہلے آپ کو چاہئے کہ گاڑی کو چیک کریں اور تسلی کریں کہ آپ کی گاڑی محفوظ اور روڈ پر چلنے کیلئے تیار ہے۔

گاڑی کو روزانہ چیک کرنا - مندرجہ ذیل ہر روز چیک کرنا ایک عادت سی بنالیں

☆...... آیا ونڈ سکرینز ،ونڈوز اور تمام شیشے صاف ہیں

☆...... آیا تمام لائٹس اور انڈیکیٹر کام کر رہے ہیں خراب بلب نکال کر فوراً نیا بلب لگائیں (گاڑی میں فالتو بلب رکھنے چاہئیں)

☆...... آیا بریکز کام کرتی ہیں؛ کبھی بھی خراب بریک ہوتے ہوئے گاڑی نہ چلائیں۔

گاڑی کو باقاعدگی سے چک کرنا

گاڑی میں مندرجہ ذیل کا چیک کرنا گاڑی کی حفاظت اور maintenance کیلئے ضروری ہے۔ چیک کریں اور جہاں ضروری ہو درست کریں۔

☆...... انجن آئیل۔

☆...... ریڈیئیٹر میں پانی کا لیول یا ایکس پنشن ٹینک

☆...... بریک فلیوڈ لیول

☆...... بیٹری؛ ڈسٹلڈ پانی سے بھری ہو اگر ضروری ہو۔ (کچھ بیٹریز میں maintenance کی ضرورت ہی نہیں ہوتی۔)

☆...... ونڈ سکرین اور پچھلے ونڈوز واشر بوتل

آپ کو ٹائرز بھی چیک کرنے چاہئیں اور یہ تسلی کریں کہ

☆...... قانون کے مطابق ہیں؛ اُن کی ٹریڈ اور گہرائی صحیح ہو اور پھٹے ہوئے نہ ہوں اور پوری طرح محفوظ حالت میں ہوں۔

☆...... پریشر درست ہو۔

گاڑی کا معائنہ کب کرنا چاہئے۔ گاڑی کا معائنہ کرنے کا دارومدار گاڑی کے چلانے پر ہوتا ہے کہ آپ ہر روز گاڑی کو کتنا چلاتے ہیں۔ اگر زیادہ چلاتے ہیں تو ہر روز چیک کرنا چاہئے۔ گاڑی کی سروس باقاعدگی سے کروانا بہت ہی ضروری ہے۔ سروس کے بارے میں گاڑی کی کتاب کو پڑھیں اُس میں سب کچھ تفصیل سے بتایا جاتا ہے۔

ڈرائیونگ کی تیاری (کوک پِٹ ڈرِل) - سب سے پہلے آپ کو اپنی اور اپنی سواریوں کی حفاظت اور تمام روڈ کو استعمال کرنے والوں کی حفاظت کا خیال رکھنا ہوتا ہے۔ جب بھی آپ گاڑی میں داخل ہوتے ہیں تو مندرجہ ذیل ضرور چیک کریں کہ

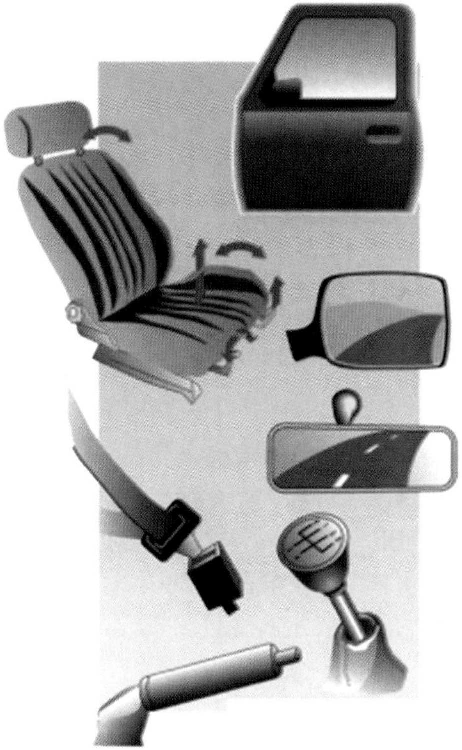

☆...... گاڑی کے دروازے پوری طرح بند ہیں۔

☆...... ڈرائیونگ سِیٹ کو بالکل صحیح ایڈجسٹ کریں تا کہ تمام کنٹرولز کو آسانی سے استعمال میں لا سکیں اور چاروں طرف آرام سے دیکھ سکیں۔

☆...... ہیڈ ریسٹرینٹ بھی صحیح پوزیشن میں ایڈجسٹ ہو۔

☆...... تمام شِیشے صاف اور صحیح طرح سے ایڈجسٹ کیئے ہوئے ہوں۔

☆...... آپ اور آپ کی سواریوں نے سیٹ بیلٹ باندھے ہوئے ہوں۔

☆...... سفر شروع کرنے سے پہلے یہ تسلی کر لیں کہ گاڑی میں پٹرول ضرورت کے مطابق ہو۔ تا کہ راستہ میں پٹرول ختم ہونے کی فکر نہ ہو۔

جو گاڑی پہلے کبھی آپ نے نہ چلائی ہو۔

سفر شروع کرنے سے پہلے آپ کو اس کے کنٹرول کے بارے میں جاننا اور سمجھنا ضروری ہے۔

☆...... کنٹرولز ؛ کہاں پر ہیں اور کیسے کام کرتے ہیں

☆...... سائیز ؛ گاڑی کی چوڑائی اُنچائی اور وزن

☆...... ہینڈلنگ ؛ فرنٹ ، پچھلے یا فور ویل ڈرائیو

☆...... بریکز ؛ آیا اے بی ایس بریکز لگی ہیں

انجن سٹارٹ کرنا - جب آپ گاڑی کی ضروری چیزیں چیک کر لیتے ہیں اور اپنی سیٹ پر بیٹھ کر انجن سٹارٹ کرنے لگتے ہیں تو سب سے پہلے۔

☆......دیکھیں کہ ہینڈ بریک آن ہے کہ نہیں معمولی سا اوپر کی طرف کھینچ کر چیک کریں۔

☆......گیئر لیور کو چیک کریں کہ نیوٹرل میں ہے (اور ایٹومیٹک گاڑی کیلیئے P یا N)

☆......چوک ناب کی ضرورت ہو تو استعمال کریں۔ کچھ گاڑیوں کی ایٹومیٹک چوک ہوتی ہے۔

☆......چابی سے اگنیشن کا سوئچ آن کریں اسطرح آئیل لائیٹ کے ساتھ کچھ اور لائیٹ بھی آن ہو جائیں گی اگر ڈیزل انجن ہو تو کچھ دیر انتظار کرنا پڑتا ہے جب تک کہ گلو پلگ لیمپ ختم نہ ہو جائے۔

☆......چابی کو معمولی سا اور آگے گھمائیں جیسے ہی انجن سٹارٹ ہو جائے فوراً چابی کو چھوڑ دیں۔ ورنہ سٹارٹر موٹر کے جل جانے کا اندیشہ ہوتا ہے۔

بعض اوقات گاڑی سٹارٹ کرنے کیلیئے ایکسیلریٹر کو بھی معمولی سا استعمال کرنا پڑتا ہے اس کا دارومدار کار کے ماڈل پر ہوتا ہے

اگر انجن سٹارٹ نہیں ہوا -اگر پہلی بار سٹارٹ کرتے انجن فیل ہو جائے تو

☆......چابی کو چھوڑ دیں

☆......کچھ دیر انتظار کریں

☆......پھر کوشش کریں ۔ صبر سے کام لیں مگر یہ بھی خیال رکھیں کہ ہو سکتا ہے کہ بار بار سٹارٹ کرنے سے کاربریٹر میں پٹرول حد سے زیادہ نہ چلا جائے ۔

انجن کا سٹارٹ ہونا - انجن سٹارٹ کرنے کیلیئے ہو سکتا ہے کہ گیس پیڈل کو معمولی سا دبانا پڑے تا کہ انجن مکمل طور پر چلنا شروع ہو جائے ۔ انجن کے سٹارٹ ہونے پر باقی لائیٹ آف ہو جانی چاہئے۔

اگر کوئی بھی لائٹ آن رہے تو انجن کا سوئچ آف کر دیں اور خرابی کو چیک کریں۔ کبھی بھی آئیل کی لائیٹ آن رہنے پر گاڑی کو نہ چلاتے رہیں اسطرح انجن خراب ہو جاتا ہے۔

مینول چوک - انجن سٹارٹ ہونے کے بعد چوک کو آف کرنا نہ بھولیں۔ چوک آن رہنے سے گاڑی ڈرائیو کرنے سے پٹرول ضائع ہوتا ہے اور خطرہ بھی ہو سکتا ہے خاص کر ایٹومیٹک ٹرانس میشن کے ساتھ۔

گاڑی کو حرکت دینا

☆......لفٹ پاؤں سے کلچ پیڈل کو پورا دبائیں اور اسی جگہ دبائے رکھیں۔

☆......گیئر لیور سے پہلا گیئر لگائیں اگر گیئر نہ لگے تو گیئر کو پھر نیوٹرل کر کے کلچ سے پورا دباؤ ہٹا کر دوبارہ کلچ کو پورا دبا کر پھر گیئر لگائیں۔

آپ کو حرکت دینے کی پوری تیاری صرف اُس وقت کرنی ہے جب آپ فوراً بعد چلنا چاہتے ہیں۔ مثلاً

☆......رائٹ پاؤں سے گیس پیڈل کو تھوڑا سا دبائیں اور ایک جیسا دباؤ ڈالے رکھیں۔

☆......کلچ کو آہستہ آہستہ نرمی سے اوپر لائیں یہاں تک کہ انجن کی آواز میں معمولی سی تبدیلی ہو جائے اس تبدیلی سے مطلب یہ ہے کہ کلچ بائیٹنگ پوئنٹ پر آ گیا ہے۔ پریکٹس کرتے کرتے بائیٹنگ پوئنٹ محسوس بھی ہونا شروع ہو جائے گا۔

☆......کلچ کو بائیٹنگ پوئنٹ پر ہی متواتر دبائے رکھیں۔

☆......فائنل یہ چیک کرنا ہے کہ آپ گاڑی کو حرکت میں لانے کیلئے محفوظ ہیں۔ شیشوں میں دیکھیں پھر رائیٹ کندھے پر سے مُڑ کر پوشیدہ ایریا میں دیکھیں۔

☆......سگنل کے بارے میں سوچ کر فاصلہ کریں اگر سگنل کی ضرورت ہے تو سوچ کر وقت پر سگنل دیں اور یہ بھی خیال رکھیں کہ اگر زیادہ دیر انتظار کرنا پڑ جائے تو کلچ بائٹنگ پوئنٹ پر رکھنے سے پرہیز کریں اس طرح کلچ تھوڑے عرصہ میں ہی خراب ہو جاتا ہے۔

☆......اگر گاڑی حرکت کرنے کیلئے محفوظ ہے تو ہینڈ بریک کو آف کرنے کیلئے تیار ہو جائیں۔

☆......اگر ضرورت ہو تو دوبارہ سب طرف چیک کر لیں اور شیشوں میں بھی دیکھ لیں۔

☆......جب پوری طرح یقین ہو جائے کہ اب گاڑی حرکت کرنے کیلئے محفوظ بھی ہے اور کوئی رکاوٹ بھی نہیں ہے تو ہینڈ بریک کو آف کریں اور ساتھ ہی کلچ کو بھی معمولی سا اوپر کریں تو گاڑی حرکت کرنا شروع کر دے گی اور کچھ دیر تک کلچ کنٹرول پر مضبوطی رکھنی پڑتی ہے اس لئے کلچ پیڈل کو بائیٹنگ پوئنٹ سے ذرا سا اوپر متواتر رکھیں۔

☆......اب گیس پیڈل کی سپیڈ بڑھانے کیلئے آہستہ آہستہ اور دباتے جائیں اور ساتھ ساتھ کلچ سے پاؤں کا دباؤ بھی کم کرتے جائیں یہاں تک کہ لیفٹ پاؤں کلچ سے ہٹا دیں۔ مگر جلد بازی نہ کریں۔ اس کیلئے بہت سی پریکٹس کی ضرورت ہوتی ہے

بائٹنگ پوئنٹ :- بائیٹنگ پوئنٹ کا مطلب جب کلچ پلیٹس آپس میں ملنا شروع کرتی ہیں۔ اس کیلئے بہت سی پریکٹس کرنی پڑتی ہے۔ کلچ کو نیچے جلد دبا سکتے ہیں مگر اوپر جلد نہیں لا سکتے۔

پریکٹس-ایک لیول اور سیدھے روڈ پر مکمل طریقہ سے گاڑی کو حرکت دیں اور پھر کھڑی کریں اور بار بار اسی عمل کو دہرانے سے یہ آپ کے ذہن کا ایک حصہ بن جائے گا اور پھر آپ کیلئے یہ سارا عمل آسان ہو جائے گا۔ اگر کلچ کو جلدی سے چھوڑیں گے تو گاڑی کو جھٹکے لگیں گے اور انجن بند ہو جائے گا۔

ایسا نہ کریں

☆......سگنل دے کر بغیر سوچے سمجھے گاڑی کو حرکت دینا۔

☆...... سگنل جلدی دے کر حرکت دینے کیلئے زیادہ دیر تک انتظار کرنا۔

دفاعی (یا بچاؤ کی) ڈرائیونگ

☆...... ہمیشہ گاڑی کو حرکت دینے سے پہلے چاروں طرف اچھی طرح چیک کریں۔

☆...... اگر ضروری ہو تو سگنل دیں۔

☆...... کبھی بھی چلتی ہوئی ٹریفک کے راستے کی رکاوٹ نہ بنیں۔

☆...... کبھی رش نہ کریں۔

بریک لگانا - بریک کو حفاظت سے اور صحیح استعمال کرنا ہی اچھی ڈرائیونگ کی اہم خوبی ہے۔

کوشش کریں کہ گاڑی کو رفتہ رفتہ اور نرمی سے آہستہ کریں۔

دور اندیشی اور بریکنگ -اگر آپ پوری طرح ہوشیار اور دور اندیش رہیں تو تیز بریک لگانے کی ضرورت کم ہی پڑے گی۔ دور تک پورا دھیان رکھیں اور ہوشیار رہیں خطروں کو پہلے ہی سمجھ لیں تو آپ کو بہت پہلے اور آہستہ آہستہ بریک لگانے کا وقت مل جائے گا۔

دیر سے اور زور سے بریک لگانے کا مطلب یہی ہوتا ہے کہ ڈرائیور دور تک خطروں کا اندازہ لگانے میں کمزور ہے اپنی حفاظت کا بہت کم خیال رکھتا ہے۔

بریکنگ اور سٹیئرنگ - بریک لگانے سے گاڑی کا وزن آگے کی طرف چلا جاتا ہے اور سٹیئرنگ میں زیادہ مشکل ہو جاتی ہے۔ اگر آپ کو سخت بریک لگانی ہے تو کوشش کریں کہ جب گاڑی ایک لائن میں ہو تو ایسا کریں۔

یاد رکھیں - بریک لگاتے وقت گاڑی کی سپیڈ جتنی زیادہ ہو گی

☆...... اتنا ہی گاڑی کو کنٹرول کرنا بھی مشکل ہو گا۔

☆...... آپ کو گاڑی روکنے کیلئے بھی زیادہ فاصلہ کی ضرورت ہے۔

آپ کو خیال رکھنا چاہیئے۔

☆...... آپ کو اپنی اور اپنی سواریوں اور تمام دوسرے روڈ استعمال کرنے والوں کی حفاظت اور سکون واطمینان کا۔

☆...... بریکز۔ ٹائیرز اور سسپنشن کے خراب ہونے کا۔

☆...... آگے اور پیچھے والی گاڑیوں کا ہو سکتا ہے اُن گاڑیوں کی بریکز اتنی اچھی نہ ہوں جتنی آپ کی گاڑی کی ہیں۔

موڑ پر بریکنگ سے باز رہیں - موڑ پر بریک لگانے سے انجام خطرناک ہو سکتا ہے۔

گاڑی کا وزن باہر اور اسی طرح آگے کی طرف پڑتا ہے۔ فرنٹ ٹائر جو خم کے باہر کی طرف ہیں اُن پر حد سے زیادہ وزن ہو جائے گا اور گاڑی سخت سکیڈ کر سکتی ہے۔ روڈ کی کنڈیشن بھی یعنی موڑ ، روڈ کی سطح کا برابر نہ ہونا ، کچا یا

آئسی روڈ اونچا یا نیچا روڈ بریکز پر بہت اثر انداز ہوتا ہے۔

دُور تک کا سوچنا -ڈرائیونگ کرتے آگے دُور تک دھیان رکھیں اور تیز یا سخت بریک لگانے سے گریز کریں۔ آپ کو گاڑی کبھی بھی تیز سپیڈ سے اور اگلی گاڑی کے بہت قریب بھی نہیں چلانی چاہئے۔ آپ کے اس عمل سے دوسرے ڈرائیوروں پر اس کا بُرا اثر پڑ سکتا ہے۔ بریک لگانے سے پہلے ہمیشہ شیشوں کو استعمال کریں اور اپنے آپ کو بہت زیادہ جگہ دیں۔

مندرجہ ذیل باتوں پر توجہ دیں

☆...... آپ کے ردِ عمل کرنے میں تیزی۔

☆...... گاڑی کی مکانیکل کنڈیشن ۔بریکز۔ سٹئیرنگ. اور سسپنشن

☆...... ٹائرز کی قسم ،کنڈیشن اور پریشر

☆...... گاڑی کا وزن. سائز اور اس پر سامان۔

☆...... روڈ کی حالت یعنی اونچائی اور چڑھائی۔

☆...... روڈ کا سائیڈوں پر جھکاؤ یا موڑ

☆...... موسم(بارش .دھند.)اور یہ کہ آپ کو کتنا صاف دکھائی دیتا ہے۔

☆...... روڈ کی سطح یعنی پتھریلی۔ ملائم۔ کچی۔ گیلی۔ کیچڑ۔ پتوں سے ڈھکی ہوئی۔ آئس یا برف۔

اچھی بریکنگ کے پانچ رولز

☆...... جانکاری ؛ سوچیں اور آگے دُور تک دھیان رکھیں۔

☆......اپنی مشکلات اور گاڑی کی کنڈیشن کا پتہ ہونا چاہئے

☆......روڈ کی حالت اور اُس کی سطح پر دھیان دیں۔

☆...... آہستہ آہستہ سے بریک لگانے کیلئے اپنے آپ کو بہت سا فاصلہ اور وقت دیں۔

☆...... سکڈ کے خطرے سے بچائیں اور گاڑی کو صحیح کنٹرول میں رکھیں۔

دفاعی (یا بچاؤ کی) ڈرائیونگ- اگر پچھلی گاڑی آپ کی گاڑی کے بہت نزدیک ہو تو گاڑی کو رفتہ رفتہ آہستہ کریں کہ اگلی گاڑی سے فاصلہ زیادہ ہو جائے اور پچھلی گاڑی کو بھی خطرہ نہ ہو اور ایک دم بریک لگانے سے پرہیز کریں۔

گاڑی کو روکنا - سوائے ایمرجنسی میں گاڑی کو روکنے کا ہمیشہ ایک ہی جیسا طریقہ اختیار کیا جاتا ہے۔ بریک لگانے کا صحیح طریقہ شروع سے ہی سیکھیں۔

بریک لگانے کیلئے بریک پیڈل پر کتنا اور کس حساب سے دباؤ ڈالنا ہے۔ اسکا انحصار گاڑی کی سپیڈ پر اور کتنی جلدی آپ کو رُکنے کی ضرورت پر ہے۔

گاڑی کھڑی کرنے کا طریقہ

☆...... شیشوں کو استعمال کریں

☆...... صحیح سوچ لیں کہ آیا گاڑی کھڑی کرنے کیلئے سگنل سے دوسروں کو آگاہ کرنے کی ضرورت ہے۔

☆...... اگر ضروری ہے تو سگنل دیں۔

☆...... اپنا پاؤں گیس پیڈل سے ہٹا دیں۔ اس طرح انجن آہستہ ہو جائے گا۔

☆...... اپنے رائیٹ پاؤں سے فٹ بریک کو پہلے ہلکا سا دبائیں اور پھر دباؤ کو رفتہ رفتہ زیادہ کر دیں

☆...... گاڑی کھڑی ہونے والی ہو تو کلچ پیڈل کو لیفٹ پاؤں سے پورا دبا دیں۔ اس طرح انجن کا تعلق پہیوں سے ختم ہو جائے گا اور انجن بند یعنی سٹالنگ ہونے سے بچ جائے گا مگر خیال رکھیں کلچ کو جلدی یعنی بہت پہلے نہ دبائیں۔ کیونکہ انجن بریکنگ میں بھی مدد کرتا ہے۔

☆...... جیسے ہی گاڑی کھڑی ہو بریک سے دباؤ ہٹادیں لیکن ایسا کسی ڈھلوان وغیرہ پر نہ کریں۔

☆...... ہینڈ بریک لگا دیں۔

☆...... گیئر لیور کو نیوٹرل میں کر دیں۔

☆...... دونوں پاؤں کو پیڈلوں پر سے ہٹا دیں۔

سٹاپ ہونے سے پہلے گیئر کم کرنا - عام طور پر گاڑی کھڑی کرنی ہو تو کبھی کبھار گیئر کو کم کرنے کی ضرورت ہوتی ہے۔ لیکن ہمیشہ روڈ کی سپیڈ اور روڈ کی کنڈیشن کے مطابق گاڑی کو درست گیئر میں ہونا چاہیئے ۔

بریک کو آہستہ آہستہ لگانا - یہ محفوظ ڈرائیونگ تکنیک ہے۔ جس سے

☆...... دوسرے ڈرائیوروں کو بھی عمل کرنے کا موقع ملتا ہے۔

☆...... پہیئے لاک ہونے سے بچ جاتے ہیں۔

☆...... سکڈنگ نہیں ہوتی۔

☆...... بریکز. ٹائرز اور سسپنشن خراب نہیں ہوتے۔

☆...... پٹرول ضائع نہیں ہوتا۔

☆...... سواریوں کو زحمت نہیں ہوتی

بریک استعمال کرنے کا طریقہ

☆...... بریک پر پہلے ہلکا ہلکا دباؤ ڈالیں۔

☆...... گاڑی کے کھڑی ہونے تک دباؤ کو ضرورت کے مطابق بڑھاتے جائیں۔

☆...... جب گاڑی تقریباً کھڑی ہونے والی یا کھڑی ہوگئی ہو تو بریک سے دباؤ ختم کردیں تو گاڑی آرام سے کھڑی ہو جائے گی۔ جب گاڑی صحیح طرح کھڑی ہو جائے تو بہت کم یا بالکل دباؤ نہیں ہونا چاہئے۔

کھڑی کرنے کی پریکٹس۔ کسی خاص نشان کا انتخاب کریں۔ اور اُس کے جتنا قریب ہوسکے روکنے کی کوشش کریں۔ لیکن بہتر ہوگا کہ اُس نشان سے معمولی سا پہلے روکیں اور جب کھڑی ہونے والی ہو تو معمولی سا بریک سے دباؤ ہٹا دیں اس سے گاڑی آگے بڑھ کر صحیح جگہ پر آرام سے کھڑی ہو جائے گی بجائے اس کے کہ تیزی سے نشان سے آگے نکل جائے۔

کرب کے نزدیک گاڑی کھڑی کرنے کی بھی پریکٹس کرنی پڑتی ہے اصل مقصد یہ ہے کہ گاڑی کو کرب کے نزدیک بغیر رگڑ کے کھڑی کریں۔

کھڑی کرتے وقت دونوں ہاتھ سٹیئرنگ ویل پر ہونے چاہئے.

ایمرجنسی میں گاڑی کھڑی کرنا - ایک اچھے ڈرائیور کو عام حالات میں زور سے یا سخت بریک لگانے کی ضرورت نہیں ہونی چاہئے۔ مگر پھر بھی بعض اوقات کئی واقعات اچانک ہوسکتے ہیں مثلاً جب ایک بچہ آپ کے سامنے اچانک روڈ پر دوڑتا ہوا آتا ہے۔ تو آپ کو معلوم ہونا چاہئے کہ کس طرح گاڑی کو جلد سے جلد پورے کنٹرول سے روکنا ہے۔ ایمرجنسی میں گاڑی کے سکڈ ہونے کے خطرے زیادہ ہوتے ہیں۔

یاد رکھیں بیشک آپ نے گاڑی جلد سے جلد کھڑی کرنی ہے مگر بریک کا استعمال کرنے کا طریقہ وہی ہوگا بریک پر دباؤ ہلکا ہلکا زیادہ کرتے جائیں یہاں تک کہ گاڑی آرام سے کھڑی ہو جائے۔

ایمرجنسی بریک کے عمل میں پھرتی کا ہونا ضروری ہے۔ بریک کا عمل جتنا جلدی شروع کریں گے گاڑی بھی اُتنی ہی جلدی کھڑی ہو جائے گی۔

مندرجہ ذیل طریقوں کے مطابق پریکٹس (ایمرجنسی سٹاپ)

☆...... دونوں ہاتھ سٹیئرنگ ویل پر ہوں اور جتنا بھی ہوسکے گاڑی پر کنٹرول رکھنا ضروری ہے

☆...... بہت ہی سخت بریک نہ لگائیں اور ویلز کو لاک نہ ہونے دیں۔ اسطرح گاڑی کے سکڈ ہونے اور کنٹرول

نہ ہونے کا خطرہ ہوتا ہے۔

☆......جب تک گاڑی بالکل کھڑی ہونے والی نہ ہواس وقت تک کلچ کو نہ دبائیں اس سے آپ کی گاڑی کھڑی ہونے میں مضبوطی ہو گی۔

☆......ہینڈ بریک کو بالکل ہاتھ نہ لگائیں۔ ہینڈ بریک زیادہ تر پچھلے پہیوں کیساتھ کام کرتی ہے بریکنگ پر ضرورت سے زیادہ اثر پڑنے سے گاڑی سکڈ ہو سکتی ہے۔

نوٹ -اگر آپ کی گاڑی میں اے بی ایس بریکز ہیں تو ضروری نہیں کہ یہ طریقہ صحیح ہو جیسے کہ مینوفیکچرز کی کتاب میں بتایا گیا ہے۔

ہینڈ بریک لگائیں اور گیئر کو نیوٹرل میں کر دیں بشرطیکہ آپ اُسی وقت دوبارہ حرکت نہیں کر رہے تو۔

بریکنگ کی پریکٹس کیلئے بریک پر صحیح دباؤ کا اندازہ لگائیں معلوم کریں اور یاد رکھیں روڈ اور موسم کی حالت پر بھی دھیان دیں۔اگر روڈ خشک ہے تو آپ کو مضبوط دباؤ کی ضرورت ہے۔ لیکن گیلے روڈ یا کچی سطح پر زیادہ دباؤ سے گریز کریں۔

اس کا مطلب یہ کہ آپ سپیڈ کو کم کرنے کی ضرورت ہے تو اپنی گاڑی اور فرنٹ گاڑی کے درمیان فاصلہ زیادہ کرنا ہو گا۔

ایمرجنسی کے وقت کیا خیال رکھنا چاہیئے

☆......سگنل نہ دیں۔ آپ کو دونوں ہاتھوں سے سٹیئرنگ کنٹرول میں رکھنے کی ضرورت ہے۔

☆......کسی خاص مقصد کیلئے شیشوں میں نہ دیکھیں. بلکے پہلے سے پتہ ہونا چاہئے کہ پیچھے کیا ہے۔

☆......جتنا ممکن ہو جلد اور حفاظت سے سٹاپ کریں۔ اپنی گاڑی کو پورے کنٹرول میں رکھیں۔

☆...... گاڑی کو دوبارہ حرکت دینے سے پہلے سب طرف دیکھنا نہ بھولیں۔

دفاعی(یا بچاؤ کی)ڈرائیونگ

☆...... اتنی احتیاط سے ڈرائیونگ کریں کہ ایمرجنسی کے واقعات پیدا ہی نہ ہوں۔

- سامنے دُور تک دھیان رکھیں۔
- کھیلتے ہوئے بچوں پر دھیان رکھیں۔
- سکول کے اوقات کو یاد رکھیں۔
- پیدل چلنے والوں پر دھیان رکھیں۔
- چیزوں کے منعکس یعنی ریفلکشن وغیرہ پر نظر رکھیں۔

☆......ہمیشہ ایسی سپیڈ سے گاڑی چلائیں کہ جتنا فاصلہ صاف نظر آتا ہو اُس میں گاڑی کو حفاظت سے روک سکیں۔

اگر صاف پتہ نہ چلے تو گاڑی کو آہستہ کر لیں۔

☆...... غیر متوقع واقعات کیلئے تیار رہیں۔

انٹی لاک بریکنگ سسٹم (ABS) -انٹی لاک بریکز کچھ گاڑیوں میں مرضی سے لگائی جاتی ہیں اور کچھ خاص قسم کی بڑی سامان کی گاڑیوں اور ٹریلر کی ضرورت پر لگائی جاتی ہیں۔

جب سخت بریک لگائی جاتی ہے اور ویل تقریباً لاک ہونے والے ہوتے ہیں اور سنسر کنٹرولر بریک کو آف کر دیتا ہے اور خود بخود فوراً دوبارہ بریک کو آن کر دیتا ہے۔

اے بی ایس بریک استعمال کے وقت سٹیئرنگ بھی استعمال کر سکتے ہیں۔ایمر جنسی میں یہ اور بھی زیادہ مفید ہوتی ہیں

اے بی ایس کی اچھائی- اے بی ایس آپ کو محفوظ طریقہ سے روکنے میں مدد کرتی ہیں۔ لیکن اس سے یہ مطلب نہیں کہ آپ لاپرواہی سے گاڑی تیز چلائیں اس امید پر کہ اے بی ایس آپ کو بچا لیں گی ایسا ہرگز نہیں حفاظت کا خیال رکھنا آپ کی اپنی ذمہ داری ہے۔

اے بی ایس - ہر مشکل کا اعلاج نہیں ہے۔ ممکن ہے کہ کوئی نہ کوئی ٹائر سکڈ ہو جائے۔

☆......روڈ پر ٹائر کی کمزور گرفت کی وجہ سے

☆......روڈ کی سطح پر پانی کی وجہ سے

☆......روڈ کی سطح ڈھیلی یا کچی کی وجہ سے

اے بی ایس آپ کی مہارت میں اضافہ ضرور کر سکتی ہے لیکن اُن کی جگہ نہیں لے سکتی۔

ہینڈ بریک- عام طور پر جب بھی گاڑی کھڑی کریں تو ہینڈ بریک لگانی چاہیۓ۔

اگر ٹریفک لائیٹ یا کسی لمبی قطار میں گاڑی کچھ دیر کیلئے روکنی پڑ جائے تو گیئر کو نیوٹرل کریں اور ہینڈ بریک لگا دیں بشرطیکہ انتظار بہت ہی کم ہو

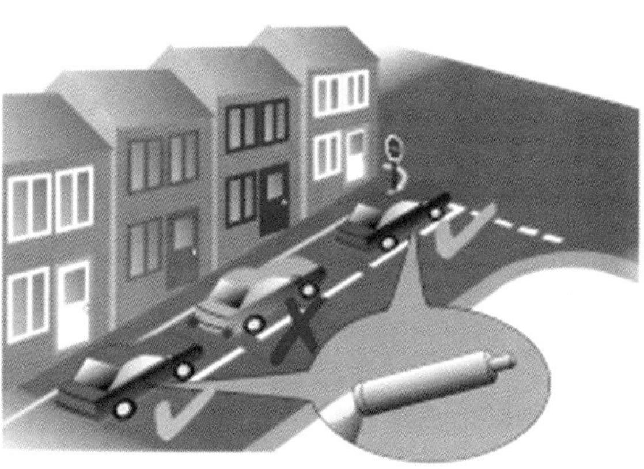

اگر آپ کے جوتے گیلے ہیں یا اگر آپ کی گاڑی پیچھے سے ٹکرا جائے آپ کا پاؤں فٹ بریک سے باآسانی پھسل سکتا ہے تو آپ کی گاڑی اگلی گاڑی سے یا کسی پیدل چلنے والے سے ٹکرا سکتی ہے۔

ہمیشہ اپنی گاڑی اور اگلی گاڑی کے درمیان محفوظ فاصلہ رکھیں جبکہ "قیو" میں خاص کر چڑھائی پر ہوں اِس طرح اگر آگے والی گاڑی پیچھے کی طرف پھسل جائے یا پچھلا ڈرائیور ایک دم آگے بڑھے تو گاڑیاں ٹکرانے سے بچ جائیں گی۔

ہمیشہ شیشوں پر نظر رکھیں۔

ایٹومیٹک ٹرانس مشن والی گاڑی کو ہینڈ بریک کی اور بھی زیادہ ضرورت ہوتی ہے۔ ہینڈ بریک لگانے سے گاڑی کھسکنے کا امکان نہیں رہے گا۔

ڈرائیو(D)پر اگر گیس پیڈل غلطی سے دبایا جائے تو ہینڈ بریک آگے بڑھنے سے بچالے گی۔

سٹئیرنگ- گاڑی کے سٹئیرنگ کی پریکٹس کیلئے پہلے گاڑی کو کم رفتار پر فٹ پاتھ سے تقریباً ایک میٹر (تین فُٹ) دُور ہٹا کر چلائیں۔ صرف گاڑی کے آگے دیکھنے کی بجائے دُور تک دیکھیں۔ بہت ہی سنبھل کر اور نرمی سے گاڑی کو حرکت دیں۔ سٹئیرنگ کو پھیرتے وقت کبھی بھی یکدم اور جھٹکے سے نہ گھمائیں۔

پُل۔ پُش کا طریقہ-جب بھی گاڑی کو کسی طرف موڑو تو سٹئیرنگ ویل پر ہاتھوں کو کراس نہ کریں۔ پُل. پُش کا طریقہ استعمال کریں جو پہلے بتایا جا چکا ہے

ایک ہاتھ سے سٹئیرنگ کی پریکٹس-جب دونوں ہاتھوں سے سٹئیرنگ تھامنے کی پرکٹس کرلیں تو پھر ایک ہاتھ سے سٹئیرنگ پکڑ کر گاڑی چلانے کی پریکٹس کریں اِس سے یہ مطلب نہیں کہ آپ کو اس طرح گاڑی چلانی پڑے گی بلکہ جب کبھی ایک ہاتھ اُٹھانا پڑ جائے مثلاً گئیر تبدیل کرنا پنکھا یا لائیٹ آن کرنی تو اس وقت سٹئیرنگ آؤٹ آف کنٹرول نہیں ہونے پائے گا۔ اپنے بازو کو معمولی سا سخت رکھیں تو آپ کو سٹئیرنگ ویل کو نیچے پُل کئے یا جھکے بغیر گاڑی سیدھی لے جانے میں مدد ہو گی پریکٹس ہر ایک ہاتھ سے کریں۔

گئیر تبدیل کرنا- حفاظت سے ڈرائیونگ کرنے کیلئے آپ کو گئیرز کے بارے میں مندرجہ ذیل تمام جاننا ضروری ہے :-

☆...... کیسے گئیر تبدیل کیا جاتا ہے۔

☆...... کب گئیر تبدیل کرنا ہے ۔

☆...... کونسا گئیر لگانا ہے۔

اس قسم کے ہنر پریکٹس سے اور وقت کے ساتھ خود بخود آجاتے ہیں۔

گیئر کی پوزیشن یا جگہ - آپ کو گیئر لیور کو دیکھے بغیر گیئر لیور کی مختلف پوزیشن جاننے کی ضرورت ہے۔
گیئر کی پوزیشن جاننے کیلئے گاڑی کا انجن آف ہو اور کلچ ڈِس انگیج ہو تو پریکٹس کر سکتے ہیں۔ گیئر کو ایک سے دوسرے گیئر میں نرمی سے لے جاؤ اور گیئر لیور کو زبردستی اِدھر اُدھر نہ کرو۔
کچھ گاڑیوں کے گیئر بکس میں گیئر لیور کو ایک طرف معمولی سا جھکاؤ ڈال کر گیئر تبدیل کرنا پڑتا ہے۔
پہلے گیئر سے دوسرا گیئر :۔ دوسرا گیئر لگاتے وقت گیئر لیور پر دباؤ معمولی سا لیفٹ سائیڈ پر رکھیں اس طرح گیئر لیور نیوٹرل سے گزرتے ہوئے پھسل کر چوتھے گیئر کی طرف جانے سے بچ جائے گا۔
تیسرے گیئر سے چوتھا گیئر :۔ اسی طرح جب آپ تیسرے گیئر سے چوتھا گیئر لگاتے ہیں تو آپ کو تیسرے گیئر سے سیدھا چوتھے گیئر میں لانے کیلئے گیئر لیور پر رائٹ کی طرف معمولی سا پریشر دینا ہو گا ۔
اسی طرح معمولی پریشر ضرور دیں۔

☆......جب آپ تھرڈ یا سیکنڈ گیئر سے فرسٹ گیئر لگاتے ہیں تو لیفٹ کی طرف پریشر دیں۔
☆......جب پانچویں یا چوتھے سے تیسرا گیئر لگاتے ہیں تو لیفٹ کی طرف پریشر دیں۔

کم گیئر یعنی پہلا گیئر لگانا-اگر ڈرائیونگ کرتے ہوئے کم گیئر یعنی فرسٹ گیئر لگانا پڑ جائے تو جب تک گاڑی کی سپیڈ بہت کم نہ ہو جائے گیئر لگانے میں مشکل محسوس ہو گی۔ اسلئے یہ ضروری ہے کہ سپیڈ کو گیئر کے مطابق کر لیں کبھی گیئرز کو زبردستی لگانے کی کوشش نہ کریں اگر آپ کو محسوس ہو کہ گیئر لگانے میں کوئی رکاوٹ ہو رہی ہے تو اس کا مطلب ہے کہ سپیڈ گیئر کے مطابق نہیں ہے گیئر کو کسی بھی پوزیشن میں لے جانے کیلئے گیئر لیور کو زبردستی نہ دبائیں ۔

ایسا نہ کریں

☆...... گیئر تبدیل کرتے وقت رش یا جلد بازی۔
☆...... گیئر تبدیل کرتے وقت روڈ سے نظر ہٹانا۔
☆......کلچ پیڈل کو گیئر تبدیل کرنے کے بعد دبائے رکھنا یعنی کوئسٹ یا گیئر لیور کو نیوٹرل میں کرنا
☆...... گیئر لیور کو ضرورت سے زیادہ پکڑے رکھنا۔

گیئر بڑھانا - گیئر کو کب بڑھایا جاتا ہے:۔ گیئرز ہمیشہ ترتیب وار بڑھائے جاتے ہیں۔ مثلاً پہلا ، دوسرا ، تیسرا اور چوتھا وغیرہ مگر گیئر کے تبدیل کرنے کا اِنحصار روڈ ، گاڑی پر وزن اور اِنجن کی سپیڈ کے مطابق ہی گیئر لگایا جاتا ہے۔
گیئر کے تبدیل کرنے کا دارومدار اس پر بھی ہو گا کہ آپ گاڑی کو کس قسم کے روڈ پر حرکت دے رہے ہیں مثلاً

ہموار، چڑھائی، ڈھلوان۔

عام اصول کے مطابق جیسے جیسے روڈ کی سپیڈ بڑھتی ہے گیئر بڑھاتے چلے جائیں۔

گیئر بڑھانے کیلئے انجن کی آواز سننے سے مدد ملتی ہے کہ کب گیئر کو بڑھانا ہے۔

☆......گیئر لیور پر لیفٹ ہاتھ رکھیں۔

☆......جیسے ہی ایکسلریٹر پیڈل کو ختم کریں اُسی وقت لیفٹ پاؤں سے کلچ پیڈل کو پورا نیچے دبائیں مگر ایکسیلریٹر پیڈل سے پاؤں نہ ہٹائیں۔

☆......گیئر لیور کو اگلے ضرورت والے اونچے گیئر میں تبدیل کر دیں۔

☆......کلچ پیڈل کو نرمی سے آہستہ آہستہ اُوپر لاتے ہی گیس پہلے کی نسبت زیادہ تیز دینا شروع کر دیں اور اپنا لیفٹ ہاتھ واپس سٹیئرنگ پر لے آئیں۔

انجن اور روڈ سپیڈ کا جوڑ - جب بھی گیئر بڑھانا ہو تو ایکسیلریٹر کو چھوڑ دیں اور انجن کی سپیڈ کو کم ہونے دیں اگلے گیئر کے مطابق ہو جائے تو گیئر آسانی سے تبدیل کر لیں۔

پریکٹس کرنے سے خود بخود اندازہ ہونے لگتا ہے کہ کب گیئر تبدیل کیا جائے ۔

گیئرز کم کرنا

مندرجہ ذیل وجہ سے گیئرز گھٹانا پڑتا ہے:۔

کب گیئر کو کم کرنا ہے۔ آپ کو مندرجہ ذیل حالات میں گیئر کم کرنے کی ضرورت پڑے گی:۔

☆......اگر آپ گاڑی کو آہستہ کرتے ہیں تو جس گیئر میں آپ گاڑی چلا رہے ہیں وہ گیئر کم سپیڈ میں ضرورت کے مطابق طاقت نہیں دیتا۔

☆......اگر آپ گاڑی کو چڑھائی پر ہائی گیئر میں چلا رہے ہیں اور اِنجن کو ضرورت کے مطابق طاقت دینے کیلئے بہت محنت یا کوشش کرنی پڑتی ہے۔

☆......اگر آپ گاڑی کو ڈھلوان کی طرف ہائی گیئر میں چلاتے ہیں تو انجن کیلئے گاڑی کو آہستہ کرنا مشکل ہوتا ہے ۔کیونکہ بریک کم اثر کرتی ہے۔

گاڑی کو ہائی گیئر پر کم سپیڈ سے چلانے سے انجن کی کارکردگی پر بُرا اثر پڑتا ہے اور یہ غلط ڈرائیونگ پریکٹس ہے۔

اگر آپ گاڑی کو سٹاپ کرنا نہیں چاہتے تو گاڑی آہستہ ہو جانے پر کم گیئر کی ضرورت پڑے گی۔ گاڑی کی سپیڈ کم کرنے کیلئے پہلے فٹ بریک کو استعمال کریں پھر جس کم گیئر کی ضرورت ہو لگائیں ۔

نوٹ -جب آپ گاڑی چلانا سیکھنا شروع کرتے ہیں اور اگر باری باری گیئر تبدیل کرتے رہتے ہیں تو اس سے یہ فائدہ ہو گا کہ آپ گیئر بکس سے واقف ہو جائیں گے۔ اپنے انسٹرکٹر سے ہدائیت لیں۔

جب آپ گیئر کم کرتے ہیں تو ہو سکتا ہے

☆......انجن کی سپیڈ کو زیادہ کر کے آہستہ سے گیئر تبدیل کریں

☆......اُترائی پر فٹ بریک پر ہلکا دباؤ رکھ کر گاڑی کی سپیڈ کو کنٹرول میں رکھیں۔

گیئر گھٹانے کا طریقہ یہ ہے

☆......اپنا لیفٹ ہاتھ گیئر لیور پر رکھیں

☆......کلچ پیڈل کو پورا نیچے دبائیں اور ساتھ ہی گیس پیڈل پر یا فٹ بریک پر معمولی سا دباؤ رکھیں۔ جو روڈ اور ٹریفک کنڈیشن کے مطابق ہو۔

☆......گیئر کو اگلے مناسب ترین کم اور نچلے گیئر میں تبدیل کر دیں۔

☆......کلچ پیڈل کو آہستہ آہستہ اوپر آنے دیں اور گیس پیڈل پر واپس چلے جائیں یا ضرورت کے مطابق بریک استعمال کرتے چلے جائیں اپنا لیفٹ ہاتھ واپس سٹئیرنگ ویل پر رکھ لیں۔

گیئر تبدیل کرتے وقت کبھی جلد بازی نہ کریں۔ آرام سے اور نرمی سے گیئر تبدیل کریں۔

انجن کو روڈ سپیڈ کے مطابق کرنا۔

گیئر کو گھٹاتے وقت گیس پیڈل یا فٹ بریک پر کتنا دباؤ رکھنا ہے اس کا اِنحصار مندرجہ ذیل پر ہے۔

☆......روڈ اور ٹریفک کنڈیشن۔

☆......کلچ چھوڑتے وقت گاڑی کی سپیڈ۔

اِنجن کی آواز سے بھی اس کا پتہ چلتا ہے ۔

صحیح گیئر معلوم کرنا ۔ گیئر تبدیل کرنے کیلئے بہت پہلے سے جائزہ لینا اور اندازہ لگانے کی ضرورت ہوتی ہے ۔اپنے آپ سے پوچھیں کہ کیا حالات کے مطابق گاڑی درست گیئر میں ہے۔ مثلاً

☆......آپ کو اوورٹیک کرنے کیلئے کم گیئر کرنے کے بارے میں سوچ لینا چاہئے۔ چھوٹا گیئر گاڑی کے پاس سے حفاظت سے گزرنے میں زیادہ ایکسیلریشن کرنے میں مدد کر سکتا ہے۔ جبکہ اصل میں اوورٹیک کر

رہے ہوں تو گیئر تبدیل کرنے سے گریز کریں۔ کیونکہ کوئی بھی مینوور کرتے وقت دونوں ہاتھ سٹیئرنگ پر ہونا قابلِ ترجیح ہے۔ کم گیئر میں انجن زیادہ اچھا کام کرے گا اور گاڑی بہتر کنٹرول میں ہوگی۔

☆......جب زیادہ ڈھلوان سے اُتر رہے ہوں کم گیئر میں انجن خود گاڑی کو آہستہ کرتا ہے اور کنٹرول میں مدد کرتا ہے۔ خصوصاً موڑ پر۔

عام اصول

☆......عام طور پر گیئر کم کرتے ہی گیس جلدی دینی ہوتی ہے

☆......اگر سپیڈ کم ہو جائے تو گیئر کم کر دیں۔

صحیح طریقہ سے گیئر تبدیل کرنا- اچھی ڈرائیونگ کیلئے یہ ضروری ہے کہ آرام سے اور آسانی سے گیئر تبدیل کیا جائے۔ ضروری وقت لیں اور آگے کا سوچیں۔ حالات کا جائزہ لیں اور اُس کے مطابق عمل کریں۔

انٹرمیڈیٹ گیئرز - ماڈرن گیئر بکس اور بریکنگ سسٹم کا یہ کمال ہے کہ گیئر کو تبدیل کرنے کیلئے ضروری نہیں کہ باری باری گیئر تبدیل کریں عام اصول کے مطابق یہ قابلِ ترجیح ہے اور محفوظ بھی کہ پہلے بریک استعمال کریں اور پھر کم سپیڈ کیلئے مناسب گیئر لگائیں۔

ہو سکتا ہے کہ فٹ بریک پر ہلکا دباؤ قائم رکھ کر گیئر تبدیل کرنا ضروری ہو۔

گیئر کو کم کرتے وقت ایک گیئر چھوڑ کر گیئر تبدیل کرنے سے صرف یہ نہیں کہ آپ کو آگے روڈ پر توجہ دینے کیلئے زیادہ وقت مل جائے گا بلکہ اس کے علاوہ یہ بھی ہے کہ آپ دونوں ہاتھ سٹیئرنگ پر زیادہ دیر تک رکھ سکیں گے۔

آپ ایک وقت میں کتنے گیئر چھوڑ سکتے ہیں اس کا دارومدار آپ کی گاڑی کے انجن اور گیئر بکس پر ہوگا پانچویں گیئر سے تیسرا اور چوتھے سے دوسرا یا تیسرے سے پہلا گیئر تبدیل کرنے کی عام مثالیں ہیں۔

چھوٹے گیئر میں گیس کا استعمال - چھوٹے گیئر میں زیادہ یا دیر تک ایکسیلریٹ نہ کریں۔ کیونکہ اس سے

☆......پٹرول بہت زیادہ خرچ ہوتا ہے۔

☆......انجن کو نقصان پہنچ سکتا ہے۔

☆...... ہو سکتا ہے پہیے گھومنے شروع ہو جائیں اور کنٹرول ختم ہو جائے۔

کوئسٹنگ - کوئسٹنگ کا مطلب ہے کہ گاڑی حرکت کر رہی ہے مگر انجن سے نہیں کھینچی جا رہی۔

☆...... یا کلچ پیڈل پورا نیچے ہے۔

☆......یا گیئر لیور نیوٹرل میں ہے۔

کوئسٹنگ کی ہر صورت غلط ہے کیونکہ

☆......اس سے گاڑی پر ڈرائیور کا کنٹرول کم ہو جاتا ہے۔

☆......اگر کوئی غیر متوقع واقعہ ہو جائے تو ہو سکتا ہے گیئر لگانے میں مشکل پیش آئے۔

اگر پہاڑی سے نیچے آرہے ہوں تو گاڑی کی سپیڈ بڑھ سکتی ہے۔اس کا مطلب ہے کہ سخت بریک لگانی پڑے گی۔اور کم گیئر میں انجن بریکنگ کی مدد ختم ہو جاتی ہے۔

گیئر کو تبدیل کرتے وقت ہر بار معمولی سا کوائسٹ کرنا پڑتا ہے اگرچہ اِس سے بچنا ناممکن ہے لیکن یہ کم سے کم ہونا چاہئے۔

گاڑی کو بہت ہی تیز چلانا (اوور رن) - جب گاڑی اتنی تیزی سے چل رہی ہو تو ایسے معلوم ہو گا کہ انجن گاڑی کو ڈرائیو نہیں کررہا تو اِسے کہتے ہیں "اوور رن" یعنی حد سے زیادہ تیز سپیڈ لیکن کوائسٹنگ کے ساتھ اسے confuse نہیں کرنا چاہئے کیونکہ یہ ابھی تک گیئر میں ہے گاڑی پورے کنٹرول میں ہے اور انجن بریکنگ اور ایکسلریشن فوراً دستیاب ہیں۔

کلچ سلپنگ -یہ کلچ پیڈل کو جزوی دبائے رکھنا ہے اس طرح کہ کلچ مکمل ایڈجسٹ نہیں ہوتا اور انجن کو زیادہ تیز کر دیتا ہے اِسکو سلپنگ یا کلچ کا پھسلنا کہتے ہیں۔

سلپنگ کلچ برائے ہائی گیئر اور کم رفتار میں یہ ڈرائیونگ سیکھنے کا غلط طریقہ ہے ایسا ہرگز نہیں کرنا چاہئے کیونکہ اس سے کلچ کو بھی رگڑ لگتی رہتی ہے اور کلچ پلیٹ جلد ختم ہو جاتی ہیں۔

سمجھ یا سُوجھ بُوجھ - جوں جوں گاڑی چلانے میں زیادہ ماہر ہوتے جائیں گے آپ کو اتنا پتہ چلتا جائے گا کہ کس سپیڈ کے مطابق کونسا گیئر ہو اور کون سا مینوور کرنے کا ارادہ ہے۔

سگنل یا اشارہ دینا - ڈائریکشن یا اشارہ کیلئے انڈیکیٹر یا بریک لائیٹ کا استعمال کرتے ہیں۔

بعض حالات میں ہاتھ کا اشارہ دینا بھی مفید سمجھا جاتا ہے۔

یہ ضروری ہے کہ سگنل کا صحیح استعمال کریں۔

سگنل دینے کا مقصد

سگنل کا استعمال

☆......دوسروں کو اپنے ارادے سے آگاہ کرنے کیلئے سگنل استعمال کریں۔

☆...... تمام روڈ کو استعمال کرنے والوں اور پیدل چلنے والوں کی مدد کیلئے سگنل استعمال کریں

☆...... سگنل صحیح وقت پر اور کچھ دیر تک آن رہنا چاہئے تاکہ روڈ استعمال کرنے والے دوسرے لوگ سگنل

کو دیکھ کر سمجھ سکیں اور وقت پر عمل بھی کر سکیں۔

کب سگنل دینا ہے۔ صحیح وقت پر سگنل دینا لازمی ہے۔ مثلاً

☆......لیفٹ مُڑنے یا رائیٹ مُڑنے سے پہلے

☆...... چلتی ہوئی گاڑی کو اَوور ٹیک کرنے سے پہلے

☆......ایک لین سے دوسری لین میں جانے سے پہلے

سگنل بہت جلدی دینے سے مدد کی بجائے دوسرے ڈرائیوروں کو غلط فہمی بھی ہو سکتی ہے۔ مثال کے طور پر اگر چند روڈ بہت نزدیک نزدیک ہیں۔ بہت لیٹ سگنل دینے سے پچھلے ڈرائیور سخت بریک لگانے یا اپنے راستہ سے ہٹنے پر مجبور ہو سکتے ہیں۔

ہمیشہ حالات کا جائزہ لیں اور وقت پر سگنل دیں۔ مثال کے طور پر جب گاڑی کو لیفٹ سائیڈ پر کھڑی کرنے کا ارادہ کریں تو سوچ لیں کہ جہاں گاڑی کھڑی کرنی ہے اُس سے پہلے کوئی جنکشن تو نہیں۔ اگر آپ نے سگنل جلدی دے دیا تو ڈرائیور جو جنکشن پر نکلنے کا انتظار کر رہا ہے۔ وہ سمجھے گا کہ آپ لیفٹ روڈ میں مُڑنا چاہتے ہیں۔ ایسے حالات میں سگنل تھوڑی دیر سے دیں ۔ جب تک پوزیشن نہ بن جائے اور دوسرے ڈرائیوروں کو آپ کے سگنل کا سو فیصدی پتہ نہ چل جائے کہ آپ کا ارادہ کیا ہے۔

بغیر مقصد سگنل دینا۔ فضول سگنل دینے سے مراد کہ کسی کو فائدہ نہ ہونا بلکے دوسروں کو غلط فہمی میں ڈال دینا۔ سگنل کے بارے میں اچھی طرح سوچ لیں کہ سگنل دینا ضروری ہے کہ نہیں

☆......گاڑی کو حرکت دینے سے پہلے

☆......گاڑی کو کھڑی کرنے سے پہلے

☆......پارک گاڑی کے پاس سے گزرنے کیلیئے آپ بہت پہلے پوزیشن بنا سکتے ہیں اور لگاتار چلتے رہ سکتے ہیں۔

مندرجہ ذیل کبھی نہ کریں

☆......بغیر سوچے سمجھے سگنل دینا

☆......پیدل چلنے والوں کو روڈ کراس کرنے کا اشارہ دینا

☆......اپنا مقصد حل ہونے کے بعد سگنل کو چیک نہ کرنا اور آن رکھنا۔

سگنل سے دوسروں کو غلط فہمی میں ڈالنا۔ ہمیشہ سگنل کا استعمال صحیح ہونا چاہیئے۔

ہمیشہ یاد رکھیں

☆...... شیشے ☆......سگنل ☆......میٹوور

ہاتھوں کا اشارہ — موجودہ وقت میں ہاتھوں کا اشارہ بہت کم استعمال کیا جاتا ہے۔ تاہم کسی خاص موقع پر اس کی

ضرورت پڑ ہی جاتی ہے

زیبرا کراسِنگ:۔زیبرا کراسنگ کے نزدیک پہنچتے ہوئے گاڑی کو آہستہ کرنے یا کھڑی کرنے کیلئے ہاتھوں سے اشارہ دینا مفید ہو سکتا ہے۔

ہاتھوں کے سگنل سے صرف پچھلی ٹریفک کو ہی نہیں آگاہ کرنا بلکے آگے سے آنے والی ٹریفک اور پیدل چلنے والوں کو بھی جو کراس کرنے کیلئے انتظار میں کھڑے ہیں آپ کی گاڑی کی بریک لائیٹس کو دیکھ نہیں سکتے۔ لیکن ہاتھ کے اشارہ سے آپ کے آہستہ ہونے کا فوراً پتہ چل جاتا ہے۔

رائٹ مُڑنا - جب ضرورت محسوس کریں تو ہاتھوں کا اشارہ دیں۔مثلاً

☆......کسی خاص جگہ جہاں پر ٹریفک بہت تیز چلتی ہو اور رائیٹ مُڑنا بہت مشکل ہو۔

☆......پارک گاڑی سے گزرنے کے فوراً بعد رائیٹ مُڑنا ہو تو۔

گاڑی کھڑی کرنا:۔ جہاں کہیں آپ کو شک ہو کہ گاڑی کو سائیڈ پر کھڑی کرنے کا لیفٹ انڈیکیٹر دینے سے دوسرے روڈ استعمال کرنے والے یہ خیال کریں گے کہ آپ لیفٹ مُڑنا چاہتے ہیں تو اُن کی اِس غلط فہمی کو دُور کرنے کیلئے بہتر ہے کہ آپ سگنل کی بجائے گاڑی کو آہستہ کرنے والا ہاتھ کا اشارہ دیں۔

دفاعی(یا بچاؤ کی)ڈرائیونگ - ڈرائیونگ میں اپنا اور دوسروں کے بچاؤ کیلئے جب ضروری ہو تو فٹ بریک کو وقت پر استعمال کریں۔ اگر ضروری سمجھیں تو فٹ بریک کو پہلے ہلکا سا دبائیں یا ایک سے زیادہ مرتبہ دبائیں تاکہ پچھلی ٹریفک بریک لائیٹس دیکھ سکے۔

ہارن کا استعمال - اگر آپ حفاظت سے ڈرائیونگ کر رہے ہیں اور سمجھداری سے کام لے رہے ہیں۔ تو آپ کو ہارن کی ضرورت شائید ہی پڑے ہارن کو صرف اُس وقت استعمال کریں۔ جب آپ کے خیال میں روڈ کو استعمال کرنے والے اور لوگوں نے آپ کو نہ دیکھا ہو یا دیکھ نہیں سکتے۔

پوشیدہ موڑ یا بہت ہی ٹیڑھے اور بل کھاتے ہوئے تنگ روڈ جہاں پر ہو سکتا ہے پیدل چلنے والے اور دوسرے روڈ استعمال کرنے والے جو آپ کو آتے ہوئے نہیں دیکھ سکتے وہاں ہارن بجانا مناسب ہو گا۔

دوسروں کو اپنی موجودگی کی وارننگ دینے سے یہ نہ سمجھیں کہ آپ کی محفوظ ڈرائیونگ کی ذمہ داری ختم ہوگئی ہے۔ ہمیشہ احتیاط سے ڈرائیونگ کریں۔

ہارن نہ بجائیں -

☆...... کسی دوسرے ڈرائیور کو تنبیع کرنے کیلیئے

☆...... کسی کو للکارنے کیلیئے۔

☆...... آبادی والے ایریا میں رات کو ساڑھے گیارہ سے صبح سات بجے تک یا جب آپ کی گاڑی کھڑی ہو۔ تاوقتیا کہ کوئی گاڑی خطرہ پیدا کر رہی ہو ۔

فلیشنگ ہیڈ لائیٹس - ہیڈلائیٹ کو فلیش کرنے سے بھی کسی دوسرے روڈ استعمال کرنے والے کو اپنی موجودگی سے آگاہ کرسکتے ہیں۔

اگر آپ کے خیال میں خبردار کرنا ضروری ہے تو ہیڈلائیٹ کو فلیش کرنا زیادہ بہتر ہے۔ جس وقت کہ ہارن دینا یا تو منع ہو یا ہارن سنائی نہ دے سکتا ہو۔

ہیڈلائٹ کا استعمال نہ کریں۔

☆...... دوسرے ڈرائیوروں کو ہدایات دینے کیلیئے۔

☆...... کسی روڈ استعمال کرنے والے کو تنبیع کرنے کیلیئے

☆...... اگلے ڈرائیور کو ڈرانے کے طور پر۔

دوسرے ڈرائیوروں کی ہیڈلائٹس کا فلیش کرنا - کُچھ ڈرائیور ہیڈلائیٹس کئی وجوہات کی بنا پر فلیش کرتے ہیں۔ مثلاً

☆...... اپنے سے پہلے آپ کو گزرنے کا موقع دینے کیلیئے۔

☆...... آپ کی خوش اخلاقی کا شکریہ ادا کرنے کیلیئے۔

☆...... آپ کی گاڑی میں کسی خرابی سے آپ کو آگاہ کرنے کیلیئے۔

☆...... آپ کو یہ بتانے کیلیئے کہ آپ کی گاڑی کی ہیڈلائیٹس اُن کی آنکھوں کو چندھیا رہی ہیں۔

اگر دوسرے ڈرائیور اپنی گاڑی کی ہیڈلائیٹس فلیش کریں تو کبھی یہ یقین نہ کریں کہ جو آپ سوچ رہے ہیں اُن کا بھی مطلب وہی ہے بلکہ اپنی سُوجھ بُوجھ سے کام لیں۔

سگنل کا مطلب:۔

☆...... ممکن ہے وہ نہ ہو جو آپ سوچ رہے ہیں۔

☆......یا یہ آپ کیلئے نہ ہو۔

کسی کے سگنل پر عمل کرنے سے پہلے پوری تسلی کرلیں کہ آپ اُن کا مطلب سمجھ گئے ہیں۔

دفاعی (یا بچاؤ کی) ڈرائیونگ-یاد رکھیں کہ کسی کے ہیڈ لائیٹس فلیش کرنے کا مطلب یہ نہیں کہ یہ آپ کیلئے ہے۔ ہو سکتا ہے اُنہوں نے

☆...... کسی دوسرے کو فلیش کیا ہو۔

☆......یا غلطی سے فلیش کیا ہو۔

گاڑی کو زاوِیہ (اینگل) پر حرکت دینا

گاڑی کو سیدھی لائین میں حرکت دینے کا طریقہ جیسے پہلے بتایا جاچکا ہے وہی طریقہ اِس کیلئے بھی استعمال کریں۔
فرق صرف اتنا ہوگا کہ اِس عمل کیلئے سٹیئر نگ کو گھما کر گاڑی کو باہر نکالنا ہو گا۔
جب حفاظتی تدبیر اور بائیٹنگ پوئنٹ پر آجائیں تو اپنے آپ سے مندرجہ ذیل سوال کریں کہ

☆...... گاڑی کو کس زاویہ سے حرکت دینی چاہیے۔

☆......اور حرکت کرنے سے گاڑی روڈ پر کتنی دُور تک باہر نکلے گی۔

آپ کے فیصلے کا دارومدار اِس پر ہو گا۔ کہ

☆...... آپ کی گاڑی اگلی پارک گاڑی یا کسی چیز کے کتنی نزدیک ہے۔

☆......اگلی گاڑی کتنی چوڑی ہے۔

☆......سامنے سے آنے والی ٹریفک۔ آپ کی گاڑی کے ونڈ وستون آپ کے آگے کے منظر میں رکاوٹ بن سکتے ہیں تسلی کرلیں کہ ستون کے پیچھے کوئی چیز چھپی نہ ہو۔

پیچھے کی ٹریفک کو دیکھیں اگر مناسب سمجھیں تو سگنل دے دیں. اور

☆......اپنے رائیٹ کندھے کے اوپر سے دوبارہ مُڑ کر دیکھیں۔

☆......اب ہینڈ بریک کو آف کریں اور کلچ پیڈل پر دباؤ معمولی سازیادہ گھٹائیں۔ گاڑی حرکت کرنا شروع کر دے گی تو اُس وقت مضبوط کلچ کنٹرول کی ضرورت ہے۔اس لئے کلچ پیڈل کو بائیٹنگ پوائنٹ پر یا معمولی سا بائیٹنگ پوائنٹ سے اوپر کرلیں۔

☆......اب ضرورت کے مطابق سٹئیرنگ کو گھمائیں کہ فرنٹ گاڑی کے پاس سے باہر نکل سکیں۔

☆......جب اگلی گاڑی سے آپ کی گاڑی باہر نکل جائے تو صرف اُس وقت باقی کلچ کو آہستہ آہستہ نرمی سے چھوڑ دیں

☆......اگلی گاڑی سے اتنا وقفہ رکھیں کہ اگر کوئی دروازہ کھولنا چاہے تو کھول سکے۔

☆......شیشوں میں دیکھیں۔

☆......گاڑی کو آہستہ حرکت دیں اور سیدھی کرلیں اور فٹ بریک کیلئے تیار رہیں ۔ ہوسکتا ہے کہ کوئی پیدل چلنے والا پارک گاڑی کے آگے سے روڈ کراس کرنے کیلئے اچانک نکل آئے۔

چڑھائی پر گاڑی کو حرکت دینا

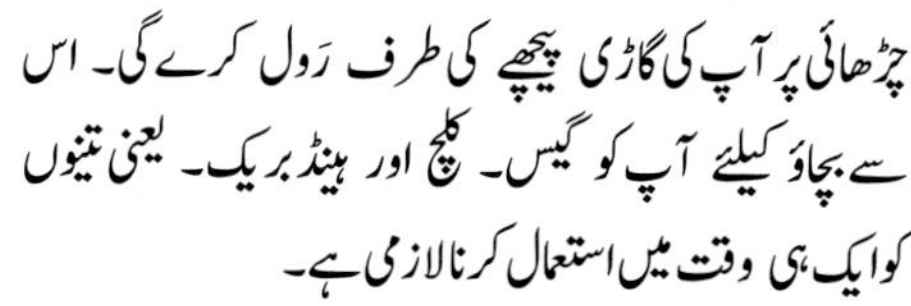

چڑھائی پر آپ کی گاڑی پیچھے کی طرف رَول کرے گی۔ اس سے بچاؤ کیلئے آپ کو گیس۔ کلچ اور ہینڈ بریک۔ یعنی تینوں کو ایک ہی وقت میں استعمال کرنا لازمی ہے۔

گاڑی کو ہموار روڈ پر حرکت دینے کا جو طریقہ ہے زیادہ تر وہی طریقہ چڑھائی پر بھی استعمال کرنا پڑتا ہے۔

☆......لیفٹ پاؤں سے کلچ پیڈل کو نیچے پورا دبائے رکھیں۔

☆......گئیر لیور کو فرسٹ گئیر میں لے جائیں۔

☆......رائیٹ پاؤں سے ایکسیلریٹر کو ہموار روڈ کی نسبت زیادہ دیں اور درست اور لگاتار دیں۔ایکسیلریٹر کی مقدار کا انحصار اس پر ہے کہ چڑھائی کتنی اونچی ہے

☆......کلچ پیڈل کو بائٹنگ پوئنٹ تک لے آئیں جو کہ چڑھائی کی وجہ سے ذرا اوپر ہوگا۔

☆...... محفوظ طریقہ اختیار کریں۔

-شیشوں میں دیکھیں۔

-رائیٹ کندھے پر سے مُڑ کر پیچھے پوشیدہ ایریا میں دیکھیں۔

☆......سگنل کے بارے میں درست فیصلہ کرلیں۔ کہ آیا آپ کو حرکت میں لانے کیلئے سگنل کی ضرورت ہے۔

☆......اگر ضروری ہے تو سگنل دیں۔

☆......اگر ضروری ہو تو ایک بار پھر سب طرف دیکھ لیں ۔

☆......گاڑی کو حرکت دینے کیلئے ایکسیلریٹر کو چڑھائی کے مطابق دیں اور ساتھ ہی ہینڈ بریک کو آف کرنے کیلئے معمولی سا اوپر کریں اور اُسکا بٹن دبا دیں مگر ہینڈ بریک کو تھام کر رکھیں۔

☆......کلچ کو معمولی سا اور اوپر کریں یہاں تک کہ کانوں کو انجن آواز دے اور محسوس بھی ہو کہ انجن گاڑی کو حرکت دینے کی کوشش کر رہا ہے۔

☆......ہینڈ بریک کو نرمی سے نیچے کر دیں۔

☆......جیسے ہی گاڑی چلنا شروع ہو جائے ایکسیلریٹر کو آہستہ آہستہ زیادہ کرتے جائیں اور باقی کلچ پیڈل بھی نرمی سے اوپر کرلیں۔

مندرجہ ذیل یاد رکھیں

جب بھی گاڑی کو حرکت میں لائیں تو دوسری ٹریفک کے درمیان محفوظ وقفہ ہونا ضروری ہے۔ کیونکہ آپ کی گاڑی دوسری ٹریفک کی نسبت آہستہ حرکت کر رہی ہو گی اور تیز ہونے میں وقت لے گی۔

ہینڈ بریک اور کلچ کا کنٹرول- ہینڈ بریک اور کلچ پر بہت ہی دھیان دینے کی ضرورت ہے۔ اگر ہینڈ بریک جلدی آف کردی جائے تو گاڑی پیچھے کی طرف چلی جائے گی اور اگر کلچ کو جلدی اوپر کر دیا تو انجن آف ہو جائے گا۔

گاڑی کا انجن بند ہونے کی وجوہات

☆......ہینڈ بریک کو دیر تک نہ چھوڑنا۔

☆......کلچ کو بہت جلدی یا زیادہ اوپر کر دینا۔

☆......ایکسلریشن کو ضرورت کے مطابق استعمال نہ کرنا۔

اس عمل کی اتنی پریکٹس کریں حتّٰی کہ آپ اِس تکنیک میں ماہر ہو جائیں۔

گاڑی کو چڑھائی پر بغیر پیچھے رَول کئے پارک گاڑی کے پیچھے سے زاویہ پر حرکت کرنے کی پریکٹس کریں۔

گاڑی کو نیچے روڈ پر حرکت دینا

گاڑی کو نیچے روڈ پر حرکت دینا پہاڑی پر لے جانے کی نسبت آسان ہے۔ کیونکہ گاڑی کا وزن ہی گاڑی کو حرکت کرنے میں مدد کرتا ہے۔

ہینڈ بریک آف کرنے سے پہلے فٹ بریک کو دبا کر نیچے روڈ پر گاڑی کو پہاڑی سے نیچے رَول ہونے سے بچالیں۔

نیچے روڈ پر حرکت دینے کا طریقہ

☆......کلچ پیڈل کو پورا نیچے دبا دیں۔

☆......روڈ کی ڈھلوان کے مطابق پہلا گئیر یا دوسرا گئیر لگائیں۔

☆......فٹ بریک استعمال کریں۔

☆......ہینڈ بریک کو اُتار دیں اور فٹ بریک لگائے رکھیں تا کہ گاڑی کنٹرول میں رہے۔

☆......حرکت کرنے سے پہلے شیشوں میں اور سب طرف دیکھ کر پھر رائیٹ کندھے پر سے پوشیدہ ایریا میں بھی دیکھ لیں۔اور اگر ضروری ہو تو دوبارہ دیکھ لیں۔

☆......اگر ضروری ہو تو سگنل دیں اور جب آپ کو تسلی ہو کہ اب گاڑی حرکت کرنے کیلئے محفوظ ہے تو اُس وقت حرکت کریں۔

☆......اگر ضروری ہو تو دوبارہ سب طرف دیکھ لیں۔

☆......فٹ بریک کو چھوڑتے جائیں اور جیسے ہی گاڑی حرکت کرنا شروع کر دے کلچ پیڈل کو نرمی سے اوپر لے آئیں۔

یاد رکھیں

چڑھائی پر جانا- چڑھائی پر جانے کیلئے یہ ضروری ہے کہ گیس، کلچ اور ہینڈ بریک کو اکٹھا استعمال کرتے وقت ربط رکھیں جیسے کہ پہلے بتایا جا چکا ہے۔ جلد بازی سے پرہیز کریں۔

☆......چڑھائی چڑھتی ہوئی ٹریفک کے راستہ کو کراس یا بند نہ کریں۔ ایم ایس ایم روٹین کو استعمال کریں۔ جلد بازی سے گریز کریں۔

☆......چڑھائی پر گاڑی جلد سپیڈ نہیں پکڑے گی کیونکہ یہ عمل چڑھائی پر ہموار روڈ کی نسبت آہستہ ہوتا ہے۔ اسلئے جب بھی کسی روڈ یا ٹریفک میں شامل ہونا ہو تو ٹریفک کے درمیان بہت بڑا وقفہ ہونا ضروری ہے۔

نیچے کی طرف جانا

☆......نیچے روڈ پر بہت ہی احتیاط کریں کہ درست گیئر کا ڈھلوان کے مطابق ہونا بہت ضروری ہے اس سے کنٹرول زیادہ اچھا ہو گا۔

☆......یہ بھی نہ بھولیں کہ نیچے کی طرف آتے ہوئے ڈرائیوروں کو گاڑی آہستہ کرنے یا کھڑی کرنے میں زیادہ وقت ضرورت ہوتا ہے۔اور یہ بھی جب ڈھلوان میں ٹریفک میں شامل ہونا ہو تو گاڑیوں کے درمیان کافی وقفہ رکھنا بھی ضروری ہے۔

سیکشن 6 ٹریفک سائینز

سائینز ٹریفک کے نظام کا لازمی حصّہ ہیں۔

یہ آپ کو تمام قوانین کے بارے میں بتاتے ہیں جن کا ماننا لازمی ہے اور یہ ہی آپ کو خبردار کرتے ہیں کہ آگے روڈ پر آپ کو کس قسم کے خطروں سے واسطہ پڑسکتا ہے۔

سائینز لفظوں یا نمونے کی شکل میں ایک پلیٹ پر تراشے ہوتے ہیں مثلاً روڈمارکنگز، بیکنز اور بیکن یا ٹریفک لائیٹس۔

اس سیکشن میں مختلف قسم کے ٹریفک سائینز اور اُن کے مطلب تفصیل سے سمجھائے گئے ہیں۔

اس سیکشن میں مندرجہ ذیل موضوعات ہیں

☆......ٹریفک سائینز کا مقصد

☆......وارننگ سائینز

☆...... حکم دینے والے سائینز

☆......ڈائریکشن اور انفورمیشن سائینز

☆......پارکنگ پر پابندیاں

☆......روڈ مارکنگز

☆......ٹریفک لائٹس

☆......ٹریفک کالمنگ

☆......لیول کراسنگ

ٹریفک سائینز کا مقصد

سائینز کا یہ مقصد ہے کہ آپ کو صحیح اور بہت پہلے اپنا پیغام بتائیں۔ آپ کا بھی کام ہے کہ

☆......سائین کو دیکھیں۔

☆......سائین کو سمجھیں۔

☆......سائینز پر محفوظ طریقہ سے عمل کریں۔

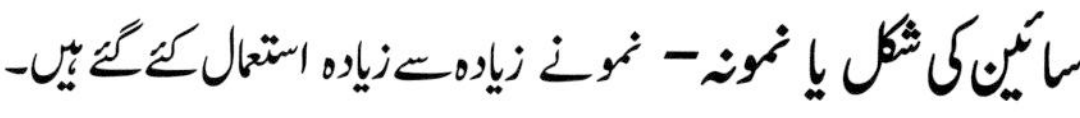

سائین کی شکل یا نمونہ – نمونے زیادہ سے زیادہ استعمال کیئے گئے ہیں۔

کیوں کہ یہ

☆......بہت ہی آسانی سے پہچانے اور سمجھے جاتے ہیں۔

☆......خاص طور پر تمام یورپ میں ایک ہی سائیز کے ہوتے ہیں

سائینز کی پہچان اور بنیادی اصول - اگر آپ سائینز کے کُچھ بنیادی اصولوں کو سمجھ جائیں تو آپ ٹریفک سائینز آسانی سے پہچان لیں گے۔ بڑے (مین) گروپ کی شکل اور رنگ مندرجہ ذیل ہیں۔

☆......گول سائینز جو حکم دیتے ہیں۔

☆...... تکونی سائینز جو وارننگ دیتے ہیں

☆...... مستطِیل (یعنی چار سائیڈ والے) سائینز جو راستوں سے آگاہ کرتے ہیں۔

☆......روڈ مارکنگز جو اوپر دیئے گئے تینوں میں سے کسی کے بارے میں بھی بتا سکتے ہیں

☆......ٹریفک لائیٹس۔

وارننگ (خطرے سے خبردار کرنے والے) سائین

عام طور پر سرخ تکون پر جس کا بیک گراؤنڈ سفید ہوتا ہے نمونہ یا الفاظ کی شکل میں سائین بنایا جاتا ہے۔ یہ آپ کو آنے والے خطرہ سے آگاہ کرتے ہیں کہ کیا رکاوٹ ہے تا کہ قبل از وقت اِس سے نمٹنے کا فیصلہ کر لیں مثلاً موڑ ، پہاڑ یا پُل وغیرہ

وارننگ سائینز کی مثالیں

تنگ روڈ – یہ سائین آپ کو بتاتا ہے کہ روڈ کس سائیڈ سے تنگ ہے یا دونوں سائیڈ سے تنگ ہے۔ آپ کو

آگاہ کرتا ہے کہ اوورٹیک ہرگز نہ کریں جب تک خطرہ کے بارے میں جان کاری نہ کرلیں

بچے اور سکولز - یہاں یہ وارننگ ہے۔ اُن بچوں کا خیال رکھیں جو روڈ پر اچانک آرہے ہیں۔ خاص کر جب سکول میں آنے کا اور سکول سے چھٹی کا وقت ہو۔ اور روڈ کراس کرانے والی یعنی لالی پاپ پر نظر رکھیں۔

کم اونچا پُل کا سائین-اگرچہ آپ کی گاڑی کم اُونچی ہے تب بھی کم اونچے پُل کے نیچے سے گزرتے وقت خیال رکھیں کیونکہ آنے والی گاڑی کو شائید سڑک کا درمیانی حِصّہ استعمال کرنا پڑجائے تاکہ یہ گاڑی اپنی اونچائی کے مطابق آسانی سے گزر سکے۔

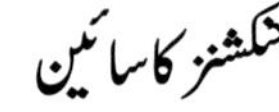

جنکشنز کا سائین

یہ سائین آپ کو بتاتے ہیں کہ کِس قسم کا جنکشن آگے آرہا ہے۔ یعنی ٹی جنکشن ، کراس روڈ ، راؤنڈاباؤٹ ، سٹیگرڈ جنکشن وغیرہ وغیرہ

جنکشن کی اہمیّت یا فوقیت چوڑی لائین سے ظاہر کر دی جاتی ہے۔

ڈاریکشن چورانز کی فوری تبدیلی

یہ استعمال کیئے جاسکتے ہیں

☆...... جہاں روڈ اتنی تیزی سے ڈاریکشن تبدیل کرتا ہے کہ روڈ پر رکاوٹ پیدا ہو جاتی ہے۔

☆...... زیادہ اہمیّت ظاہر کرنے کیلیئے کسی موڑ کے وارننگ سائین پر زور دینے کیلیئے۔

دوسری رکاوٹیں -اگر کسی خاص رکاوٹ کیلیئے کوئی خاص سائین نہ ہو تو عام رکاوٹ کا وارننگ سائین استعمال کیا جاتا ہے یعنی ایک سرخ تکون پر سفید بیک گراؤنڈ پر ایکسکلی میشن نشان (!)۔اس کے نیچے ایک پلیٹ ہوگی جس پر رکاوٹ کی تفصیل دی ہوگی مثلاً گرا ہوا درخت۔

حکم دینے والے سائینز

سائینز جو حکم دیتے ہیں مندرجہ ذیل ہو سکتے ہیں۔

☆...... حکم بجالانے والے سائینز۔ یہ آپ کو بتاتے ہیں کہ آپ کو کیا لازمی کرنا ہے۔

☆...... منع کرنے کا حکم۔ یہ آپ کو بتاتے ہیں کہ آپ کو کیا ہرگز نہیں کرنا۔

قانونی(mandatory)سائینز - زیادہ تر گول سائینز سفید نمونہ جو نیلے بیک گراؤنڈ پر سفید بارڈر ہوتا ہے۔ مثلاً

☆......چھوٹا راؤنڈ اباؤٹ ☆......لیفٹ کی طرف رہو ☆......لیفٹ ہی مُڑو۔

اِن کے علاوہ

☆......"سٹاپ- بچے" سائینز (لالی پوپ) سکول کے بچوں کو کراس کرانے والے ہاتھوں میں اٹھا کر گاڑیوں کو روکتے ہیں۔ یہ گول ہوتے ہیں اور پیلی بیک گراؤنڈ پر کالے حروف لکھے ہوتے ہیں۔

☆......**سٹاپ** - یہ سرخ بیک گراؤنڈ پر سفید لکھا ہوتا ہے اور روڈ پر کام کے وقت استعمال ہوتا ہے۔

☆......**'سٹاپ 'اور' گیووے'** یہ جنکشنز پر نظر آتے ہیں اور ہر ایک کی راہنمائی اور حفاظت کیلئے بہت ہی ضروری ہیں۔

'سٹاپ' سائینز - یہ آٹھ کونے والے سرخ بیک گراؤنڈ پر سفید رنگ میں حروف لکھے ہوتے ہیں۔

یہ عام طور پر ایسے جنکشن پر ہوتا ہے جہاں پر "زون آف ویژن" بہت کم ہوتا ہے۔ یہ سائین ہمیشہ ایک سٹاپ لائین جو روڈ پر لگائی ہوتی ہے اُس کیساتھ ہوتا ہے۔ لائین بتاتی ہے کہ کتنا آگے جانا ہے اس سے پہلے کہ آپ ایسی جگہ پوزیشن بنائیں جہاں سے دیکھ کر اندازہ لگا سکیں اور فیصلہ کر سکیں کہ آگے جانا محفوظ ہے کہ نہیں (پی ایس ایل)۔

'سٹاپ' سائینز پر آپ کو کیا کرنا ضروری ہے

☆......گاڑی کو کھڑی کریں (بیشک اگر آپ کو یہ نظر آئے کہ روڈ پر ٹریفک نہیں ہے)

☆......انتظار کریں جب تک کہ آپ دوسرے ڈرائیوروں کو اُن کی سپیڈ یا ڈائیریکشن تبدیل کرائے بغیر بڑے روڈ میں داخل نہ ہو جائیں۔

'گیووے' سائینز - یہ مندرجہ ذیل پر مشتمل ہیں

☆......سرخ تکون جس کی نوک نیچے کی طرف ہے (یعنی اُلٹی تکون)

☆......سفید بیک گراؤنڈ پر کالے رنگ کی لکھائی

ایسے سائینز ہمیشہ روڈ مارکنگ کے ساتھ ہی ہوتے ہیں۔ عام طور پر جس ایریا میں آمد و رفت کم ہوتی ہے ایسے بعض جنکشن پر صرف 'گیووے' لائینز ہی ہوتی ہیں۔

'گیووے' سائینز یا روڈ مارکنگ آپ کو بتاتے ہیں کہ جس روڈ پر آپ جانا چاہتے ہیں اُس روڈ کی ٹریفک کا پہلے حق

ہے دوہری ٹوٹی لائینز (ڈبل بروکن لائینز) جو روڈ پر سامنے لگی ہوتی ہیں ان کا مطلب کہ اگر فائینل چیک کرنا ضروری ہو تو یہاں رُکیں ۔

'گیووے' سائینز پر آپ کو کیا کرنا ضروری ہے

☆......جو ٹریفک پہلے سے بڑی روڈ پر ہے اُس کو گزرنے دیں۔

☆......بڑی روڈ میں شامل ہونے کیلیئے تھوڑی دیر انتظار کریں بشرطیکہ بڑی روڈ پر چلتی ٹریفک کی سپیڈ اور اُن کی ڈائریکشن میں فرق ڈالے بغیر اس میں داخل ہو سکیں ۔

GIVE WAY

یاد رکھیں

☆......اچھی طرح دیکھیں

☆......اندازہ لگائیں

☆......فیصلہ کریں

☆......فوری عمل کریں

منع کرنے والے سائینز- یہ سائینز آپ کو بتاتے ہیں کہ آپ کو کسی صورت میں بھی کیا نہیں کرنا۔

یہ اپنی گول شکل اور سرخ بارڈر کی وجہ سے آسانی سے پہچانے جاتے ہیں ۔پیغام سِمبل ، لفظوں یا شکلوں یا دونوں یا کسی ایک سے دیا جاتا ہے۔

اُس کے علاوہ

☆......داخلہ منع سائینز۔ گول سفید بارڈر اور سرخ بیک گراوٴنڈ کے ساتھ

☆......بس لین سائین

سپیڈ بتانے والے سائینز - ایک سرخ رنگ کے گول دائرہ پر سفید بیک گراوٴنڈ پر سپیڈ کی حد بتائی جاتی ہے پہلے والی سپیڈ لیمٹ کو کینسل کرنے کیلیئے سفید ڈسک پر ترچھی کالی لکیر لگا دی جاتی ہے۔ لیکن جس روڈ پر آپ اس وقت ہیں اس کی نیشنل سپیڈ لیمٹ سے تیز گاڑی نہ چلائیں ۔

روڈ کی سپیڈ یاد کرانے کیلیئے تھوڑی تھوڑی دیر کے بعد کھمبے پر اصلی سائینز سے چھوٹے سائینز میں حد لکھی ہوتی ہے اور یہ سائینز لمپ پوسٹ پر لگے ہوتے ہیں آپ یہ ہی سمجھیں کہ عموماً روڈ کی سپیڈ لیمٹ 30 میل فی گھنٹہ ہے جب تک کہ دوبارہ بتانے کیلیئے مختلف سپیڈ کا سائینز نہ لگا ہو۔

سائینز جو راستہ اور دوسری معلومات سے آگاہ کرتے ہیں

یہ آپ کو راستہ بتانے میں اور سفر جاری رکھنے میں مدد کرتے ہیں یہ نزدیک ترین ریلوے سٹیشن۔ کار پارک اور دوسری سہولتوں وغیرہ کے بارے میں آگاہ کرتے ہیں۔

ان سائینز کے رنگ کا انحصار روڈ کی قسم پر ہوتا ہے۔ مثال کے طور پر

☆...... موٹروے - نیلے بیک گراؤنڈ پر سفید لیٹرز اور بارڈر

☆...... عام راستے -(سوائے موٹروے کے) سبز بیک گراؤنڈ پر سفید لیٹرز اور بارڈرز کے ساتھ راستوں کے نمبر پیلے ہوتے ہیں۔

☆...... دوسرے راستے - سفید پر کالے لیٹرز بارڈر کالا یا نیلا ہوتا ہے

اس قسم کے روڈ پر ٹورسٹ کے سائینز بھی لگے ہوتے ہیں جو براؤن بیک گراؤنڈ پر سفید لیٹرز اور بارڈر ہوتے ہیں۔

(M 44)
Harcourt A 543
Oldmarket
B 4444
½ m

Tourist
information
i

M 62

پرائمری راستوں پر سائینز جو راستہ کی معلومات دیتے ہیں

ایڈوانس ڈائریکشن سائینز - یہ سائینز آپ کو جنکشنز پر پہنچنے سے پہلے ملیں گے۔ اس سے آپ یہ فیصلہ کر سکیں گے کہ کس طرف جانا ہے اس طرح آپ وقت پر تیار اور جانے کے قابل ہو جائیں گے۔

جنکشن پر ڈائریکشن سائینز - جیسے ہی آپ جنکشن پر پہنچتے ہیں تو یہ سائین آپ کو آپ کا راستہ دکھا دیتے ہیں

سائینز جو صحیح راستہ بتاتے ہیں - جیسے ہی آپ جنکشن کے بعد پوزیشن بناتے ہیں تو یہ آپ کو دکھائے جاتے ہیں کہ اس وقت آپ کس روڈ پر ہیں۔

یہ سائینز آپ کو جگہوں کے علاوہ فاصلہ سے بھی آگاہ کرتے ہیں۔ اگر راستہ کا نمبر بریکٹ میں دکھایا ہو تو اس کا مطلب ہے کہ یہ راستہ سیدھا اُسی طرف جاتا ہے۔

معلومات بتانے والے سائینز - یہ آپ کو بتاتے ہیں کہ

☆...... کار پارک ۔ ٹیلیفون اور کیمپنگ کس طرف ہیں۔

☆...... آگے دوسری طرف راستہ نہیں نکلتا وغیرہ

پارکنگ پر پابندی - اس کے بارے میں سائینز اور روڈ مارکنگ سے پتہ چلتا ہے۔ پیلے رنگ کی لائینز جو روڈ

کے کنارے متوازی لگی ہوتی ہیں۔ان کا مطلب یہ ہے کہ وہاں گاڑی کھڑی (پارک) کرنے پر کُچھ پابندی ہے چھوٹی پیلی پلیٹ کھمبوں یا لیمپ پوسٹ پر لگی ہوتی ہیں ہے اُن سے پتہ چلتا ہے کہ کہاں پراور کس وقت گاڑی پارک کرنا منع ہے۔

کنٹرولزپارکنگ زونز -زونز کے آپریشن کا وقت داخلے کے سائینز پر دیا ہوا ہوتا ہے۔ پیلی لائینوں پر دیا ہوتا ہے کہ کہاں انتظار کرنا (ویٹنگ) منع ہے یا اس پر پابندی ہے لیکن پیلی پلیٹیں ان زونز میں نہیں مہیا کی جاتیں۔ سفید بے مارکنگ اور اپرائیٹ سائینز بتاتے ہیں کہ پارکنگ کی کہاں اجازت ہے۔

صاف راستے یازونز -کُچھ جگہ اور روڈپر گاڑی کھڑی کرنا منع ہوتا ہے راستہ صاف رکھنا ہوتا ہے۔اس کا مطلب ہے کہ بڑے کیرج وے پر کسی وقت بھی گاڑی کھڑی کرنا منع ہے خواہ کسی سواری کو اتارنا یا بٹھاناہی کیوں نہ ہو۔

سامان اُتارنا اور لادنا - سامان لادنے سے مطلب ایساسامان ہے جو بہت ہی بھاری ہونے کی وجہ سے گاڑی کے بغیر اُٹھاکرایک جگہ سے دوسری جگہ لے جانا مشکل ہوتا ہےاور ایک سے زیادہ باراٹھاکرلے جانا پڑتا ہے ایسی چیزیں جو اُٹھاکرلے جائی جاسکتی ہیں وُہ لادنے (لوڈینگ) میں نہیں شمار ہوتیں۔ کئی ایریامیں انتظار پر پابندی ہوتی ہے وہاں سامان اُٹھانے (لادنے) پر پابندی بعض دفعہ نہیں ہوتی اور کرب کے کنارے پر پیلے بارڈر دکھاتے ہیں کہ لوڈینگ اور ان لوڈینگ پر پابندی ہے۔اور وقت جب سامان لادنے کی پابندی ہوتی ہے نزدیکی اَپرائیٹ سائینز پر دیاہواہوتا ہے۔بعض جگہوں پرسفید ڈیش لائینیں لگی ہوتی ہیں اور سڑک پر اور اَپرائیٹ سائینز پر '' صرف لوڈینگ'' لکھاہوا ہوتا ہے۔

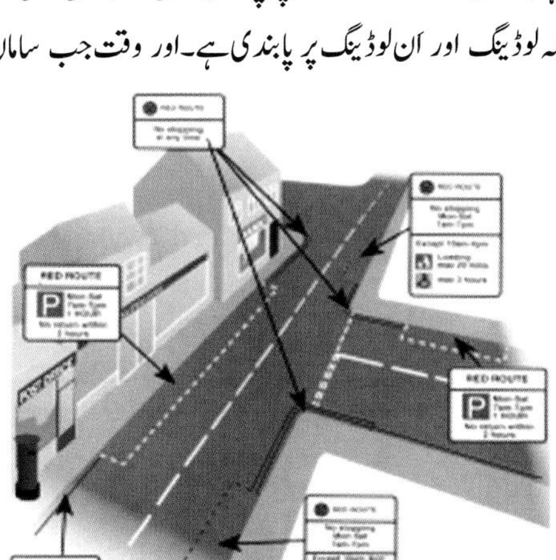

سرخ راستے - لندن میں کئی روڈ پر پیلے رنگ کی بجائے راستوں کے سرخ سائینز اور سرخ روڈمارکنگ لگائی گئی ہیں(جو پیلی لائینز کی بجائے) پارکنگ پر پابندی ظاہر کرتی ہیں۔

دن کے وقت سامان لادنے کیلئے مارکڈ بکس بنے ہوتے ہیں ۔
عموماً پانچ قسم کے سرخ رُوٹ کنٹرولز ہوتے ہیں

☆......**صاف راستے**- سرخ راستے صاف رکھنے کے سائینز کا مطلب کسی بھی وقت رُکنا منع ہے (سڑک پر سرخ لائینز نہیں ہوتیں)

☆......**ڈبل سرخ لائینز** -کسی وقت بھی رُک نہیں سکتے۔

☆......**سنگل سرخ لائینز**- دن کے دوران نہیں رُک سکتے۔ رکنے کیلئے سائینز پر خاص ٹائم لکھے ہوتے ہیں۔

☆......**پارکنگ بکسز**

☆......**لوڈینگ بکسز**۔

پارکنگ اور سامان لادنے کے بکس -یہ ذیل میں کسی بھی ایک طریقہ سے دکھائے جاتے ہیں۔

☆......سرخ بکس جہاں مصروف وقت کے علاوہ پارکنگ اور لادنے کے خاص اوقات میں اجازت ہے۔

☆......سفید بکس جہاں کسی بھی وقت مخصوص وقفہ کیلئے پارکنگ اور سامان لادنے کی اجازت ہے۔

رات کے وقت اور اتوار کے دن کئی جگہوں پر کوئی پابندی نہیں ہوتی۔

روڈمارکنگ–روڈ پر مارکنگ معلومات کے علاوہ حکم یا وارننگ بھی دیتی ہیں۔ یہ روڈمارکنگ سائینز کے ساتھ کھمبوں پر یا ویسے ہی دکھائی جاسکتی ہیں۔

روڈمارکنگ کے فوائد یہ ہیں

☆......یہ اکثر دیکھے جاسکتے ہیں۔جب کہ دوسرے سائین ٹریفک کی وجہ سے چھُپ جاتے ہیں۔

☆...... آپ جب روڈ پر گاڑی چلا رہے ہوتے ہیں تو یہ لگاتار معلومات دیتے رہتے ہیں۔

عام اصول کے مطابق جتنا زیادہ گاڑھا پینٹ کیا ہوگا اتنا ہی ضروری پیغام ہوگا۔

سڑک پر لائینز۔

"گیووے" لائینز- ڈبل سفید بروکن لائینز جو روڈ کے آدھے پر آپ کی سائیڈ پر لگی ہوں۔ وہ ظاہر کرتی ہیں کہ جس روڈ میں آپ داخل ہونا چاہتے ہیں اس روڈ کی ٹریفک کا حق پہلے ہے۔ لائینز آپ کو رکنے کی جگہ بتاتی ہیں وُہ ظاہر کرتی ہیں کہ فائینل دیکھ لیں۔ یہ راوًنڈ آباوٗٹ پر بھی اکثر دی ہوئی ہوتی ہیں تاکہ جو ٹریفک راوًنڈ آباوٗٹ میں شامل ہو رہی ہے اُس ٹریفک کو راستہ دے سکیں۔

سنگل بروکن لائین عام طور پر راوًنڈ آباوٗٹ میں داخل ہونے کی جگہ پر ہوتی ہیں۔اس کا مطلب یہ ہے کہ جو ٹریفک آپ کی رائیٹ ہینڈ سائیڈ سے آرہی ہے اُن کا حق پہلے ہے آپ اُن کو لازمی راستہ دیں۔

سنگل 'سٹاپ' لائینز - ایک سنگل لگاتار سفید لائن جو روڈ کے نصف پر آپ کے آگے لگی ہوئی ہے۔ دکھاتی ہے کہ آپ کو کہاں پر لازمی رکنا ہے۔

☆......جنکشن جہاں پر 'سٹاپ' سائینز ہیں

☆......جنکشن جس کو پولیس یا ٹریفک لائیٹس کنٹرول کرتی ہیں۔

☆......لیول کراسنگ پر

☆......سوِنگ برجز یا فیریز پر

روڈ کے ساتھ لائینز

ڈبل سفید لائینز - بہت ہی اہم ڈبل سفید لائینز ہیں جو مندرجہ ذیل کے بارے میں اصول بتاتی ہیں :-

☆......اوورٹیکنگ ☆......پارکنگ

اوورٹیکنگ -جب آپ کی سائیڈ پر لائن متواتر ہو تو آپ اسے ہرگز پار نہ کریں اور نہ ہی اس کے اوپر جائیں۔ سوائے اس وقت تک جب تک کہ محفوظ نہ ہو اور آپ چاہتے ہوں۔

☆......سائیڈ روڈ میں داخل ہونا یا شامل ہونا روڈ کی مخالف سمت پر۔

☆......پارک گاڑی کے پاس سے گزرنا۔

☆......روڈ مرمت کرنے والی گاڑی ، پیڈل سائیکل یا گھوڑے کے قریب سے گزرنا جو 10 میل فی گھنٹہ یا اس سے بھی کم سپیڈ پر چل رہا ہو۔

اگر آپ کی سائیڈ پر بروکن سفید لائین ہے اور دوسری طرف لگاتار سفید لائین ہے تو آپ اوورٹیک کر سکتے ہیں۔ بشرطیکہ آپ اپنی سائیڈ پر لگاتار سفید لائن پر پہنچنے سے پہلے اپنا مینوور مکمل کر لیں۔

روڈ پر اکثر سفید تیر یہ بتاتے ہیں کہ اوورٹیک سے منع کرنے والی سفید ڈبل لائن آگے آ رہی ہے اسلئے جیسے ہی آپ کو یہ تیر نظر آئیں اوورٹیک نہ کریں۔

پارکنگ - روڈ پر ڈبل سفید لائن پر ہرگز سٹاپ یا پارک نہ کریں۔ خواہ ان میں سے ایک لائن بروکن ہی کیوں نہ ہو۔ تاہم آپ ایک لمحہ کیلئے کسی سواری کو اُتارانے یا بٹھانے کیلئے روک سکتے ہیں۔

ہیچ مارکنگز - بہت ہی خطرناک ایریا ہے جہاں پر زیادہ ٹریفک کو ایک دوسرے سے اعلیحدہ رکھنا بہت ہی ضروری ہے۔ جیسے کہ شارپ موڑ یا ہمپ یا جہاں پر رائیٹ مُڑنے والی ٹریفک کو حفاظت کی ضرورت ہے۔ ایسا ایریا کو

چیرونز یا ترچھی لائینوں سے پینٹ کیا ہوتا ہے۔

یاد رکھیں

☆......جہاں پر نہ ٹوٹنے والی سفید لائن لگاتار ہو سوائے ایمرجنسی کے اُس پر مت جائیں۔

☆......جہاں پر ٹوٹی ہوئی سفید لائن ہو وہاں مارکنگز پر گاڑی ہرگز نہیں چلانی چاہئے جب تک کہ آپ یہ دیکھ نہ سکیں کہ ایسا کرنے کیلئے محفوظ ہے یا نہیں۔

سنگل بروکن لائینز- روڈ کے درمیان سنگل ٹوٹی ہوئی لمبی لائن پر غور کریں۔ یہ بتاتی ہیں کہ آگے خطرہ ہے۔

لین کو بانٹنے والی لائینز -بڑے اور چوڑے کیرج وے کو تقسیم کرنے والی چھوٹی سفید لائینز اُن کو تقسیم کرنے کیلئے استعمال کی جاتی ہیں آپ کو اُن کے درمیان گاڑی رکھنی چاہئے۔ جب تک آپ کو اورٹیک نہ کرنا ہو یا رائیٹ نہ مُڑنا ہو۔

لینز جو خاص قسم کی گاڑیوں کیلئے مقرر ہیں - بس اور سائیکل لین سائین اور روڈ مارکنگ سے دکھائی گئی ہیں ۔کئی ون وے سٹریٹ میں ان کو جاتی ہوئی گاڑیوں کی مخالف سمت سے بھی آنے کی اجازت ہے۔

بس لینز-سائین پر خاص وقت بتایا جاتا ہے جس کے دوران صرف بس ہی اُس میں جاسکتی ہے۔اس وقت کے علاوہ باقی وقت میں ہر طرح کی ٹریفک کو بس لین استعمال کرنے کی اجازت ہے ۔جہاں پر کوئی وقت نہ بتایا گیا ہو تو بس لین چوبیس گھنٹے بس کے استعمال کیلئے ہوتی ہے۔

بس کے بتائے گئے وقت کے علاوہ اس لین میں ہر وقت گاڑی چلاسکتے ہیں۔ جہاں کوئی وقت نہ دیا گیا ہو وہاں بس لین 24 گھنٹے بس کیلئے ہی ہے ایسے وقت میں بس لین میں پارک یا ڈرائیو نہ کریں۔

سائیکل لینز- سائن پر جو وقت سائیکل کیلئے بتایا گیا ہے اس لین میں نہ ہی گاڑی چلائیں اور نہ ہی پارک کریں۔ اگر سائیکل لین بروکن لائینز سے بتائی گئی ہے تو اس میں نہ ہی گاڑی ڈرائیو کریں اور نہ ہی پارک کریں۔ بشرطیکہ منسوخ نہ کیا گیا ہو۔

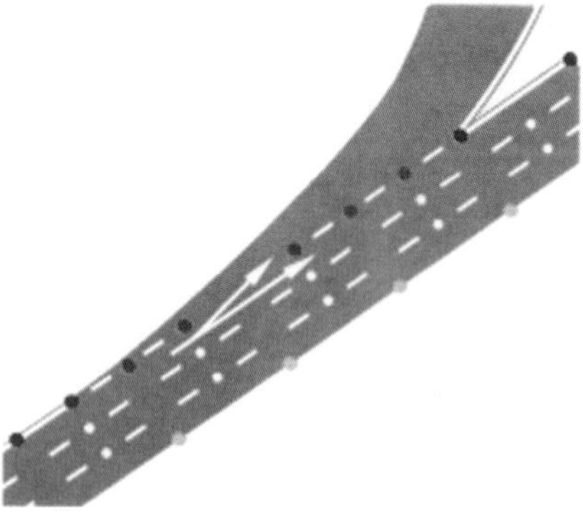

یاد رکھیں-اگر آپ کسی بھی وقت سائیکل لین میں گاڑی پارک کرتے ہیں تو اسے استعمال کرنے والے سائیکل سواروں کیلئے یہ بہت ہی خطرناک ہوتا ہے۔

چمکنے والے روڈ سٹڈز

یہ سٹڈز

☆......سرخ سٹڈز روڈ کی لفٹ ہینڈ سائیڈ کے کنارے

کی نشاندہی کرتے ہیں

☆......سفید سٹڈز روڈ کے درمیانی لین کی نشاندہی کرتے ہیں۔

☆......پیلے سٹڈز روڈ کے رائیٹ ہینڈ سائیڈ کنارے یا موٹروے کے کنارے پر ہوتے ہیں۔

☆......سبز سٹڈز سلیپ روڈ پر جہاں موٹروے چھوڑا جاتا ہے یا داخل ہوا جاتا ہے۔

روڈ کی مرمت کے دوران ہوسکتا ہے سبز یا پیلے سٹڈز جو لین استعمال کی جارہی ہو اسکی پہچان کیلئے استعمال ہوں۔

پیلا بکس جنکشن۔ پیلی کرِس کراس لائینز سے بکس جنکشن کی پہچان ہیں۔ پیلے بکس جنکشن کا مقصد یہ ہے کہ اس ایریا کو خالی رکھا جائے تاکہ چلتی ہوئی ٹریفک کا راستہ بند نہ ہونے پائے جس طرف آپ جانا چاہتے ہیں اُس طرف گاڑیوں کی قطار لگ جائے تو آپ آگے بکس جنکش کے ایریا میں داخل نہ ہوں۔ تاوقتیا کہ آپ رائیٹ جانا چاہتے ہیں اور آپ کا راستہ خالی ہے اور صرف آنے والی ٹریفک سے موقع ملنے کیلئے انتظار کر رہے ہیں۔ اگر کوئی گاڑی رائیٹ مُڑنے کیلئے بکس جنکشن کے اندر انتظار میں ہے تو آپ بھی اُس کے پیچھے داخل ہوسکتے ہیں بشرطیہ کہ آپ بھی وقت پر بکس جنکشن کو خالی کر سکیں۔ اگر شک ہو تو سٹاپ لائن کے پیچھے ہی انتظار کریں۔ کیونکہ اگر آپ ٹریفک لائیٹ تبدیل ہونے پر بکس جنکشن کو خالی نہ کر سکے تو راستہ بند ہونے کا اندیشہ ہوگا۔

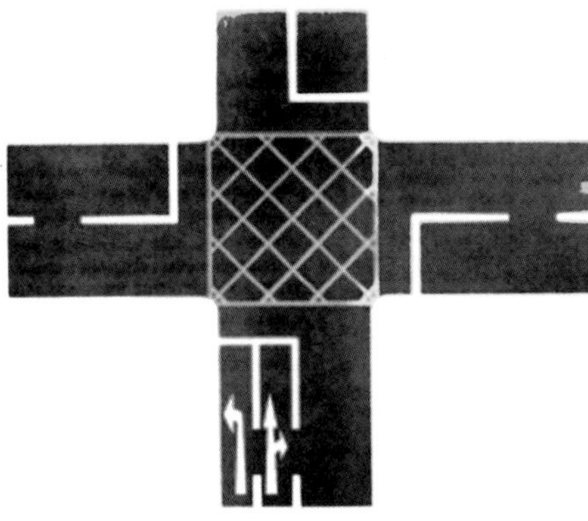

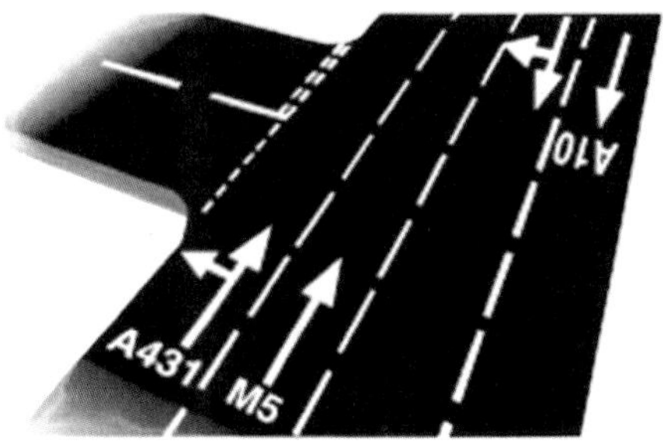

روڈ پر الفاظ - روڈ کی سطح پر لکھے ہوئے الفاظ جن کا مطلب صاف سمجھ آ جاتا ہے۔ جیسے کہ 'سٹاپ' 'سلو' 'کیپ کلیر' جب یہ بتایا جائے کہ روڈ کا کچھ حصہ بسوں، ٹیکسی یا ایمبولنس کیلئے مخصوص کیا گیا ہے، تو ہر گز ایسی جگہ گاڑی پارک نہ کریں۔

سکولز۔سکول کے باہر اکثر پیلی ذیگ زگ لائینز "سکول کیپ کلیر" کے الفاظ کے ساتھ لگائی گئی ہوتی ہیں۔ اُن پر ہر گز گاڑی پارک نہ کریں اور نہ ہی سٹاپ کریں خواہ آپ بچوں کو

SCHOOL — KEEP — CLEAR

اُتار رہے ہوں یا بٹھا رہے ہوں۔

مارکنگ یہ یقینی بنانے کیلئے کی جاتی ہیں :-

☆...... کہ ڈرائیورز گزر رہے ہیں اور ☆...... بچے کراس کر رہے ہیں

کراسنگ ایریا کا منظر صاف رکھیں۔

منزل پر پہنچنے کے نشانات – بہت ہی مصروف جنکشن کے نزدیک پہنچنے پر بعض اوقات لین پر روڈ کے نمبر یا آپ کی منزل کا نام لکھا ہوتا ہے۔

اس سے ڈرائیور وقت پر اپنی لین میں شامل ہو جاتے ہیں۔ اگرچہ پیشگی ڈائریکشن روڈ سائین بڑی لاریوں کی وجہ سے نظر سے اوجھل ہی کیوں نہ ہو جائیں۔

لین ایروز (تیرز) – تیر یہ بتاتے ہیں کہ جس ڈائریکشن پر آپ جانا چاہتے ہیں اس لین میں شامل ہو جائیں۔

جہاں پر روڈ بہت چوڑا ہوتا ہے ہوسکتا ہے آپ دیکھیں کہ ہر تیر ایک ڈائریکشن بتاتا ہے ۔

☆...... لیفٹ کیلئے لیفٹ ہینڈ لین

☆...... آگے کی طرف جانے کیلئے درمیان کی لین میں

☆...... رائیٹ کیلئے رائیٹ ہینڈ لین

کُچھ تیر ہوسکتا ہے جوڑ کر لگائے گئے ہوں۔ اس کا دارومدار اس پر ہے کہ جنکشن کتنا مصروف ہے۔ اگر روڈ صرف دو لین کیلئے چوڑا ہے تو ہوسکتا تیر ایک لین میں دو ڈاریکشن کو اکٹھا کر دیں۔

☆...... لیفٹ ہینڈ لین لیفٹ اور آگے جانے کیلئے ہے

☆...... رائیٹ ہینڈ لین رائیٹ اور آگے جانے کیلئے ہے۔

لیفٹ اور رائیٹ مُڑنے کے تیر جنکشن سے بہت پہلے لگائے جاتے ہیں تاکہ آپ کو صحیح وقت پر اپنی لین میں شامل ہونے میں مدد مل سکے یہ تیر بالکل اُس جگہ پر نہیں لگے ہوتے کہ جہاں سے آپ مُڑنا چاہتے ہیں اور خاص کر رائیٹ مُڑنے کیلئے ان کو یاد رکھنا لازمی ہے۔

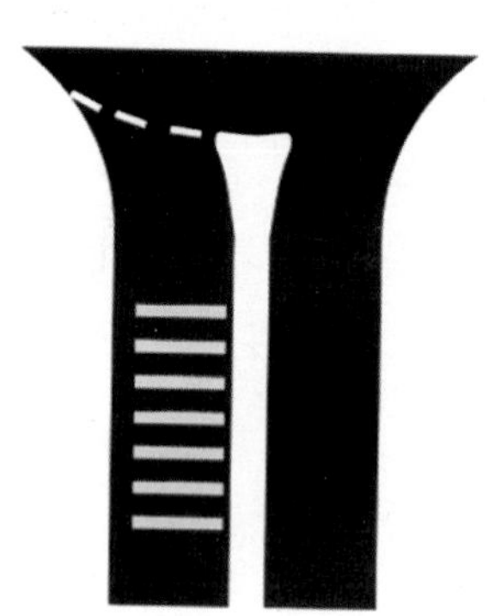

سپیڈ گھٹانے کی لائینز – اکثر ابھری ہوئی زرد لائینز کیرج وے پر پینٹ کی ہوئی ہوتی ہیں ۔

☆...... راوٗنڈ آباوٗٹ کے نزدیک

☆...... کسی گاوٗں میں داخل ہوتے وقت سپیڈ کم کرنے کیلئے

☆...... خاص قسم کی رکاوٹوں سے پہلے ان لائینوں کا مقصد یہ ہے کہ ڈرائیوروں کو اُنکی سپیڈ سے باخبر رکھا جائے جبکہ وُہ تیز سپیڈ سے

گاڑی چلانے کے بعد ایسی جگہوں پر پہنچتے ہیں۔اپنی سپیڈ کو وقت سے پہلے کم کرلیں۔

ٹریفک لائیٹس۔ ٹریفک لائیٹس تین رنگوں کی ہوتی ہیں اور باری باری تبدیل ہوتی رہتی ہیں۔اِن کے بدلنے کی ترتیب یہ ہے :-

☆......**سرخ** ☆......**سرخ اور پیلی** ☆......**سبز** ☆......**پیلی** ☆......**سرخ**

لائیٹس کے رنگوں کا کیا مطلب ہے

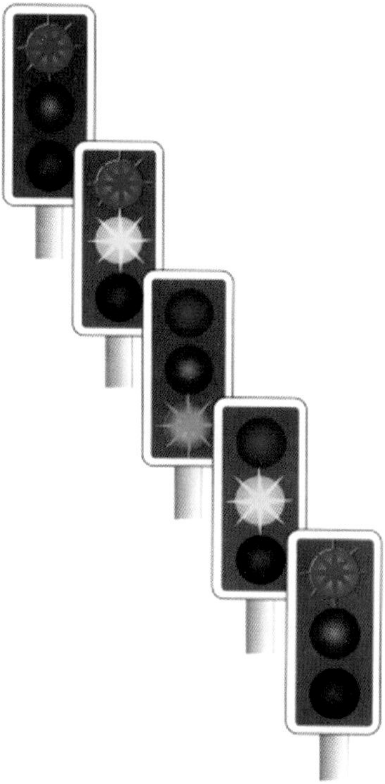

☆......**سرخ** ۔ سٹاپ لائین کے قریب رُک کر انتظار کریں۔

☆......**سرخ اور پیلی** ۔ کھڑے رہیں اور سبز لائیٹ ہونے کا انتظار کریں ۔

☆......**سبز**۔اگر راستہ صاف ہے تو چل پڑیں۔

☆......**پیلی** ۔ ٹھہریں ، لیکن اگر گاڑی لائین سے آگے نکل گئی ہے تو چلے جائیں۔

۔ اگر سٹاپ لائین کے اتنے قریب پہنچ چکی ہو کہ روکنے سے ایکسیڈینٹ کا اندیشہ ہے تو گاڑی نہ روکیں

سبز ٹریفک لائیٹ کے نزدیک ۔ ٹریفک لائیٹ پر اسی طرح پہنچیں جس طرح کسی بھی جنکشن پر پہنچتے ہیں اپنی گاڑی کی سپیڈ ایسی جگہوں پر ہمیشہ کم کرلیا کریں۔کبھی بھی کوشش نہ کریں کہ گاڑی تیز کر کے لائیٹ کے تبدیل ہونے سے پہلے نکل جائیں گے۔ہمیشہ رکنے کیلئے تیار رہیں خاص کرجب سبز لائیٹ کو آن ہوئے کافی وقت ہو چکا ہو۔

سبز فِلٹر تیر (ایرو) ۔ٹریفک لائیٹ میں سبز فلٹر ایرو کا مطلب یہ ہے۔اُس کے آن ہونے پر صرف اُسی طرف کی ٹریفک جا سکتی ہے۔خواہ مین لائیٹ ابھی سبز نہ ہوئی ہو۔

اس لین میں شامل نہ ہوں جب تک کہ آپ کو اس ڈائریکشن میں جانا ہے جو کہ تیر دکھا رہا ہے۔

جب ٹریفک لائٹیٹ سے لیفٹ یا رائیٹ مُڑنا ہو تو پیدل چلنے والوں کا خاص خیال رکھیں اور جو پہلے سے کراس کر رہے ہیں اُن کو راستہ دیں۔

ایم ایس ایم روٹین ۔ٹریفک لائیٹ پہنچنے پر ایم ایس ایم اور پی ایس ایل روٹینز کا استعمال کریں لین مارکنگ پر

پورا دھیان دیں اور عین وقت پر صحیح لین میں داخل ہو جائیں اور رکنے کیلئے تیار رہیں۔

ایڈوانس سٹاپ لائینز -کُچھ ٹریفک لائیٹ میں رکنے کی لائینز سے تھوڑا پہلے ایڈوانس سٹاپ لائینز لگائی گئی ہیں ۔تا کہ سائیکل سوار گاڑیوں سے آگے اپنی پوزیشن بنا سکیں ۔

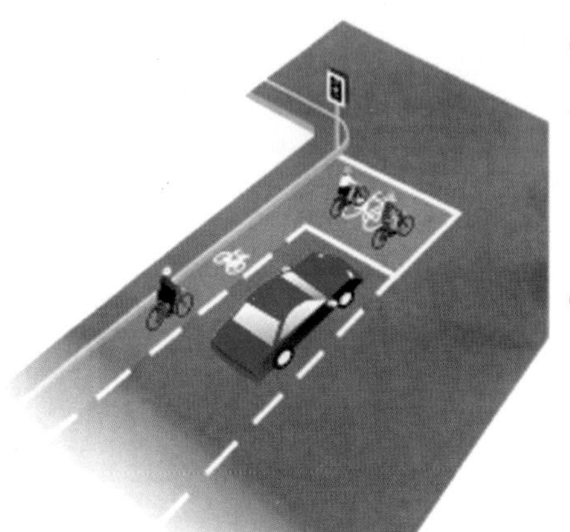

پہلی سفید لائن پر گاڑی روک لیں جو جگہ سائیکل سواروں کیلئے مقرر کی گئی ہے اُس پر نہ جائیں اور لائیٹس ہونے پر پہلے سائیکل سواروں کو نکلنے کا موقع دیں۔

کُچھ ایریامیں بس کیلئے ایڈوانس ایریا مقرر ہیں۔اس کا بھی وہی طریقہ ہے جو سائیکل سواروں کیلئے استعمال ہوتا ہے

سپیشل ٹریفک لائیٹس -یہ ٹریفک کنٹرول کرنے کیلئے اکثر مندرجہ ذیل جگہوں پر استعمال ہوتی ہیں:-

☆......جہاں پر سڑک کے اُوپر جہاز نیچی پرواز کرتے ہیں۔

☆......سونگ یا لفٹنگ برجز پر

☆......یا اور خاص جگہوں مثلاً فائر سٹیشن پر

ایسی لائیٹس

☆......یا عام ٹریفک لائیٹس (یعنی سرخ ، پیلی اور سبز) ہوتی ہیں اگر ایسی ہوں تو عام رولز پر عمل کریں ۔

☆......یا ڈبل سرخ فلیشنگ لائیٹس ہوتی ہیں۔جب صرف سرخ لائیٹس فلیش کر رہی ہوں تو رُک جایئے۔

ٹریفک لائیٹس فیل ہونے پر - اگر ٹریفک لائٹیٹ کام نہ کر رہی ہوں تو ہوشیاری سے کام لیں بغیر سائین اور مارکنگ کے کراس جنکشن والا طریقہ اختیار کریں۔

سکول کراسنگ وارننگ -بعض مصروف جگہوں پر سکول کے نزدیک پہنچنے پر دو پیلی لائیٹس باری باری چمک رہی ہوتی ہیں۔یہ لائیٹس آگے آگے سکول کے کراسنگ پوائنٹ کے بارے میں آگاہ کرتی ہیں۔ یہاں پر گاڑی آہستہ کرلیں اور بڑی احتیاط سے گُزریں۔

ٹریفک آہستہ کرنے کے طریقے (ٹریفک کالمنگ)

ٹریفک آہستہ کرنے کے طریقے لوگوں کو اپنی عام سپیڈ سے کم رفتار پر گاڑی چلانے کیلیئے استعمال کئے جاتے ہیں۔ یہ خاص طور پر حساس (sensitive) ایریاز میں اختیار کئے جاتے ہیں جہاں پر کم سپیڈ سے اردگرد کے لوگوں کو فائدہ پہنچانا مقصد ہو۔

ٹریفک آہستہ کرنے کیلیئے مندرجہ ذیل طریقے اپنائے جاسکتے ہیں

☆......روڈ ہمپس بناکر

☆......روڈ نیرونگز ، سنٹرل آئی لینڈز ،اور چیکنز بناکر

☆...... چھوٹے چھوٹے راؤنڈ آباؤٹ بناکر

20 میل فی گھنٹہ کا علاقہ - کُچھ ٹریفک پُرسکون علاقوں میں 20 میل فی گھنٹہ سپیڈ لیمٹ کا سائین لگا ہوتا ہے۔

یہ سپیڈ لمٹ سائین زیادہ سے زیادہ سپیڈ کا ہے اور تاکید کی جاتی ہے کہ سپیڈ اس سے زیادہ ہرگز نہیں کرنی ہے۔

آپ کو چاہیئے کہ اس ایریا میں سپیڈ لمٹ کے اندر آرام سے ڈرائیونگ کریں۔ اور باربار کم یا زیادہ سپیڈ نہ کریں۔

روڈ پر ہمپز - کیرج وے پر بعض جگہوں پر گول یا برابر اُبھرے ہوئے ہمپز ہوتے ہیں۔ یہ ایسے روڈ پر بھی ہوسکتے ہیں جہاں پر سپیڈ لیمٹ 30 میل فی گھنٹہ یا اس سے کم ہو۔

کُچھ ایریا میں ہمپ گدّے کی طرح تراش کر بنائے گئے ہیں۔ جو روڈ کے کُچھ حصّہ پر ہوتے ہیں اور بڑی گاڑیاں خاص کر بسیں وغیرہ اِدھر اُدھر ہوکر گزر سکتی ہیں۔

اگر یہ 20 میل فی گھنٹہ کے زونز سے باہر بنائے گئے ہوں تو

عام طور پر

☆......جس ایریا میں ہمپ یا لگاتار ہمپز ہوں تو اُس ایریا کے شروع میں ہی وارننگ سائن ہوتا ہے

☆...... ہر ایک ہمپ کے اوپر اور کنارے پر ایک تکون اور اتج لائن لگی ہوتی ہے۔

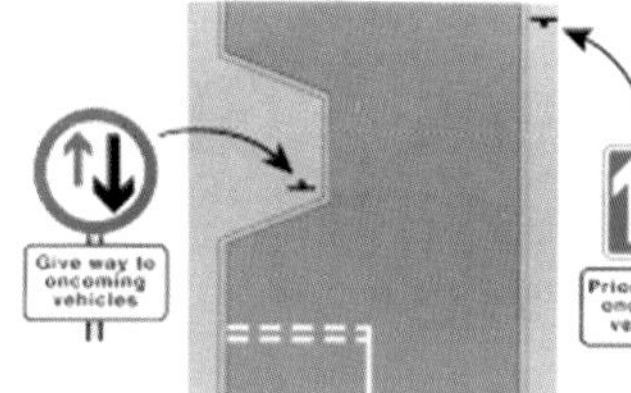

روڈ کا تنگ کرنا - روڈ کو ہوسکتا ہے بعض جگہ پر ایک سائیڈ سے یا دونوں سائیڈوں سے تنگ کر دیا جائے (تاکہ ایک وقت میں ایک گاڑی گزر سکے) اگر یہ 20 میل رفتار کے زونز سے باہر

کے زونز میں کیا گیا ہو تو عام طور پر

☆......وارننگ سائین بتاتا ہے کہ روڈ کس سائیڈ سے تنگ ہے۔

☆......روڈ پر گیووے مارکنگ ہوتے ہیں اور ساتھ ہی سائن بھی بتا رہا ہوتا ہے کہ کس سائیڈ کی ٹریفک کو پہلے گزرنے کا حق ہے۔

اگر یہ آپ کی طرف سڑک پر ہوں تو آپ کو دوسری طرف کے ڈرائیوروں کو راستہ دینا چاہئے۔

اگر کسی بھی سائیڈ پر کوئی سائین نہ ہو کہ کس کو پہلے گزرنا ہے تو تمام ڈرائیوروں کو چاہئے کہ وہ ایک دوسرے کا خیال رکھیں اور بغیر کسی خطرے کے ایک دوسرے کے پاس سے گزر سکیں۔ تنگ اریا میں پہنچنے پر آپ کو چاہئے کے گاڑی کو آہستہ کر لیں اور آنے والی ٹریفک کو راستہ دینے کیلئے تیار ہو جائیں۔

مناسب فاصلہ پر ٹھہر جائیں اور سائیکل سواروں اور موٹر سائیکل والوں کو گزرنے کا راستہ دیں۔ ان کے پاس سے سکڑ کر گزرنے کی ہرگز کوشش نہ کریں۔

چھوٹے راؤنڈ آباؤٹ - چھوٹے راؤنڈ آباؤٹ بھی اکثر اسلئے بنائے جاتے ہیں تاکہ ہر روڈ کی ٹریفک کو موقع مل سکے اور بڑے بڑے روڈز کو حصّوں میں تقسیم کر کے چھوٹے روڈ کی ٹریفک کو بھی موقع دینے کیلئے ایسا کیا جاتا ہے۔

لیول کراسنگز

لیول کرسنگ پر روڈ ریلوے لائن کو کراس کرتی ہے۔ اس پر پہنچتے وقت اور کراس کرتے وقت احتیاط کریں۔

ایسا ہرگز نہ کریں

☆......گاڑی کو لیول کراسنگ کے اوپر لے جانا جب کہ دوسری سائیڈ پر ابھی روڈ کلیئر نہیں ہے۔

☆......کسی گاڑی کے پیچھے پیچھے ہی جاتے رہنا۔

☆......کراسنگ پر رُک جانا یا کراسنگ کے بالکل بعد رُکنا۔

☆......گاڑی کو کراسنگ کے نزدیک کھڑا کرنا۔

زیادہ تر لیول کراسنگ پورے یا آدھے بیریر والے ہوتے ہیں۔

کُچھ لیول کراسنگ بغیر بیریر یا گیٹ کے ہوتے ہیں۔

کیسا بھی ہو دونوں قسم کے لیول کراسنگ پر متواتر پیلی لائیٹ اور اس کے بعد ٹووِن (ڈبل) فلیشنگ سرخ لائیٹس

سے آنیوالی ٹرین سے خبردار کیا جاتا ہے جب لائیٹس آن ہو جاتی ہیں تو پیدل چلنے والوں کو الارم کی آواز سے خبردار کر دیا جاتا ہے آپ لائیٹس سگنلز پر عمل کریں۔

ایسا نہ کریں

☆......لائیٹ آن ہونے کے بعد کراسنگ پر جانا۔

☆......اگر پیلی لائیٹ آن ہو جائے یا گھنٹی بجنا شروع ہو تو کراسنگ پر رک جانا-اگر آپ پہلے ہی کراسنگ کے اوپر ہیں تو چلتے رہیں۔

☆...... آدھے بیریر کے لیول کراسنگ پر زگ زیگ بنا کر کراس کرنا۔

اگر ٹرین جا رہی ہو اور سرخ لائیٹ ابھی تک لگاتار فلیش کر رہی ہے اور گھنٹی کی آواز بھی تبدیل ہو چکی ہے۔ تو آپ ابھی اور انتظار کریں ابھی ایک اور ٹرین آ رہی ہے۔

ریلوے ٹیلیفون-آپ کو ریلوے کا ٹیلیفون استعمال کر کے سگنل اپریٹر سے کراس کرنے کیلئے اجازت لینی چاہئے۔

☆......اگر بڑی یا آہستہ چلنے والی گاڑی ڈرائیو کر رہے ہیں ☆......یا جانوروں کا گلہ لے کر جانا ہے۔

یاد رکھیں جب آپ کراس کر لیں تو سگنل اپریٹر کو دوبارہ فون کر کے بتا دیں۔

سگنلز کے بغیر کراسنگز - ایسے کراسنگ پر جہاں لائیٹس کا انتظام نہ ہو۔ جب گیٹ یا بیریر بند ہونا شروع ہو جائے تو آپ ٹھہر جائیں۔

خود بند اور کھولنے والے کراسنگ سگنل-کچھ کراسنگ پر 'سٹاپ' سائینز اور چھوٹی سرخ اور سبز لائیٹس لگی ہوتی ہیں۔ جب بھی سرخ لائیٹس آن ہو ہرگز کراس نہ کریں کیونکہ سرخ لائیٹ کا مطلب ہے کہ ٹرین آ رہی ہے ۔جب سبز لائیٹ آن ہو صرف اُس وقت کراس کریں۔

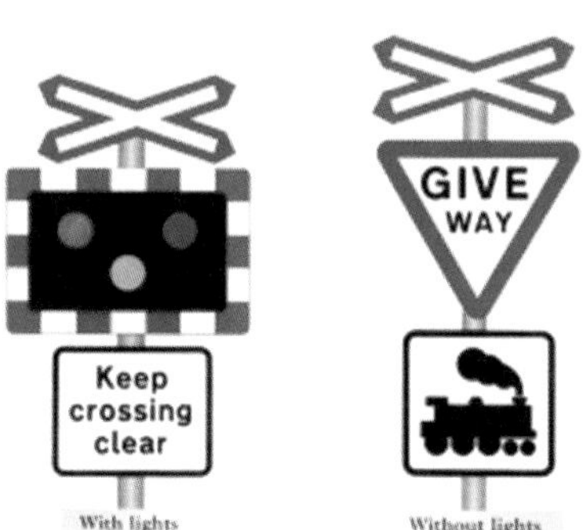

With lights Without lights

کراسنگ پر دونوں سائیڈ سے گیٹ اور بیریر کو کھولیں اور چیک کریں کہ سبز لائیٹ ابھی بھی آن ہے اور جلد سے جلد کراس کریں۔ جیسے ہی کراس کر لیں گیٹ یا بیریر کو بند کر دیں۔

بغیر سگنل کے خود بند اور کھولنے والے کراسنگ - کچھ کراسنگ پر گیٹ ہوتے ہیں مگر کوئی چوکیدار یا سگنلز نہیں ہوتے۔ ایسے کراسنگ پر

☆......رُک جائیں

☆......آواز سنیں اور اس بات کا یقین کر لیں کہ کوئی ٹرین نہیں آ رہی ۔

☆......دونوں طرف اچھی طرح دیکھیں

اگر وہاں پر ریلوے کا ٹیلیفون ہے تو سگنل آپریٹر سے رابطہ کریں اور اس بات کی پوری تسلی کر لیں کہ یہ کراس کرنے کیلئے محفوظ ہے۔ گیٹ کو کھولیں اور ایک بار پھر تسلی کر لیں کہ کوئی ٹرین نہیں آ رہی ہے تو جلد سے جلد کراس کریں۔

جب آپ نے کراس کر لیا تو گیٹ کو بند کر دیں۔ اگر ٹیلیفون ہے تو سگنل آپریٹر کو بتا دیں۔

ہمیشہ ٹرین کو پہلے راستہ دیں کیونکہ ٹرین آسانی سے سٹاپ نہیں ہو سکتی۔

کھلے کراسنگ- کُھلے کراسنگ سے مطلب ہے گیٹ ، بیریرز اور چوکیدار یا ٹریفک سگنل کے بغیر کراسنگز۔ وہاں پر صرف 'گیووے' سائین ہو گا۔

کراس کرنے سے پہلے دونوں طرف دیکھیں آواز سنیں اور اچھی طرح تسلی کر لیں کہ کوئی ٹرین تو نہیں آ رہی تب کراس کریں۔

ایکسیڈینٹ یا گاڑی خراب ہونا۔ اگر آپ کی گاڑی لیول کراسنگ پر خراب ہو گئی یا ایکسیڈینٹ ہو گیا ہے۔ تو

☆...... گاڑی سے تمام سواریوں کو اُتار کر کراسنگ کو خالی کر دیں۔

☆......اگر ریلوے کا ٹیلیفون ہے تو جلد سے جلد سگنل مین کو فون کر کے فوراً بتائیں جو بھی ہدایات ملیں اُن پر عمل کریں۔

☆......اگر وقت ہو تو گاڑی کو کراسنگ سے ہٹائیں اس سے پہلے کہ ٹرین آ جائے۔ گاڑی کو ہٹانے کا طریقہ یہ ہے کہ پہلا گئیر لگائیں اور بعد میں موٹر سٹارٹ کریں۔ ہوشیار رہیں کہ انجن یکدم سٹارٹ ہو جائے۔

☆......اگر الارم بجنا شروع ہو یا پیلی لائیٹ آن ہو جائے تو گاڑی کو اُدھر ہی چھوڑ دیں کراسنگ کو فوراً خالی کر دیں کیونکہ ٹرین سٹاپ نہ ہو سکے گی۔

ٹرام کراسنگ - ٹرام کراسنگز کے ٹریفک سائینز دیکھیں اور اُن پر ایسے ہی عمل کریں جیسا کہ عام ریلوے کراسنگ کیلئے کرتے ہیں

یاد رکھیں- نئی ٹرامز بہت ہی خاموشی سے چلتی ہیں اسلئے زیادہ احتیاط کریں کراس کرنے سے پہلے دونوں طرف اچھی طرح دیکھ لیں۔

سیکشن 7 روڈ کا استعمال

پچھلے حصہّ میں یہ بتایا گیاہے کہ گاڑی کے کنٹرولز کو کیسے استعمال کیا جائے اور گاڑی کو کیسے حرکت دی جائے ، روڈ سائینز اور روڈ مارکنگز کے مقصد کے بارے میں سمجھایا گیاہے ۔ اب آپ کو روڈ کے بارے میں جاننے کی ضرورت ہے کہ کس طرح مختلف قسم کے روڈ کی حالت کو حفاظت اور مئوثر طریقہ سے استعمال کرنا ہے۔

اس سیکشن میں یہ بتایا گیاہے کہ

☆......آپ کو پبلک روڈ پر محفوظ ڈرائیونگ کرنے کے لئے خبرداری اور پیش بینی (پہلے سے اندازہ لگانا) کی ضرورت ہے۔

☆......کس طرح حفاظت سے ٹریفک ، پہاڑیوں اور دوسرے مسائل اور رکاوٹوں سے نمٹنا ہے۔

اس سیکشن میں مندرجہ ذیل موضوعات ہیں

☆......خبردار اور پیش بینی

☆......روڈ پر پوزیشن لینا

☆......روکنے کا فاصلہ

☆......ہر ایک سائیڈ سے فاصلہ

☆......اوورٹیکنگ

☆......رکاوٹیں

☆......پیدل چلنے والوں کے کراسنگ

☆......پہاڑی راستے

☆......سپرٹرام یا (LRT) سسٹم

خبرداری اور پیش بینی - ٹریفک چاہے کیسی بھی ہو کوئی نہ کوئی واقعہ ضرور ہونے والا ہوتا ہے یا کسی واقعہ کے پیش آنے کا امکان ہوتا ہے۔

پیش بندی کا مطلب عمل کرنا ہے جب آپ کو پتہ ہو کہ کوئی واقعہ ہوگا یا ہو سکتا ہے ۔

روڈ پر جو انفورمیشن مل رہی ہیں اُسے بہت پہلے استعمال میں لانے سے آپ سمجھ سکتے ہیں کہ کیاواقعہ ہونے والا ہے اپنے آپ سے مندرجہ ذیل کے بارے میں پوچھیں۔کہ

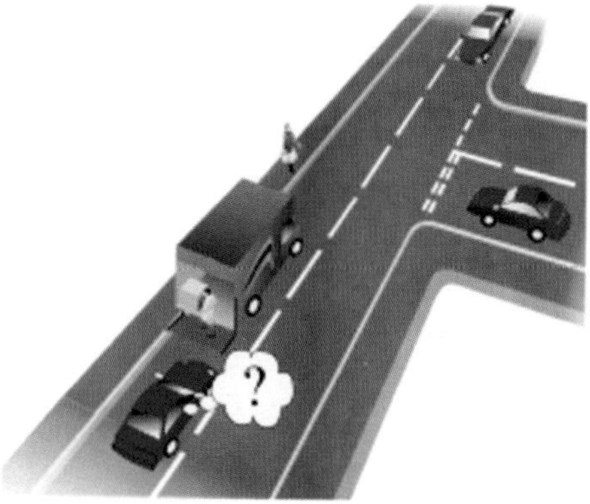

☆......مجھے کیا معلوم کرنا ضروری ہے؟

☆......کیا مجھے گاڑی کو تیز یا آہستہ کرنا چاہئے ؟

☆......دوسرے ڈرائیور کیا کرنا چاہتے ہیں؟

☆...... کیا مجھے رُکنے کی ضرورت ہے ؟

حالات میں تبدیلی - ٹریفک کے حالات میں متواتر تبدیلی ہوتی رہتی ہے اور آپ کیلئے یہ ضروری ہے۔کہ

☆......بار بار چیک کریں کہ آپ کے چاروں طرف کیا ہو رہا ہے۔

☆......حالات میں تبدیلی کیلئے ہر وقت ہوشیار رہیں اور آگے کے بارے میں دُور تک سوچیں۔

مختلف حالات کے مطابق جو بھی پیش بینی یا بچاؤ کرنا ہے اسکے بارے میں سوچ لیں۔

مشکل حالات - بعض حالات میں کسی حادثہ کے ہونے کے بارے میں آپ کیلئے فیصلہ کرنا مشکل ہو جائے گا کہ کیا واقع ہونے والا ہے۔جب

☆...... موسم کی خرابی یا اندھیرا ہو ☆......بہت زیادہ ٹریفک ہو ☆......انجان رُوٹ یا اجنبی راستے ہوں۔

روڈ کی قسمیں -روڈ کی قسم سے پتہ چلتا ہے کہ آپ کتنی پیش بینی کر سکتے ہیں۔اگر روڈ پر ٹریفک کم ہو تو دوسرے ڈرائیوروں کے بارے میں آسانی سے سمجھ آجاتی ہے کہ وہ کیا کرنے والے ہیں۔ لیکن مصروف سنگل روڈ،ڈبل روڈ اور موٹروے پر جہاں پر ہر طرح کی ٹریفک ہوتی ہے۔سب کے عمل پر دھیان دینااور سمجھنازیادہ مشکل ہو جاتا ہے

آگے ڈرائیو کرنا - روڈ پر آگے کی طرف جاتے ہوئے دُور تک سب طرف دھیان رکھیں تاکہ کسی بھی واقعہ کے ہونے سے پہلے ہی آپ کو معلوم ہو جائے ۔

اسلئے آپ کو ہر وقت ہوشیار اور مستعد رہنے کی ضرورت ہے۔

جس روڈ پر بھی سفر کر رہے ہوں اِس کو استعمال کرنے والوں کے علاوہ پیدل چلنے والوں کا بھی پورا خیال رکھنا چاہئے تاکہ ہر ایک کی نقل و حرکت کا پتہ چلتا رہے ۔ روڈ پر جتنا بھی ممکن ہو زیادہ سے زیادہ دھیان دیں یعنی

☆......سامنے ۔ ☆...... پیچھے ۔ ☆...... دونوں سائیڈوں پر۔

آپ کو ہر طرف نظر گھماتے رہنا چاہئے۔اور

☆...... دُور درمیان اور سامنے نزدیک کے ایریا پر بھی غور کرتے رہنا چاہئے۔

☆...... اور شیشوں میں بھی بار بار دیکھ کر معلوم کریں کہ جہاں سے ابھی ابھی گزرے ہیں۔اُس ایریا میں اب کیا ہو رہاہے۔

☆......پورا جو ایریا نظر آئے اُس کے بارے میں پوری جانکاری کریں۔

مشاہدہ کرنا یا دیکھنا- اگر آپ نئے ڈرائیور ہیں تو آپ اپنا دھیان زیادہ تر گاڑی کو کنٹرول کرنے پر رکھیں گے۔روڈ پر ہر طرف دھیان رکھنے کی بھی پریکٹس کریں۔آپ ڈرائیونگ کر رہے ہیں تو اس کا یہ مطلب نہیں کہ اور کُچھ نہیں کرنا بلکہ ڈرائیونگ کے ساتھ دھیان اُتنا ہی کریں جیسے آپ بس یا گاڑی کے مسافر ہیں۔

مندرجہ ذیل کو دیکھیں۔

☆......دوسری گاڑیاں اور پیدل چلنے والے

☆......دوسرے ڈرائیوروں کے سگنلز

☆......روڈ پر سائینز اور مارکنگز

☆......روڈ کی بناوٹ اور روڈ کی سطح کی کنڈیشن

☆...... آگے کی گاڑیوں کی نقل و حرکت خصوصاً جو گاڑی بالکل آپ کے آگے ہے۔

☆...... آگے سائیڈ روڈ اور پہاڑیاں۔بلڈنگ لائین سے ان کا پتہ چل جاتا ہے۔

☆......بسیں جو بس سٹاپ پر چلنے کا سگنل دے رہی ہیں۔

نشان یا کوئی اشارہ -آپ جو کُچھ دیکھ رہے ہیں اس پر اگر کوئی نشان معلوم کر لیں جو آپ کو محفوظ طریقہ اور سُوجھ بُوجھ سے عمل کرنے میں مدد دے سکیں۔ آبادی کے ایریا میں جہاں پر ٹریفک بار بار تبدیل ہوتی ہے چھوٹی چھوٹی معلومات پر نظر رکھیں اور دوسرے روڈ استعمال کرنے والوں کے عمل اور ردِ عمل کو بھی دیکھیں۔ دکانوں کے ونڈو میں عکس (ری فلیکشن) سے اکثر اہم معلومات مل جاتی ہیں۔مثلاً

☆......جہاں پر کوئی چیز نظروں سے اوجھل ہو۔ ☆......جب گاڑی کو پارکنگ جگہ میں ریورس کر رہے ہو۔

کوئی پیدل چلنے والا جو زیبرا کراسنگ کے نزدیک پہنچ رہا ہے ہوسکتا ہے آپ کے سوچنے سے پہلے ہی روڈ پر قدم رکھ دے۔

پارک گاڑیوں کے پاس سے گزرتے خیال رکھیں۔ خاص کر جب کوئی ڈرائیونگ سیٹ پر بیٹھا ہو اور ہوسکتا ہے کہ اچانک گاڑی چلانا شروع کردے۔

ایسے ڈرائیوروں پر نظر رکھیں جو سواریوں کو اُتار یا بٹھا رہے ہوں۔ ہوسکتا ہے کہ وہ شیشوں میں چیک کئے بغیر یا مُڑ کر دیکھے بغیر یا اِدھر اُدھر دیکھے بغیر گاڑی کو حرکت دے دیں۔

بس کے پیچھے جاتے ہوئے جب اس بس کے اندر سواریوں کو اُٹھتے دیکھیں تو ممکن ہے کہ جلدی بس سٹاپ پر کھڑی ہو جائے۔

یاد رکھیں۔ روڈ کو استعمال کرنے والے ہر ایک کے ردِ عمل کو پہلے سمجھنے کی کوشش کریں۔

باخبر رہنا۔ سرسری دیکھنے کا یہ مطلب نہیں کہ آپ نے غور سے مشاہدہ کرلیا ہے ہے آپ کتنا دیکھ سکتے ہیں اس کا انحصار اس پر ہے کہ آپ کتنا صاف دیکھ سکتے ہیں۔ آپ کو پتہ چلے بغیر آپ کی بینائی (نظر) میں تبدیلی آسکتی ہے۔اِسلئے باقاعدگی سے نظر چیک کرواتے رہنا ضروری ہے۔

آپ کے کان بھی آپ کو آگاہ کرسکتے ہیں کہ آپ کے چاروں طرف کیا ہو رہا ہے اسلئے کبھی کبھی کانوں کا چیک کروانا بھی ضروری ہے۔

سکولوں کے نزدیک اور جہاں پر لوگ کام کرتے ہیں وہاں کام کے وقت آپ کو پیدل چلنے والوں کے ہجوم نظر آئیں گے سائیکلیں اور گاڑیاں۔ سکول کے وقت بچوں کو اُتارنے چڑھانے والی بسوں اور گاڑیوں پر بھی نظر رکھنا ضروری ہے۔

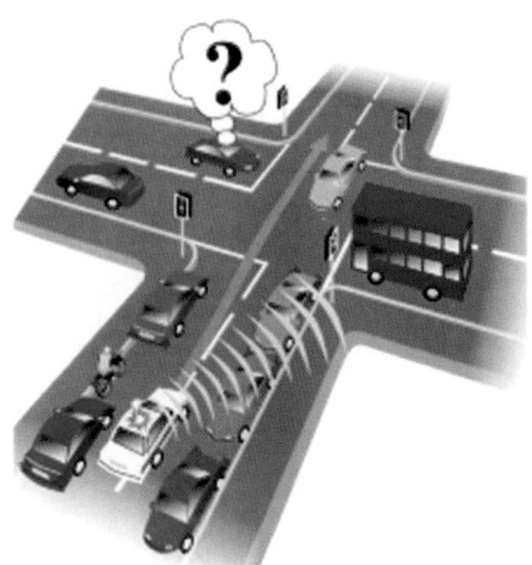

ایمرجنسی گاڑیاں – ایمرجنسی گاڑیاں مثلاً فائر انجن ، ایمبولنس ، پولیس اور دوسری ایمرجنسی سروسز جو نیلی ، سرخ یا سبز فلیشنگ لائیٹس استعمال کرتی ہیں یا جن کا سائرن بج رہا ہو اُن کو دیکھیں اور آواز سنیں چیک بھی کریں کہ کس طرف سے آرہی ہیں اُنکے راستہ سے ہٹ جائیں چیک کریں کہ یہ پیچھے سے آرہی ہیں یا سامنے سے یا آپ کے راستہ سے اُن کو فوراً راستہ دیں گبھرائیں نہیں ہوسکے تو سائیڈ پر رُک جائیں بلکہ

اُن کو راستہ دینے میں مدد کریں۔ مگر یہ بھی خیال رکھیں کہ دوسرے روڈ استعمال کرنے والوں کیلئے خطرہ نہ بن جائیں۔

مصروف علاقوں میں ڈرائیونگ-جب بھی مصروف ایریا میں گاڑی چلائیں تو ہر ممکن خطرے سے ہوشیار رہیں ۔اِن خطروں کا ذکر پہلے تفصیل سے کیا جاچکا ہے۔

آپ کو خاص کر اپنی گاڑی کی سپیڈ سے بھی باخبر رہنا چاہئے اور ہمیشہ سپیڈ روڈ کی کنڈیشن کے مطابق رکھیں۔

سپیڈ لیمٹ کا مطلب زیادہ سے زیادہ سپیڈ ہے جس پر گاڑی چلانے سے آپ محفوظ ہیں۔ مثال کے طور پر بہت ہی تنگ آبادی والی گلیاں جہاں گاڑیاں بھی سائیڈوں پر پارک کی ہوئی ہوں وہاں ہو سکتا ہے آپ کو سپیڈ بہت ہی کم کرنے کی ضرورت پڑے۔

روڈ پر ڈرائیونگ پوزیشن- آپ کو عام طور پر ڈرائیونگ میں گاڑی کو لیفٹ سائیڈ پر رکھنا چاہئے۔

پھر بھی کھڑی ہوئی گاڑیوں کے پاس سے گزرتے وقت جگہ رکھیں

☆......گاڑی کا دروازہ کھولنے کیلئے

☆......گاڑیوں کی حرکت کیلئے ☆...... دوڑتے ہوئے بچوں کیلئے

مندرجہ ذیل نہ کریں

☆......گاڑی کو فٹ پاتھ کے بہت قریب چلانا۔خاص کر ایسی سٹریٹ جہاں پر پیدل چلنے والوں کا ہجوم ہو

☆......پارک گاڑیوں کے پاس سے گزرتے گاڑی کو خالی جگہوں میں اندر یا باہر کرتے ہوئے چلانا یہ ٹھیک نہیں ہے اس سے دوسرے ڈرائیورں کو غلط فہمی میں ڈالنا ہے۔

اگر ممکن ہو تو گاڑی کو معمولی سا لیفٹ سائیڈ پر کریں تا کہ

☆......ٹریفک کی آمدورفت میں مدد ہو۔ ☆...... تیز سپیڈ گاڑیوں کو اوورٹیک کرنے کا موقع ملے ۔

صحیح پوزیشن - ہمیشہ جس راستہ پر جانا چاہیں اُس کے مطابق روڈ پر اپنی گاڑی کی پوزیشن صحیح رکھیں۔

☆......اگر سیدھا آگے جانا ہو یا لیفٹ مُڑنا ہو تو گاڑی کو لیفٹ سائیڈ پر رکھیں۔

☆......اگر رائیٹ کی طرف مُڑنا ہو تو گاڑی کو جتنا محفوظ ہو سکے سینٹر لائین کے قریب رکھیں۔

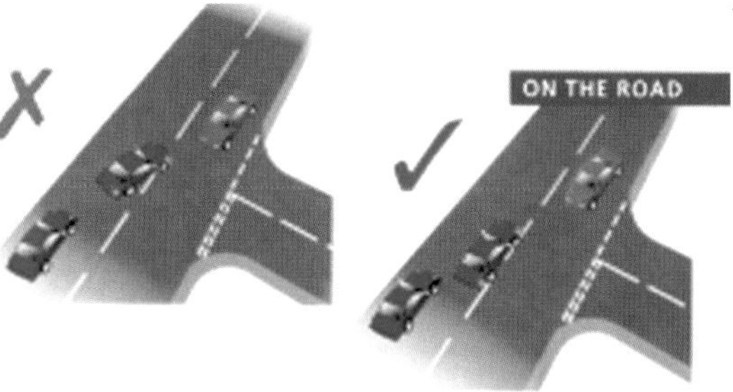

آپ کی پوزیشن اہم ہے نہ صرف حفاظت کیلئے بلکہ تمام ٹریفک کی آمد و رفت میں آسانی کیلئے بھی۔ خراب

پوزیشن سے کسی بھی ڈائریکشن کی ٹریفک رُک سکتی ہے۔

ون وے سٹریٹ- گاڑی کی پوزیشن ون وے سٹریٹ میں جس طرف بھی جانا ہو اُس کے مطابق ہونی چاہئے ۔ مثلاً سیدھا آگے جانا لیفٹ جانا یا رائیٹ جانا۔

☆......اگر لیفٹ جانا ہو تو لیفٹ لین میں رہیں۔

☆......اگر رائیٹ جانا ہو تو رائیٹ لین میں رہیں بشرطیکہ جس روڈ پر آپ ہیں اُس کے رائیٹ ہینڈ سائیڈ میں کوئی رکاوٹ یا پارک گاڑیاں نہ ہوں۔

☆......اگر سامنے جانا ہے تو روڈ مارکنگ کے مطابق جائیں۔اگر سامنے جانے کیلئے کوئی مخصوص لین نہیں تو جو لین مناسب ہو اُس کو استعمال کریں۔عام طور پر لیفٹ لین ہی مناسب ہوتی ہے یہ سب صحیح وقت پر کریں۔

ہمیشہ روڈ مارکنگ کے مطابق جتنا جلدی ممکن ہو صحیح لین میں آجائیں اور اُسی لین میں رہیں دوسرے ڈرائیوروں کی طرف دھیان رکھیں جو ہو سکتا ہے ایک دم لین تبدیل کرلیں۔

ون وے سٹریٹ میں اکثر ٹریفک بلا روک ٹوک جاتی ہے۔اِسلئے یہ بھی دھیان رکھیں کہ گاڑیاں آپ کی گاڑی کی کسی بھی طرف سے گزر سکتی ہیں۔

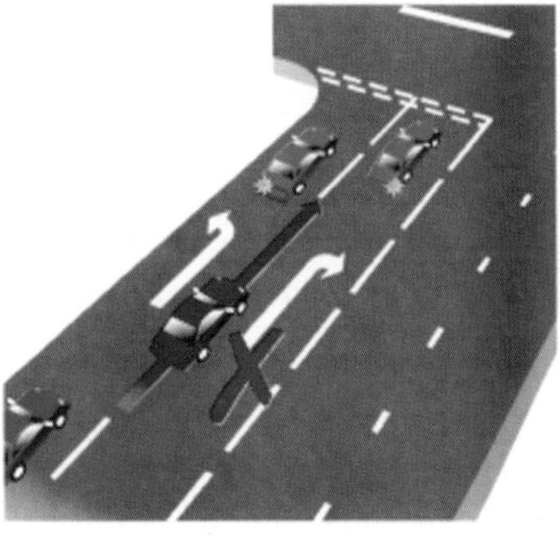

لین ڈسپلین -آپ کو ہمیشہ روڈ مارکنگ پر عمل کرنا چاہئے۔

یہ دو وجوہات کیلئے ہوتی ہیں۔

☆......جتنا ممکن ہو روڈ پر جگہ کا صحیح استعمال کرنے کیلئے ۔

☆......ٹریفک کو گائیڈ کرنے کیلئے۔

لین مارکنگ کے مطابق چلنا بہت ضروری ہے۔

صحیح وقت پر پوزیشن بنائیں-اگر آپ کو پتہ چلے کہ آپ غلط لین میں ہیں تو ایک دم دوسروں کا راستہ کاٹ کر لین تبدیل نہ کریں بلکہ اُسی لین میں جاتے رہیں اور اپنے راستہ پر واپس آنے کیلئے کوئی اور طریقہ نکال لیں۔

لین تبدیل کرنا - اپنے راستہ کے مطابق گاڑی کی پوزیشن رکھیں ہمیشہ لین تبدیل کرنے سے پہلے شیشوں میں دیکھ کر صحیح وقت پر سگنل دے کر لین تبدیل کریں۔

☆......کبھی بھی ایک لین سے دوسری لین میں لہراتے نہ جائیں

☆......دو لین کے درمیان ہرگز گاڑی کو نہ چلائیں

☆......کبھی بھی لین آخری لمحہ تبدیل نہ کریں

☆......جب تک لین تبدیل کرنے کی ضرورت نہیں ہے تو اپنی لین کے بالکل درمیان میں رہیں۔

بہت زیادہ اور آہستہ ٹریفک کے وقت

☆......اچانک لین تبدیل نہ کریں

☆......بار بار لین تبدیل نہ کریں

☆......لین یا لین مارکنگ کے اندر ہی رہیں۔

☆......لین میں اچانک اِدھر اُدھر گاڑی کو نہ کریں

☆......"کیپ کلیئر" مارکنگز پر رکاوٹ نہ ڈالیں آہستہ اور بھاری ٹریفک میں اِن کا بہت خیال رکھیں خصوصاً ایمرجنسی گاڑیوں کے نکلنے کے راستوں پر

جگہ چھوڑیں

☆......پیدل چلنے والوں کے کراسنگ (زیبرا کراسنگ یا پیلیکن کراسنگ) کیلئے

☆......سائیکل سواروں کیلئے جو نزدیک آ رہے ہوں۔

☆......بڑی گاڑیوں کو مُڑنے کیلئے

☆......گاڑیوں کے دروازے کھولنے کیلئے

آگے جانا - جہاں کہیں بھی ممکن ہو گاڑی کو لیفٹ ہینڈ لین میں رکھیں۔

رائیٹ ہینڈ لین کا استعمال صرف اسلیئے نہ کریں کہ آپ تیز گاڑی چلا رہے ہیں۔

چار یا زیادہ لین والے کیرج وے پر ، رائیٹ لین کو استعمال نہ کریں بشرطیکہ کوئی سائین یا روڈ مارکنگ اسے استعمال کرنے کا نہ بتائے رش کے اوقات میں 'ٹائیڈل فلو' کے تحت اِن لینز کے استعمال کرنے کیلئے دن کے وقت بعض اقات اجازت ہوتی ہے اور بعض اوقات منع کیا گیا ہے۔

بس اور سائیکل لینز - یہ الگ لینز ہوتی ہیں جو روڈ مارکنگ اور سائین سے دکھائی جاتی ہیں اِن لینز میں داخل نہ ہوں جب تک کہ ان میں جانے کی اجازت نہ ہو۔

روڈ جنکشن کے نزدیک پہنچنا ۔ آگے دُور تک سائین اور روڈ مارکنگ کو دیکھیں اگر آپ کی جانے والی سائیڈ پر آگے دو لینز ہیں اور اگر آپ کو

☆...... لیفٹ مُڑنا ہو تو لیفٹ ہینڈ لیں میں ہی رہیں

☆......سیدھا آگے جانا ہو تو بھی لیفٹ ہینڈ لین میں رہیں جب تک کہ سائن کُچھ اور نہ بتا رہا ہو

☆......رائیٹ مُڑنا ہو تو صحیح وقت پر رائیٹ ہینڈ لین میں چلے جائیں

ایسا کبھی نہ کریں کہ آگے نکلنے کیلئے غلط لین کو استعمال کر کے نزدیک پہنچ کر صحیح لین میں واپس آجائیں۔ جنکشن بہت خطرناک جگہ ہوتی ہے۔

اگر آپ تین لین والے روڈ پر جارہے ہیں اور آپ کا ارادہ ہے کہ

☆......لیفٹ مُڑنا ہے تو لیفٹ ہینڈ لین میں ہی رہیں

☆......سیدھا آگے سے جانا ہے تو بھی لیفٹ ہینڈ لین میں رہیں (جب تک کوئی لفٹ فلٹر سائین نہ ہو) یا مڈل لین بے لین یا روڈ مارکنگ کے مطابق رہیں۔

☆......رائیٹ مُڑنا ہے تو رائیٹ ہینڈ لین استعمال کریں۔

سلیپ روڈ - کئی جنکشنز پر سلیپ روڈ بھی ہوتے ہیں۔ تو سلیپ روڈ میں داخل ہونے سے پہلے لیفٹ ہینڈ لین میں صحیح وقت پر آجائیں۔ اس طرح دوسری ٹریفک کو روکے بغیر آپ اپنی گاڑی کو موڑنے کیلئے آہستہ کر سکیں گے۔

روکنے کیلئے فاصلہ - یہ آپ کی گاڑی کا وہ فاصلہ ہے جو وہ طے کرتی ہے۔

☆......جس لمحے آپ محسوس کرتے ہیں کہ اب لازمی بریک لگانی ہے۔

☆......اُس لمحے جب آپ کی گاڑی کھڑی ہو جاتی ہے۔

ہمیشہ اپنی گاڑی اور اگلی گاڑی کے درمیان اِتنا فاصلہ رکھیں کہ اگر اگلی گاڑی اچانک آہستہ ہو جائے یا اچانک رُک جائے تو آپ بھی اپنی گاڑی کو محفوظ فاصلہ پر روک سکیں۔

اس کیلئے آپ کو اس قابل ہونا چاہیئے کہ ٹوٹل سٹاپنگ فاصلہ کا اندازہ لگا سکیں۔

فاصلہ جاننے کی پریکٹس کرنے کیلئے سب سے اچھا طریقہ یہ ہے کہ جب آپ پیدل چل رہے ہیں کُچھ فاصلہ پر کسی چیز کا انتخاب کریں اور دیکھیں کہ یہ کتنی دور ہے پھر وہاں تک جاتے اپنے قدم گنیں اور ہر قدم تقریباً ایک میٹر (گز) کے برابر ہوتا ہے۔ اپنا اندازہ چیک کریں اِسی طرح کئی دوسری چیزوں پر مشق کریں۔

روکنے کے فاصلہ کا انحصار اس پر ہے کہ

☆...... آپ گاڑی کتنی تیز چلا رہے ہیں

☆......جس روڈ پر سفر کر رہے ہیں کس قسم کا ہے. مثلاً ہموار، چڑھائی یا ڈھلوان

☆...... موسم اور روڈ کی کنڈیشن کیسی ہے

☆......گاڑی کی بریکس اور ٹائرز کی کنڈیشن

☆......ڈرائیور کی حیثیت سے آپ کی قابلیت خصوصاً بریک لگانے کے عمل کے وقت آپ کا ردِّعمل۔

روکنے کا فاصلہ مندرجہ ذیل دو حصّوں میں تقسیم کیا گیا ہے۔

☆......سوچنے کا فاصلہ ☆......بریک لگانے کا فاصلہ۔

کار روکنے کا فاصلہ

کار کی اوسط لمبائی = 4 میٹر

سوچنے کا فاصلہ

بریک لگانے کا فاصلہ

رفتار	سوچنے کا فاصلہ	بریک لگانے کا فاصلہ	کل فاصلہ
20 میل فی گھنٹہ	6 میٹر	6 میٹر	12 میٹر (40 فٹ) یا 3 کاروں کی لمبائی
30 میل فی گھنٹہ	9 میٹر	14 میٹر	23 میٹر (75 فٹ) یا 6 کاروں کی لمبائی
40 میل فی گھنٹہ	12 میٹر	24 میٹر	36 میٹر (120 فٹ) یا 9 کاروں کی لمبائی
50 میل فی گھنٹہ	15 میٹر	38 میٹر	53 میٹر (175 فٹ) یا 13 کاروں کی لمبائی
60 میل فی گھنٹہ	18 میٹر	55 میٹر	73 میٹر (240 فٹ) یا 18 کاروں کی لمبائی
70 میل فی گھنٹہ	21 میٹر	75 میٹر	96 میٹر (315 فٹ) یا 24 کاروں کی لمبائی

سوچنے کا فاصلہ - اِس کا دارومدار اِس پر ہے کہ آپ عمل کرنے میں کتنے تیز ہیں۔ زیادہ تر لوگ اس کیلئے تقریباً آدھا سیکنڈ سے کُچھ زیادہ وقت لگاتے ہیں۔

اگر آپ تھکے ہوئے ہیں یا بیمار ہیں تو زیادہ وقت لیں گے۔

اگر آپ 20 میل فی گھنٹہ کی رفتار سے سفر کر رہے ہیں آپ تقریباً 6 میٹرز (20 فٹ) طے کر لیں گے تو بریک اپنا عمل شروع کرے گی۔ یہ فاصلہ

☆......30 میل فی گھنٹہ کی رفتار پر 9 میٹرز (30 فٹ) ہو گا۔

☆......40 میل فی گھنٹہ کیلئے 12 میٹرز (40 فٹ) ہو گا

اور اِسی طرح آگے حساب کرتے جائیں

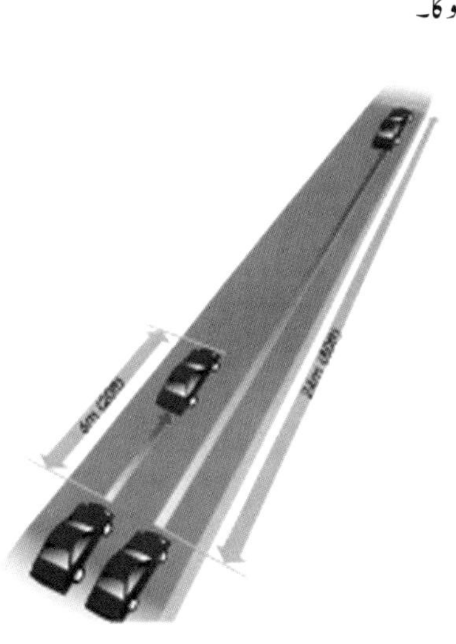

بریک لگانے کا فاصلہ - بریک کا زیادہ تر انحصار آپ کی گاڑی کی سپیڈ، سائیز اور وزن پر ہے۔

گاڑی رُکنے کے فاصلے پر مندرجہ ذیل زیادہ اثر انداز ہو سکتے ہیں:۔

☆......20 میل فی گھنٹہ کی رفتار سے خشک روڈ پر صحیح بریکیں آپ کی گاڑی کو (رُکنے کیلئے) 6 میٹرز (20 فٹ) کے فاصلہ پر روک دیں گی۔

☆......40 میل فی گھنٹہ کی رفتار سے گاڑی روکنے کیلئے 24 میٹرز (80 فٹ) فاصلہ درکار ہوگا۔

یعنی فاصلہ کا چار گُنا۔

خراب موسم میں گاڑی کو رُکنے کیلئے زیادہ وقت اور فاصلہ کی ضرورت ہوتی ہے۔

گیلے یا کچے روڈ پر ٹائیرز کی سڑک پر گرفت مضبوط نہیں ہوگی۔

اگلی گاڑی سے فاصلہ -زیادہ تر روڈ پر ایکسیڈینٹ کی وجہ یہ ہے کہ ڈرائیور اپنی گاڑی کو اگلی گاڑی سے بہت ہی نزدیک رکھتے ہیں۔

ہر ڈرائیور کیلئے یہ ضروری ہے کہ وہ روڈ ،ٹریفک اور موسمی حالات کو مدِ نظر رکھتے ہوئے اپنی گاڑی کو اگلی گاڑی سے محفوظ فاصلے پر رکھے۔ آپ اور آپ کی سواریوں کی حفاظت کا اِنحصار اسی پر ہے !

آپ کو اگلی گاڑی سے اپنی گاڑی کو کتنا دُور رکھنا چاہیئے ؟

تصّور کریں۔ آپ کی گاڑی کی سپیڈ کے مطابق جو سٹاپنگ فاصلہ ہے اتنا فاصلہ اگلی گاڑی سے ضرور رکھنا چاہیئے۔

بھاری ،کم رفتار ٹریفک میں کافی روڈ فاصلہ (space) ضائع کئے بغیر شائید یہ ممکن نہ ہو، تاہم پھر بھی یہ فاصلہ آپ کے تصوراتی فاصلے (Thinking distance) سے کبھی کم نہیں ہونا چاہیئے اور جب سڑک گیلی اور پھسلنی (سلپری) ہو تو اِس سے بھی زیادہ فاصلہ رکھنا چاہیئے۔

یادرکھیں گاڑی کھڑی کرنے کا جو ٹوٹل (سٹاپنگ) فاصلہ بتایا گیا ہے وہی محفوظ گیپ ہے اگر اُس سے کم رکھیں گے تو خطرہ مول لیں گے۔

اچھے خشک موسم میں آپ کی گاڑی کی رفتار کے ہر میل کیلئے ایک میٹر وقفہ ہونا چاہیئے مثلاً اگر آپ کی گاڑی کی رفتار 55 میل فی گھنٹہ ہے تو وقفہ 55 میٹر ہوگا۔

خراب موسم میں گیپ رکھنے کیلئے فاصلہ کم از کم ڈبل ہوگا۔

ایک بہتر طریقہ یہ ہے کہ ایک میٹر ایک میل فی گھنٹہ کا اندازہ لگانے کیلئے "دو سیکنڈ رُول" کو استعمال کریں۔

دو سیکنڈ رُول -ایک ہوشیار ڈرائیور اچھے خشک موسم میں ایک ایسی گاڑی چلا رہا ہے جس کے بہترین ٹائر اور بریکز ہیں تو اُس ڈرائیور کیلئے ضروری ہے کہ اپنی گاڑی کو اگلی گاڑی سے کم از کم دو سیکنڈ پیچھے رکھے اور خراب موسم میں یہ وقفہ ڈبل یعنی کم از کم چار سیکنڈ یا اس سے بھی زیادہ ہونا چاہیئے۔

کیسے اندازہ کرنا ہے - روڈ پر آگے کوئی بھی نشان نوٹ کرلیں مثلاً کوئی پُل ، درخت یا روڈ سائین وغیرہ اگلی گاڑی جب اُس نشان سے گزرے تو اپنے آپ سے آہستہ سے کہیں "کوئی بیوقوف ہی دو سیکنڈ رُول توڑ سکتا ہے" اگر آپ اُس نشان سے آگے نکل گئے تو اِس کا مطلب یہ ہے کہ آپ کی گاڑی اگلی گاڑی کے بہت نزدیک ہے۔

یاد رکھیں - زیادہ تر ایکسیڈینٹ اس وجہ سے ہوتے ہیں کہ

☆......ڈرائیور اگلی گاڑی کے بہت نزدیک چلا رہے ہوتے ہیں

☆...... ڈرائیور بریک کا استعمال وقت پر نہیں کر سکتے۔

ایکسیڈینٹ سے بچنے کیلئے ضروری ہے کہ دور تک دھیان رکھیں اور اگلی گاڑی سے وقفہ بھی صحیح رکھیں۔ ہمیشہ اپنے بچاؤ کیلئے اپنے کو تیار رکھیں۔

دفاعی (یا بچاؤ کی) ڈرائیونگ -اگر پچھلی گاڑی آپ کے بہت ہی نزدیک ہے تو آپ اس طرح گاڑی کو آہستہ کریں کہ اگلی گاڑی سے وقفہ زیادہ ہو جائے۔ اِس طرح اگلا ڈرائیور گاڑی کو اچانک آہستہ یا کھڑی کر دے تو آپ بھی وقت پر بچاؤ کر سکیں گے۔

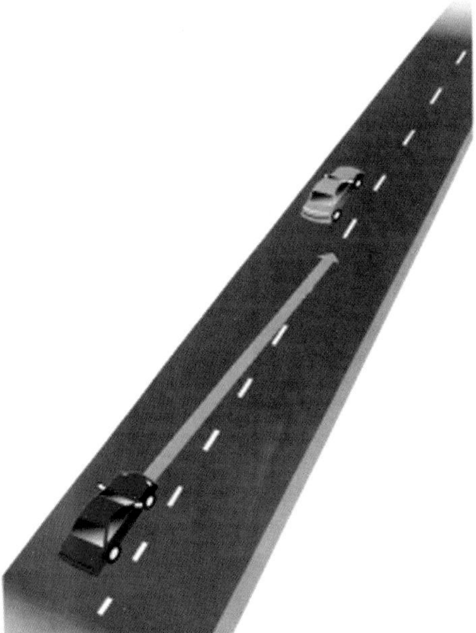

اَوورٹیکنگ - اوورٹیک کرتے آگے سے آنے والی گاڑیوں سے آپ کا ٹکراؤ ہو سکتا ہے۔ یہ ایکسیڈینٹ کی سب سے بڑی وجہ ہے۔

اوورٹیک غلط وقت پر یا غلط جگہ سے کرنا بہت ہی خطرناک ہے۔

اوورٹیک کرنے کیلئے وقت اور جگہ کا انتخاب بہت ہی اہم ہے۔

اوورٹیک کرنے سے پہلے یہ سوچ لیں کہ اپنی گاڑی کو محفوظ طریقہ سے واپس اپنی پوزیشن میں یقینی لا سکیں گے۔

مندرجہ ذیل کے راستہ میں رکاوٹ بنے بغیر

☆......جو گاڑی آپ کی طرف آگے سے آرہی ہے۔

☆......جس گاڑی کو آپ اوورٹیک کر رہے ہیں۔

چلتی گاڑی کو اَوورٹیک کرنا -جب تک ضروری نہ ہو اوورٹیک نہ کریں ۔ مثلاً اگر آپ کو اوورٹیک کے فوراً بعد مُڑنا ہو تو ایسے حالات میں اوورٹیک کرنے کیلئے ہرگز رش نہ کریں بلکہ کچھ دیر انتظار کر لیں۔

اوورٹیک کرنے سے پہلے اپنے آپ سے یہ ضرور پوچھیں کہ کیا اوورٹیک کرنا بہت ہی ضروری ہے؟ اگر ضروری ہو تو اس کیلئے مناسب جگہ کا انتخاب کیجئے ۔ اگر کہیں اوورٹیک کرنے سے قانون کی خلاف ورزی ہوتی ہو تو

ایسا کبھی نہ کریں۔ جیسا کہ "ہائی وے کوڈ" میں سب تفصیل موجود ہے۔

کچھ ایسی جگہیں بھی ہیں جو اوورٹیک کرنے کیلئے کبھی بھی مناسب نہیں ہیں۔**اوورٹیک نہ کریں**

☆......اگر آپ کو آگے کی طرف دیکھنے میں رکاوٹ ہو۔

☆......اگر دوسرے ڈرائیور آپ کو دیکھ نہ سکتے ہوں۔

☆......اگر روڈ تنگ ہوتا جارہاہو

☆......اگر روڈ بہت تنگ ہیں

☆......اگر آپ جنکشن کے نزدیک پہنچ رہے ہوں۔

☆......اگر روڈ بہت ہی نیچے کی طرف گہرا ہے اور آنے والی ٹریفک گہرائی کی وجہ سے اوجھل ہے۔

اوورٹیک کرنے کے وقت سپیڈ اور فاصلہ کا اندازہ

جس گاڑی کو آپ اوورٹیک کرنا چاہتے ہوں اُس گاڑی کی سپیڈ کا جاننا بہت ہی ضروری ہے۔

جب آپ چلتی ہوئی گاڑی کے نزدیک ہو رہے ہوتے ہیں۔ اس سے پہلے کہ آپ صحیح معنوں میں اُس کو اوورٹیک کرینگے وُہ گاڑی بھی اتنی دیر میں کافی سفر کر لے گی۔ مثال کے طور پر اگر آپ 30 میل فی گھنٹہ کی رفتار سفر کر رہے ہیں تو اگلی گاڑی تک پہنچنے کیلئے آپ کو ایک چوتھائی میل لگ جائے گا جو 200 گز آگے 15 میل فی گھنٹہ کی سپیڈ سے چل رہی ہے۔

اِس کے برعکس اگر آپ گاڑی 55 میل فی گھنٹہ سے چلا رہے ہیں اور آنے والی گاڑی بھی اسی سپیڈ سے آرہی ہے تو آپ ایک دوسرے کے نزدیک 110 میل فی گھنٹہ یا 160 فٹ فی سیکنڈ پہنچیں گے۔

اوورٹیک کرتے ہوئے وقت لگتا ہے۔ اگر آپ کی گاڑی اور اگلی گاڑی جس کو آپ اوورٹیک کرنا چاہتے ہیں دونوں کی سپیڈ میں معمولی سا فرق ہے تو آپ کو زیادہ لمبی خالی سڑک کی ضرورت پڑے گی۔

یاد رکھیں:۔ اگر ذرا سا بھی شک ہو تو کبھی اوورٹیک نہ کریں۔ کیونکہ اوورٹیک کیلئے جو آپ سوچتے ہیں اُسکی نسبت کہیں زیادہ وقت لگتا ہے۔

دفاعی (یا بچاؤ کی) ڈرائیونگ۔جب کوئی دوسرا ڈرائیور آپ کو اوورٹیک کر رہا ہو تو اپنی گاڑی کی سپیڈ زیادہ کرنے کی کوشش نہ کریں۔ اگر ضروری ہو تو آہستہ ہو جائیں اور اُن کو پاس سے جلد گزرنے میں مدد دیں۔

بڑی گاڑیوں کو اوورٹیک کرنا ۔آپ کیلئے ضروری ہے کہ اپنی گاڑی کو بڑی گاڑی سے مناسب فاصلہ پر رکھیں تاکہ آپ کو آگے دُور تک دکھائی دے اور آپ اوورٹیک کرنے کیلئے تیاری کر سکیں۔ جب آپ اوورٹیک کیلئے

انتظار کر رہے ہوں تو اگلی گاڑی سے مناسب فاصلہ رکھیں۔

اگر کوئی دوسری گاڑی اس گیپ میں داخل ہو جائے تو پھر پیچھے ہٹ جائیں۔

اگر آپ اوورٹیک کرنے کا سوچ رہے ہیں تو یہ بھی دیکھیں کہ جس گاڑی کو اوورٹیک کرنے کا ارادہ ہے۔اس پر سامان لادا ہوا ہے یا خالی ہے ۔بڑی گاڑیوں کی سپیڈ چڑھائی اورڈھلوان پر اکثر بدلتی رہتی ہے اُن کی سپیڈ چڑھائی پر جاتے بہت آہستہ ہو جاتی ہے اورڈھلوان پر اُترتے بہت ہی تیز ہو جاتی ہے۔

کسی لمبی لاری کو اوورٹیک کرنے کا سوچتے وقت سپیڈ میں ایسی تبدیلیوں کے امکان کو ہمیشہ یاد رکھیں ۔

چڑھائی پر چلتی گاڑی کو اوورٹیک کرنا

چڑھائی -اگر آپ چڑھائی پر اوورٹیک کر رہے ہیں تو آپ کے پاس اتنا وقت اور جگہ ہونی چاہئے تاکہ چڑھائی ختم ہونے سے پہلے پہلے آپ اپنی سائیڈ پر واپس آجائیں کیونکہ چڑھائی کے سرے پر پہنچنے پر دکھائی کی حد کم ہو جاتی ہے اور یہ نہ بھولیں کہ آگے سے آنے والی گاڑیاں بہت تیزی سے آرہی ہوں گی اور آپ کا اُن سے آمنا سامنا بہت جلدی ہو جائے گا۔

ڈھلوان-جب نیچے جارہے ہوں تو گاڑی کو آہستہ کرنا بہت مشکل ہوتا ہے۔ احتیاط کریں تاکہ گاڑی کنٹرول سے باہر نہ ہونے پائے ۔

لمبی چڑھائی پر اوورٹیکنگ -بعض لمبی پہاڑیوں پر سفید لائین روڈ کو دو حصوں میں تقسیم کر دیتی ہے اوپر جانے والی ٹریفک کیلئے دو لین ہوتی ہیں جب کہ نیچے آنے والی ٹریفک کیلئے صرف ایک لین ہوتی ہے۔

اگر نیچے آنے والی ٹریفک کی طرف بروکن (یعنی ٹوٹی ہوئی) لائین ہو تو اِس کا مطلب یہ ہے کہ اگر محفوظ ہو تو نیچے آنے والی ٹریفک اوورٹیک کر سکتی ہے۔ لیکن اوورٹیک کرنے کا پہلا حق اُوپر جانے والی ٹریفک کا ہوتا ہے۔

تین لین والے روڈ پر اوورٹیکنگ - بعض روڈ تین لین والے ہوتے ہیں۔ جہاں درمیان والی لین کسی بھی سائیڈ کی ٹریفک کے اوورٹیک کرنے کیلئے ہوتی ہے۔ایسے روڈ بہت ہی خطرناک ہوتے ہیں۔ اِسلئے اوورٹیک کرنے

سے پہلے تسلی کرلیں کہ روڈ دُور تک خالی ہے۔

اگر شک ہو تو انتظار کرلیں ۔

اوورٹیک کرنے سے پہلے - روڈ کے درمیان کئی قسم کے خطرے کے نشانات سفید ڈبل لائینز کے ساتھ بتائے گئے ہوتے ہیں۔ اُس ایریا کے قریب پہنچنے پر روڈ پر سفید تیر جو وارننگ دیتے ہیں اُن کو دیکھیں اور جلد سے جلد اپنی لیفٹ سائیڈ پر آجائیں۔

تین لین والا روڈ جنکشن کے سائینز اور ہیچ مارکنگ روڈ کے درمیان اِس بات سے آگاہ کر رہے ہیں کہ اوورٹیک مت کریں۔ پیچھے ٹھہرنے کیلئے تیار ہو جائیں کیونکہ آگے ٹریفک رائیٹ مُڑنے کیلئے انتظار کر رہی ہے یا لیفٹ مُڑنے کیلئے آہستہ ہو رہی ہے۔

اگلی گاڑی پر نظر رکھیں - اوورٹیک کرنے سے پہلے اگلے ڈرائیور اور گاڑی دونوں کو دیکھیں کہ کیا کرنے والے ہیں اور آگے دور تک روڈ پر بھی تھوڑی دیر کیلئے دھیان دیں پھر فیصلہ کریں۔

ہو سکتا ہے وُہ

☆......اوورٹیک کرنے کا فیصلہ کریں۔

☆...... آگے والے ڈرائیور ایک جیسی سپیڈ پر چلتے جا رہے ہوں

☆...... جلد ہی مڑنے کا ارادہ کریں۔

☆...... آگے کوئی چیز دیکھیں جو آپ کو نظر نہیں آرہی۔

رائیٹ مُڑنے والی گاڑیاں۔ ریسرچ سے پتہ چلا ہے کہ اوورٹیک کرتے وقت زیادہ تر ایکسیڈینٹ اوورٹیک کرنے والے ڈرائیور کرتے ہیں جو گاڑی رائیٹ مڑ رہی ہو اُسے پیچھے سے ٹکر مار دیتے ہیں۔

اس قسم کے حادثوں سے بچنے کیلئے آپ

☆......اُس گاڑی کے انڈیکیٹر کو چیک کریں جسے آپ اوورٹیک کرنے جا رہے ہیں ۔

☆......اندازہ لگائیں کہ جو گاڑی آہستہ ہو رہی ہے وُہ مُڑنے والی ہے۔

گاڑی کے پیچھے جانا -ایسی گاڑی جو اوورٹیک کر رہی ہے اس کے پیچھے کبھی بغیر سوچ سمجھے اور تسلی کئے دوڑے نہ چلے جائیں۔ جب تک اپنی آنکھوں سے دیکھ نہ لیں کہ راستہ صاف ہے اگلی گاڑی کی وجہ سے

☆...... آپ کو مکمل دکھائی نہیں دیتا

☆...... آنے والی گاڑیاں آپ کی نظر سے اوجھل ہو جاتی ہیں۔

ہمیشہ اوورٹیک کیلئے آپ کو خود فیصلہ کرنا ہے۔ فیصلہ کا انحصار مندرجہ ذیل باتوں پر ہے

☆...... آپ کو کیا نظر آ رہا ہے۔

☆...... آپ کو کیا پتہ چل رہا ہے

اگر شک ہو تو صبر کریں اور پیچھے ہی رہیں ۔ ہو سکتا ہے کہ آپ دونوں کیلئے اتنا وقت نہ ہو کہ بیک وقت (ایک ہی دفعہ) اوور ٹیک کر سکیں۔

دفاعی (یا بچاؤ کی) ڈرائیونگ - ایسی گاڑی سے ہمیشہ دُور رہیں جو اگلی گاڑی کے بہت ہی نزدیک ہے اور بار بار جھُول رہی ہے۔ اگلی گاڑی والے اگر جلد بازی میں کُچھ کر دیں تو آپ صبر سے کام لیں۔

اوورٹیکنگ کا عمل

اوورٹیک کرنا- اس سے پہلے کہ اوورٹیک کرنے کا صحیح لمحہ آئے ۔ ہو سکتا ہے آپ کو اوورٹیک کرنے کیلئے مندرجہ ذیل میں سے تمام یا کُچھ طریقے بار بار استعمال کرنے پڑ جائیں۔

مثال کے طور پر جیسے ہی آپ اوورٹیک کرنے لگیں اور اُسی لمحہ کوئی دوسرا آپ کو اوورٹیک کر لیتا ہے تو آپ کو اوورٹیک کرنے کے مندرجہ ذیل تمام طریقے دوبارہ استعمال کرنے پڑیں گے۔

شیشے (آئینے)- ہمیشہ اوورٹیک کرنے سے پہلے شیشوں میں دیکھیں اور پچھلی ٹریفک کی سپیڈ اور پوزیشن کا اندازہ لگائیں۔

پوزیشن- جب اوورٹیک کیلئے تیار ہوں تو اگلی گاڑی کے اتنے نزدیک ہو جاؤ کہ آرام سے اوورٹیک کر سکیں لیکن اتنے بھی نزدیک نہ ہوں کہ آگے کا منظر صاف دکھائی نہ دے۔

سپیڈ- گاڑی کی سپیڈ اور طاقت اتنی کریں کہ اگلی گاڑی کو جلد سے جلد اوورٹیک کر سکیں۔

ہو سکتا ہے جب آپ اوورٹیک کرنے کیلئے تیار ہو جائیں تو آپ کو گاڑی کی طاقت بڑھانے کیلئے گیئر بھی تبدیل کرنا پڑے۔

دیکھنا۔ غور کریں اور تمام حالات کا اندازہ لگائیں۔ مثلاً

☆...... روڈ کی حالت

☆...... اگلا ڈرائیور کیا کر رہا ہے یا تھوڑی دیر میں کیا کرنے والا ہے

☆...... کوئی رکاوٹیں

☆...... آگے سے آنے والی گاڑیوں کی سپیڈ اور پوزیشن

☆...... آپکی گاڑی اور آنے والی گاڑیوں کے درمیان سپیڈ کا فرق۔

شیشے - پھر سے شیشوں میں دیکھ کر پیچھے کے حالات پر دوبارہ اندازہ لگائیں ۔خبردار رہیں اور کسی بھی پوشیدہ ایریا یعنی "بلائنڈ ایریا" کو اوورٹیک کرنے سے پہلے چیک کرنا نہ بھولیں۔

جب کوئی دوسری گاڑی آپ کو اوورٹیک کر رہی ہو یا اوورٹیک کرنے کو ہو تو آپ کبھی بھی اوورٹیک کرنا شروع نہ کریں۔

ہمیشہ اوورٹیک اُس وقت کریں جب آپ کو سوفیصدی یقین ہو جائے کہ اب اوورٹیک کرنا محفوظ ہے

سگنل -ہمیشہ اوورٹیک کرنے سے پہلے سگنل دیں۔ سگنل مدد کرے گا۔

☆...... پچھلے ڈرائیوروں کی

☆...... اُسکی جسے آپ اوورٹیک کر رہے ہیں

☆...... آگے سے آپ کی طرف آنے والے ڈرائیوروں کی۔

میٹوور

☆...... آگے اور پیچھے فائنل چیک کرلیں اور اگر محفوظ ہو تو آسان اور صاف لائین میں باہر نکلیں۔

☆...... جتنی جلدی ممکن ہو سکے اوورٹیک کرلیں

☆...... شیشوں میں چیک کریں کہ جس گاڑی کو اوورٹیک کیا ہے اُس سے آپ مکمل طور پر محفوظ ہیں۔

☆...... بغیر کسی کا راستہ کاٹے دوبارہ آسانی سے ایک لائین میں لیفٹ ہینڈ سائیڈ میں واپس آجائیں۔

یاد رکھیں-جب بھی کسی سائیکل۔ موٹرسائیکل یا گھوڑا سوار کو اوورٹیک کریں تو اُن کو زیادہ جگہ دیں۔ اگر آپ لیفٹ مُڑنا چاہتے ہوں تو کبھی مُڑنے سے پہلے اُن کو اوورٹیک نہ کریں۔

لیفٹ سائیڈ سے اوورٹیک کرنا -کبھی لیفٹ کی طرف سے اوورٹیک نہ کریں سوائے اُس وقت کہ

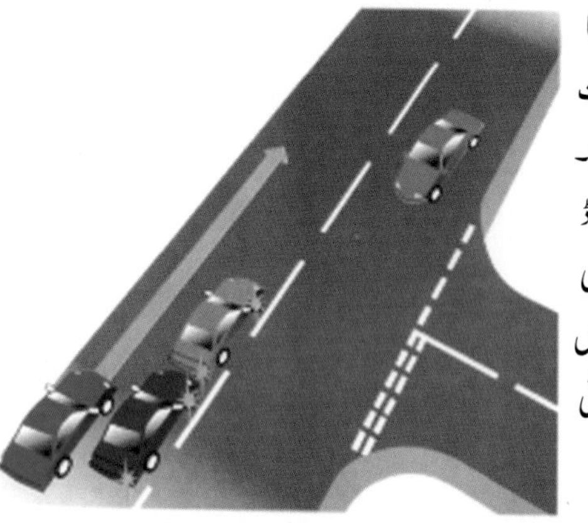

☆...... جب آگے والی گاڑی رائیٹ مُڑنے کا سگنل دے رہی ہے اور آپ باحفاظت لیفٹ سائیڈ سے اوورٹیک کر سکتے ہیں۔ احتیاط کریں اگر کوئی لیفٹ سائیڈ پر روڈ ہے تو ہو سکتا ہے آنے والی گاڑی اگلی گاڑی کی وجہ سے نظر نہ آرہی ہو اور اُس روڈ پر رائیٹ مڑنے والی ٹریفک دکھائی نہ دے رہی ہو جسے آپ لیفٹ سے

اوورٹیک کر رہے ہوں۔

☆...... تمام ٹریفک بہت ہی آہستہ اور قطار یعنی قیو میں ہے ۔ آپ کی رائیٹ سائیڈ لین والی ٹریفک اور بھی آہستہ جا رہی ہے تو آپ لیفٹ سے اوورٹیک کر سکتے ہیں۔

لیفٹ سائیڈ سے گزرنا - عام طور پر آپ آہستہ چلنے والی گاڑیوں کے لیفٹ سائیڈ سے گزر سکتے ہیں جب

☆...... ون وے سٹریٹ میں ہوں تو لیفٹ اور رائیٹ سے اوورٹیک کر سکتے ہیں۔ وہاں کسی بھی طرف سے گاڑیاں گزر سکتی ہیں۔ (لیکن ڈیول کیرج وے پر نہیں)

☆...... آپ جنکشن پر لیفٹ مُڑنے کیلئے صحیح لین میں ہیں ۔

ڈیول کیرج وے پر اوورٹیکنگ - اوورٹیک صرف اُس وقت کریں جب آپ کو یقین ہو جائے کہ آپ حفاظت سے ایسا کر سکتے ہیں۔

ڈیول کیرج وے پر ہمیشہ لیفٹ ہینڈ لین میں چلیں۔ جب اوورٹیک کرنا ہو یا رائیٹ مُڑنا ہو تب رائیٹ ہینڈ لین کو استعمال کریں۔ اوورٹیک کرنے کے بعد جب محفوظ ہو تو واپس لیفٹ ہینڈ لین میں آ جائیں۔ اوورٹیک کرنے کا فیصلہ بہت پہلے کر لینا چاہئے اور ضروری روٹین کو یعنی ایم ایس ایم اور پی ایس ایل کے طریقہ کو استعمال میں لائیں۔ مثال کے طور پر

شیشے - پچھلی ٹریفک کی سپیڈ اور پوزیشن کا اندازہ لگانے کیلئے شیشوں میں دیکھیں اور تیز سپیڈ ڈیول کیرج وے پر بہت پہلے شیشوں میں دیکھنا شروع کریں۔

پوزیشن - جس گاڑی کو اوورٹیک کرنا چاہتے ہیں۔ اُس سے بہت پیچھے رہیں۔ آپ کو ایک دم حرکت کئے بغیر رفتہ رفتہ لین تبدیل کرنی چاہئے۔

سپیڈ - یہ تسلی کر لیں کہ آپ کے پاس اوورٹیک کرنے کیلئے مناسب مزید سپیڈ ریزرو ہے تاکہ سپیڈ لمٹ توڑے بغیر جلد سے جلد اوورٹیک کر لیں۔

دیکھنا - آگے دُور تک دیکھیں اور اندازہ لگائیں۔

☆...... روڈ کنڈیشن

☆...... کہ آگے والی گاڑی کیا کر رہی ہے

☆...... کسی قسم کی کوئی رکاوٹ

شیشے- دوبارہ اندازہ لگانے کیلئے شیشوں کو دوبارہ چیک کریں۔اگر کوئی اور ڈرائیور آپ کواوورٹیک کرنے والا ہے تو اوورٹیک کرنا شروع نہ کریں۔

سگنل- اوورٹیک کرنے سے پہلے ہمیشہ سگنل دیں خواہ پیچھے کوئی نہ بھی ہو تو بھی تاکہ ڈرائیور جسے آپ اوورٹیک کر رہے ہیں اور اُس سے اگلے ڈرائیور کو معلوم ہو جائے۔

مینوور- آگے پیچھے اور سائیڈوں پر فائینل چیک کریں اور اگر محفوظ ہو تو رفتہ رفتہ آسانی سے لین تبدیل کر لیں۔ اوورٹیک جلد سے جلد کریں اور شیشوں میں پھر چیک کریں کہ جس گاڑی کو آپ نے اوورٹیک کیا ہے آپ اُس سے بہت آگے اور محفوظ ہیں تو اُس گاڑی کا راستہ کاٹے بغیر اپنی لیفٹ ہینڈ لین میں واپس آجائیں۔

لیفٹ سے اوورٹیک کرنا- لیفٹ سے کبھی اوورٹیک نہ کریں جب تک کہ رائیٹ لین میں ٹریفک آہستہ نہ ہو اور قیوز میں نہ ہو اور آپ کی رائیٹ کی طرف قیو میں ٹریفک بہت ہی آہستہ نہ ہو۔

کبھی بھی اپنی لین سے لیفٹ سائیڈ والی لین میں اوورٹیک کرنے کیلئے نہ جائیں۔

دفاعی (یا بچاؤ کی) ڈرائیونگ

خیال رکھیں۔کبھی بھی ایسی گاڑیوں کے آگے رکاوٹ نہ بنیں جو اوورٹیک کرنا چاہتی ہوں خواہ وُہ آپ کی گاڑی سے زیادہ تیز ہوں اور خواہ قانونی سپیڈ لیمٹ کی خلاف ورزی ہی کیوں نہ کر رہی ہوں۔

رکاوٹیں - رکاوٹوں سے بچنے کا راز یہ ہے کہ دور تک دیکھ کر صحیح منصوبہ بندی کر لیں اور ایم ایس ایم اور پی ایس ایل روٹین کا استعمال بہت پہلے سوچ سمجھ سے کریں۔

آپ کا فیصلہ "جانا ہے یا انتظار کرنا ہے" کا انحصار مندرجہ ذیل پر ہے۔

☆...... روڈ کیسا ہے اور اُس کی چوڑائی کتنی ہے

☆...... روڈ پر رکاوٹ

- کیا آپ کی سائیڈ پر ہے ؟
- کیا یہ روڈ پر دوسری سائیڈ پر ہے ؟
- کیا روڈ کی دونوں سائیڈ پر ہے؟

☆...... کیا آگے سے کوئی گاڑی آ رہی ہے ؟ ☆...... کیا آپکے گزرنے کیلئے مناسب جگہ ہے ؟

جنرل رول کے مطابق اگر رکاوٹ آپ کی سائیڈ پر ہے تو آنے والی ٹریفک کے گزرنے کا حق پہلے ہے۔

اگر رکاوٹ دوسری سائیڈ پر ہے تو بھی آپ اپنا حق نہ سمجھ لیں بلکہ ہمیشہ راستہ دینے کیلئے تیار رہیں۔

طریقہ کار - ایم ایس ایم / پی ایس ایل کو استعمال کرنے سے پہلے روڈ پر دُور تک دیکھ لیں رکاوٹ کی جگہ کی وقت پر پہچان کر لیں

ایم -شیشوں میں دیکھ کر پچھلی ٹریفک کی سپیڈ اور پوزیشن کا اندازہ لگالیں۔

ایس- اگر سگنل ضروری ہو تو دیں۔

پی - اگر آپ کو رُکنا یا انتظار کرنا ہے تو اپنی گاڑی کی پوزیشن کا فیصلہ اِس طرح کریں۔ رکاوٹ سے اپنی گاڑی کو اتنے فاصلہ پر رکھیں کہ آپ کی گاڑی نہ ہی بہت لیفٹ کنارے کے پاس ہو۔ اور نہ ہی بہت روڈ کے درمیان ہو اور نہ ہی رکاوٹ کے بہت نزدیک ہو۔ اپنے نکلنے کیلئے بھی جگہ ہو آپ کو آگے کافی دُور تک نظر بھی آئے ۔ لیکن آنے والی ٹریفک کے آگے رکاوٹ بھی نہ ہو۔

ایس - اپنی گاڑی کی سپیڈ کو ضرورت کے مطابق ایڈ جسٹ کرلیں۔ اس کا دارومدار حالات پر ہے لیکن سپیڈ ایڈجسٹ کریں تاکہ گاڑی کو روکے بغیر رفتار ہموار ہو جائے۔

ایل -آخر میں فیصلہ کرنے سے پہلے اچھی طرح دیکھیں اور حالات کا اندازہ لگالیں کہ

☆......انتظار کرنا ضروری ہے۔ ☆...... چلنا محفوظ ہے۔

پہاڑیوں پر رکاوٹیں- اگر آپ پہاڑی علاقے میں ڈرائیونگ کر رہے ہیں تو خصوصی احتیاط کرنی ہو گی کہ جب بھی ضرورت پڑے بریک کو کچھ پہلے استعمال کریں۔

اگر آپ نیچے کی طرف جارہے ہیں اور رکاوٹ روڈ کی دوسری سائیڈ پر ہے اپنا حق لینے کی کوشش نہ کریں بلکے اگر محفوظ ہو تو آنے والی ٹریفک کو راستہ دینے کیلئے تیار رہیں۔ خاص کر وزنی گاڑیوں کو اوپر آنے کا پورا موقع دیں۔ ایسا خیال رکھنے سے دوسرے ڈرائیور آپ کے شکر گزار ہونگے۔

دفاعی (یا بچاؤ کی) ڈرائیونگ-اگلی گاڑی کے پیچھے پیچھے جانے کی کوشش مت کریں جب تک کہ دُور تک راستہ نہ دیکھ لیں کہ آگے راستہ صاف ہے۔

رکاوٹ کے پاس سے گزرتے وقت اور آنے والی

ٹریفک سے محفوظ فاصلہ رکھیں۔ اگر گزرنے کیلئے جگہ کم ہو تو سپیڈ کم کرلیں اور بہت احتیاط کریں۔ جتنا گیپ چھوٹا ہو اُتنی ہی سپیڈ بھی کم ہونا ضروری ہے۔

پیدل کراسنگ - پیدل کراسنگ پر پیدل چلنے والوں کے کُچھ حقوق ہیں۔ لیکن وہ محفوظ اسی صورت میں رہتے ہیں اگر تمام ڈرائیور قانون پر عمل کریں اور صحیح کام کریں۔

کراسنگ کی قسمیں

پیدل کراسنگ کی کئی قسمیں ہیں۔

Zebra crossing

زیبرا کراسنگ:۔ اِس کی پہچان یہ ہے کہ روڈ کے دونوں سائیڈ پر گول بیکنز یعنی لائٹس کافی اونچی لگی ہوتی ہیں۔ یہ کافی فاصلہ سے دکھائی دینے لگتی ہیں اور ہر وقت چمکتی رہتی ہیں۔ اور روڈ پر کالی اور سفید چوڑی پٹی کی طرح لائنیز ہوتی ہیں ۔ روڈ کے دونوں طرف سفید زِگ زیگ مارکنگ بھی ہوتی ہیں اور ایک گز کے فاصلہ پر گیووے کی لائنیز لگی ہوتی ہیں۔ جو ضرورت کے وقت ڈرائیور کے رُکنے کی جگہ ہوتی ہے۔

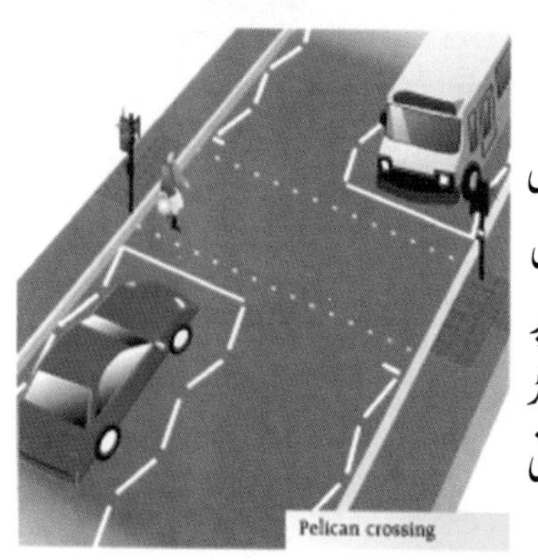

Pelican crossing

پیلیکن کراسنگ:۔ اِس کی پہچان یہ ہے کہ روڈ کے دونوں طرف کراسنگ کنٹرول لائیٹس لگی ہوتی ہیں جس پر کراس کرنے کیلئے ایک دبانے والا بٹن لگا ہوتا ہے ضرورت پڑنے پر بٹن دبانے سے ٹریفک کو کنٹرول کیا جاتا ہے۔ کراسنگ ایریا سٹڈ سے دکھائی دیتا ہے اور سفید لائین گاڑیوں کے رُکنے کیلئے ہوتی ہے۔

پفین کراسنگ- یہاں الیکٹرانک آلات لگے ہوتے ہیں جو خود بخود بتاتے ہیں جب پیدل چلنے والے کراسنگ پر ہوں۔ ان سے ٹریفک کا وقت ضائع نہیں ہوتا۔

ٹوکین کراسنگ:۔ یہ کراسنگ زیادہ چوڑا ہوتا ہے اور اس پر پیدل چلنے والوں کے علاوہ سائیکل سوار بھی کراس کرتے ہیں۔ سائیکل سوار اس پر سائیکل بھی چلا کر کراس کر سکتے ہیں۔ یہ کراسنگ عام طور پر اُس ایریا میں ہوتے ہیں جہاں سائیکل رُوٹ بھی بنائے گئے ہیں۔

ڈرائیوراور کراسنگ - کراسنگ کیلئے کچھ اصول اور قانون ہیں جو تمام کراسنگ کیلئے ہوتے ہیں۔

☆......گاڑی کو ہرگز پارک نہ کریں ۔مثلاً

-کراسنگ پر۔ اس سے پیدل چلنے والوں کا راستہ رُک جاتا ہے۔

- زِگ زیگ لائینز ایریا میں اس سے پیدل چلنے والوں اور ڈرائیوروں کو ایک دوسرے کو دیکھنے میں رکاوٹ ہوتی ہے۔

☆......ہرگز اوورٹیک نہ کریں۔

۔کراسنگ کے بہت قریب چلتی ہوئی گاڑیوں کو۔

۔رہنمائی والی گاڑی جو پیدل چلنے والوں کو راستہ دینے کیلئے رکی ہے۔

☆......اگر کراسنگ کے پاس کوئی زِگ زیگ لائینز نہ بھی ہوں تو بھی کراسنگ سے پہلے ہرگز اوورٹیک نہ کریں

☆......اگر روڈ گیلا یا آئسی (برفیلا) ہے تو رکنے کیلئے اپنے آپ کو زیادہ وقت دیں۔

☆......جب گاڑیاں آہستہ آہستہ قیو میں جا رہی ہوں تو کراسنگ کو خالی رکھیں اور اگر کراسنگ کے پاس جگہ نہیں ہے تو کراسنگ سے پہلے گاڑی کھڑی کرلیں۔

☆......جب گاڑیاں قیو میں ہوں اور کراسنگ دونوں طرف سے صاف نظر نہ آرہا ہو تو زیادہ احتیاط کریں ہو سکتا ہے پیدل چلنے والے گاڑیوں کے درمیان سے کراسنگ کر رہے ہوں یہ سوچ کر کہ ڈرائیور اُن کو راستہ دے رہے ہیں۔

☆......ہمیشہ پیدل چلنے والوں کو کراس کرنے کیلئے بہت سا وقت دیں۔خاص کر جب وُہ ضعیف یا معذور ہوں۔ انجن کے شور سے یا گاڑی کو آگے کھسکا کر اُنہیں مت ڈرائیں۔

☆......ایسے پیدل چلنے والوں کا خاص دھیان رکھیں جو بعض اوقات آخر میں کراسنگ کیلئے تیز تیز چلنے لگتے ہیں۔

مزید اصول مختلف کراسنگ کیلئے

زیبرا کرسنگ- اگر پیدل چلنے والے جو کراس کرنا چاہتے ہیں اور زیبرا کراسنگ کے نزدیک فٹ پاتھ پر کراس کرنے کا انتظار کر رہے ہیں تو گاڑی کو آہستہ کرلیں اور روک لیں تاکہ وُہ کراس کرلیں۔

اگر محفوظ ہو تو گاڑی روک لیں خصوصاً

☆......جب کوئی پرام یا پُش چیر کے ساتھ فٹ پاتھ پر کراسنگ کرنے کیلئے انتظار کر رہا ہو۔

☆......بچے یا ضعیف جو زیادہ ٹریفک کی وجہ سے کراس کرنے کیلئے ہچکچا رہے ہیں۔

مندرجہ ذیل کو راستہ دینا لازمی ہے۔

☆......جو لوگ پہلے ہی کراس کر رہے ہیں۔

☆......جولوگ کراسنگ پر قدم رکھ چکے ہیں۔
پیدل چلنے والوں کو کراس کرنے کیلئے اشارہ ہرگز نہ دیں۔ کیونکہ ہو سکتا ہے کہ دوسری سائیڈ سے کوئی اور گاڑی آ رہی ہو آپ کو یقین نہیں کہ اُن ڈرائیوروں نے کیا کرنا ہے۔
کئی زیبرا کرسنگ دو حصوں میں تقسیم ہوتے ہیں درمیان میں آئی لینڈ ہوتا ہے ہر نصف (آدھا) الگ کراسنگ ہے۔
پیلیکن کراسنگ:۔ اس لائیٹ والی کراسنگ میں سبز لائیٹ سے پہلے سرخ اور پیلی اکٹھی لائیٹ نہیں ہوتی اُسکی بجائے فلشنگ پیلی لائیٹ ہوتی ہے۔ جس کا مطلب ہے کہ پیدل چلنے والوں کو ضرور راستہ دیں۔ لیکن اگر کراسنگ خالی ہے تو جا سکتے ہیں۔
پیلیکن کراسنگ بھی دو طرح کے ہوتے ہیں۔

☆...... **سیدھا کراسنگ**-کراسنگ روڈ کے ایک سرے سے دوسرے سرے تک ایک ہی کراسنگ ہوتا ہے کراس کرنے والے ایک ہی بار کراس کرتے ہیں۔ بیشک درمیان میں آئی لینڈ ہو۔

☆...... **سٹیگرڈ کراسنگ**-اگر کراسنگ کے درمیان جو آئی لینڈ ہے وہ بالکل سیدھا نہیں ہے تو کراسنگ الگ الگ ہے۔

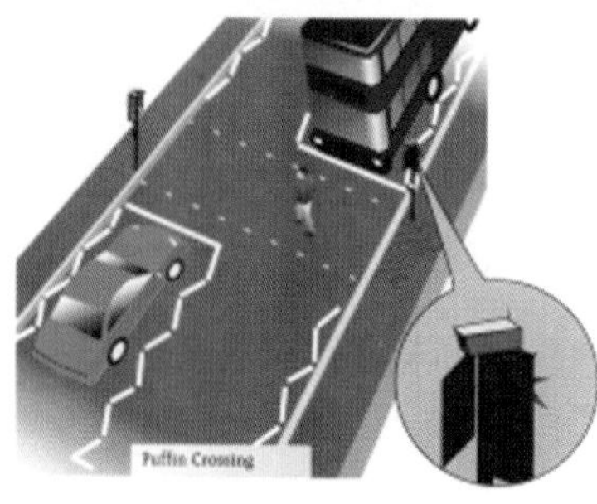
Puffin Crossing

پفین کراسنگ - پیدل چلنے والے جب تک کراسنگ کو استعمال کرتے ہیں تو گاڑیوں کیلئے سبز لائیٹ آن نہیں ہوتی جب تک کہ وہ کراس کر کے ایک محفوظ جگہ پر پہنچ نہیں جاتے ۔اگر کراسنگ جلد خالی ہو جائے تو لائیٹ بھی جلد آف ہو جاتی ہے اور اگر پیدل چلنے والے فیز سٹارٹ ہونے سے پہلے کراس کر لیں تو فیز اپنے آپ کینسل ہو جائے گی۔ کیونکہ سگنلز کنٹرول کرنے کا یہی طریقہ ہے۔ اسلئے فلشنگ پیلی لائیٹ نہیں ہوتی۔

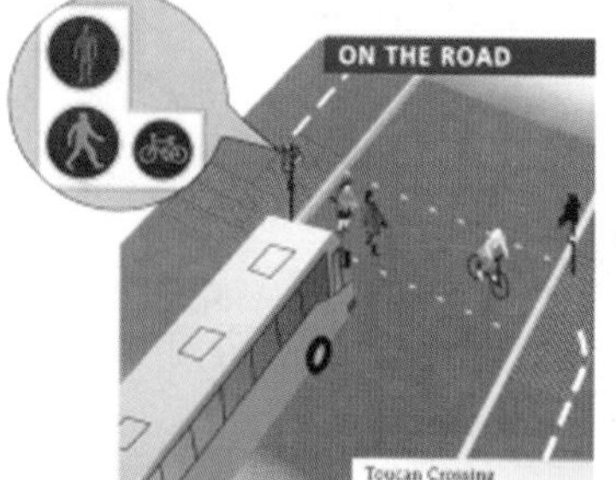

Toucan Crossing

ٹوکین کراسنگ -اس کو استعمال کرنے کیلئے بٹن دبانا پڑتا ہے ۔اس میں فلیشنگ پیلی لائیٹ نہیں ہوتی ہے۔
سکول کراسنگ:۔ کراسنگ پیٹرول پر نظر رکھیں اور اُن کے اشاروں پر عمل کریں۔
خصوصی خطرناک مقامات پر، دو پیلی لائیٹ جو باری باری چمک رہی ہوتی ہیں۔ بہت پہلے ہی کراسنگ کے بارے میں آگاہ کر دیتی ہیں۔

سکول کراسنگ کے نزدیک پہنچتے ہوئے ہرگز اوورٹیک نہ کریں اور ہمیشہ گاڑی کی رفتار کم کرلیں تاکہ ضرورت پڑنے پر آہستہ یا رُکنے کیلئے تیار رہیں۔

دفاعی (بچاؤ کی) ڈرائیونگ۔ ہمیشہ دُور تک دیکھیں پیدل چلنے والوں کے کراسنگ کو جلد پہچان لیں۔ چمکتے ہوئے پیلے بیکن ، ٹریفک لائیٹس ، زِگ زیگ مارکنگ وغیرہ دیکھیں ایم ایس ایم روٹین استعمال کریں اور گاڑی کی سپیڈ کم کرلیں۔ گاڑی کی بریک لائیٹس کراسنگ پر پیدل چلنے والوں اور آنے والی ٹریفک کو دکھائی نہیں دیتیں۔ اور اُن کو گاڑی آہستہ ہوتے پتہ نہیں چلتا اسلئے اگر آپ کی گاڑی آگے ہے تو آہستہ ہونے یا کھڑا ہونے کیلئے ہاتھوں کا اشارہ استعمال کریں۔

پہاڑی راستے

یہ سمجھنا ضروری ہے کہ اونچے نیچے روڈ پر چلاتے ہوئے آپ کے کنٹرول پر کیا اثر پڑ سکتا ہے۔

☆......جب گاڑی کو چڑھائی پر لے کر جاتے ہیں تو گاڑی کو پہاڑی پر کھینچ کر لے جانے میں انجن کو زیادہ طاقت استعمال کرنی پڑتی ہے۔

☆......جب گاڑی کو نیچے کی طرف لے کر جاتے ہیں تو انجن کی مدد گاڑی کا وزن کرتا ہے ۔ گاڑی کا کنٹرول چڑھائی پر اور نیچے روڈ پر ہموار روڈ کی نسبت مختلف ہوتا ہے۔

پہاڑی پر جانا

☆......اونچائی پر جاتے ہوئے آپ کو گاڑی کی سپیڈ کو برقرار رکھنا یا بڑھانا مشکل لگے گا۔ گاڑی کو تیز کرنے کیلئے انجن کو بہت زیادہ محنت کرنی پڑتی ہے۔

☆......بریک کا استعمال گاڑی کی سپیڈ فوراً کم کردے گا۔

☆......سپیڈ کو برقرار رکھنے کیلئے ممکن ہے آپ کو گیئر کم کرنے کی ضرورت ہو۔ اگر ایکسلیریٹر پر دباؤ کم کریں یا کلچ کو دبائیں تو گاڑی کی سپیڈ تیزی سے کم ہو جائے گی بہ نسبت ہموار روڈ کے۔ کم گیئر بغیر ہچکچاہٹ کے کرنا چاہیئے تاکہ گاڑی کی سپیڈ زیادہ کم نہ ہونے پائے ۔

☆......جب بھی گاڑی کو روکیں تو پہلے ہینڈ بریک لگائیں اور پھر فٹ بریک سے پاؤں کو ہٹائیں ورنہ شائید گاڑی پیچھے کی طرف پھسل جائے۔

سائینز کو دیکھیں - وارننگ سائین سے آپ کو علم ہو جائے گا کہ چڑھائی کتنی اونچی ہے ۔ فیگر اُترائی اور چڑھائی کا تناسب فیصد میں بتاتے ہیں مثلاً 25 فیصد (1:4) سے مطلب کہ ہر چار فٹ کے بعد روڈ ایک فٹ اور اونچا ہو جاتا ہے۔ جتنا فیصد بڑھتا جائے گا یا سکنڈ فیگر کم ہو تا جائے گا۔ تو پہاڑی اتنی ہی بلند ہوتی جائے گی۔

اس کے علاوہ آپ ایک اور سائین دیکھیں گے جو پہاڑی کی لمبائی اور مزید معلومات بتائے گا۔

بہت ہی آہستہ چلنے والی بھاری گاڑیوں پر دھیان دیں۔

پہاڑی راستوں کا اندازہ لگانا-اگر چڑھائی بہت اونچی ہو تو آگے کا سوچیں اور وقت پر گیئر کم کر لیں۔ اگر کوئی تبدیلی ضروری ہو تو بروقت کر لیں۔یاد رکھیں کہ چڑھائی چڑھنا اور ساتھ میں مُڑنا انجن کیلئے بہت مشکل کام ہو جاتا ہے۔اگر سڑک تیزی سے مُڑ رہی ہو تو انجن کیلئے محفوظ اور آسان ہو گا کہ موڑ سے پہلے ہی گیئر کم کر دیں۔

سپیڈ -چڑھائی پر ہرگز ہائی گیئر میں نہ رہیں اور سپیڈ کو زیادہ کرنے کی کوشش نہ کریں۔ گاڑی کم گیئر میں آسانی سے چڑھائی چڑھ جائے گی۔

وقفہ رکھنا- اگلی گاڑی سے زیادہ پیچھے رہیں۔

☆......اگر آپ پیچھے دُور نہ رہے اور اگلی گاڑی کو یکدم آہستہ یا رکنا پڑ جائے تو ہو سکتا ہے کہ آپ کو بہت زور سے بریک لگانی پڑے۔

☆......اپنی گاڑی کو اگلی گاڑی سے مناسب فاصلہ پر رکھنے سے یہ ہو گا کہ آپ رفتہ رفتہ جاتے رہیں گے جب تک اگلی گاڑی سپیڈ تیز کرتی ہے۔ یہ صرف محفوظ ہی نہیں بلکہ اِس سے بھیڑ بھاڑ سے بچنے میں بھی مدد مل سکتی ہے۔

چڑھائی پر اوورٹیکنگ- بعض اوقات چڑھائی پر اوورٹیک کرنا کافی مشکل ہوتا ہے۔ کیونکہ سامنے سے آنے والی ٹریفک تیز آ رہی ہوتی ہے اور ضرورت پڑنے پر اُن کیلئے آہستہ ہونا یا جلدی گاڑی کھڑی کرنا مشکل ہو جاتا ہے۔

ڈیول کیرج وے -ڈیول کیرج وے پر اوورٹیک کرنا کافی آسان ہوتا ہے کیونکہ سامنے سے آنے والی ٹریفک کی فکر نہیں ہوتی۔ لیکن جو ڈرائیور آپ کو آرام سے اوورٹیک کر سکتے ہیں۔ اُن کی سپیڈ میں رکاوٹ نہ ڈالیں۔

نیچے کی طرف آنا

☆...... نیچے کی طرف آتے وقت گاڑی کو آہستہ کرنا زیادہ مشکل ہوتا ہے اور بریکز کم اثر کرتی ہیں۔

☆......انجن کیلئے گاڑی کو پیچھے رکھنا مشکل ہوتا ہے۔ہائی گیئر میں ایسا بالکل نہیں ہو سکتا۔

☆......اگر آپ کلچ کو دبائیں گے تو گاڑی اور تیز ہو جائے گی۔

☆......موڑ پر بریک لگانے سے پرہیز کریں۔

☆......وقت پر گیئر کم کرلیں۔ خاص کر اگر آگے کوئی موڑ آرہا ہو۔

☆......گیئر اور فٹ بریک کا ایسا مشترکہ استعمال کریں کہ سپیڈ آپ کے کنٹرول میں رہے۔

نوٹ-کوسٹنگ کی وجہ سے سپیڈ میں خطرناک اضافہ سے بچیں خواہ یہ گیئر یا کلچ پیڈل کو دبانے سے کیوں نہ ہو۔

سائن پر دھیان - وارننگ سائین سے آپ کو علم ہو جائے گا کہ روڈ کتنا نیچے کی طرف ہے۔

بعض مستطیل سائین کم گیئر کے بارے میں بھی بتاتے ہیں۔ ہمیشہ سائینز پر عمل کریں۔ جتنی زیادہ ڈھلوان ہوتی جائے اس حساب سے گیئر بھی کم کرتے جائیں ۔

پہاڑی راستہ کا اندازہ کرنا - سائین کی مدد سے آگے کے بارے میں سوچیں۔ اگر راستہ جانا پہچانا نہیں ہے یا موڑ کی وجہ سے روڈ زیادہ دُور دکھائی نہیں دیتا اس سے پہلے کہ ڈھلوان شروع ہو جائے گیئر کم کرلیں۔ گیئر نرمی سے بغیر کسی جھجھک کے تبدیل کریں۔

وقفہ رکھنا -ہمیشہ اگلی گاڑی سے مناسب وقفہ رکھیں۔ کیونکہ اگر اگلی گاڑی اچانک آہستہ ہو جائے یا رُک جائے تو آپ کو زور سے بریک لگانی پڑے گی اور آپ سے پچھلے ڈرائیور کو بہت ہی معمولی وارننگ ملے گی۔

اگر آپ ایک محفوظ وقفہ رکھیں گے تو ضرورت کے وقت آرام سے گاڑی کو آہستہ کر سکیں گے۔

سپیڈ کو ایڈجسٹ کرنا- گہری نیچی سڑک پر گاڑی کو کنٹرول میں رکھنے کیلئے سپیڈ کم رکھنی پڑتی ہے۔ اسلئے بہتر یہ ہو گا کہ گیئر کم کرلیں اس سے آپ کو زیادہ بریکنگ پاور اور کنٹرول حاصل ہو جائے گا۔

کم گیئر سے آپ کو بریک زیادہ استعمال نہیں کرنی پڑیں گی۔ کیونکہ ڈھلوان پر زیادہ بریک کو استعمال کرنے سے بریک گرم ہو جائے گی اور ہو سکتا کہ ہے وہ کم کام کریں یا زیادہ گرم ہو کر بے اثر ہو جائیں۔

اسکیپ لینز- پر نظر رکھیں یہ اُن گاڑیوں کیلئے بنائی گئی ہیں جو رکنے کا نام نہیں لیتیں اس لین کو روکنے کیلئے استعمال کریں۔

اوورٹیکنگ - ڈھلوان پر اوورٹیک کرنا محفوظ ہے

☆......جہاں موڑ اور جنکشنز نہ ہوں۔

☆......آپ کو دُور تک روڈ پر صاف نظر آرہا ہو۔

آپ کو پورا یقین ہونا چاہئے کہ آپ دوسری ٹریفک کی سپیڈ پر اثرانداز ہوئے بغیر اوورٹیک کر سکتے ہیں۔

یاد رکھیں جس گاڑی کو آپ اوورٹیک کر رہے ہیں۔ ہوسکتا ہے اُسکی سپیڈ تیز ہو جائے اور آپ کو آنے والی ٹریفک کیلئے آہستہ ہونا دشوار ہو جائے گا اور آنے والی ٹریفک کو آپ کو راستہ دینا مشکل ہو جائے گا۔

روڈ مارکنگز پر دھیان رکھیں خاص کر مسلسل سفید ڈبل لائینز جو روڈ کے درمیان لگی ہوئی ہوتی ہیں۔

ٹاؤن میں پہاڑی روڈ - ٹاؤن میں بوڑھوں اور بچوں کا خاص خیال رکھیں جو چڑھائی پر جنکشنز سے کراس کر رہے ہوں۔

ٹاؤن میں گاڑیوں کی رفتار کم ہوتی ہے اور گاڑیاں بہت ہی قریب قریب ہوتی ہیں جس کی وجہ سے آپ کو آگے پوری طرح دکھائی نہیں دیتا۔

اِس بات کا پورا خیال رکھیں کہ آپ سے اگلی گاڑی کیسی ہے اور اس سے آپ کی گاڑی کا فاصلہ کتنا ہے۔

آپ کو معلوم ہو رہا ہو گا کہ ٹریفک لائٹس۔ سکول کراسنگ پیٹرول اور پیدل چلنے والوں کیلئے چڑھائی پر بار بار ٹریفک کو رُکنا پڑتا ہے۔

اِسلئے یہ اور بھی ضروری ہو جاتا ہے کہ

☆......شیشوں کو استعمال کریں

☆......اگلی گاڑی کو سمجھیں کہ کس قسم کی ہے

☆...... جب رُکیں تو مناسب وقفہ رکھیں

☆......ہینڈ بریک کا استعمال صحیح کریں

☆......یقین کرلیں کہ حالات کے مطابق مناسب گیئر ہے۔

ٹاؤن میں یہ سب کچھ آپ پہلے بھی کرتے رہے ہیں لیکن چڑھائی پر اہمیت بڑھ جاتی ہے۔

سُپر ٹرامز یا چھوٹی ٹرانزیٹ (LRT) سسٹم

یہ ٹرام سسٹم عام طور پر بڑے بڑے ٹاؤن یا شہروں میں ہوتا ہے۔ یہ مہیا کرتا ہے

☆......ایک اچھا پبلک ٹرانسپورٹ سسٹم۔

☆......زیادہ دوستانہ ماحول والی ٹرانسپورٹ

یہ پرانی ٹرام کاروں کی جدید شکل ہے ۔ یورپ کے اکثر شہروں میں اِس سے ملتے جُلتے سسٹم رائج ہیں۔

زیادہ احتیاط ۔ جب پہلی مرتبہ آپ کا سامنا ٹرام سے ہو تو زیادہ احتیاط کریں۔ جب تک کہ آپ مختلف ٹریفک سسٹم استعمال کرنے کے عادی نہ ہو جائیں۔

کراسنگ کی جگہ –اس کے کراس کرنے کا طور طریقہ بالکل ریلوے کراسنگ کی طرح ہوتا ہے۔

خیال رکھیں کہ سُپر ٹرام بہت سپیڈ سے اور بغیر آواز کے چلتی ہیں۔

مخصوص ایریا – ٹرام کیلئے ایریا مخصوص ہوتے ہیں جہاں پر سفید لائینز لگی ہوتی ہیں یا اس کی سطح مختلف ہوتی ہے یا دونوں قسم کی نشانیاں ہوتی ہیں۔ گاڑی ڈرائیوروں کو ہرگز اِس ایریا میں داخل نہیں ہونا چاہیئے۔

ٹرام کیلئے جو ایریا مخصوص ہوتا ہے وہ عام طور پر ون وے ہوتا ہے۔ کبھی کبھی دوطرفہ بھی ہوتا ہے۔

خطرے – پرانے وقت کی ٹرام ریل پر جو سواروں اور ڈرائیوروں کیلئے خطرے ہوتے تھے اب ٹرام لائینز میں بھی وہی خطرات ہیں

ٹرام جن سٹیل کی ریلز پر چلتی ہیں۔ وہ ریلز پھسلنے والی ہوسکتی ہیں بیشک وُہ خشک ہوں یا گیلی اسلئے اُن ریلز پر ڈرائیور کو بریک لگاتے وقت یا مُڑتے وقت زیادہ احتیاط کرنی چاہیئے۔

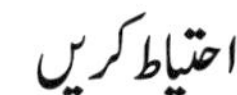

احتیاط کریں

☆...... جہاں ٹریکس سواریوں کو اُتارنے اور چڑھانے کی آسانی مہیا کرنے کیلئے کرب کے قریب چلتی ہیں۔

☆...... جہاں لائینز روڈ کی ایک سائیڈ سے دوسری سائیڈ کی طرف جاتی ہیں۔

ٹرام سٹاپ –ٹرام روڈ کے کسی بھی سائیڈ پر یا درمیان میں سواریوں کو اتارنے یا بٹھانے کیلئے پلیٹ فارم پر رُک جاتی ہے۔ اپنا راستہ روڈ مارکنگ اور روڈ سائینز کے مطابق اپنائیں۔

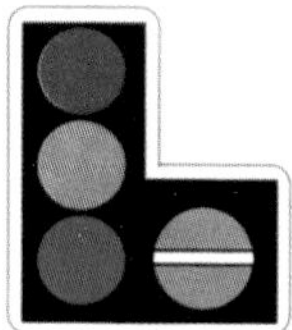

اگر ٹرام پلیٹ فارم کے علاوہ کسی جگہ سواریوں کو اُتارنے یا بٹھانے کیلئے رُک جائے تو کبھی بھی ٹرام اور لیفٹ ہینڈ کرب کے درمیان سے گاڑی نہ گزاریں۔

سائینز اور روڈ مارکنگ کے مطابق عمل کریں۔

وارننگ سائینز / سگنلز – تمام ٹریفک سائینز یا سگنلز جو ٹریفک کو کنٹرول کرتے ہیں اُن پر عمل کریں۔

ڈائیمنڈ شکل کے سائینز صرف ٹرام کے ڈرائیوروں کو ہدایات دیتے ہیں۔

جہاں پر کوئی سگنلز نہ ہو وہاں ہمیشہ ٹرام کو پہلے راستہ دیں۔

مندرجہ ذیل کریں

☆...... پیدل چلنے والوں کے اضافی کراسنگز پر دھیان رکھیں خاص کر جب ٹرام اپنے سٹاپ

پر سواریوں کو اتارنے اور چڑھانے کیلئے رکتی ہے۔ تو کراس کرنے والوں کیلئے لازمی رکیں۔

☆......دوسرے ڈرائیوروں کی غلطیوں کا خیال رکھیں جب تک کہ تمام ڈرائیور نئے سسٹم سے واقف نہ ہو جائیں

☆......سائیکل موٹر سائیکل اور موپڈ سواروں کی مشکلات سے خبردار رہیں کیونکہ اُن کے ٹائر کی چوڑائی بہت کم ہونے کیوجہ سے اُنکو ریلز سے گزرتے خطرہ پیش آسکتا ہے۔ خصوصاً جب وہ ریلز کے ساتھ ٹکراتے ہیں۔

ایسا کبھی نہ کریں

☆......ٹرام کے ساتھ ساتھ برابر جانا یا مقابلہ کرنا جہاں پر اتنی جگہ نہیں ہے کہ آپ سائیڈ پر جا سکیں۔ اگر اوور ٹیک کرنے کا ارادہ ہو تو یہ خیال رکھیں کہ ٹرام کی لمبائی 60 میٹر ہوتی ہے۔ اِس کی بجائے اُن کے سٹاپ پر نظر رکھیں اگر آپ کو اجازت ہو تو جب وہ رکیں تو وہاں سے اوورٹیک کریں۔

☆......ٹرام وے سٹیشن پر پلیٹ فارم کے درمیان ڈرائیو کرنا۔ سائینز کی ہدایات کے مطابق چلیں۔

☆......ایسی جگہ پارک کرنا کہ آپ کی گاڑی ٹرام کے آگے رکاوٹ ڈالے یا دوسرے ڈرائیوروں کو ایسا کرنے پر مجبور کر دے۔

سیکشن 8 موڑ اور جنکشن

جدید سڑکوں پر مختلف قسم کے موڑ ، کارنرز اور جنکشنز ہوتے ہیں۔ یعنی کہ ایسے مقام جہاں پر روڈ ڈائریکشن تبدیل کر لیتا ہے۔

یہاں پر اکثر سب سے زیادہ خطرے ہوتے ہیں اور ایکسیڈینٹ کے اعداد وشمار سے پتہ چلتا ہے کوئی بھی ڈرائیور ایسی مشکل سے نکل نہیں سکتا جب تک اُس کے پاس ان کے بارے میں پورا علم نہ ہو کہ کیسے ان سے نمٹنا ہے۔

اُن کیلئے بہت احتیاط کی ضرورت ہے۔

یہ تمام سیکشن محفوظ طریقہ سے موڑ، کارنرز اور جنکشنز سمجھانے کیلئے ہے ۔

اِس سیکشن میں مندرجہ ذیل موضوعات ہیں.

☆...... موڑ

☆......جنکشنز

☆......کارنرز

☆......جنکشن پر روڈ تبدیل کرنا

☆......جنکشن پر لینز

☆......جنکشنز کی قسمیں

☆......ڈیول کیرج وے

موڑ - بہت ہی سمجھ اور حفاظت سے موڑ سے گزرنے کا تقاضا ہے کہ آپ دُور تک غور سے دیکھیں اور صحیح اندازہ لگانے کی کوشش کریں کہ روڈ کتنا مُڑا ہوا ہے۔ اور آپ کو کس سپیڈ سے جانا چاہئے تا کہ گاڑی پر کنٹرول برقرار رکھ سکیں۔

موڑ کے بارے میں بہت پہلے محتاط اندازہ لگائیں اور جہاں پر دُور تک روڈ دکھائی نہ دے تو مندرجہ ذیل کا سامنا کرنے کیلیئے اپنے آپ کو پہلے ہی سے تیار رکھیں۔

☆...... آنے والی گاڑیاں

☆......راستے میں رکاوٹیں جیسے خراب یا آہستہ چلنے والی گاڑیاں۔

☆......روڈ پر آپ کی سائیڈ پر پیدل چلنے والے لوگ۔

آپ کو چاہئے کہ

☆...... قریب پہنچنے پر گاڑی کو کنٹرول کرنے کیلیئے فٹ بریک استعمال کریں۔

☆......سپیڈ کے مطابق درست گیئر کا انتخاب کریں۔

☆......ایکسیلریٹر کو بہت احتیاط سے استعمال کریں

☆......تمام موڑ پر سٹیرنگ کا درست استعمال کرکے صحیح لائین سے جائیں۔

یاد رکھیں- جو ڈرائیور بہت تیزی سے موڑ پر پہنچتے ہیں تو یہ اُن کیلیئے بہت ہی شارپ کورنر کی طرح ہو سکتا ہے۔ جسکا انجام بہت ہی خوفناک ہو سکتا ہے۔

موڑ پر گاڑی کی پوزیشن

لیفٹ ہینڈ موڑ

☆...... موڑ پر پہنچتے وقت گاڑی کو اپنی لین کے درمیان میں رکھیں۔

☆......دُور تک دکھائی نہ آنے کی وجہ سے گاڑی کو روڈ کے سینٹر میں نہ لے کر جائیں۔ اس طرح آپ آنے والی گاڑیوں کے بہت نزدیک ہو جائیں گے۔ اور دوسری طرف سے آنے والی گاڑی ہو سکتا ہے موڑ کو کھلا سمجھ کر آپ کے زیادہ قریب آجائے اور اس طرح کوئی حادثہ ہو جائے۔

رائیٹ ہینڈ موڑ

☆......اپنی گاڑی کو زیادہ تر لیفٹ سائیڈ پر رکھیں اسطرح آپکو روڈ پر آگے کی طرف زیادہ دُور تک دکھائی دیگا۔

لیکن اِس سے یہ بھی خیال رکھیں کہ بظاہر صاف منظر کی وجہ سے موڑ کاٹتے وقت گاڑی کی سپیڈ زیادہ نہ کریں۔

سپیڈ- موڑ اور کورنر پر پہنچتے وقت صحیح روڈ سپیڈ کا اندازہ لگانے کیلیئے پریکٹس اور تجربہ کی ضرورت ہے ۔

صحیح سپیڈ وُہ ہے جس سے آپ کی گاڑی تمام موڑ پر گزرتے وقت مکمل کنٹرول میں رہے اور آپ اور آپ کی سواریاں اور روڈ کو استعمال کرنے والے دوسرے لوگ محفوظ رہیں۔

سپیڈ کا دارومدار مندرجہ ذیل پر ہے۔

☆......روڈ کی بناوٹ اور کنڈیشن

☆...... موڑ کتنا مڑا ہوا ہے

☆......روڈ کا سائیڈوں پر جھکاؤ

☆......روڈ کتنی دُور تک نظر آرہا ہے

☆...... موسم کیسا ہے۔

کیمبر یعنی روڈ کا جھکاؤ - روڈ کے دونوں سائیڈوں پر جھکاؤ ہوتا ہے اور درمیانہ حصہ معمولی سا اونچا ہوتا ہے تاکہ بارش کا پانی روڈ کی سائیڈوں پر بہتے ہوئے گٹروں میں چلا جائے۔

بر عکس کیمبر- روڈ کی سلوپ دکھائی گئی ہے کہ نیچے کی طرف آگے کی طرف اور کورنر کے باہر کی طرف اور آپ کی گاڑی عام کورنر کی نسبت آسانی سے روڈ چھوڑ سکتی ہے۔

بینکنگ (کنارے) - چند موڑوں پر جیسے کہ موٹروے سلیپ روڈ پر باہر کی طاقت کنارے سے برابر کی ہوئی ہوتی ہے۔ یہ ایسی جگھوں پر ہوتی ہے جہاں سڑک اوپر کی طرف مُڑتی ہے موڑ کے باہر کی طرف۔

سپیڈ ایڈجسٹ کرنا - موڑ پر کبھی تیز سپیڈ میں گاڑی نہ چلائیں۔ موڑ پر پہنچنے سے پہلے سپیڈ کم کر لیں۔

گیس پیڈل سے پاؤں ہٹا دیں تاکہ روڈ سپیڈ کم ہو جائے۔ اور

☆......روڈ سپیڈ کو کم ہونے دیں

☆......فٹ بریک کو رفتہ رفتہ دبا کر سپیڈ کو کم کر لیں۔اگر ضروری سمجھیں تو گیئر کم کر لیں۔

جیسے ہی مُڑنا شروع کریں آپ کی سپیڈ کم سے کم ہونی چاہئے۔

موڑ پر بریکنگ - موڑ پر بریک کا استعمال نہ کریں اس سے گاڑی کا توازن بگڑ جائے گا۔ جتنا موڑ زیادہ ترچھا ہوتا ہے بریکنگ پر اتنا ہی سخت اثر ہوتا ہے اور گاڑی کے پھسلنے کا امکان بھی زیادہ ہوتا ہے۔

اگر بریکنگ ضروری ہے تو موڑ سے پہلے بریک کا استعمال کریں۔

ایکسلریشن یا گیس-ایکسلیریٹر کے استعمال کرنے کو یہ نہ سمجھیں کہ رفتار تیز کرنی ہے۔جب آپ موڑ مُڑ رہے ہوتے ہیں۔ایکسلیریٹر کے استعمال کا مطلب کہ اسے صرف اتنا استعمال کریں جو کہ گاڑی کو موڑ کاٹنے کیلئے ضروری ہو۔

موڑ یا کورنر پر صحیح سپیڈ کا انحصار مندرجہ ذیل پر ہے۔

☆......کہ موڑ کتنا ترچھا ہے

☆......دوسری ٹریفک کتنی نزدیک ہے

موڑ پر کوئی سخت قانون نہیں ہیں بلکہ آپ کو اپنی سمجھ سے کام لینا چاہئے کہ

☆...... صحیح پوزیشن کیا ہے

☆......موڑ یا کورنر کیلئے صحیح سپیڈ کیا ہونی چاہئے۔

☆......سپیڈ کے مطابق مناسب گیئر

موڑ سے نمٹنے کا اصل راز یہ ہے کہ تسلی کر لیں کہ

☆......موڑ کاٹنا شروع کرنے سے پہلے گاڑی کی سپیڈ کم کر لیں

☆......صرف اتنا گیس استعمال کریں کہ انجن گاڑی کو ڈرائیو کر کے تیز ہوئے بغیر موڑ کاٹ لے۔

زیادہ ایکسلریشن سے خاص کر ریئر ویل ڈرائیو گاڑیاں زیادہ گرفت نہیں رکھ سکتیں اور سکڈ ہو جاتی ہیں جس کے نتیجہ میں گاڑی ڈگمگا جاتی ہے اور سڑک سے باہر چلی جاتی ہے۔

جب موڑ ختم ہو جائے تو گاڑی کے پہیئے سیدھے ہونے کے بعد سپیڈ کو زیادہ کر سکتے ہیں۔

گئیرز – موڑ میں داخل ہونے سے پہلے صحیح گئیر کا انتخاب کرلیں کیونکہ مُڑتے وقت آپ کو دونوں ہاتھ سٹئیرنگ پر رکھنے کی ضرورت ہے

سٹئیرنگ – ہر ایک گاڑی کو سٹئیرنگ کے مطابق استعمال کرنا مختلف ہوتا ہے۔ یہ جاننا بہت ہی ضروری ہے کہ جو بھی گاڑی آپ چلارہے ہوں آپ کو اُس کے بارے میں علم ہو کہ موڑ کے راؤنڈ پر سٹئیرنگ ویل کے مطابق کیسے حرکت کرتی ہے

کُچھ گاڑیوں میں کم سٹیرنگ گھمانا پڑتا ہے جتنا آپ خیال کرتے ہیں کہ آپ نے اتنا سٹئیرنگ استعمال کرنا ہے اُس کی نسبت ایسی گاڑیوں کا کم گھمانا ہوتا ہے۔

کُچھ گاڑیوں میں زیادہ سٹئیرنگ گھمانا پڑتا ہے جتنا آپ خیال کرتے ہیں کہ آپ نے اتنا سٹئیرنگ استعمال کرنا ہے اُس کی نسبت زیادہ گھمانا ہوتا ہے۔

آپ کو اس قابل ہونا چاہئے کہ موڑ، کورنر یا جنکشن کو دیکھ کر اُن کی مشکلات کا حل حفاظت سے نکال سکیں۔

آپ کو یہ بھی جان لینا چاہئے کہ سٹئیرنگ کو کتنا استعمال کرنا ہے۔

گاڑی پر وزن – گاڑی میں کسی قسم کی تبدیلی یعنی گاڑی پر بوجھ یا وزن بھی موڑ پر گاڑی کی حرکت پر اثرانداز ہوگا۔ جب بہت ہلکا وزن ہو تو یہ فرق محسوس کریں۔

اس تبدیلی کی وجہ

☆...... گاڑی پر فالتو سواریاں

☆...... گاڑی کی ڈگی میں بھاری سامان

☆...... گاڑی کی چھت (رُوف ریک) پر سامان

ٹائر پریشر – ٹائر پریشر صحیح نہ ہونے کی وجہ سے بھی سٹئیرنگ پر اثر پڑتا ہے۔

ٹائر میں کم پریشر ہو تو بھی گاڑی بھاری محسوس ہوتی ہے اور ٹائر اوور ہیٹ ہوجاتے ہیں۔ اس کا اثر دونوں یعنی روڈ پر ٹائر کی مضبوطی اور ٹائر کی حالت (ٹوٹ پھوٹ) پر بھی پڑتا ہے۔

ٹائر پریشر زیادہ ہو تو بھی روڈ کے موڑ پر کم مضبوطی رہتی ہے اور گاڑی کے پھسلنے کا زیادہ خطرہ ہوتا ہے۔

موڑ کاٹنا

آگے دور تک دیکھیں – روڈ پر دُور تک ہر ایک اشارے پر نظر رکھیں مثلاً روڈ سائین، وارننگ اور روڈ پر نشانات جو آپ کو یہ بتائیں گے۔ کہ

☆...... موڑ کس قسم کا ہے

☆......روڈ کی ڈائریکشن کس طرف ہے

☆......موڑ کتنا مُڑا ہوا ہے

☆......موڑ کتنے ہیں۔

حالات کا اندازہ لگائیں - اپنے آپ سے پوچھیں کہ

☆......موڑ کتنا خطرناک نظر آتا ہے ؟ یاد رکھیں کہ کوئی خاص وجہ ہوگی جس کیلئے روڈ پر عموماً slow لکھا ہوا ہوتا ہے۔

☆......کیا موڑ پر رکاوٹوں کا امکان ہے؟ مثلاً کوئی آہستہ چلنے والی یا پارک کی ہوئی گاڑیاں۔

☆......کیا یہ ممکن ہے کہ روڈ پر آپ کی سائیڈ پر پیدل چلنے والے آرہے ہوں؟ کیا وہاں پر فٹ پاتھ ہے ؟

☆......روڈ کا جھکاؤ (کیمبر) کیسا ہے؟ یاد رکھیں کہ رائیٹ ہینڈ موڑ پر ایک اُلٹا کیمبر گاڑی کا رُخ لیفٹ کی طرف پلٹ دیتا ہے۔

پہلے ہی دُور تک دیکھیں - اگر آپ کو موڑ کے درمیان پہنچ کر پتہ چلے تو سمجھیں کہ بہت دیر ہوگئی ہے کیونکہ بریکز آپ کی مدد نہیں کر سکتیں۔

ہمیشہ اسطرح ڈرائیونگ کریں کہ آپ جتنی حد تک دیکھ سکتے ہیں اُس حد تک گاڑی کو کھڑی کرنے کے قابل ہو سکیں ۔جہاں پر کسی رکاوٹ کی وجہ سے کچھ دکھائی نہ دے وہاں زیادہ احتیاط کریں۔

موڑ پر احتیاط سے پہنچیں

☆......جیسے ہی موڑ پر پہنچنے والے ہوں تو ایم ایس ایم / پی ایس ایل روٹین کو استعمال کریں۔

☆......موڑ پر پہنچنے سے پہلے

- موڑ کے مطابق گاڑی کی صحیح پوزیشن رکھیں

-اگر ضروری ہو تو گاڑی کی سپیڈ ایڈجسٹ کریں اور مناسب گیئر کا انتخاب کریں۔

موڑ میں داخل ہونا- جیسے ہی آپ موڑ میں داخل ہوں۔ایکسیلریٹر کو صرف اتنا دبائیں کہ

☆......گاڑی کے ویلز روڈ پر مضبوط رہیں۔ ☆......گاڑی پورے کنٹرول میں رہے

جب آپ گاڑی کو موڑنا شروع کرتے ہیں تو اُس کے بعد سوائے ایمرجنسی کے بریک کو لگانے سے باز رہیں۔

جیسے ہی آپ موڑ کے دائرے سے نکلتے ہیں اور جب آپ کو روڈ پر صاف دکھائی دینے لگے تو آنے والے خطروں پر نظر رکھیں۔

موڑ پر گاڑی کھڑی کرنا - موڑ پر سوائے ایمرجنسی کے گاڑی مت کھڑی کریں۔

اگر آپ کو موڑ پر گاڑی کھڑی کرنی ہے تو ایسی جگہ روکیں کہ پیچھے سے آنے والی ٹریفک آپ کو دیکھ سکے۔خاص کر

لیفٹ ہینڈ موڑ پر جہاں پر بہت کم حد تک دکھائی دیتا ہے۔

اگر ہو سکے تو گاڑی کو بالکل لیفٹ کنارے کے ساتھ کھڑی کریں اور پیچھے کی ٹریفک کو آگاہ کرنے کیلئے خطرے کی وارننگ لائیٹس کو آن کر دیں اور اگر آپ کے پاس وارننگ تکون ہے تو اُس کو پیچھے کچھ فاصلہ پر رکھ دیں۔

سلسلہ وار اور لگاتار موڑ - ڈبل اور زیادہ موڑوں کیلئے ہمیشہ سائین لگے ہوتے ہیں۔

مندرجہ ذیل پر دھیان دیں۔

☆......روڈ سائینز

☆......ڈبل سفید لائینز

☆......روڈ پر پینٹ کئے ہوئے سفید تیر جو آپ کو لیفٹ کیطرف ہونے کیلئے وارننگ دیتے ہیں۔

BENDS AND JUNCTIONS

Double bend

مثال کے طور پر اگر ایک موڑ کے بعد دوسرا موڑ آتا ہے اور آپ نے سائین اور روڈ مارکنگ پر کوئی دھیان نہیں دیا تو جہاں پر آپ کو آہستہ ہونا تھا وہاں پر آپ تیز سپیڈ میں ہو سکتے ہیں جس کے نتیجہ میں ناقص منصوبہ بندی ہوگی اور گاڑی بے قابو ہو سکتی ہے۔

اِسلئے بل کھاتے ہوئے روڈ پر سوچ سمجھ کر سپیڈ کے مطابق مناسب گئیر کا انتخاب کریں۔ اس سے آپکی سپیڈ محفوظ ہوگی۔ جب کہ انجن پر مناسب وزن رکھ سکیں گے اور روڈ پر بھی صیحح گرفت رہے گی۔

بل کھاتے ہوئے موڑ اکثر کبھی اِدھر اور کبھی اُدھر یعنی مختلف ڈائریکشن کو رہتے ہیں۔ جیسے ہی ایک موڑ کراس کرلیں گے تو اگلے موڑ کیلئے تیار ہونا پڑے گا۔ دُور تک روڈ کے جھکاؤ (کیمبر) میں تبدیلی کو دیکھیں جو گاڑی کے کنٹرول پر اثر انداز ہو سکتا ہے۔

رات کے وقت مُوڑ سے گزرنا ۔ انجان روڈ پر آنے والی ٹریفک کی لائیٹس آپ کو آگے کا پلان بنانے میں مدد دے سکتی ہیں۔ اس کے باوجود رات کو موڑ کراس کرنا خطرناک ہوتا ہے۔ ڈرائیونگ میں زیادہ احتیاط کریں

☆......موڑ کے آس پاس خطروں سے بچنے کیلئے تیار رہیں۔

☆......آنے والی ٹریفک کی لائیٹس کے اثرات سے بچنے کیلئے تیار رہیں خصوصاً رائٹ ہینڈ موڑ پر تاکہ اچانک حیرانی نہ ہو۔

☆......آنے والی ٹریفک کیلئے اپنی گاڑی کی لائیٹس مدھم کرلیں خصوصاً لیفٹ ہینڈ موڑ پر۔

دفاعی (یا بچاؤ کی) ڈرائیونگ -ہمیشہ ایسی گاڑیوں پر زیادہ دھیان دیں جو خطرناک حالات پیدا کرتی ہیں۔ مشکلات سے دُور رہیں۔ مثلاً

☆......جو گاڑی موڑ کے بالکل نزدیک اوورٹیک کر رہی ہو

☆......جو گاڑی موڑ پر بہت تیز سپیڈ سے پہنچ رہی ہو

☆...... آنے والی گاڑیاں جو سنٹر لائینز کے اوپر ادھر اُدھر ہوتی ہوئی چلی آ رہی ہوں

☆......خراب موسم میں سکڈ کرتی ہوئی آنے والی گاڑیاں۔

☆......ایسی گاڑی جو کسی پوشیدہ راستہ میں جانے کیلیئے مڑنے کا انتظار کر رہی ہو۔

جنکشنز -جنکشن ایسے مقام کو کہتے ہیں جہاں پر دو یا زیادہ روڈ آپس میں ملتے ہیں۔

جنکشن ایک خطرناک مقام ہے جہاں پر زیادہ تر ایکسیڈینٹ ہونے کا زیادہ خطرہ ہوتا ہے۔ بیشک آپ کو جنکشن کتنا ہی آسان نظر آئے پھر بھی جنکشن پر بہت زیادہ احتیاط کریں۔

جنکشن کی قسمیں

جنکشن کی پانچ قسمیں ہوتی ہیں۔

☆......ٹی (T) جنکشنز ☆......وائے (Y) جنکشنز ☆......سٹیگرڈ جنکشنز

☆...... کراس روڈ ☆......راؤنڈ اباؤٹ

پیشگی معلومات (ایڈوانس انفورمیشن) - دُور تک دیکھیں اور جنکشن اور مشکلات کے بارے میں پوری جانکاری حاصل کرلیں۔ مثلاً

☆......ٹریفک کتنی ہے

☆......وارننگ سائینز

☆......روڈ مارکنگز

☆......ڈائریکشن سائینز

☆......گیووے اور سٹاپ سائینز

☆......ٹریفک لائیٹس

☆......بلڈنگ کے درمیان وقفہ

☆......روڈ کی سطح میں تبدیلیاں

GIVE WAY
50 yds

جنکشن پر مختلف راستے - جنکشن پر کیسے پہنچنا ہے اس کا انحصار اِس پر ہے کہ آپ کا ارادہ کیا کرنے کا ہے۔

☆...... بڑے روڈ کو کراس کر کے سامنے جانا ہے

☆...... چھوٹے روڈ سے بڑے روڈ میں رائیٹ جانا

☆...... چھوٹے روڈ سے بڑے روڈ میں لیفٹ جانا

☆...... بڑے روڈ کو چھوڑ کر چھوٹے روڈ میں رائیٹ یا لیفٹ مُڑنا

☆...... بڑے روڈ پر ہی جنکشن کے پاس سے گزر کر آگے جانا

بڑا روڈ وُہ ہے جس کی ٹریفک کو جنکشن پر کسی اور روڈ کی نسبت پہلے جانے کا حق ہے۔

حقدار - جنکشن پر سائین اور روڈ مارکنگ سے زیادہ تر پتہ چل جاتا ہے کہ کس کا حق پہلے ہے اگر کوئی جنکشن بغیر سائین اور روڈ مارکنگ کے ہوں تو وہاں زیادہ احتیاط کریں۔

جنکشن کی روٹین -ہر جنکشن پر ایم ایس ایم / پی ایس ایل روٹین استعمال کریں۔

ایم...... پچھلی گاڑیوں کی سپیڈ اور پوزیشن کا اندازہ لگانے کیلئے شیشوں میں چیک کریں۔

ایس...... سگنل صحیح اور وقت پر دیں۔

ایم...... میٔوور- پی ایس ایل کا استعمال کریں۔

پی...... وقت پر گاڑی کی صحیح پوزیشن کر لیں۔ جلد پوزیشن بنانے سے دوسرے روڈ استعمال کرنے والوں کو علم ہو جاتا ہے کہ آپ کیا کرنے والے ہیں۔

ایس...... ضرورت کے مطابق سپیڈ ایڈجسٹ کر لیں۔

ایل...... جب آپ ایسے مقام پر پہنچ جاتے ہیں جہاں سے مکمل طور پر دیکھ سکتے ہیں۔ تو دوسری ٹریفک کو دیکھیں۔

اور

☆...... حالات کا اندازہ لگائیں

☆...... فیصلہ کریں کہ انتظار کرنا ہے یا جانا ہے

☆...... حالات کے مطابق عمل کریں

اگر روڈ پر کوئی لین مارکنگ نہیں ہیں-جب لیفٹ مُڑنا ہو تو گاڑی کو لیفٹ سائیڈ پر تقریباً ایک میٹر (3 فٹ) کرب سے دُور رکھیں۔

جب رائیٹ مُڑنا ہو تو روڈ کے سنٹر کے قریب جتنا ہو سکے گاڑی محفوظ طریقہ سے کرلیں۔ روڈ کی رائیٹ سائیڈ پر کوئی پارک گاڑی یا روڈ کی رائیٹ سائیڈ پر کسی رکاوٹ کا بھی خیال رکھیں۔

ون وے سٹریٹ میں رائٹ مُڑنے سے پہلے روڈ کے رائٹ ہینڈ سائیڈ پر جلد سے جلد پوزیشن لے لیں۔

لین مارکنگ والا روڈ۔ جس ڈارکشن جانے کا ارادہ ہو صحیح لین استعمال کریں، جتنا جلدی ہو سکے اُس میں داخل ہو جائیں۔

دفاعی (یا بچاؤ کی) ڈرائیونگ۔ اگر آپ کا راستہ دوسرے روڈ استعمال کرنے والوں کے راستہ سے کراس کرتا ہے یا اس میں شامل ہوتا ہے تو بہت ہی احتیاط کریں۔

مُڑنا

لیفٹ مُڑنا ۔ پہنچنے پر ایم ایس ایم / پی ایس ایل روٹین کا استعمال کریں

روڈ پوزیشن ۔ روڈ پر آپ کی گاڑی کی پوزیشن لیفٹ کی طرف ایک میٹر (3 فٹ) کرب سے دُور ہونی چاہئے۔

پہنچنے پر سپیڈ ۔ چھوٹے روڈ میں داخل ہونے کیلئے لیفٹ مُڑنا بانسبت رائیٹ مُڑنے کے اکثر زیادہ شارپ ہوتا ہے۔ تسلی کرلیں کہ۔

☆......حسبِ ضرورت گاڑی کو آہستہ کرلیا ہے۔

☆......درست گیئر کا انتخاب کرلیا ہے۔

ورنہ آپ کی گاڑی کورنر سے زیادہ دُور سے مُڑ کر غلط سائیڈ پر چلی جائے گی۔

دوسری گاڑیاں ۔ دوسری گاڑیوں پر دھیان رکھیں

☆......جو بالکل لیفٹ ہینڈ سائیڈ کے جنکشن سے پہلے پارک ہونا چاہتی ہیں یا پارک ہیں

☆......کورنر کے بالکل قریب پارک ہیں

☆......جو سائیڈ روڈ میں آرہی ہیں۔

پیدل اور سائیکل سوار - آپ کو چاہئے کہ

☆......گاڑی موڑنے سے پہلے پیدل چلنے والے جو پہلے سے کراس کر رہے ہیں اُن کو راستہ دیں یہ اُنکا حق ہے

☆......ایسے سائیکل سواروں پر بھی دھیان رکھیں جو آپکی لیفٹ سائیڈ پر آ رہے ہیں۔

☆......جب آپ کسی بس لین یا سائیکل لین سے کراس کریں تو بہت احتیاط کریں

☆......جب سائیکل کو اوورٹیک کریں تو اپنی سائیڈ پر آنے کیلیئے یقین کر لیں کہ اُس کا راستہ نہ کاٹیں۔

کورنر سے گاڑی کو موڑتے وقت سٹیرنگ کو بہت پہلے یا بہت تیز نہ گھمائیں کیونکہ اس طرح پچھلا پہیہ کرب پر چڑھ سکتا ہے

گاڑی موڑنے کے بعد

☆......جیسے ہی آپ گاڑی موڑ کر نئے روڈ میں داخل ہوتے ہیں تو شیشوں میں چیک کریں کہ آپ کے پیچھے کس قسم کی ٹریفک ہے۔

☆......محفوظ ہو تو جنکشن چھوڑتے ہی سپیڈ تیز کر لیں

☆......تسلی کر لیں کہ سگنل آف ہو گیا ہے۔

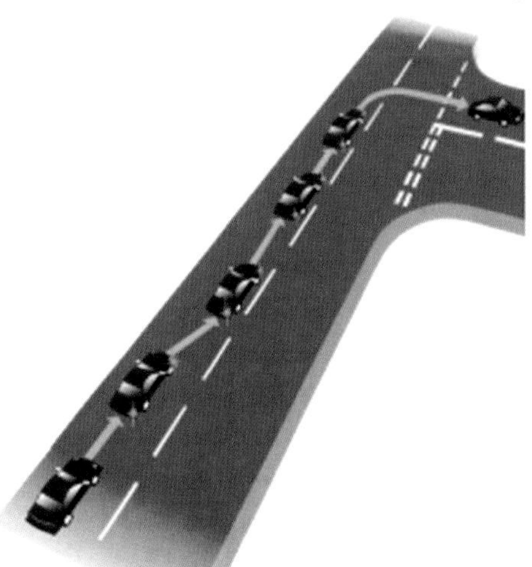

روڈ پر رائیٹ مُڑنا - پہنچنے پر ایم ایس ایم / پی ایس ایل روٹین کا استعمال کریں

روڈ پوزیشن

☆......رائیٹ مُڑنے کیلیئے گاڑی کی پوزیشن وقت پر صحیح کر لیں اس سے دوسرے ڈرائیوروں کو مدد ملتی ہے۔

☆......گاڑی کی پوزیشن محفوظ ہونے پر روڈ کے سنٹر کے جتنا قریب ہو سکے کر لیں تاکہ پیچھے سے آنے والی گاڑیاں اگر جگہ ہو تو لیفٹ سائیڈ سے گزر سکیں۔

☆......ون وے سٹریٹ میں گاڑی کو روڈ کے رائیٹ ہینڈ سائیڈ رکھیں۔

پہنچنے پر سپیڈ - گاڑی کی سپیڈ ضرورت کے مطابق ایڈجسٹ کر لیں اور محفوظ سپیڈ میں پہنچیں۔

آنے والی ٹریفک

☆......آنے والی ٹریفک پر دھیان دیں خاص کر موٹر سائیکل اور بائیسائیکل جو آسانی سے دکھائی نہیں دیتیں۔

☆......خاص کر جو گاڑیاں آنے والی گاڑیوں کو اوورٹیک کر رہی ہیں۔

☆......اگر آنے والی گاڑیوں کے آگے سے محفوظ کراس کرنے میں کوئی شک ہو تو مُڑنے سے پہلے گاڑی کو روک لیں اور محفوظ وقفہ کا انتظار کریں۔

چھوٹے روڈ سے نکلنے والی گاڑیاں

☆......جو گاڑیاں چھوٹے روڈ سے بڑے روڈ میں داخل ہونے کیلئے انتظار کر رہی ہیں اُن پر بھی دھیان رکھیں۔

پیدل چلنے والے

☆......پیدل چلنے والوں کو راستہ دیں جو پہلے سے چھوٹے روڈ پر کراس کر رہے ہیں اُن کا حق پہلے ہے۔

راستے میں رکاوٹیں

☆......احتیاط سے دیکھیں کہ چھوٹے روڈ میں حفاظت سے جانے کیلئے کوئی چیز منع تو نہیں کر رہی جس سے آپ روڈ کی غلط سائیڈ پر جانے پر مجبور ہو سکتے ہیں اور کوئی خطرناک ایکسیڈینٹ بھی ہو سکتا ہے۔

☆......جب تک چھوٹے روڈ میں محفوظ طرح سے جانے کا یقین نہ ہو اُس وقت تک روڈ کی سنٹر لائن کو ہر گز کراس نہ کریں۔

روڈ کے اندر مُڑنا

☆......روڈ کے اندر داخل ہوتے کبھی بھی کورنر کو نہ کاٹیں۔

☆......گیس زیادہ تیز نہ دیں۔ جیسے آپ موڑ رہے ہوں تو انجن صرف گاڑی کھینچ رہا ہو ۔

ایک روڈ سے دوسرے روڈ میں جانا (ایمرجنگ)

ایمرجنگ کا مطلب یہ ہے کہ جب گاڑی ایک روڈ کو چھوڑ کر دوسرے روڈ میں داخل ہو کراس کرے یا دوسرے روڈ میں مُڑے۔

Zones of vision when emerging

جس روڈ میں آپ کا داخل ہونے کا ارادہ ہے۔ اُس کی ٹریفک کی سپیڈ اور فاصلہ کا خیال کرنا ہوگا ۔ اگر محفوظ ہو تو اس میں چلے جائیں۔

اس کیلئے آپ کو بہت احتیاط اور بعض دفعہ صبر کی

بھی ضرورت ہوتی ہے۔

روڈ میں کب داخل ہونا ہے - آپ کو یہ فیصلہ کرنا ہوتا ہے کہ کب انتظار کرنے اور جانے کیلئے محفوظ ہے اور یہ فیصلہ زیادہ تر آپ کے زن آف ویژن پر منحصر ہے یعنی کس جگہ سے پوری طرح صاف دکھائی دیتا ہے زن آف ویژن یا دکھائی دینے سے مراد یہ ہے کہ آپ اپنی گاڑی میں کس جگہ سے کیا کُچھ اور کتنی دور تک دیکھ سکتے ہیں۔

اِس کا انحصار مندرجہ ذیل پر ہے

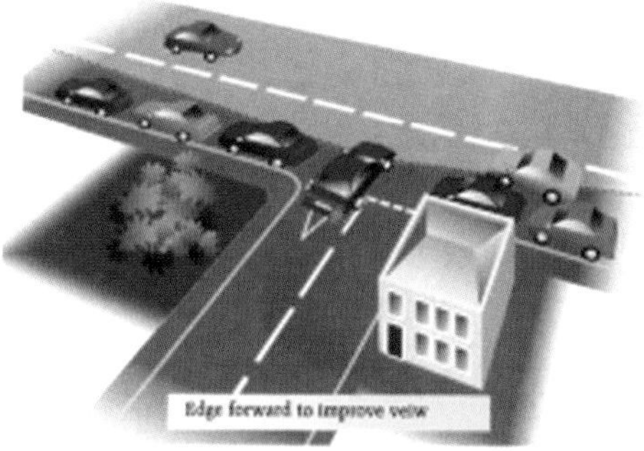

☆......بلڈنگ اور باڑ

☆......روڈ میں موڑ یا زمین میں پیچ و خم

☆......پارک کی ہوئی یا چلتی ہوئی گاڑیاں

☆......روشنی کتنی ہے اور موسم کیسا ہے

جیسے جیسے آپ جنکشن کے قریب پہنچتے جاتے ہیں۔ آپ کو دوسرا روڈ زیادہ سے زیادہ دکھائی دینا شروع ہو جاتا ہے۔ اور آخری چند فٹ فیصلہ کُن ہوتے ہیں۔ جب آپ جنکشن پر ایسی پوزیشن پر پہنچ جاتے ہیں جہاں سے آپ صاف دیکھ سکتے ہیں تو پھر یہ فیصلہ کر سکتے ہیں کہ انتظار کرنا ہے یا جانا ہے۔

بعض اوقات پارک گاڑیوں کی وجہ سے آپ کو پوری طرح دکھائی نہیں دیتا تو آپ کو تھوڑا تھوڑا کر کے آگے کی طرف بڑھنا پڑتا ہے حتٰی کہ آپ کو پوری طرح دکھائی دے سکے۔ اگر آپ کے ویو میں کوئی گاڑی یا پیدل چلنے والے نہیں ہیں تو آپ بھی عموماً اُن کے ویو میں نہیں ہیں۔

دیکھنے سے مطلب یہ ہے کہ آپکو حالات کا پورا اندازہ لگانے کی ضرورت ہے اور فیصلہ کریں کہ آیا محفوظ ہے کہ نہیں پھر اُس کے مطابق عمل کریں۔

یاد رکھیں - یاد رکھیں کہ آتی ہوئی گاڑیاں خاص کر بس یا لاری آسانی سے کسی دوسری گاڑی کو جو ہو سکتا ہے کہ اوورٹیک کر رہی ہو اپنے پیچھے چھپا سکتی ہیں۔

'گیووے' سائین یا لائینز - 'گیووے' سائن اور لائینز جو روڈ پر لگی ہوتی ہیں اُن کا مطلب یہ ہے کہ آپ جس روڈ میں داخل ہونے کا ارادہ رکھتے ہیں اُس روڈ کی ٹریفک جو پہلے سے موجود ہے اُسے راستہ دینا ہے۔

اگر اُس روڈ پر ڈرائیوروں یا سواروں کی سپیڈ یا راستہ پر کوئی اثر نہیں پڑتا تو آپ بغیر رُکے بھی روڈ میں داخل ہو سکتے ہیں۔ ورنہ آپ لازمی رُکیں۔

'سٹاپ' سائین - ایسے جنکشن پر آپ کو ہر حالت میں 'سٹاپ' سائین پر رُکنا ہے ۔ جس روڈ میں آپ کا داخل ہونے کا ارادہ ہے خواہ اُس پر کیسی ہی ٹریفک کیوں نہ ہو۔

صرف اُس وقت چلنا شروع کریں جب

☆...... صاف دکھائی دیتا ہو۔ ☆...... آپ کو یقین ہو کہ اب داخل ہونا محفوظ ہے۔

بغیر سائین اور روڈ مارکنگز والے جنکشنز

ایسے جنکشن پر اور بھی احتیاط کریں جہاں پر کوئی سائینز یا روڈ مارکنگ نہ ہوں کبھی یہ خیال نہ کریں کہ بغیر روڈ مارکنگ کے جنکشن پر آپ کی باری پہلے ہے۔

دوسری ٹریفک - موڑ اور پہاڑیاں آنے والی ٹریفک کو دیکھنے میں زیادہ مشکلات پیدا کر سکتی ہیں۔

اگر کوئی گاڑی آپ کی رائیٹ طرف سے آ رہی ہے اور آپ کے روڈ میں لیفٹ مُڑنے کیلیئے اس کا سگنل آن ہے۔ اتنی دیر انتظار کریں کہ پورا یقین ہو جائے کہ واقعی ڈرائیور لیفٹ مُڑ رہا ہے نہ کہ صرف آپ کے پاس سے گزر کر آگے روڈ پر گاڑی کھڑی کر رہا ہے۔

چھوٹے روڈ سے بڑے روڈ میں لیفٹ یا رائیٹ شامل ہونا

جنکشن کا اندازہ لگانا۔ روڈ سائین اور روڈ مارکنگ چیک کریں اور ایم ایس ایم / پی ایل ایس روٹین کا استعمال کریں۔

ایم ...... شیشوں میں دیکھیں اور اندازہ لگائیں کہ پیچھے کیا ہے۔

ایس...... لیفٹ یا رائیٹ ضرورت کے مطابق سگنل صحیح وقت پر دیں۔

ایم ...... (مینُوور) پی ایس ایل کو استعمال کریں

پی...... جب لیفٹ مُڑنا ہو تو لیفٹ سائیڈ پر گاڑی کو تقریباً ایک میٹر (3 فٹ) کرب سے دُور رکھیں اور اگر رائیٹ مُڑنا ہو تو جلد از جلد اور جیسے ہی محفوظ ہو روڈ کی سنٹر لائین کے جتنا قریب ممکن ہو محفوظ پوزیشن بنالیں۔
ون وے سٹریٹ میں رائیٹ مُڑنے کیلیئے روڈ کے رائیٹ ہینڈ سائیڈ پر پوزیشن رکھیں۔

ایس...... سپیڈ کو کم کریں رُکنے کیلیئے تیار ہو جائیں اور بڑے روڈ کی ٹریفک کو راستہ دیں۔

ایل ...... جب آپ ایسی جگہ پہنچ جاتے ہیں جہاں سے آپ صاف دیکھ سکتے۔ جنکشن کی ہر سمت کو دیکھیں۔ اگر ممکن ہو تو لگاتار دیکھتے رہیں جوں جوں آہستہ یا سٹاپ ہوتے ہیں۔ یہاں تک کہ آپ کو یقین ہو جائے کہ اب بڑے روڈ میں جانا محفوظ ہے۔

بڑے روڈ میں لیفٹ یا رائیٹ داخل ہونے کے بعد

☆...... شیشوں کو استعمال کر کے پیچھے کی ٹریفک کی سپیڈ اور پوزیشن کو چیک کریں۔

☆...... اور انڈیکیٹر کو یقیناً آف کریں۔

☆...... جتنا جلدی ہو سکے روڈ کی کنڈیشن کے مطابق محفوظ سپیڈ سے ڈرائیو کرنا شروع کر دیں۔

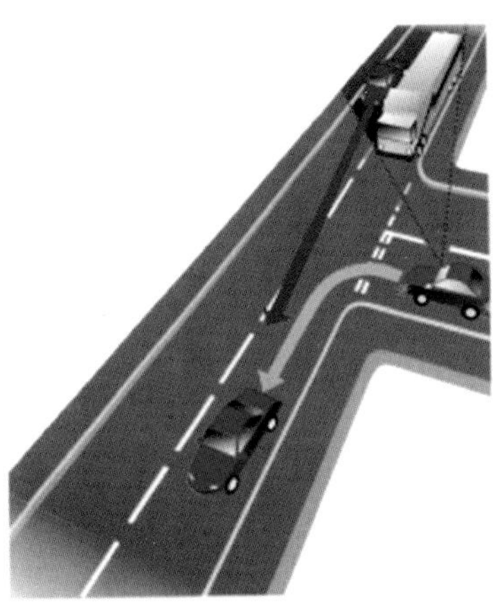

☆......اگلی گاڑی سے محفوظ فاصلہ رکھیں۔

☆......جب تک نئے روڈ کا اندازہ نہ لگا لیں اس وقت تک اوورٹیک کرنے کی کوشش نہ کریں۔

یاد رکھیں - جب رائیٹ مُڑنا ہو اور رائیٹ کی طرف سے بیشک بہت کم ٹریفک آرہی ہو۔ تب بھی روڈ کے درمیان تک نہ چلے جائیں اس امید پر کہ جیسے ہی وقفہ آئے گا آپ ٹریفک میں فِٹ ہو جائیں گے۔ اگر روڈ تنگ ہے یا اور بھی جنکشنز ہیں تو آپ کسی طرف بھی نہ جا سکیں گے۔

دفاعی (یا بچاؤ کی) ڈرائیونگ- جب بھی بڑے روڈ میں شامل ہونے کیلئے رائیٹ یا لیفٹ مُڑنا ہو تو محفوظ مینوور کیلئے سٹیئرنگ کو محفوظ طریقہ سے مکمل کرنے میں وقت لگتا ہے۔

آپ کو جنکشن پر پہنچنے والی ٹریفک کی سپیڈ کا صحیح اندازہ لگانے کی ضرورت ہوتی ہے۔

اگر شک ہو تو بہتر یہی ہے کہ انتظار کر لیں !

جنکشن پر لینز

جب آپ جنکشن پر پہنچتے ہیں تو

☆......جس ڈائریکشن جانے کا ارادہ ہو پہلے ہی درست لین میں شامل ہو جائیں۔ کبھی غلط لین استعمال کر کے آگے نکلنے کی کوشش نہ کریں۔

☆...... آگے دُور تک دیکھ کر ٹریفک اور ڈائریکشن سائین پر نظر رکھیں

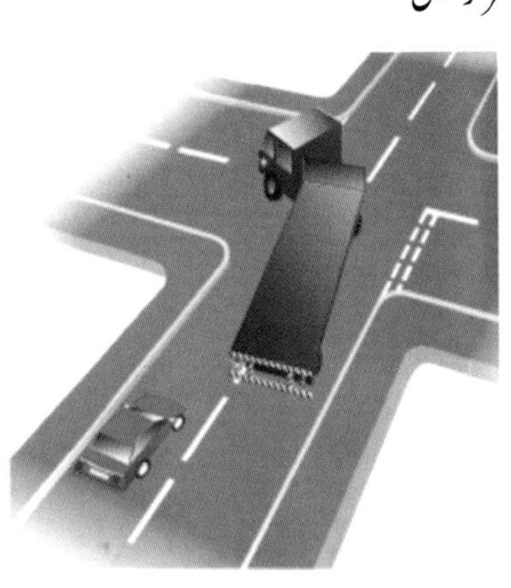

☆......دوسری گاڑیوں کے سگنل پر بھی دھیان دیں جو لینز تبدیل کرنے والی ہوں۔

☆......اُن گاڑیوں پر بھی دھیان دیں جو بغیر سگنل کے یکدم لین تبدیل کر رہی ہیں۔

ٹرک یا لمبی گاڑیاں- جنکشن پر بڑی گاڑیوں سے زیادہ وقفہ رکھیں جو چھوٹی گاڑی کی نسبت زیادہ جگہ لیتی ہیں اور مُڑنے کیلئے ایسی پوزیشن بناتی ہیں کہ آپ کو غلط فہمی بھی ہو سکتی ہے۔

لاری لیفٹ مُڑنے سے پہلے اکثر رائیٹ کی طرف پھیل جاتی ہیں اور رائیٹ مُڑنے سے پہلے لیفٹ کی طرف جھول جاتی ہیں۔ اور اگر پتہ چلے کہ اُن کو مُڑنے کیلیئے زیادہ جگہ چاہیئے تو آپ تھوڑا پہلے ہی رُک جائیں تاکہ اُن کو مُڑنے میں مشکل پیش نہ آئے۔

چھوٹے روڈ کے قریب سے گزرنا - روڈ سائینز کو دیکھیں جو چھوٹے روڈ کے بارے میں بتا رہے ہیں بیشک آپ مُڑنا نہیں چاہتے۔

اُن گاڑیوں پر دھیان دیں جن کو جنکشن سے نکلنا ہے جنکشن پر ہو سکتا ہے اُن کو پوری طرح دکھائی نہ دے ممکن ہے کوئی گاڑی اچانک آپ کے سامنے آجائے۔

اگر ایسا ہو اور آپ کو تسلی نہ ہو کہ دوسرے ڈرائیور نے آپ کو دیکھا ہے کہ نہیں تو گاڑی کو آہستہ کر لیں اور رکنے کیلیئے تیار ہو جائیں ۔ برداشت کریں اور دوسرے ڈرائیوروں کو ہارن بجا کر یا گاڑی بہت نزدیک لا کر پریشان نہ کریں ۔

یاد رکھیں-

دو غلطیوں سے ایک صحیح نہیں بنتی(دونوں غلط ہونے سے نتیجہ صحیح نہیں ہوگا)

اوورٹیکنگ - جنکشن کے نزدیک یا جنکشن پر کبھی اوورٹیک نہ کریں۔

جنکشن پر روڈ کی حالت -ہمیشہ روڈ کی سطح پر ضرور دھیان دیں کہیں پھسلنے والا یا کچا تو نہیں۔ دور تک کی پہلے ہی منصوبہ بندی کر لیں۔ موڑتے ہوئے کبھی بریک نہ لگائیں آگے کی پیش بندی کریں ۔جنکشن سے پہلے بریک کا استعمال کریں۔

دفاعی (یا بچاؤ کی) ڈرائیونگ-جہاں پر زیادہ جنکشن ہوں وہاں سے گزرتے وقت اپنی گاڑی کی سپیڈ کو ضرورت کے مطابق ایڈجسٹ کر لیں۔ تاکہ آپ جتنے دُور دیکھ سکتے ہیں اُس فاصلہ کے اندر گاڑی کھڑی کر سکیں۔

جنکشنز کی قسمیں-جنکشن کئی قسم کے ہوتے ہیں اور ہر قسم کے جنکش کی بھی آگے کئی صورتیں ہوتی ہیں۔

جنکشن پر آپ کا کیا کرنے کا ارادہ ہے اُس سے پتہ چلتا ہے کہ کس قسم کے جنکشن پر کیسے پہنچنا ہے۔

ٹی - جنکشن

ٹی جنکشن جہاں پر چھوٹا روڈ بڑے روڈ سے ملتا ہے۔

عام طور پر جب ٹی کے آخر پر بڑے روڈ کی ٹریفک جو سیدھی جا رہی ہے اُس کا حق پہلے ہے۔

چھوٹے روڈ پر مندرجہ ذیل میں سے کوئی بھی ہونگے۔

☆......'سٹاپ' سائین اور روڈ مارکنگز

☆......'گیو وے' سائین اور روڈ مارکنگز

☆......'گیو وے' لائینز

☆...... بغیر سائین اور روڈ مارکنگ۔

بڑے روڈ پر ڈرائیونگ کرنا - اگر آپ سیدھا آگے جانا چاہتے ہیں تو۔ ۔ ۔

☆......ہر سائین اور روڈ مارکنگ پر پورا دھیان دیں

☆......جو گاڑیاں چھوٹے روڈ سے بڑے روڈ میں لیفٹ یا رائیٹ داخل ہو رہی ہیں اُن پر دھیان دیں

☆......جنکشن کے قریب پہنچنے پر کسی بھی گاڑی کو اوور ٹیک نہ کریں۔

دفاعی (یا بچاؤ کی) ڈرائیونگ-جب بھی لیفٹ سائیڈ کے کسی جنکشن کے پاس سے گزریں تو اپنی گاڑی کی سپیڈ کو حالات کے مطابق صحیح کرلیں اور جو ڈرائیور بڑے روڈ میں داخل ہو رہے ہیں اُن پر دھیان دیں۔

ہیچ مارکنگز- بہت ہی بڑے اور مصروف روڈ اکثر جنکشن سے پہلے یا بعد میں الگ الگ ہو جاتے ہیں تو رائیٹ مُڑنے کیلیئے فلٹر لین کے صحیح استعمال یا بچاؤ کیلیئے پہلے ہی سفید ترچھی لائینز لگی ہوتی ہیں اور اُن ترچھی لائینز کے چاروں طرف سفید ثابت لائین یا لائینز کے ٹکڑوں سے گھیرا ہوتا ہے۔

ایسے جنکشنز پر بڑے روڈ کو چھوڑنا یا اُس میں داخل ہونے کیلیئے بالکل وہی طریقہ اختیار کریں جو ڈیول کیرج وے کا ہے۔

وارننگ (خطرے کی اطلاع) - جو ایریا ہیچ مارکنگ سے پینٹ کیا ہوتا ہے اُس کا مقصد

☆...... آنے جانے والی ٹریفک کے درمیان وقفہ یا گیپ رکھنا ہے۔

☆......اُن گاڑیوں کو بچانا جو رائیٹ مُڑنے کیلیئے انتظار کر رہی ہوتی ہیں جہاں پر سالم (نہ ٹوٹنے والی) لائن ہوتی ہے سوائے ایمرجنسی کے اُس میں داخل نہ ہوں۔

جہاں پر حد بندی کی لائین سالم نہیں ہے۔ ٹوٹی ہوئی اَن مارکنگ پر ڈرائیونگ نہ کریں۔ جب تک کہ ایسا کرنا محفوظ نہ ہو۔

موڑ پر جنکشنز - ہمیشہ دُور تک ٹریفک سائین اور روڈ مارکنگز پر دھیان دیں جن سے آپ کو علم ہو جاتا ہے کہ پہلے کس کا حق یا باری ہے۔
ایسے جنکشن پر اور بھی زیادہ احتیاط کرنی پڑتی ہے ۔خاص کر جہاں بڑے روڈ کے لیفٹ موڑ پر سے رائیٹ مُڑنا ہو۔ کیونکہ

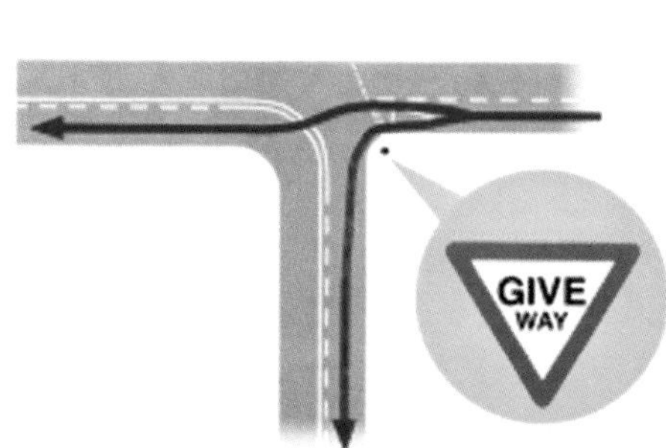

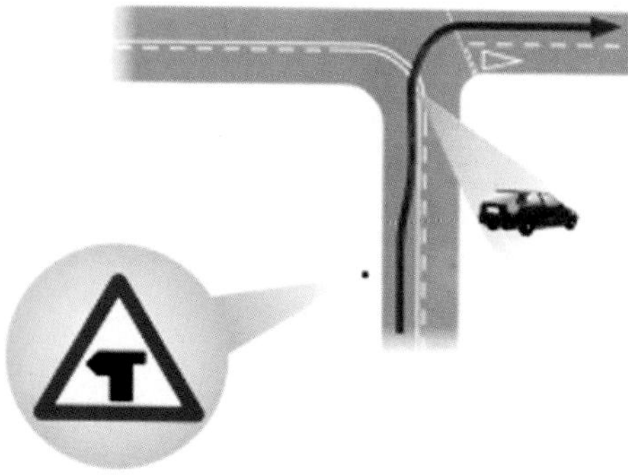

☆...... آپ کو کم حد تک دکھائی دیتا ہے۔

☆...... ہو سکتا ہے کہ آپ کی لیفٹ سائیڈ سے بہت تیز ٹریفک آ رہی ہو

☆...... آپ کو محفوظ طریقہ سے مینوور کرنے کیلئے وقت لگے گا۔

مُڑنے سے پہلے صحیح پوزیشن بنانا ضروری ہے۔ تاکہ نہ ہی آنے والی ٹریفک کو اور نہ ہی آپ کو خطرہ پیش آئے۔ اُس وقت تک انتظار کریں جب ٹریفک میں گیپ ہو پھر صحیح عمل کریں۔

مارکنگ کے بغیر جنکشنز ۔ جو بھی جنکشن مارکنگ یا سائین کے بغیر ہوتے ہیں اُن پر کسی بھی طرف کی ٹریفک کا پہلے کوئی حق نہیں ہوتا۔ جو آپ کو صاف نظر آتا ہے ہو سکتا ہے کہ دوسرے روڈ کے ڈرائیور کو وُہ صاف نظر نہ آتا ہو۔

مندرجہ ذیل گاڑیوں کی بہت احتیاط کریں

☆...... دوسری طرف سے جنکشن پر پہنچنے والی

☆...... جو جنکشن پر انتظار کر رہی ہو۔

☆...... جنکشن سے نکل کر جو آپ کے راستہ سے داخل یا کراس کر رہی ہوں۔

یاد رکھیں ۔ جو بھی گاڑی کراس کر رہی ہو

☆...... ہو سکتا ہے دوسرے ڈرائیور اپنا حق خیال کریں اور آپ سے راستہ دینے کی توقع کریں۔

☆...... ہو سکتا ہے دوسری ٹریفک کو پتہ ہو کہ اُن کا حق نہیں ہے لیکن وہ آپ کی گاڑی کی سپیڈ کا اندازہ نہ کر سکیں یا ہو سکتا ہے آپ کو اُنہوں نے دیکھا ہی نہیں۔ ایسی گاڑیاں خطرہ پیدا کرتی ہیں۔

آپ کو حفاظت کا خیال رکھنا چاہئے اور سُوجھ بُوجھ کا مظاہرہ کرنا چاہئے۔ اندازہ لگائیں اور ایسی سپیڈ کر لیں کہ ایکسیڈینٹ سے بچ جائیں ۔

وائے (Y) جنکشن ۔ وائے جنکشن پر اکثر غلط فہمی ہو سکتی ہے کیونکہ ایسے جنکشن پر ڈائریکشن میں معمولی سی تبدیلی ہوتی ہے۔ عام طور پر جو روڈ سیدھا آگے کی طرف جاتا ہے اور اُس پر ٹریفک کا حق پہلے ہوتا ہے اور

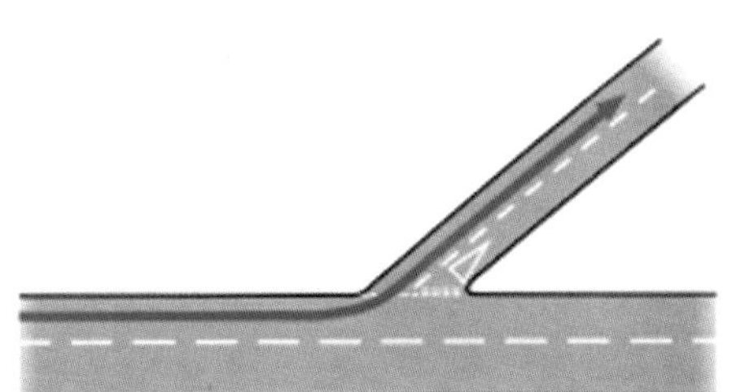

جو سائیڈ والی ٹریفک ہوتی ہے اُن کیلئے 'گیوے' یا 'سٹاپ' سائین ہوتا ہے۔ مگر یہ رُول کبھی کبھار مختلف بھی ہو جاتے ہیں۔

آنے والی ٹریفک کی غلط پوزیشن پر دھیان دینا بھی بہت ضروری ہے۔ ہو سکتا ہے ڈرائیور جنکشن کو صحیح سمجھ نہ سکے ہوں۔

بڑے روڈ پر سیدھے آگے جانا

☆......دُور تک روڈ سائین اور روڈ مارکنگ دیکھیں

☆......گاڑیوں پر دھیان دیں جو جنکشن سے نکل کر لیفٹ یا رائیٹ مُڑ رہی ہوں۔

☆......کسی بھی جنکشن کے نزدیک پہنچنے پر کبھی بھی اوورٹیک نہ کریں

بڑے روڈ میں شامل ہونا

اگر بڑے روڈ میں شامل ہونے کیلئے روڈ تیز مُڑا ہوا ہے۔ اور رائیٹ سے لیفٹ کی طرف کا منظر صاف دکھائی نہیں دے رہا تو بہتر ہو گا کہ گیووے یا سٹاپ جنکشن پر گاڑی کی پوزیشن بڑے روڈ کی طرف بالکل رائیٹ اینگل پر بنائیں اسطرح آپ کو دونوں سائیڈوں پر ٹریفک صاف دکھائی گی۔ ایسی پوزیشن بنانا اور بھی ضروری ہے۔ اگر آپ کی گاڑی میں پچھلی سائیڈ پر وِنڈو نہیں ہیں مثلاً ویگن وغیرہ۔

سٹیگرڈ جنکشنز - ایسے جنکشنز جہاں پر روڈ دونوں طرف یعنی لیفٹ اور رائیٹ سے ملتے ہیں اور راستہ ایک طرف سے دوسری طرف سٹیگرڈ (آگے پیچھے) ہے

بڑے روڈ پر ڈرائیونگ- ہمیشہ دُور تک روڈ سائینز اور روڈ مارکنگز پر دھیان رکھیں۔ اور ایم ایس ایم / پی ایس ایل روٹین کو استعمال کریں۔

گاڑی کی سپیڈ کو ضرورت کے مطابق ایڈجسٹ کر لیں اور رُکنے کیلئے تیار رہیں خاص کر جب آپ کو پوری طرح دکھائی نہیں دے رہا یا دوسرے ڈرائیوروں کو آپ صاف دکھائی نہیں دے رہے۔

اُن گاڑیوں کا خیال رکھیں

☆......جو کسی چھوٹے روڈ سے بڑے روڈ میں لیفٹ یا رائیٹ مُڑ رہی ہوں۔

☆......جو بڑے روڈ سے چھوٹے روڈ میں لیفٹ یا رائیٹ مُڑ رہی ہوں۔

☆......جو ایک چھوٹے روڈ سے نکل کر دوسرے چھوٹے روڈ میں جانے کیلئے بڑے روڈ کو استعمال کر رہی ہوں۔

بڑے روڈ میں داخل ہونا - جب ایک چھوٹے روڈ سے نکل کر بڑے روڈ کو استعمال کر کے پھر دوسرے چھوٹے روڈ میں داخل ہونا ہو تو دوسری ٹریفک جو دونوں ڈائریکشن سے آرہی ہو اُس پر دھیان دینا بہت ضروری ہے۔

لیفٹ جانا اور پھر رائیٹ مُڑنا - جب محفوظ ہو تو پہلے چھوٹے روڈ سے لیفٹ بڑے روڈ میں احتیاط سے داخل ہو کر پھر رائیٹ کی طرف چھوٹے روڈ میں داخل ہونے کیلئے دوبارہ ٹریفک کو چیک کریں اور اگر محفوظ ہو تو احتیاط سے داخل ہو جائیں۔

اگر دو جنکشنز میں بہت تھوڑا وقفہ ہے اور آپ کو ایک چھوٹے روڈ سے دوسرے چھوٹے روڈ میں میں جانا ہو تو جب ٹریفک میں دونوں سائیڈوں میں کافی فاصلہ ہو تو بہت ہی احتیاط سے گزریں۔

اچھی طرح دیکھیں۔حالات کا اندازہ لگائیں اور پھر یہ فیصلہ کریں اگر محفوظ ہو تو جائیں ورنہ انتظار کریں۔

کراس روڈ - کراس روڈ اکثر بہت زیادہ ایکسیڈینٹ ہونے کا مقام ہوتا ہے۔

اسلئے وہاں پر بہت زیادہ احتیاط کی ضرورت ہوتی ہے خاص کر ایسے روڈ جہاں پر ٹریفک تیز سپیڈ ہوتی ہو۔

گاڑیاں اکثر رائیٹ مُڑتے ہوئے ایکسیڈینٹ کا شکار ہو جاتی ہیں۔

کراس روڈ پر بھی گاڑیوں کے مُڑنے کا طریقہ زیادہ تر ویسا ہی ہے جیسا کہ ہر جنکشن پر ہوتا ہے۔

کراس روڈ پر پہنچنے پر آپ کیلئے ضروری ہے کہ پہلے سے اندازہ لگالیں دُور تک دیکھیں اور روڈ سائین اور روڈ مارکنگز کو چیک کریں جو یہ بتاتے ہیں کہ کس کا پہلے حق یا باری ہے۔

بڑے روڈ پر ڈرائیونگ کرنا

☆......روڈ سائینز اور روڈ مارکنگز پر دھیان دیں۔

☆......جو ٹریفک بڑے روڈ میں داخل ہو رہی ہے اُس پر دھیان رکھیں اور خاص کر وہ ٹریفک جو آپ کے آگے سے کراس کر رہی ہے۔ ہو سکتا وہ گیپ استعمال کرتے وقت آپ کی گاڑی کی سپیڈ کو نہ سمجھ سکیں اور آپ کے آگے سے کراس کرنے کی کوشش کریں۔

☆......کراس روڈ پہنچنے پر اپنی گاڑی کی سپیڈ کو ایڈجسٹ کرلیں۔

رائیٹ مُڑنا ہو تو -گاڑی کی پوزیشن اور سپیڈ کا صحیح رکھنا بہت اہم ہے۔ روڈ میں داخل ہوتے ہوئے اوراسی طرح روڈ کو چھوڑتے ہوئے روڈ پر دوسری ٹریفک پر پورا دھیان رکھیں۔
گاڑی کو موڑنے سے پہلے شیشوں میں ایک بار پھر دیکھ لیں خاص کر اگر آپ مُڑنے کیلئے انتظار کرتے رہے تھے کیونکہ ہر تھوڑی دیر میں پیچھے تبدیلی ہوتی رہتی ہے۔

رائیٹ مڑنا جب آنے والی گاڑی کو بھی رائیٹ مُڑنا ہے.

جب دو گاڑیاں ایک دوسرے کی مخالف سمت سے آرہی ہوں اور دونوں کو رائیٹ مُڑنا ہو تو دو مختلف طریقے ہیں جو وُہ اختیار کرسکتی ہیں جو بھی مناسب طریقہ ہو استعمال کیا جاسکتا ہے۔
مگراس کا بھی دارومدار کراس روڈ کی بناوٹ پر ہوتا ہے۔

☆......کراس روڈ کی تشکیل (بناوٹ) یا نقشہ پر

☆......دوسرے ڈرائیور نے کیا طریقہ اختیار کرنے کا فیصلہ کیا ہے

☆......روڈ مارکنگز۔

آف سائیڈ سے آف سائیڈ مُڑنا

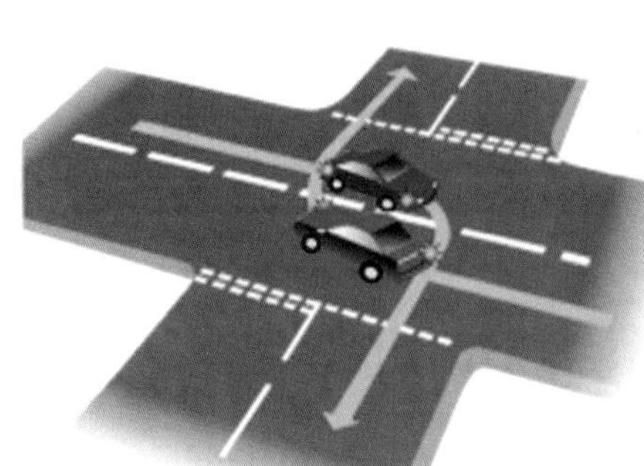

اس طریقہ سے ڈرائیور ایک دوسرے کے پیچھے سے مُڑتے ہیں۔اس کا یہ فائدہ ہے کہ دونوں ڈرائیور آنے والی ٹریفک کو صاف دیکھ سکتے ہیں جب زیادہ ٹریفک جمع ہوجائے تو آنے والی ٹریفک جو رائیٹ مُڑنا چاہتی ہے اُس کے لئے درمیان میں خالی جگہ ضرور رہنے دیں۔

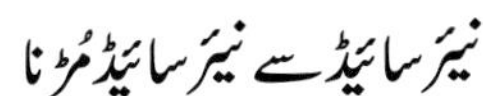

نیئر سائیڈ سے نیئر سائیڈ مُڑنا

یہ طریقہ کم محفوظ ہے پچھلی ٹریفک صاف دکھائی نہیں دیتی اور خاص کر بڑی گاڑیوں کے پیچھے جو چھوٹی گاڑیاں ہوتی ہیں وہ بالکل دکھائی نہیں دیتیں اِسلئے رکنے کیلئے تیار رہیں بعض دفعہ پولیس افیسر کا ٹریفک پر کنٹرول ہو یا روڈ مارکنگز کا استعمال سے یہ اور بھی زیادہ لازمی ہوجاتا ہے۔

دفاعی (یا بچاؤ کی) ڈرائیونگ - ایسے حالات میں سب سے اچھا طریقہ یہ ہے آنے والے ڈرائیوروں پر نظر

رکھ کر اشاروں سے آنے والے ڈرائیور کے ارادہ کو سمجھ جائیں اور اپنی گاڑی کی سپیڈ اتنی رکھیں کہ اگر دوسرا ڈرائیور آپ کا راستہ کاٹنے کی کوشش بھی کرے تو آپ حفاظت سے گاڑی روک سکیں۔

چھوٹے روڈ پر پہنچنا - جب کسی بھی چھوٹے روڈ سے بڑے روڈ میں لیفٹ یا رائیٹ جانا ہو اور سامنے بھی چھوٹا روڈ ہو مگر خالی ہے تو بالکل اِس طرح عمل کریں جیسے ٹی (T) جنکشن سے نکل رہے ہوں۔

اگر آپ کراس روڈ پر چھوٹے روڈ سے نکل کر بڑے روڈ میں لیفٹ یا رائیٹ جانا چاہتے ہیں ایک اور گاڑی بھی سامنے کے چھوٹے روڈ سے بڑے روڈ میں داخل ہونا چاہتی ہے۔ تو پھر یہ خیال رکھیں کہ

☆......اگر آپ چھوٹے روڈ سے نکل کر بڑے روڈ میں لیفٹ یا سامنے جانا چاہتے ہیں تو آپ کو اور زیادہ احتیاط سے نکلنا چاہیئے اور پورا یقین کر لینا چاہیئے کہ سامنے کی سمت سے آنے والی کوئی گاڑی آپ کے راستہ سے نہ گزرے۔

☆......آپ اگر بڑے روڈ میں رائیٹ کی طرف جانا چاہتے ہیں اور سامنے سے آنے والی گاڑی کو بڑے روڈ میں لیفٹ یا سیدھا کراس کرنا ہے تو آپ اُس کے راستہ کو کاٹنے کی کوشش نہ کریں اُس وقت تک انتظار کریں جب تک وہ جنکشن کو خالی نہ کر دیں۔

☆......جب آپ بھی رائیٹ مُڑنا چاہتے ہیں اور سامنے والا ڈرائیور بھی رائیٹ مُڑنا چاہتا ہے تو آپ ایسے حالات میں ڈرائیور کی آنکھوں کی طرف دھیان دیں اور سمجھنے کی کوشش کریں کہ پہلے کون جائے کیونکہ آپ دونوں میں سے کسی کا بھی پہلے حق نہیں ہے۔

بغیر روڈ مارکنگز کے کراس روڈ -کراس روڈ جہاں پر کوئی سائین یا روڈ مارکنگ نہیں ہے۔اس پر بہت ہی زیادہ احتیاط کی ضرورت ہوتی ہے۔کیونکہ کسی کی بھی پہلے باری نہیں ہے۔

پہلا حق یا باری - جب کوئی سائین یا روڈ مارکنگ نہ ہو تو کبھی بھی یہ نہ سوچیں کہ آپ کا پہلے حق ہے۔ ہو سکتا ہے دوسری طرف سے آنے والے ڈرائیور بھی یہی سوچ رہے ہوں کہ اُن کا حق پہلے ہے تو ایسی صورت میں ایکسیڈینٹ ہو سکتا ہے۔

صرف اُس وقت جانا شروع کریں جب آپ کو یقین ہو جائے کہ اب جانا محفوظ ہے۔

یاد رکھیں کہ آپ ہمیشہ عمل کرنے سے پہلے اچھی طرح دیکھیں حالات کا اندازہ لگائیں اور فیصلہ کریں۔

اُس وقت اور بھی احتیاط کریں جب (پارک کی

ہوئی گاڑیاں۔دیواریں یا جھاڑیاں یا باڑ سے) دیکھنے میں رکاوٹ بنتی ہو۔

پہاڑیوں پر جنکشنز - جب پہاڑیوں پر جنکشنز سے دوچار ہونا پڑے تو آپ کو اور بھی زیادہ احتیاط کی ضرورت ہوتی ہے۔

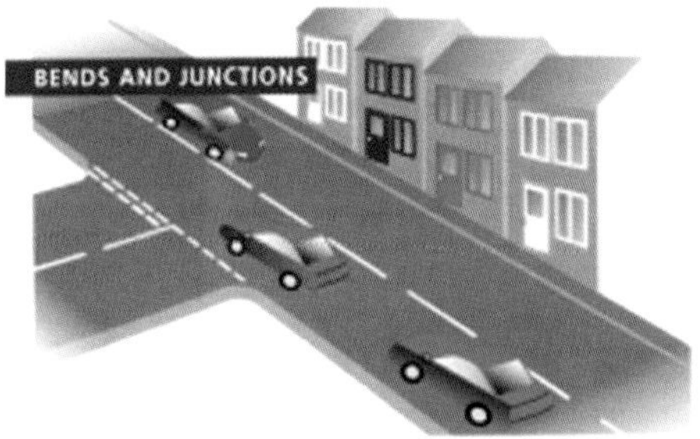

ڈھلوان پر جنکشن

☆......جب آپ ڈھلوان کے جنکشنز پر پہنچ رہے ہوں تو محفوظ سپیڈ میں صحیح پوزیشن میں ہونا ضروری ہے۔

☆......پوزیشن بنانے کیلئے ، شیشے، سگنلز، بریکز ،گیئرز اور سٹیئرنگ کا استعمال وقت سے پہلے شروع کرنا ہوتا ہے

☆......جنکشن پر ایم ایس ایم / پی ایس ایل روٹین کا وقت پر استعمال کریں اور صحیح جگہ کا انتخاب کریں۔ جہاں سے مکمل اور اچھی طرح دیکھ سکیں پھر آپ جنکشن کا جائزہ لیں اور فیصلہ کریں اگر محفوظ ہو تو روڈ میں داخل ہو جائیں ورنہ انتظار کریں۔

☆......نیچے سے آنے والی ٹریفک چڑھائی پر بہت آہستہ چڑھے گی ۔اگر آپ کو اُن کے راستہ سے گزرنا ہے تو اپنی نظر آنے والی پوزیشن سے حرکت نہ کریں جب تک کہ آپ کا راستہ صاف نہ ہو جائے۔

☆...... آنے والی ٹریفک کا راستہ بند نہ کریں جس سے ٹریفک رُک جانے کا خطرہ ہو۔

چڑھائی پر جنکشن (بڑے روڈ سے چھوٹے روڈ میں رائیٹ جانا)

جب جنکشن کی طرف جاتے چڑھائی چڑھ رہے ہوں تو پوزیشن اور سپیڈ کا اندازہ صحیح ہونا بہت ہی اہم ہے۔ اور خاص کر پچھلے ڈرائیوروں کیلئے آپ کی گاڑی کی صحیح پوزیشن جاننا لازمی ہے۔

☆......اگر آپ کا ارادہ رائیٹ مُڑنے کا ہو تو جیسے ہی محفوظ ہو روڈ کے درمیان لائین کے جتنا نزدیک ہو سکے پوزیشن بنالیں۔یا۔

☆......اگر آپ نے گاڑی کی پوزیشن غلط بنالی تو آپ نے غیر ضروری طور پر پچھلے ڈرائیوروں کو رکنے پر مجبور کر دیا۔

جنکشن پر چڑھائی کی طرف جانا (گیووے)

چڑھائی پر آتی ہوئی گاڑیوں کی سپیڈ کا اندازہ لگانا نسبتاً آسان ہوتا ہے۔

T جنکشن سے نکل کر لیفٹ چڑھائی کی طرف جانا آسان ہوتا ہے۔ آپ کو ٹریفک کے آگے سے کراس نہیں کرنا پڑتا اور جو گاڑیاں چڑھائی کی طرف آرہی ہوتی ہیں اُن کی سپیڈ کا اندازہ لگانا بھی آسان ہوتا ہے۔

T جنکشن سے نکل کر بڑے روڈ پر رائیٹ چڑھائی کی طرف ڈرائیونگ کرنا زیادہ مشکل ہوتا ہے۔

آپ کو چڑھائی سے نیچے کی طرف تیزی سے آنے والی گاڑیوں کے آگے سے کراس کرنا پڑتا ہے جو گاڑیاں لیفٹ نیچے کی طرف سے اوپر کی طرف چڑھائی چڑھ رہی ہیں اُن میں بغیر رکاوٹ ڈالے داخل ہونا پڑتا ہے۔

راؤنڈ آباؤٹ - راؤنڈ آباؤٹ مختلف روڈ سے گاڑیوں کو رُکے بغیر داخل یا کراس کرنے دیتے ہیں۔

حق یا باری –اس سے پہلے کہ آپ راؤنڈ آباؤٹ میں داخل ہوں۔ عام طور پر آپ نے رائیٹ ہینڈ سائیڈ کی ٹریفک کو راستہ دینا ہوتا ہے۔ لیکن اگر راستہ صاف ہو تو جاتے رہنا چاہیئے۔

بعض راؤنڈ آباؤٹ پر داخل ہونے والی گاڑیوں کو راستہ دینے کیلئے گیووے سائین ہوتا ہے ۔ روڈ مارکنگ اور گیووے سائین جو راؤنڈ آباؤٹ پر دیئے گئے ہوتے ہیں اُن پر دھیان رکھنا ضروری ہوتا ہے۔

کُچھ راؤنڈ آباؤٹ ٹریفک لائیٹس والے ہوتے ہیں اور ٹریفک لائیٹ سے پتہ چلتا ہے کہ کس کو جانا ہے اور کس کو انتظار کرنا ہے۔

جنکشن پر پہنچتے وقت ایم ایس ایم / پی ایس ایل روٹین کا استعمال ہمیشہ کریں۔

راؤنڈ اباؤٹ پر پہنچنا- ہمیشہ دُور تک آپ پیشگی وارننگ سائین تلاش کریں جو بہت پہلے ہی بتا دیتے ہیں کہ آگے کیا ہے۔

خاص کر بڑے اور پیچیدہ راؤنڈ اباؤٹ کا نقشہ (Layout) کے بارے میں بہت پہلے ہی بتا دیا جاتا ہے اور ساتھ ہی راستوں کی ڈائریکشن بھی دکھا دی جاتی ہے۔ سائین سے آپ اپنی مناسب لین کا انتخاب بر وقت کر سکیں گے جس سے راؤنڈ اباؤٹ تک آسانی سے پہنچ سکیں گے۔

راؤنڈ اباؤٹ پر بہت پہلے ہی صحیح لین کے بارے میں سوچ لیں۔ یہ اکثر روڈ مارکنگ سے پتہ چلتا ہے اور لین پر راستہ یا نمبر بھی لکھے ہوتے ہیں۔ تاکہ

☆......وقت پر صحیح لین میں داخل ہو جائیں۔

☆......لین میں گاڑی کو اِدھر اُدھر نہ ہونے دیں۔

☆......کبھی آخری منٹ پر لین تبدیل نہ کریں۔

جہاں ممکن ہو راؤنڈ آباؤٹ پر پورا دھیان دیں اور جس طرف جانا ہے اُس کی پہچان کرلیں اس سے آپ کو راؤنڈ آباؤٹ پر سب سے زیادہ محفوظ طریقہ اختیار کرنے میں مدد ملے گی۔

راؤنڈ آباؤٹ کو استعمال کرنے کا طریقہ

مندرجہ ذیل طریقہ اختیار کریں جب تک کہ روڈ سائین یا مارکنگ مختلف نہ بتا رہے ہوں۔

لیفٹ جانا

☆......پہنچنے پر لیفٹ سگنل دیں۔

☆......لیفٹ ہینڈ لین میں پہنچیں۔

☆......راؤنڈ اباؤٹ تک اُسی لین میں رہیں۔

☆......لیفٹ سگنل سے راؤنڈ اباؤٹ سے جائیں۔

سیدھا اگلے روڈ پر جانا.

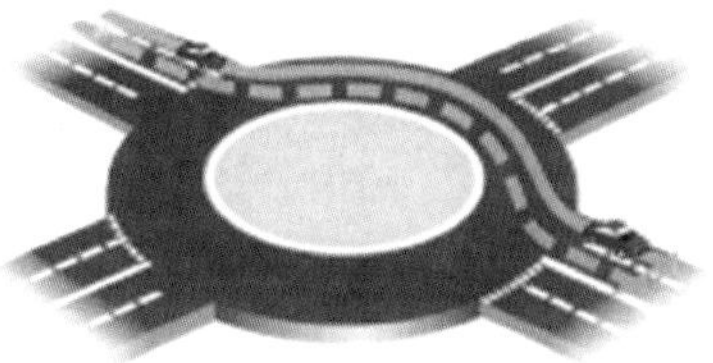

☆......کسی سگنل کی ضرورت نہیں ہے۔

☆......ہمیشہ لیفٹ ہینڈ لین میں پہنچیں۔ اگر آپ لیفٹ ہینڈ لین استعمال نہیں کر سکتے۔ کیونکہ اُس میں ٹریفک کی بھیڑ ہو گئی ہے۔ تو دوسری لین استعمال کرلیں۔

☆......جس لین کو چُن لیا ہے راؤنڈ اباؤٹ پر اُسی لین میں ہی رہیں۔

☆......شیشوں کو استعمال کریں اور خاص کر لیفٹ سائیڈ کا شیشہ اگر لگا ہوا ہے تو استعمال کریں۔

☆......جب اپنا راستہ نظر آئے تو اُس سے پہلا راستہ گزرنے کے بعد لیفٹ سگنل دیں اور اوئنڈ اباؤٹ کو چھوڑ کر اپنے راستہ میں داخل ہو جائیں۔

راؤنڈ اباؤٹ سے رائیٹ جانا یا پورا چکر لگا کر واپس آنا

☆......پہنچنے پر رائیٹ سگنل دینا۔

☆......رائیٹ ہینڈ لین میں پہنچیں۔

☆......اسی لین میں جاتے رہیں اور راؤنڈ اباؤٹ پر سگنل کو آن رکھیں۔

☆...... شیشوں میں دیکھیں خاص کر لیفٹ سائیڈ کا شیشہ اگر لگا ہوا ہے۔

☆...... جیسے ہی اپنا راستہ نظر آئے اُس سے پہلے جو راستہ ہے اُس کے پاس سے گزرتے ہی لیفٹ سگنل دیں اور راؤنڈ آباؤٹ چھوڑ دیں۔

یاد رکھیں - جب بھی رائیٹ ہینڈ لین سیدھا جانے کیلیئے یا رائیٹ مُڑنے کیلیئے استعمال کریں تو اُس ٹریفک کو دھیان میں رکھیں جو آپ کی لیفٹ لین میں جا رہی ہے۔

تین سے زیادہ لینز والا راؤنڈ آباؤٹ

راؤنڈ اباؤٹ پہنچنے کیلیئے تین سے زیادہ لینز ہوں تو جو سب سے مناسب ہے اُس لین کو استعمال کریں راؤنڈ اباؤٹ پر بھی اُسی لین کو استعمال کریں۔ جب تک روڈ سائن یا روڈ مارکنگ آپ کو کوئی تبدیلی نہ بتائیں۔

دفاعی (یا بچاؤ کی) ڈرائیونگ-راؤنڈ اباؤٹ میں داخل ہونے سے پہلے اپنے سے آگے والی گاڑی پر بھی نظر رکھیں۔ جب تک آپ رائیٹ ہینڈ سائیڈ سے آنے والی ٹریفک کو دیکھ رہے ہیں تو یہ نہ تصور کر لیں کہ آگے والی گاڑی رُکے بغیر راؤنڈ اباؤٹ میں شامل ہو جائے گی اسطرح کے حالات میں کئی بار گاڑیوں کے پیچھے سے ایکسیڈینٹ ہو جاتے ہیں اسلیئے پوری تسلی کر لیں کہ آگے والی گاڑی جا چکی ہے۔

خطرات - راؤنڈ اباؤٹ خاص طور پر خطرناک ایریا ہو سکتا ہے۔ جب بھی راؤنڈ اباؤٹ پر جانا ہو تو

☆...... **پیدل چلنے والے زیبرا کراسنگ**:-زیادہ تر راؤنڈ اباؤٹ میں داخل ہونے اور راؤنڈ اباؤٹ چھوڑنے کے راستوں کے قریب ہوتے ہیں۔ اگر کوئی کراسنگز نہ بھی ہوں تو بھی ہو سکتا ہے کہ پیدل چلنے والے ایسے جنکشنز سے کراس کرنے کی کوشش کریں۔ ہمیشہ ان سے خبردار رہیں جو روڈ کراس کرنے کی کوشش کر رہے ہوں۔

☆...... **سائیکل سوار اور گھوڑا سوار**:- یہ خواہ رائیٹ جانا ہو تو بھی راؤنڈ اباؤٹ میں لیفٹ ہینڈ سائیڈ کو استعمال کر کے گزرتے ہیں اُن پر زیادہ توجّہ دیں اور اُن کو ضرورت سے زیادہ جگہ دیں۔

☆...... **موٹر سائیکل سوار**:- اُن کو اکثر راؤنڈ اباؤٹ پر دیکھنا مشکل ہوتا ہے۔ اُن پر زیادہ دھیان دیں۔

☆...... **لمبی لاریاں** :- راؤنڈ اباؤٹ میں جاتے ہوئے کافی زیادہ جگہ استعمال کر کے مُڑتی ہیں اور اُن کو مختلف راستہ استعمال کرنا پڑتا ہے۔ ہمیشہ اُن کے سگنل پر دھیان دیں اور اُن کے پچھلے حصّہ کے گزرنے کا خیال رکھیں۔

☆...... **تمام گاڑیاں**:- اُن تمام گاڑیوں پر دھیان دیں جو آپ کے آگے سے گزر کر اگلے راستے سے راؤن اباؤٹ چھوڑنے کا سگنل دے رہی ہیں اُن کے سگنل پر دھیان رکھیں۔

☆......**روڈ کی سطح** :- روڈ جب گیلا ہو تو چمکیلا اور پھسلنے والا ہو جاتا ہے۔اسلئے راؤنڈاباؤٹ پر بریکنگ اور زیادہ گیس دبانے سے پرہیز کریں۔

چھوٹے راؤنڈاباؤٹ۔

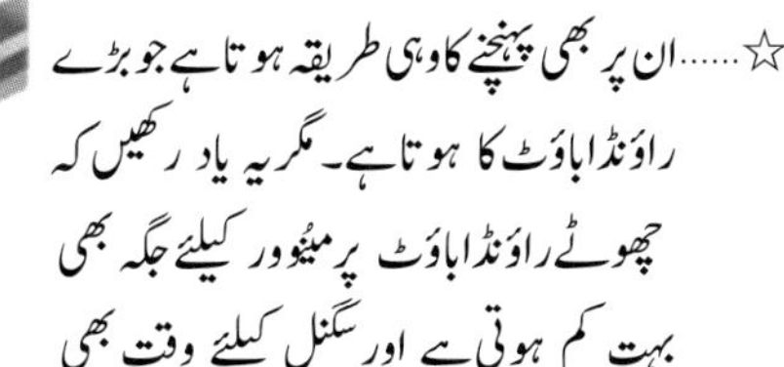

☆......ان پر بھی پہنچنے کا وہی طریقہ ہوتا ہے جو بڑے راؤنڈاباؤٹ کا ہوتا ہے۔ مگر یہ یاد رکھیں کہ چھوٹے راؤنڈاباؤٹ پر مینُوور کیلئے جگہ بھی بہت کم ہوتی ہے اور سگنل کیلئے وقت بھی بہت کم ہوتا ہے۔ مثال کے طور پر جب راؤنڈاباؤٹ چھوڑتے ہیں تو اکثر لیفٹ سگنل کا وقت کم ہوتا ہے۔

☆......جو بھی گاڑیاں آپ کی طرف آ رہی ہیں ہو سکتا ہے رائیٹ مُڑنا چاہتی ہوں، اُن کو راستہ دیں۔

☆...... پورے یقین کے بعد کہ کوئی گاڑی راؤنڈاباؤٹ چھوڑ رہی ہے آپ راؤنڈاباؤٹ میں داخل ہوں۔

☆......اُن ڈرائیوروں سے ہوشیار رہیں جو راؤنڈاباؤٹ سے یُوٹرن کر رہے ہیں۔

☆......راؤنڈاباؤٹ کے درمیان جو گول دائرہ کا نشان ہے ہمیشہ اُس کے راؤنڈ چکر لگا کر جائیں بشرطیکہ جب آپ کوئی بڑی گاڑی یا کوئی چھکڑا کھینچ کر لے جا رہے ہیں جو مجبوراً اُس پر سے لے جانا پڑتا ہے۔

ڈبل چھوٹا راؤنڈاباؤٹ

☆......ڈبل راؤنڈاباؤٹ پر ہر راؤنڈاباؤٹ کو الگ الگ استعمال کریں اور رائیٹ ہینڈ سے آنے والی ٹریفک کو راستہ دیں۔

☆......راؤنڈاباؤٹ میں داخل ہونے سے پہلے سب طرف خیال رکھیں۔

بہت سارے راؤنڈاباؤٹس

کُچھ پیچیدہ جنکشنز پر ایک بڑا راؤنڈاباؤٹ ہوتا ہے اور اُس پر بہت سارے چھوٹے چھوٹے راؤنڈاباؤٹ ہوتے ہیں۔ ایسے راؤنڈ اباؤٹ پر اور بھی زیادہ احتیاط کی ضرورت ہوتی ہے۔ کیونکہ ٹریفک سب طرف سے آتے ہوئے بڑے راؤنڈاباؤٹ سے پورا چکر لگا کر گزر سکتی ہے۔

دیکھنا اور اندازہ لگانا - ہر ایک چھوٹے راؤنڈاباؤٹ کو اچھی طرح دیکھیں اور حالات کا اندازہ لگائیں اور جو بھی ڈائریکشن سائین دیئے گئے ہیں اُن کو بہت پہلے تلاش کر لیں۔

ڈیول کیرج وے

ڈیول کیرج وے پر آنے والی ٹریفک کی لینز اور جانے والی ٹریفک کی لینز الگ الگ بنی ہوتی ہیں اور درمیان میں کافی جگہ چھوڑی ہوتی ہے تاکہ آنے اور جانے والی ٹریفک میں کافی وقفہ رہے اور بعض جگہ درمیان میں حفاظتی جنگلے لگے ہوتے ہیں۔ کچھ ڈیول کیرج وے بالکل موٹروے جیسے ہوتے ہیں اور اُن میں شامل ہونے اور چھوڑنے کا کاسلیپ روڈ بھی ہوتا ہے۔ مگر موٹروے کے ریگولیشن اِن پر لاگو نہیں ہوتے بلکہ اُن پر کم رفتار والی گاڑیاں سائیکل سوار اور ٹریکٹر بھی چلتے ہیں۔

ڈیول کیرج وے سے لیفٹ مُڑنا - ڈیول کیرج وے پر لیفٹ مُڑنے کیلئے اگر سلیپ روڈ نہیں ہے تو وہی طریقہ استعمال کریں جو سائیڈ روڈ پر لیفٹ مُڑنے کیلئے استعمال کیا جاتا ہے۔

☆......ایم ایس ایم / پی ایس ایل روٹین کا استعمال کریں اور بہت پہلے لیفٹ لین میں شامل ہو جائیں

☆......لیفٹ سگنل عام روڈ کی نسبت بہت پہلے دیں۔ کیونکہ گاڑیاں زیادہ سپیڈ میں ہوتی ہیں۔

☆......اور صحیح وقت پر سپیڈ کم کرلیں۔

لیفٹ جانے کیلئے اگر سلیپ روڈ ہے تو وہی طریقہ استعمال کریں جو موٹروے چھوڑتے وقت طریقہ استعمال کیا جاتا ہے۔

ڈیول کیرج وے سے رائیٹ مُڑنا - رائیٹ مُڑنے کیلئے بعض دفعہ درمیان میں اتنی جگہ ہوتی ہے۔ مگر پہنچنے والی لین پر خاص دھیان دیں۔

☆......ایم ایس ایم / پی ایس ایل روٹین کو استعمال کریں۔

☆......رائیٹ سگنل دے کر رائیٹ لین میں عام روڈ کی نسبت بہت پہلے شامل ہو جائیں۔ کیونکہ ٹریفک اکثر زیادہ تیز سپیڈ میں ہوتی ہے

☆......لین مارکنگ کو نوٹ کریں۔ ☆...... صحیح وقت پر سپیڈ کم کرلیں۔

جب رائیٹ مُڑنا ہو تو خاص احتیاط کریں ہوسکتا ہے کہ آپ کو دو یا تین لین میں آنے والی زیادہ سپیڈ ٹریفک کے آگے سے کراس کرنا پڑے گا۔ اگر شک ہو تو انتظار کرلیں۔

ڈیول کیرج وے میں شامل ہونا

لیفٹ مُڑنا- اگر سلیپ روڈ نہیں ہے تو عام بڑے روڈ میں لیفٹ داخل ہونے کا طریقہ استعمال کریں۔

اگر سلیپ روڈ ہے تو موٹروے میں شامل ہونے والا طریقہ اختیار کریں۔

☆......سپیڈ کو بڑے روڈ پر جانے والی ٹریفک کے مطابق ایڈ جسٹ کرلیں۔

☆......ٹریفک کے درمیان وقفہ ہوتے ہی لیفٹ ہینڈ لین میں داخل ہو جائیں۔

☆...... دوسری ٹریفک کی پوزیشن معلوم کرنے کیلئے سائیڈ لین پر سرسری نظر ڈالیں

☆......لیفٹ ہینڈ لین میں ہی رہیں۔ جب تک کہ دوسری لینز کی سپیڈ کے مطابق تیار نہ ہو جائیں۔

☆......اُس وقت تک داخل نہ ہوں۔ جب تک کہ آپ کو تسلی نہ ہو جائے کہ آپ کے داخل ہونے سے دوسری ٹریفک کی سپیڈ اور راستہ میں کوئی تبدیلی نہیں ہو گی۔

رائیٹ مُڑنا- جس کیرج وے میں آپ داخل ہونا چاہتے ہیں اس سے پہلے آپ کو پہلا کیرج وے کراس کرنا چاہئے۔

☆......یہ اندازہ لگانا ضروری ہے کہ درمیان میں خالی جگہ آپ کی گاڑی کی لمبائی کے مطابق ہے۔

☆......اگر درمیان میں خالی جگہ گاڑی کی لمبائی کے مطابق ہے تو محفوظ ہونے پر پہلا کیرج وے کراس کر کے درمیان کی جگہ میں چلے جائیں اور دوسرے کیرج وے میں شامل ہونے کیلئے ٹریفک میں محفوظ وقفہ کا انتظار کریں۔

☆......اگر درمیان کی جگہ آپ کی گاڑی کی لمبائی سے کم ہے تو کبھی بھی پہلا کیرج وے کراس نہ کریں بلکہ انتظار کریں جب تک کہ کیرج وے دونوں ڈائریکشن سے خالی نہ ہو جائے۔

☆......کبھی بھی داخل نہ ہوں جب تک کہ آپ کو یقین نہ ہو جائے کہ آپ کی وجہ سے دوسری ٹریفک کی سپیڈ اور راستہ میں تبدیلی نہ ہونے پائے گی اور خاص کر اُن کیلئے بہت ضروری ہے جو لمبی گاڑیاں کاروان یا ٹریلر چلاتے ہیں۔

کیرج وے میں شامل ہونے کے بعد

☆......شیشوں میں دیکھیں۔

☆......سگنل کو کینسل کریں۔

☆......لیفٹ ہینڈ لین میں ڈرائیو کریں۔

☆......نئے روڈ کے مطابق جلد سے جلد گاڑی کو تیز چلا کر صحیح اور محفوظ سپیڈ میں ایڈ جسٹ کرلیں۔

☆......اوورٹیک اُس وقت تک نہ کریں جب تک کہ آپ نئے روڈ کے مطابق تیار نہ ہو جائیں۔

ہمیشہ روڈ سائین پر دھیان دیں جو کیرج وے کی زیادہ سپیڈ کے بارے میں بتاتے ہیں اور اس کا خیال رکھیں جب آپ آنے والی ٹریفک کی سپیڈ کا اندازہ لگائیں۔

سیکشن 9 مینووَرِنگ

ڈرائیور اُس وقت تک اپنے آپ کو ایک صحیح معنوں میں ہنر مند تسلیم نہیں کر سکتے جب تک کہ وہ سائیڈ روڈ میں ریورس ، روڈ کے اندر واپس موڑنا ، یُوٹرن اور ریورس پارکنگ حفاظت اور پورے یقین کے ساتھ نہیں کر سکتے۔

اس میں یہ جاننا بھی شامل ہے کہ اس مینووَر کو ضرورت کے مطابق کتنا اور کیسے کرنا ہے۔

اس سیکشن میں ریورسنگ کے مختلف طریقے ، واپس موڑنا اور پارکنگ کرنا سب کچھ شامل ہے۔

اس سیکشن میں مندرجہ ذیل موضوعات ہیں

☆......مینووَرِنگ سے پہلے

☆......ریورسِنگ

☆......واپس موڑنا

☆......پارکنگ

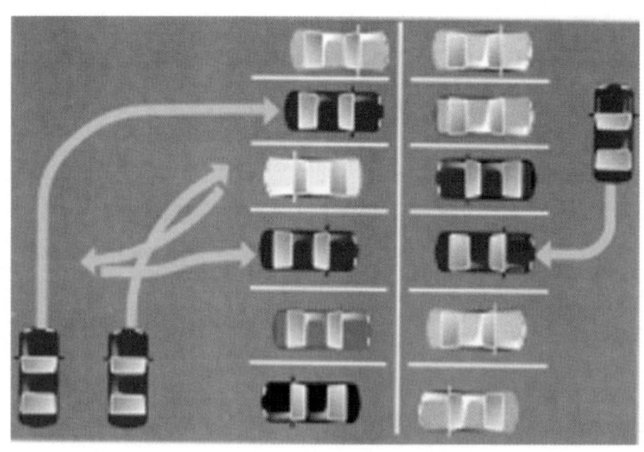

مینوورِنگ سے پہلے

اپنے آپ سے پوچھیں کہ

(1) کیا یہ جگہ محفوظ ہے ؟

(2) کیا یہ جگہ مناسب ہے ؟

(3) کیا یہ جگہ مینوور کرنے کیلئے قانونی لحاظ سے بھی صحیح ہے ؟

ہائی وے کوڈ کا علم۔ روڈ سائینز روڈ مارکنگز اور عام سوجھ بوجھ سب مل کر آپ کو فیصلہ کرنے میں مدد کریں گے۔

اپنے آپ سے یہ بھی ضرور پوچھیں کہ

(4) کیا میں اس جگہ اپنی گاڑی کو پوری طرح سے کنٹرول کر سکوں گی / گا ؟

آپ خود اس سوال کا جواب دے سکتی / سکتے ہیں۔ مثال کے طور پر ایک تجربہ کار ڈرائیور کو ہو سکتا ہے کہ نیچے روڈ پر ریورس کرنے میں کوئی مشکل پیش نہ آئے۔ لیکن اگر آپ نے اس کی پہلے کوشش نہ کی ہو تو شائید اپنے آپ پر پورا یقین نہ ہو۔

جب اُوپر دیئے گئے چار سوالوں کے جواب "ہاں" میں ہوں تو آپکو یہ بھی یقین ہونا چاہئے کہ جگہ بھی مناسب ہے

روڈ استعمال کرنے والے اور

روڈ استعمال کرنے والے دوسرے لوگوں کو تکلیف نہ ہونے دیجئے یہ بھی خیال رکھیں کہ کسی دوسرے ڈرائیور یا روڈ استعمال کرنے والے کو اپنی سپیڈ اور راستہ میں تبدیلی نہ کرنی پڑ جائے۔

فیصلہ کریں آیا یہ کرنا محفوظ ہے یا کہ انتظار کرنا بہتر ہے ۔

دوسرے آتے ہوئے ڈرائیوروں کو دیکھیں لیکن بہت زیادہ جھجک سے بھی کام نہ لیں۔

جب دوسری گاڑیاں آپ کیلئے رُک جائیں - بعض دفعہ دوسرے ڈرائیور یا سوار راستہ دینے کیلئے رُک جاتے ہیں لیکن یہ تسلی کرنا ضروری ہے کہ وہ آپ ہی کیلئے رُکے ہیں یا کسی اور مقصد کیلئے رُکے ہیں۔

اس سے پہلے کہ آپ کسی سگنل پر عمل کریں یہ چیک کرلیں کہ سب طرف ٹھیک ہے۔

ریورسنگ - ریورس میں مہارت حاصل کرنا مشکل نہیں۔ اس کیلئے صرف پریکٹس کی ضرورت ہوتی ہے حتیٰ کہ آپ کو اپنے آپ پر اعتماد نہ ہو جائے ۔

جب بھی ریورس کرنے کی پریکٹس کریں پہلے گاڑی کو ایک سیدھی لائین میں ریورس کرنا سیکھیں۔ اُس کے بعد کونوں کے راؤنڈ ریورس کریں اور پھر زیادہ پیچیدہ مینوورز کریں۔

ریورس گیئر میں آپ کو گاڑی بالکل مختلف محسوس ہوگی۔ آپ گاڑی کو سٹیئرنگ کے ساتھ موڑتے ہوئے

محسوس نہیں کر سکتے جیسا کہ آپ اگلے گیئر میں محسوس کرتے ہیں اور آپ کو یہ خیال رکھنا ہوتا ہے کہ سٹئیر نگ کس طرح اثر انداز ہوتا ہے۔

اس کا راز یہ ہے کہ گاڑی کو بہت ہی آہستہ حرکت دیں۔اس طریقے سے سٹئیر نگ ویل کی حرکت کا صحیح استعمال ہو گا۔جب گاڑی کھڑی ہو تو کبھی سٹئیر نگ نہ گھمائیں اس سے ٹائر خراب ہونے کا خطرہ ہوتا ہے اور سٹئیر نگ کے سسٹم میں زیادہ ٹوٹ پھوٹ ہو سکتی ہے۔

☆......خیال رکھیں کہ پہئیوں کا رُخ کس طرف ہو رہا ہے۔

☆...... آپ گاڑی کی پچھلی سائیڈ کو جس سائیڈ پر موڑنا چاہتے ہیں سٹئیر نگ ویل کو اُسی سائیڈ پر گھمائیں۔

بیٹھنے کا طریقہ -اپنی سیٹ پر اپنے جسم کو معمولی گُھما لیں۔اگر آپ سیدھا پیچھے کی طرف یا لیفٹ کی طرف ریورس کرنا چاہتے ہیں۔تو رائیٹ ہاتھ کو سٹئیر نگ کے عین اوپر جہاں گھڑی کے بارہ بجے کا نمبر ہوتا ہے اور لیفٹ ہاتھ سے سٹئیر نگ کو نیچے سے پکڑیں۔

اگر آپ کے جسم کی بناوٹ کی وجہ سے یہ پوزیشن مشکل لگ رہی ہو تو ایسے حالات میں رائیٹ ہاتھ سے سٹئیر نگ کو بارہ کے نمبر سے اور لیفٹ ہاتھ کو سیٹ کی پُشت کے کنارے پر رکھ لیں یا ساتھ کی سیٹ پر رکھ لیں۔تاکہ گاڑی کو پیچھے لے جانے میں آسانی ہو۔

سیٹ بیلٹ - جب آپ کو کوئی ریورسنگ والا مینوور کرنا ہو تو آپ سیٹ بیلٹ کو اُتار لیں مگر ڈرائیونگ شروع کرنے سے پہلے سیٹ بیلٹ باندھنا نہ بھولیں۔

سٹئیر نگ کا گھمانا

سٹئیر نگ کو کب گھمانا شروع کرنا ہے ؟

ریورس میں اکثر بہت مفید ہوتا ہے کہ سٹئیر نگ ویل کو ضرورت سے پہلے سیدھا کرنا یا موڑنا شروع کریں۔

یاد رکھیں کہ گاڑی کو ریورس کرتے آہستہ حرکت دیں تو آپ کے پاس اتنا وقت ہو گا کہ

☆...... بغیر رش کے گاڑی پر کنٹرول کریں۔

☆......گاڑی کو موڑتے وقت آگے سائیڈوں پر اور پیچھے کی طرف چیک کریں۔

کیا چیک کرنا ہے - ریورس کرتے وقت سب طرف اچھی طرح چیک کرنا اتنا ہی لازمی ہے جتنا آگے کی طرف جاتے ہوئے چیک کرنا لازمی ہوتا ہے۔

☆......ریورس کرنے سے پہلے دوسری ٹریفک کو چیک کریں۔

☆...... پیچھے کی طرف چیک کریں خاص کر چھوٹے بچے جو اکثر گاڑیوں کے پیچھے کھیل رہے ہوں۔

☆......سب طرف چیک کریں ، سامنے ، پیچھے ، دونوں کندھوں سے مُڑ کر اور تمام شیشوں میں ، یہ سب

ریورس کرنے سے پہلے اور ساتھ ساتھ بھی چیک کرتے رہیں۔

☆......اگر شک ہو تو گاڑی سے باہر نکل کر چاروں طرف چیک کر کے تسلی کر لیں۔

☆...... آپ پیچھے کی طرف حرکت کرتے وقت چیک کرتے رہیں خاص کر اپنے پیچھے اور سائیڈوں پر اور خصوصاً جب موڑنا شروع کرتے ہیں۔

ہمیشہ سٹاپ ہونے کیلئے تیار رہیں

روڈ پر گاڑی کو واپس مُوڑنا

واپس موڑنے کے تین طریقے ہیں۔

☆......سائیڈ روڈ کو استعمال کرنا۔

☆......روڈ میں گاڑی کو واپس موڑنا (تھری پوئنٹ ٹرن)

☆......یو ٹرن کرنا۔

موڑنے کیلئے سائیڈ روڈ کو استعمال کرنا عموماً محفوظ ہوتا ہے۔

تنگ یا مصروف روڈ – عام طور پر گاڑی کو واپس موڑنے کیلئے مندرجہ ذیل طریقہ محفوظ ہے۔

☆......کوئی بھی سائیڈ روڈ لیفٹ یا رائیٹ کی طرف معلوم کریں پھر اُس روڈ کی آف ٹرننگ میں گاڑی کو ریورس کر کے اندر لے جائیں ۔

☆......سائیڈ روڈ کے اندر گاڑی کو لے جائیں اور گاڑی کو موڑنے کیلئے اگلے اور پچھلے گیئرز استعمال کر کے واپس موڑیں (تھری پوئنٹ ٹرن کا طریقہ استعمال کریں)۔

یاد رکھیں

☆......کبھی بھی سائیڈ روڈ سے ریورس کر کے بڑے روڈ میں نہ آئیں ۔

☆......جب تک محفوظ نہ ہو ریورس نہ کریں اگر تسلی نہ ہو تو کسی کی مدد لے کر ریورس کریں۔

☆......کبھی بھی ضرورت سے زیادہ ریورس نہ کریں یہ قانوناً غلط ہے اور آپ کیلئے اور دوسروں کیلئے محفوظ نہیں۔

☆......ہمیشہ راستہ دینے اور رُکنے کیلئے تیار رہیں۔

لیفٹ پر سائیڈ روڈ میں ریورس کرنا - ایک محفوظ سائیڈ روڈ پانے کے بعد جیسے ہی کونے پر پہنچیں تو ایم ایس ایم روٹین کا استعمال کریں۔

کورنر سے بہت پہلے سگنل نہ دیں کیونکہ آپ کورنر کے بعد گاڑی کھڑی کرنا چاہتے ہیں۔ کورنر سے پہلے سگنل دینے سے پچھلے ڈرائیور غلط فہمی کا شکار ہو کر یہ سمجھیں گے کہ آپ کورنر سے پہلے گاڑی کھڑی کرنا چاہتے ہیں اور سائیڈ روڈ میں نکلنے کیلئے انتظار کرنے والے نکلنا شروع ہو جائیں گے۔ اسلئے سگنل میں تھوڑی دیر کریں گاڑی کی بریک لائیٹ سے پچھلی ٹریفک کو یہ پتہ چل جائے گا کہ آپ آہستہ ہو رہے ہیں۔

گاڑی کو ریورس کرنے کیلئے ضرورت کے مطابق کرب کے نزدیک اور اسکے متوازی کھڑی کریں ۔ کورنر شارپ ہو تو کرب سے تھوڑا زیادہ دُور رکھیں ہینڈ بریک لگائیں اور نیوٹرل میں کرلیں۔

سب طرف چیک کریں تب مینوور شروع کریں - اپنی ڈرائیونگ سیٹ پر معمولی سا مُڑ کر بیٹھیں تاکہ کنٹرول استعمال کرنے اور پیچھے دیکھنے میں آسانی ہو اور لیفٹ ہینڈ سائیڈ کے شیشے سے کرب کے ساتھ گاڑی کی پوزیشن کو دیکھ لیں اور اس پوزیشن کے مطابق ختم کرتے تک آپ کو اِسی پوزیشن کی ضرورت ہے ۔

اب ریورس گیئر لگائیں گیس کی گنگنانے کی آواز سیٹ کرلیں اور کلچ کو بائٹنگ پوئنٹ تک لائیں اور سب طرف چیک کرلیں۔ جب آپ کو تسلی ہو جائے کہ محفوظ ہے تو ریورس کرنا شروع کر دیں۔

جیسا کہ جنرل رُول - کلچ پیڈل بالکل یا تقریباً بائیٹنگ پوئنٹ پر ہو۔ گاڑی کو بہت ہی آہستہ چلائیں۔ گیس پیڈل ۔ فٹ بریکز اور کلچ کو صحیح طریقہ سے استعمال کریں یعنی کنٹرول کا ایک ساتھ استعمال کرنے کا انحصار روڈ کی اُترائی اور ڈھلوان پر ہے۔

آپ کو چاہئیے کہ پچھلی سائیڈ کا کرب کی سائیڈ کے ویل کی پوزیشن بالکل پچھلی سیٹ کے پیچھے کرب کے کنارے کے ساتھ ہو۔ اور کوشش کریں کہ یہ ویل کرب کے ساتھ متوازی رہے۔

اور جیسے ہی گاڑی کا پچھلا لیفٹ ویل کورنر کے شروع ہونے پر پہنچ جائے تو لیفٹ کی طرف موڑنا شروع کردیں۔ جیسے کہ عام طریقہ ہے کہ کرب کے ساتھ ساتھ ہی جائیں جیسے ہی پچھلی سکرین سے کرب کا کونا نظروں سے غائب ہو تو سائیڈ ونڈو سے کونا پھر ظاہر ہو جاتا ہے۔

سٹئیرنگ کو کتنا گھمانے کی ضرورت ہے اس کا دارومدار کونے کی بناوٹ پر ہے۔ یہ یاد رکھیں کہ گاڑی کو بہت آہستہ حرکت دینی ہے۔

لگاتار مشاہدہ - پہلے سب طرف غور سے دیکھیں۔ خصوصاً جب کونے سے موڑنا شروع کریں۔ کیونکہ موڑتے وقت گاڑی کی فرنٹ سائیڈ باہر کی طرف زیادہ جگہ لیتی ہے اور پاس سے گزرتی ہوئی گاڑیوں کیلئے خطرہ ہوتا ہے۔

گاڑی کو موڑنے سے پہلے پوشیدہ ایریا میں ضرور چیک کریں اگر آپ کو یہ معلوم ہو جائے کہ آپ کے عمل سے روڈ

کو استعمال کرنے والے دوسرے متاثر ہونگے تو اپنی گاڑی کو روک لیں جب محفوظ ہو تو پھر حرکت دینا شروع کردیں۔

مینوور کا مکمل کرنا - جیسے ہی گاڑی کی پچھلی سکرین سے سائیڈ روڈ نظر آئے اور کرب تقریباً سکرین کے نصف کے قریب پہنچنے والی ہو تو سٹیئرنگ ویل سے پہیوں کو سیدھا کرنا شروع کردیں۔ نئے روڈ میں کرب کہاں ہے۔ آپ کرب کو مدد کے طور پر حد بندی کیلئے استعمال کر سکتے ہیں کہ کب لیفٹ لاک اُتارنا ہے۔

کوشش کریں کہ گاڑی کو کرب کے ساتھ تقریباً اُتنے ہی فاصلہ پر کرلیں جیسے شروع کرتے ہوئے متوازی رکھی ہوئی تھی۔

یاد رکھیں- تمام دوسرے روڈ کو استعمال کرنے والوں کا دھیان رکھیں۔ خاص کر

☆...... پیدل چلنے والے جو آپ کے پیچھے سے کراس کر رہے ہوں۔

☆...... کسی بھی ڈائریکشن سے آتی ہوئی گاڑیاں۔

رائیٹ کی طرف سائیڈ روڈ میں ریورس کرنا -

ایسا مینوور اُس وقت مفید ہوتا ہے۔ جب

☆...... جہاں لیفٹ سائیڈ پر کوئی روڈ نہیں ہے۔

☆...... آپ پچھلے ونڈو سے دیکھ نہیں سکتے ۔

☆...... آپ کے سائیڈوں کے منظر میں رکاوٹ ہے۔

مثال کے طور پر جب آپ کوئی ویگن یعنی کوئی سامان سے بھری ہوئی گاڑی کو ریورس کرنا چاہتے ہیں۔

جنکشن سے گزرنے کے بعد روڈ کی دوسری سائیڈ پر گاڑی کو لے جانا.

یہ حقیقت میں دو مینوورز ہیں

مینوور کے اِس حصّے کیلئے آپ کو

☆...... تمام شیشوں کو پوری طرح استعمال کرنا ہوگا۔

☆...... پوزیشن اور سپیڈ کا صحیح اندازہ کرنا ہوگا۔

☆...... سائیڈ روڈ کے اندر پوری جانکاری کرنا ہوگی جیسے ہی اس کے پاس سے گزریں۔

سائیڈ روڈ میں ہی ریورس کر کے جانا - آپ کو

☆......گاڑی کو ضرورت کے مطابق کرب کے نزدیک اور متوازی کھڑا کرنا ہوگا۔ جتنا شارپ ٹرن ہوگا تو کرب سے اتنا ہی زیادہ وقفہ رکھنے کی ضرورت ہو گی۔

☆......سیٹ پر اس طرح سے بیٹھنا ہوگا کہ رائیٹ کندھے پر سے مکمل منظر نظر آسکے اور پھر بھی سامنے اور لیفٹ کی طرف دیکھ سکتے ہوں۔

رائیٹ ہینڈ ریورس کرنے کیلئے سب طرف دھیان رکھنا اور بھی لازمی ہے کیونکہ آپ روڈ کے غلط سائیڈ پر سامنے سے آنے والی ٹریفک کے راستہ میں ہیں۔

☆......جب آپ کو پورا یقین ہو جائے کہ اب ریورس کرنا محفوظ ہے تو گاڑی کو ریورس کرنا شروع کر دیں لیکن رش بالکل نہ کریں۔ گاڑی کا کنٹرول اُسی طرح استعمال کریں جیسے لیفٹ ہینڈ ریورس کرتے وقت کیا جاتا ہے۔

☆......رائیٹ ہینڈ سائیڈ پر ریورس کرتے وقت کرب سے گیپ کا اندازہ لگانا آسان ہے کیونکہ آپ اُس کو سیدھا دیکھ سکتے ہیں۔

یاد رکھیں - تمام مینوور کے مکمل ہونے تک دوسرے روڈ کے استعمال کرنے والوں پر پورا دھیان رکھنا ہوتا ہے۔ خاص کر۔

☆......پیدل چلنے والے جو گاڑی کے پیچھے سے کراس کرنے والے ہوں۔

☆......کسی بھی طرف سے آنے والی گاڑیاں۔

ڈرائیو وے -ایک اور جگہ جہاں آپ کو ریورس کرنے کی ضرورت ہوسکتی ہے وہ آپ کا ڈرائیووے ہے۔ اپنے ڈرائیووے میں آپ کو ریورس کر کے گاڑی پارک کرنی چاہیئے۔ اِس سے آپ سیدھا آگے ڈرائیو کر کے روڈ پر نکل سکتے ہیں۔

روڈ میں موڑنا

آپ کو جب واپس موڑنے کیلئے کوئی بھی سائیڈ روڈ نہ مل سکتا ہو تو اُس وقت موڑنے کیلئے یہ مینوور بہت ہی مفید ثابت ہوگا۔ ایسے مینوور کا راز یہ ہے کہ گاڑی کو بہت ہی آہستہ حرکت دیں جب کہ سٹیئرنگ کو بہت تیزی سے استعمال کریں۔ کلچ کا سخت کنٹرول ضروری ہے۔

موڑنے سے پہلے - ایسی جگہ کا انتخاب کریں جہاں

☆...... آپ کے پاس زیادہ جگہ ہو۔ ☆......جہاں روڈ میں اور فٹ پاتھ پر کوئی رکاوٹ نہ ہو۔

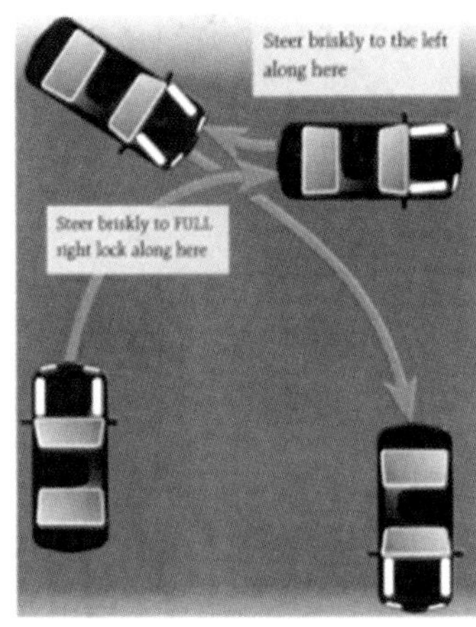

گاڑی لیفٹ سائیڈ پر کھڑی کریں ۔ کرب کے قریب لیمپ پوسٹ یا درختوں سے بچیں۔

فرسٹ گیئر لگائیں اور حرکت دینے کیلئے تیاری کرلیں۔

چاروں طرف چیک کریں خاص کر اپنے پوشیدہ ایریاز اور پاس سے گزرتی ہوئی گاڑیوں کو راستہ دیں۔

روڈ کی دوسری طرف لے جانا - فرسٹ گیئر میں گاڑی کو آہستہ آہستہ آگے کی طرف حرکت دیں اور ساتھ ہی سٹیئرنگ کو رائیٹ سائیڈ پر تیزی سے گھما کر فُل لاک کر دیں۔ آپ کا مقصد گاڑی کو روڈ کی دوسری طرف رائیٹ اینگل پر لے جانا ہے۔

مخالف سمت کے کرب کے پاس پہنچنے سے پہلے جب کہ گاڑی ابھی بہت آہستہ حرکت کر رہی ہو تو اُس سے پہلے سٹیئرنگ کو لیفٹ کی طرف تیزی سے گھمانا شروع کر دیں اور پہیوں کو سیدھا کر کے لیفٹ ریورس کیلئے تیار کرلیں۔

جیسے ہی کرب کے نزدیک پہنچیں کلچ کو پورا دبا کر فٹ بریک سے گاڑی کو روک لیں۔ روڈ پر ڈھلوان اور اُترائی کی وجہ سے ضروری سمجھیں تو گاڑی کو کھڑی رکھنے کیلئے ہینڈ بریک کو لگائیں۔

ریورس کرنا- ریورس گیئر لگائیں اور تسلی کرلیں کہ راستہ صاف اور محفوظ ہے پھر لیفٹ کندھے پر سے مُڑ کر پچھلے ونڈو سے دیکھتے ہوئے آہستہ آہستہ پورے کنٹرول سے ریورس کرتے ہوئے سٹیئرنگ کو فُل لیفٹ لاک کریں اور دوسری کرب کے قریب گاڑی کو لے جائیں۔

جیسے ہی گاڑی پچھلی کرب کے نزدیک پہنچنے والی ہو تو رائیٹ کندھے پر سے مُڑ کر دیکھیں۔ اُسی وقت سٹیئرنگ کو تیزی سے رائیٹ کی طرف گھمانا شروع کر دیں اور کرب کے قریب پہنچتے ہی کلچ کو دبائیں اور فٹ بریک سے گاڑی روک لیں۔

گاڑی کے پہیئے رائیٹ کی طرف سیدھے ہونے چاہئیں تا کہ دوبارہ آگے جانے کیلئے تیار رہیں۔

گاڑی کو دوبارہ آگے لے کر جانا - فرسٹ گیئر لگالیں اگر ہینڈ بریک ضروری ہو تو لگائیں۔

تسلی کرلیں کہ روڈ صاف اور محفوظ ہے تو گاڑی کو آگے کی طرف چلائیں۔

روڈ تنگ ہو یا گاڑی موڑنے میں مشکل ہو تو ہو سکتا ہے آپ کو گاڑی کو دوبارہ ریورس کرنا پڑ جائے۔

گاڑی کو کیرج کے لیفٹ ہینڈ سائیڈ پر سیدھا کرلیں۔

مینوور کے دوران کوشش کریں کہ گاڑی کرب کے اوپر ہرگز نہ جائے۔

یاد رکھیں- مینوور کے دوران سب طرف دھیان رکھنا بہت ہی لازمی ہے۔

یوٹرن کرنا - یوٹرن کا مطلب ہے کہ گاڑی کو ریورس کئے بغیر واپس موڑ لینا ۔ یوٹرن کیلئے ایسی جگہ کا انتخاب کریں جہاں پر روڈ بہت چوڑا اور خالی ہو یا پھر بڑا راوٗنڈاباوٗٹ ہو۔

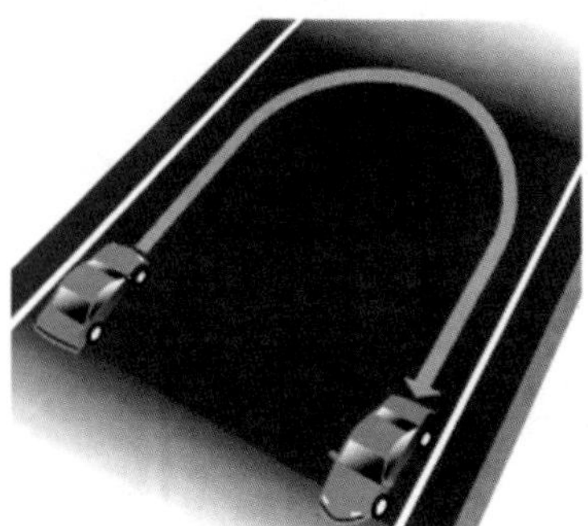

یوٹرن کرنا منع ہے

☆...... موٹروے پر

☆...... ون وے سٹریٹ میں

☆...... جہاں پر بھی روڈ سائین سے یوٹرن کرنا منع ہو۔

یوٹرن کرنے سے پہلے - ہمیشہ اپنے آپ سے پوچھیں

☆...... کیا یہ جگہ محفوظ ہے ؟

☆...... کیا یہ جگہ مناسب ہے ؟

☆...... کیا یہ جگہ قانونی لحاظ سے صحیح ہے ؟

☆...... کیا روڈ کافی چوڑا ہے ؟

اگر معمولی سا بھی شک ہو تو کبھی یوٹرن نہ کریں

مشاہدہ یا سب طرف خیال رکھنا- یوٹرن کرنے سے پہلے سب طرف اچھی طرح مشاہدہ کرنا یا خیال رکھنا بہت ہی اہم ہے۔ جب آپ بڑے راوٗنڈ آباوٗٹ کے علاوہ کسی اور جگہ پر یوٹرن کرتے ہیں تو یہ ایک بہت ہی خطرناک مینوور ہے کیونکہ آپ کو مخالف ٹریفک کا راستہ کراس کرنا پڑتا ہے۔

آپ کو یہ معلوم ہونا چاہئے کہ دوسرے ڈرائیور یہ نہیں جانتے کہ آپ اُن کے راستہ میں یوٹرن کریں گے۔

یوٹرن کرتے وقت گاڑی کو کبھی بھی کرب کے اوپر نہ جانے دیں۔

پارکنگ

جب بھی ممکن ہو گاڑی کو روڈ پر پارک نہ کریں بلکہ کسی کار پارک میں پارک کریں۔

اگر آپ کو روڈ پر پارک کرنی پڑے تو کسی محفوظ جگہ کا انتخاب کریں۔

اپنے آپ سے پوچھیں

☆...... کیا یہ جگہ محفوظ ہے ؟

☆...... کیا یہ جگہ مناسب ہے ؟

☆...... کیا یہ جگہ قانونی لحاظ سے صحیح ہے ؟

روڈسائینزاور روڈمارکنگز - روڈسائینزاور روڈمارکنگ سے پتہ چلتا ہے کہ کہاں پارکنگ کرنا منع ہے۔
جیسے کہ پیدل چلنے والے کراسنگ کے نزدیک ،سکول میں آنے جانے کا راستہ ،جنکشن کے نزدیک اوراس کے علاوہ دوسری جگہیں جہاں پر پارکنگ منع ہے۔
روڈسائینزاور روڈمارکنگ یہ بھی بتاتے ہیں کہ آیا پارکنگ پر کوئی پابندی ہے۔
☆......دن کے طے شدہ وقت میں ☆......پورے ہفتہ کے خاص دنوں میں۔
عام طور پر ہائی وے کوڈ میں تفصیل سے درج ہے۔ کہ کہاں پر گاڑی پارک نہیں کرنی چاہئے اور کہاں پر پارکنگ پر سختی سے پابندی لگائی گئی ہے۔
آپ کوپارکنگ کے اصولوں کا علم ہونا اور اُن کا سمجھنا ضروری ہے۔
جہاں پر آپ کوگاڑی کھڑی نہیں کرنی چاہئے کبھی بھی بہانا بنا کر وارننگ لائیٹ آن کر کے سٹاپ نہ کریں۔
کبھی بھی غلط ڈرائیوروں کی نقل نہ کریں اس سے آپ قانون کے دائرہ سے نکل یا بچ نہیں سکتے۔

روڈ پر پارک کرنا - روڈ پرپارک کرنے سے پہلے ایم ایس ایم روٹین اور سگنل کا استعمال ضرور کریں۔
جب بھی پارک کریں کوشش کریں کہ پہیوں کوکرب کے ساتھ رگڑ نہ آنے دیں۔ رگڑ آپ کے ٹائرز کو کمزور کر دیتی ہے اس سے ممکن ہے کہ کوئی خطرناک نتیجہ نکلے ۔
دوسری گاڑی کے بہت قریب بھی پارک نہ کریں اس سے آپ کواور دوسرے ڈرائیور کو باہر نکالنے میں مشکل پیش آئے گی۔
اگر کسی گاڑی پر "اورنج بیج" لگا ہو۔ توایسی گاڑی سے زیادہ وقفہ رکھناضروری ہے کیونکہ "معذور کی کرسی" کو مینوور کے یا لادنے کے معاملے میں زیادہ جگہ چاہئے۔
یہ ایک عام اصول ہے کہ گاڑی کو کرب کے ساتھ متوازی اور بالکل قریب پارک کریں۔
جب بھی گاڑی پارک کرلیں تو انجن اور لائٹس (فوگ لائٹس بھی) آف کردیں اس سے پہلے کہ آپ گاڑی کو چھوڑ کر جائیں یہ یقین کرلیں کہ ہینڈ بریک مضبوطی سے لگی ہوئی ہے ۔
تسلی کرلیں کہ آپ نے گاڑی اجازت والی پارکنگ میں پارک کی ہے۔ ورنہ یہ دوسروں کیلئے رکاوٹ بن سکتی ہے اپنی گاڑی کو ایسی جگہ نہ چھوڑیں جہاں پر ایمرجنسی گاڑیوں کیلئے گزرنا مشکل ہو جائے خاص کر رہائشی ایریا جہاں گاڑیاں اکثر روڈ کے دونوں سائیڈوں پر پارک ہوئی ہوتی ہیں۔
پریکٹس - صحیح پارکنگ کا ہنر سیکھنے کیلئے آپ کو بہت ساری پریکٹس کی ضرورت ہو گی۔

یاد رکھیں

☆......پارکنگ کیلئے بہت احتیاط کریں۔

☆......ہمیشہ مینوور کرتے وقت گاڑی بہت ہی آہستہ چلائیں۔

☆......جو جگہ "اورنج بیج ہولڈر" یعنی معذوروں کیلئے مقرر کی گئی ہے وہاں کبھی پارک نہ کریں۔

یکم اپریل 2000ء سے نئے بیج "اورنج" نہیں رہیں گے بلکہ "نیلے" ہو جائیں گے دونوں رنگوں کے بیج کچھ عرصہ استعمال میں رہیں گے۔

ریورس پارکنگ - گاڑی کو ریورس گیئر میں ایک محدود جگہ میں پارک کرنا چاہیئے۔

یاد رکھیں جب آپ یہ مینوور کر رہے ہوتے ہیں تو آپ دوسرے روڈ کو استعمال کرنے والوں کیلئے رکاوٹ بن سکتے ہیں۔

پوزیشن اور مشاہدہ - اس مینوور کو مکمل کرنے تک چاروں طرف اچھی طرح دیکھنا بہت ہی ضروری ہے۔

اگر آپ دوسرے روڈ کو استعمال کرنے والوں کیلئے خطرہ ثابت ہو رہے ہیں تو انتظار کریں یہ مینوور شروع نہ کریں۔

دوسرے ڈرائیوروں کو ہو سکتا ہے آپ کے ارادہ کا علم نہ ہو۔

اسلئے یاد رکھیں کہ پہلے ایم ایس ایم روٹین کا استعمال کریں اور پھر اس جگہ گاڑی کھڑی کریں جو پارک کرنے کیلئے انتخاب کی ہے۔

گاڑی کی پوزیشن -اپنی گاڑی کو اگلی پارک گاڑی کے ساتھ ضرورت کے مطابق قریب اور متوازی سٹاپ کریں۔ آپ کی گاڑی پارک گاڑی کے برابر یا معمولی سی آگے ہونی چاہیئے اس کا دارومدار خالی جگہ کا سائیز اور گاڑی کی لمبائی پر ہوگا۔

گاڑی کو گیپ میں لے جانا - اگر ضروری ہو تو ہینڈ بریک لگائیں۔ فٹ بریک کو دبا کر بریک لائیٹ آن کریں ۔ریورس گیئر لگائیں تاکہ ریورس لائیٹ سے روڈ کو استعمال کرنے والے دوسروں کو آپ کے ارادے کا علم ہو جائے۔

چاروں طرف چیک کریں۔ کلچ کو بائٹنگ پوئنٹ تک لے آئیں۔ اگر ابھی تک محفوظ ہے تو ہینڈ بریک اگر لگی ہوئی ہے تو آف کر دیں اور کلچ پیڈل کو صرف اتنا اوپر کریں کہ گاڑی حرکت کرنا شروع کر دے۔

کلچ کو ایک ہی پوزیشن پر رکھیں یا معمولی سا بائٹنگ پوئنٹ سے اوپر کریں۔ اور سیدھا ایک لائین میں گاڑی کو اتنا ریورس کریں کہ پارک گاڑی کا رائیٹ سائیڈ کا آخری کونا آپ کی گاڑی کے پچھلے لیفٹ کے سائیڈ ونڈو کے کونے میں دکھائی دے اب لیفٹ کی طرف سٹئیرنگ کو فُل لاک کر دیں لیکن پارک گاڑی کے کورنر پر دھیان دیں۔

جیسے ہی خالی جگہ میں ریورس کرنا شروع کریں تو چاروں طرف دیکھنا نہ بھولیں۔ گاڑی کا اگلا حصہ باہر کی طرف

نکلنا شروع ہو جاتا ہے اور آنے جانے والی ٹریفک کے راستہ میں ہو سکتا ہے رکاوٹ بن جائے۔ اسلیئے ایسی حالت میں سب طرف دیکھ لیں اگر ذرا بھی شک ہو تو انتظار کر لیں۔

محفوظ ہونے پر گاڑی کو آہستہ آہستہ پیچھے جانے دیں اتنا کہ آپ کی گاڑی کی پچھلی رائیٹ ہینڈ سائیڈ پچھلی گاڑی کی نیر سائیڈ کے ہیڈ لیمپ کے ساتھ لائین بنالے اس خالی جگہ میں جس میں آپ داخل ہو رہے ہیں۔

گیپ کے اندر گاڑی کو سیدھا کرنا سٹئیرنگ کو لیفٹ گھما کر لیفٹ لاک آف کریں اور اپنی گاڑی کی پوزیشن پر دھیان رکھیں ایسے حالات میں خطرہ ہوتا ہے کہ آپ کی گاڑی فرنٹ گاڑی کے پچھلے رائیٹ ہینڈ سائیڈ کے کونے سے ٹکرا نہ جائے۔ جب آپ کو تسلی ہو جاتی ہے کہ آپ کی گاڑی فرنٹ گاڑی سے ہٹ گئی ہے تو ضرورت کے مطابق سٹئیرنگ تیزی سے رائیٹ لاک کر دیں اور گاڑی کو نیر سائیڈ کرب کے ساتھ ضرورت کے مطابق متوازی کر دیں۔ رائیٹ لاک آف کر کے اپنی گاڑی کی پوزیشن صحیح کر لیں۔

یاد رکھیں -اس مینوور کو مکمل کرتے ہوئے دوسرے سڑک استعمال کرنے والوں کا خیال رکھیں۔ خصوصاً

☆......پیدل چلنے والوں کا۔ ☆......سامنے سے آنے والی گاڑیوں کا۔ ☆......پاس سے گزرتی ہوئی ٹریفک کا۔

دفاعی (یا بچاؤ کی) ڈرائیونگ - دوسرے روڈ استعمال کرنے والے شائیڈ آپ کا ارادہ نہ سمجھ سکیں۔ اُن کی مدد کیلیئے ریورس لائیٹ آن کریں۔

اگر کوئی اور گاڑی پیچھے بہت نزدیک کھڑی کر دے تو آپ اپنی گاڑی کو کسی اور جگہ لے جا کر پارک کریں۔

نوٹ - جب پارکنگ کی پریکٹس کریں تو شروع شروع میں صرف ایک گاڑی کے پیچھے پارک کریں اور اس کی بار بار مشق کریں۔ جب اس ہنر میں ماہر ہو جائیں تو پھر آپ دو گاڑیوں کے درمیان پارک کر سکیں گے۔

دو گاڑیوں کے درمیان پارک کرنے کیلیئے اپنی گاڑی کی لمبائی سے کم از کم ڈیڑھ گاڑی جتنا وقفہ لازمی ہونا چاہیئے

چڑھائی پر گاڑی پارک کرنا - اگر آپ گاڑی چڑھائی پر پارک کریں تو مندرجہ ذیل باتوں پر عمل کریں۔

گاڑی کو چڑھائی کی طرف سیدھی کھڑی کرنا

☆......اگر کرب ہے۔ تو جتنا بھی ہو سکے کرب کے نزدیک پارک کریں۔

☆......گاڑی کا سٹئیرنگ ویل رائیٹ کی طرف گھما دیں۔ اگر گاڑی پیچھے کی طرف رول ہوتی ہے تو اگلے پہیئے کرب سے سٹاپ ہو جائیں گے۔

☆......اگر کرب نہیں ہے تو گاڑی کا سٹئیرنگ ویل لیفٹ کی طرف گھما دیں۔اگر گاڑی پچھلی طرف رول ہو تو یہ رول ہو کر روڈ کراس نہیں کرے گی۔

☆......گاڑی فرسٹ گئیر میں کھڑی کریں اور ہینڈ بریک مضبوطی سے لگائیں۔

گاڑی کو ڈھلوان پر پارک کرنا

☆......گاڑی کا سٹئیرنگ ویل لیفٹ کی طرف گھما دیں۔ تاکہ کرب گاڑی کو مزید آگے حرکت کرنے پر سٹاپ کر لے۔

☆......گاڑی ریورس گئیر میں کھڑی کریں اور ہیند بریک مضبوطی سے لگائیں۔

گاڑیوں کے درمیان وقفہ چھوڑنا - ہموار روڈ کی نسبت پہاڑی پر پارک کرنا زیادہ مشکل ہے اور جگہ بھی زیادہ چاہیئے۔ زیادہ گیپ رکھنا پڑتا ہے تاکہ مینوورنگ کیلیئے بھی فالتو جگہ مل سکے ۔

زیادہ وقفہ رکھنے سے دونوں کو یعنی آپ کو اور دوسروں کو بھی فائدہ ہو گا۔

ایٹومیٹک گاڑی اونچے یا نیچے روڈ پر پارک کرنا

پی (پارک) پر ایڈجسٹ کرنے سے پہلے اس بات کی تسلی کر لیں کہ گاڑی مکمل کھڑی ہو گئی ہے اور ہینڈ بریک مضبوطی سے لگ گئی ہے۔

اگر آپ کی گاڑی میں پی (پارک) کی سہولت نہیں ہے تو

☆......فرنٹ پہیئے کرب کی طرف پھیر دیں۔

☆......اچھی طرح یقین کرلیں کہ ہینڈ بریک مضبوطی سے لگ گئی ہے۔

کار پارکز - تیر کی مارکنگ اور سائینز آپ کو بتاتے ہیں کہ کونسی لین کار پارک کے اندر لے جائے گی۔

ہمیشہ بتائی گئی معلومات کے مطابق عمل کریں کبھی چلتی ہوئی ٹریفک کے برعکس ڈرائیو نہ کریں۔

بلڈنگ کے اندر پارک کرنا ۔گاڑی کی ڈپڈ ہیڈ لائٹس مثلاً کئی منزلہ، انڈر گراؤنڈ یا اور کوئی اندرونی کار پارکز میں آن رکھیں۔ لائیٹس سے دوسرے ڈرائیور اور پیدل چلنے والے آپ کو دیکھ سکیں گے۔

پارکنگ - اگر پارک گاڑیوں کی قطار کے آخر میں کوئی جگہ نہ ہو تو آپ کو اپنی گاڑی دو گاڑیوں کے درمیان پارک کرنی ہو گی ایسی حالت میں یہ چیک کریں کہ

☆......دو گاڑیوں کے درمیان آپ کی گاڑی کیلئے کافی جگہ ہے۔

☆......اتنی جگہ ہے کہ گاڑیوں کے دروازے حفاظت سے کھُل سکیں۔

چاہے آپ آگے کررہے ہیں یا ریورس کر رہے ہیں گاڑی کو بہت ہی آہستہ حرکت دیں اس سے سٹئیرنگ زیادہ سے زیادہ گھمایا جاسکتاہے اور غلطی کو بھی ساتھ ساتھ ٹھیک کرسکتے ہیں۔

جب تک کہ دوسری گاڑیاں خراب پارک نہ ہوں آپ اپنی پوری کوشش کریں کہ گاڑی کو ریورس کرکے پارکنگ جگہ میں لے جائیں۔ جب آپ گاڑی ڈرائیو کر کے باہر نکالیں گے تو آپ کو سب صاف نظر آئے گا خاص کرجب رات کے وقت پچھلی سیٹوں پر سواریاں بیٹھی ہوں۔

مارکڈ جگہ میں صحیح پارک کرنا -ہمیشہ کوشش کریں کہ مارکڈ جگہ کے درمیان پارک کریں ورنہ آپ کے ساتھ والی کار کو ہوسکتاہے مجبوراً سکڑ (squeeze) کر کھڑی کرناپڑے یا پھر ہوسکتاہے دروازہ کھولنے کیلئے بھی جگہ نہ رہے۔

سیدھی پارکنگ - کئی کارپارک اس طرح بنائے گئے ہیں کہ گاڑی کو سیدھی ہی پارک کرنی پڑتی ہے تاکہ شوپنگ کا سامان رکھنے میں آسانی ہو۔ مگر گاڑی کو نکالنے کیلئے ریورس کرتے وقت بہت دھیان اور احتیاط کی ضرورت ہوتی ہے۔ کیونکہ ہوسکتاہے کہ پیدل چلنے والے یا گاڑیاں پیچھے سے گزر رہی ہوں۔

ہوسکتاہے آپ کو ڈرائیو کر کے باہر نکلنے میں اور بھی مشکل پیش آئے کیونکہ جب آپ جانے کیلئے ریورس کرتے ہیں تو ممکن ہے کہ آپ کی گاڑی کے پہیئے غلط اینگل پر مُڑے ہوں۔

اگر آپ کے پاس اتنی جگہ نہیں ہے کہ آپ ایک ہی بار سیدھی گاڑی اندر لے جائیں۔ تو تھوڑی سی نوک اندر کر کے خالی جگہ میں لے جائیں اور گاڑی پیچھے کر کے دوبارہ آگے لے جا کر پارک کر دیں۔

یاد رکھیں

☆......کارپارک کے اندر داخل ہونے سے پہلے شیشوں اور سگنل کو استعمال کریں ۔

☆......ٹریفک سائین روڈ مارکنگ اور رہنمائی کیلئے جو اور نشانات لگائے گئے ہیں اُن کے مطابق پارکنگ کیلئے صحیح جگہ کا انتخاب کریں۔

☆......شیشوں کا استعمال کریں اور اگر ضروری سمجھیں تو دوبارہ سگنل دے دیں۔

☆......گاڑی کی پوزیشن چیک کریں سپیڈ بہت کم رکھیں اور پیدل چلنے والوں پر دھیان دیں۔

☆......اس بات کی تسلی کرلیں کہ آپ کی گاڑی لائینوں کے درمیان بالکل صحیح اور ایک ہی گاڑی کی جگہ میں پارک ہوئی ہے۔

سیکشن 10 دفاعی (یا بچاؤ کی) ڈرائیونگ

آج کل روڈ نہ صرف پہلے کی نسبت بہت ہی مصروف ہیں بلکے روز بروز اس سے بھی زیادہ مصروف ہوتے جا رہے ہیں۔

بعض دفعہ زیادہ ٹریفک کے علاوہ ڈرائیور کو بھی دوسروں کے اَن دیکھے ، غیر منطقی ، جارحانہ اور خطرناک ڈرئیونگ رویّہ کا سامنا کرنا پڑتا ہے۔

ایسا رویّہ آج کل کے روڈ کے حالات کو در حقیقت خاصا مخالفانہ بنا دیتا ہے۔ جس سے حادثات کے تناسب میں بڑا اضافہ ہو جاتا ہے۔ ایسے حالات میں ڈرائیوروں کو دفاعی یا بچاؤ کا طریقہِ کار سیکھنا اور اختیار کرنا چاہیئے۔ اس طریقہ کو دفاعی (یا بچاؤ کی) ڈرائیونگ کہتے ہیں۔

موجودہ وقت میں ٹریفک کنڈیشن ایسی ہے کہ ڈرائیور کی کسی بھی غلطی سے جو بھی ایکسیڈینٹ ہوتا ہے بہت ہی بُرا اور زیادہ نقصان دہ ثابت ہوتا ہے۔ ایکسیڈینٹ سے بچنے کیلیۓ ڈرائیور کو زیادہ احتیاط اور بچاؤ کے طریقے سیکھنے کی ضرورت ہے۔ اس کو" دفاعی یا بچاؤ کی ڈرائیونگ" "کہا جاتا ہے۔

اس سیکشن میں مندرجہ ذیل موضوعات ہیں۔

- ☆...... محفوظ ڈرائیونگ
- ☆...... مشاہدہ
- ☆...... اشارے
- ☆...... خطرے (یا رکاوٹیں)
- ☆...... روشنی اور موسم کی کنڈیشن
- ☆...... دوسرے روڈ کو استعمال کرنے والے

دفاعی (یا بچاؤ کی) ڈرائیونگ

محفوظ ڈرائیونگ کا سب دارومدار پورا دھیان رکھنے فوری عمل کیلئے تیار رہنے گاڑی پر پورا کنٹرول رکھنے اور دوسرے روڈ کو استعمال کرنے والوں کے اچانک عمل سے فوری ردِعمل کا ماہر ہونے اور پہلے سے اپنے آپ کو تیار رکھنے پر ہے تاکہ کبھی کسی خطرے سے حیرانی اور پریشانی سے دوچار نہ ہونا پڑے۔

محفوظ ڈرائیونگ میں شامل ہے

☆...... باخبر رہنا

☆...... منصوبہ بندی کرنا

☆...... فوری عمل کرنا

☆...... کنٹرول میں رہنا

اور ڈرائیونگ کرتے وقت مندرجہ ذیل کو مدِ نظر رکھنا

☆...... پوری ذمہ داری

☆...... احتیاط

☆...... پوری توجہ اور خوش اخلاقی۔

اوپر دی گئی تمام باتوں سے صرف یہ ہی مطلب نہیں کہ آپ اپنا کتنا خیال رکھتے ہیں بلکہ آپ کو چاہئے کہ روڈ کو استعمال کرنے والے دوسرے لوگوں کا بھی خیال رکھیں جن میں تمام پیدل چلنے والے اور دوسرے ہر قسم کے سوار بھی شامل ہیں۔ دوسرے لوگوں کے بارے میں یہ خیال کرنا چاہئے کہ وہ غلطیاں کرتے ہیں۔ اسلئے آپ گاڑی کو آہستہ کرنے اور رُکنے کیلئے ہر وقت تیار رہیں بے شک آپکے خیال میں آپ ہی کی باری ہے یا آپ ہی کا حق پہلے ہے۔

کبھی بھی روڈ کو استعمال کرنے والے اوروں پر یہ یقین نہ کرلیں کہ وہ بالکل صحیح کر رہے ہیں۔

اپنی حفاظت- آپ کی حفاظت آپ کے اپنے اختیار میں ہے۔ جتنا گاڑی کا کنٹرول اور روڈ پوزیشن صحیح ہو گی اتنا ہی آپ محفوظ رہیں گے۔

ایک اچھی مثال- آپ کی ڈرائیونگ دوسرے روڈ کو استعمال کرنے والوں کیلئے ہمیشہ ایک اچھی مثال ہونی چاہئے۔ آپ کو شائید کبھی معلوم نہ ہو کہ کب آپ کی اچھی مثال دوسرے ڈرائیور پر کتنا اثر کرسکتی ہے خاص کر گاڑی سیکھنے والے یا نئے ڈرائیور پر جن کے پاس ابھی خاصا تجربہ نہیں ہے۔

آپ کی اچھی مثال مستقبل میں ہوسکتا ہے کئی زندگیاں بچا دے۔

جھگڑے فساد میں کمی - محفوظ ڈرائیونگ سے آپ صبر و تحمل اور فوری عمل کا اظہار کریں گے تو اس سے یہ فائدہ ہوگا کہ کئی قسم کے واقعات میں کمی ہو جائے گی جیسے کہ

☆...... کھلی دشمنی ☆......غلط کلامی ☆......دھمکیاں ☆......دنگا فساد

باز رہنا -ایسی ڈرائیونگ

☆......جو دوسرے ڈرائیوروں کو غصّہ دلائے

☆......دوسروں کو بدلہ لینے پر مجبور کر دے

☆...... خطرناک حالات پیدا کر دے۔

ڈرائیونگ میں مقابلہ یا ہار جیت - ہار جیت کا مقابلہ کرنے کیلئے کبھی بھی ڈرائیونگ نہ کریں۔

مقابلہ بازی کی ڈرائیونگ محفوظ ڈرائیونگ کے بالکل بر عکس ہے۔ اس سے سب روڈ کے استعمال کرنے والوں کیلئے خطرات بڑھ جاتے ہیں اور بہت ہی خطر ناک ایکسیڈینٹ ہو سکتے ہیں۔

مشاہدہ

جب آپ شیشوں میں دیکھتے ہیں تو صرف دیکھنا ہی کافی نہیں۔ بلکہ اُس کے مطابق صحیح عمل کرنا بھی لازمی ہے۔ شیشوں میں دیکھ کر ذہنی طور پر آپ اُن کی اِن چیزوں کا بھی خیال رکھیں

☆...... سپیڈ ☆......رویّہ ☆...... ممکن ارادے

اگر آپ مکمل دھیان نہیں دے رہے تو آپ کو ٹریفک کے حالات کا مکمل اندازہ بھی نہیں ہو سکتا۔

جنکشن پر اگر آپ کو کسی رکاوٹ یعنی پارک گاڑیوں کی وجہ سے پوری طرح نظر نہیں آ رہا تو اس کا یہ مطلب نہیں کہ آپ یونہی صرف سرسری نظر ڈالتے جائیں اور روڈ میں داخل ہو جائیں بلکہ گاڑی کو معمولی سا اور آگے کر کے ایسی پوزیشن پر لائیں جہاں سے ضرورت کے مطابق دیکھ سکیں اور گزرنے والی ٹریفک کے آگے رکاوٹ بھی نہ بنیں ۔ جب آپ ایسی جگہ پر پہنچ

جاتے ہیں تومندرجہ ذیل روٹین یا طریقہِ کار اختیار کریں۔

☆......دیکھیں

☆......اندازہ لگائیں

☆......کُچھ کرنے سے پہلے فیصلہ کریں

☆......عمل کریں

اوپر جو کُچھ بھی بیان کیا گیا ہے اس سب کا مطلب پُر اثر مشاہدہ ہے۔

مشاہدہ کرنا کہ آگے کیا ہے۔ ایک تجربہ کار ڈرائیور ہمیشہ آگے کے واقعات پر غور کرتا ہے سمجھتا ہے اور انجام کے بارے میں سوچتا ہے ۔

عمل کریں -ہمیشہ گاڑی ایسی سپیڈ سے چلائیں کہ جس پر رکنے کیلیئے آپ اپنی صاف نظر آنے والی جگہ کے اندر ہی حفاظت سے روک سکیں۔

ایک اچھا ڈرائیور ہمیشہ دُور تک روڈ کا مکمل جائزہ لیتا رہتا ہے اور بار بار شیشوں میں بھی دھیان دیتا رہتا ہے اور پیچھے کے حالات سے بھی باخبر رہتا ہے۔

نہ کریں -اپنی نظر سے آگے کی رفتار سے گاڑی چلانا۔

جہاں تک دکھائی دے صرف اُتنا ہی نہیں سوچنا چاہئے۔ بلکہ اُس حد کے بعد کا بھی خیال کرنا ضروری ہے۔

موڑ پر پہنچنا - اپنے آپ سے پوچھیں

☆......کیا میں سب کُچھ دیکھ سکتی / سکتا ہوں ؟

☆......موڑ کیسا ہے ؟

☆......کیا میری پوزیشن صحیح ہے ؟

☆......کیا میری گاڑی کی سپیڈ صحیح ہے؟

☆......آگے کیا کُچھ ممکن ہے ؟

☆......اگر روکنے کی ضرورت پڑی تو کیا میں گاڑی کو روک سکتی / سکتا ہوں ؟

جنکشن پر پہنچنا - اپنے آپ سے پوچھیں۔

☆......کیا میں نے جنکشن کو مکمل دیکھ لیا ہے ؟

☆......کیا دوسرے ڈرائیور مجھے دیکھ سکتے ہیں ؟

☆......کیا یقیناً دوسروں نے مجھے دیکھ لیا ہے ؟

☆......اگر دوسروں نے مجھے نہیں دیکھا تو کیا میرے پاس بچنے کا کوئی راستہ ہے ؟

جنکشن پر زون آف ویژن - زون آف ویژن سے مراد ہے کہ آپ اپنی گاڑی کے سامنے سے اور سائیڈوں سے کتنا اور کہاں تک دیکھ سکتے ہیں ۔ جیسے جیسے آپ جنکشن کے نزدیک پہنچتے ہیں تو اگلے روڈ پر آپ کا زون آف ویژن عام طور پر بہتر ہوتا جاتا ہے۔

بعض اوقات جنکشن کے بہت ہی قریب پہنچنے پر اگلا روڈ ضرورت کے مطابق دکھائی دیتا ہے اور اگر محفوظ ہو تو پھر آپ روڈ میں داخل ہو سکتے ہیں ۔ جنکشن کے قریب آخری چند فٹ بہت ہی اہم ہوتے ہیں۔

بعض اوقات پارک گاڑیوں کی وجہ سے آپ کو دیکھنے میں مشکل پیش آتی ہے اور آپ کو صحیح جگہ رکنے پر بھی مکمل دکھائی نہیں دیتا اس سے پہلے کہ روڈ میں داخل ہوں آپ کو مکمل دیکھنے کیلئے ذرا سا آگے بڑھنا پڑتا ہے ۔ ایسی جگہ جہاں سے آپ کو مکمل دکھائی دے سکے۔

☆......روڈ میں داخل ہونے سے پہلے سب طرف اچھی طرح دیکھ لیں۔

☆...... جیسے ہی آپ دوسرے روڈ میں داخل ہوں سب طرف دھیان دیتے رہیں۔

☆......رکنے کیلئے بھی تیار رہیں۔

☆...... تمام معلومات پر غور کریں اور پارک گاڑیوں کے وِنڈو میں سے بھی دیکھیں۔

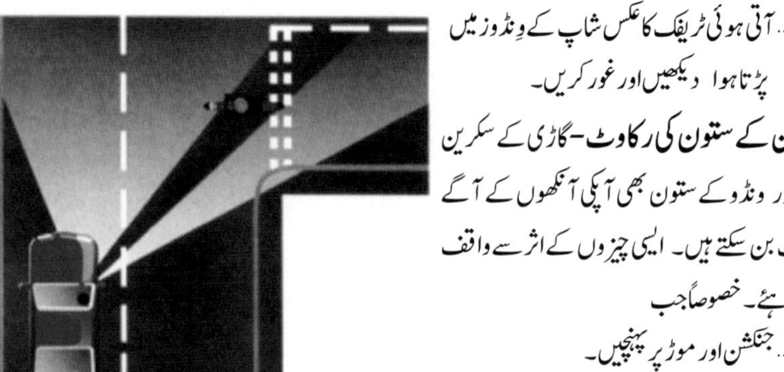

☆...... آتی ہوئی ٹریفک کا عکس شاپ کے وِنڈوز میں پڑتا ہوا دیکھیں اور غور کریں۔

سکرین کے ستون کی رکاوٹ-گاڑی کے سکرین کے اور ونڈو کے ستون بھی آپکی آنکھوں کے آگے رکاوٹ بن سکتے ہیں۔ ایسی چیزوں کے اثر سے واقف ہونا چاہئے۔ خصوصاً جب

☆...... جنکشن اور موڑ پر پہنچیں۔

☆...... جنکشن سے روڈ میں داخل ہوں۔

روڈ کو استعمال کرنے والے دوسرے لوگ - جب آپ جنکشن سے دوسرے روڈ میں شامل ہوتے ہیں تو بعض اوقات کئی روڈ استعمال کرنے والے دکھائی نہیں دیتے خاص کر مندرجہ ذیل کو زیادہ خطرہ ہوتا ہے ۔

☆...... **پیدل چلنے والے**-پیدل چلنے والے جنکشن پر بار بار کراس کرتے ہیں تو اکثر گزرنے والی ٹریفک کی سپیڈ اور فاصلہ کا اندازہ لگانا اُن کیلئے مشکل ہوتا ہے۔

☆...... **سائیکل سوار**-سائیکل سواروں کا نظر آنا مشکل ہوسکتا ہے کیونکہ وہ درختوں یا کسی اور چیز کے پیچھے آسانی سے اوجھل ہو جاتے ہیں۔ خاص کر جب وہ روڈ کی سائیڈ کے بہت نزدیک آ رہے ہوتے ہیں تو ہوسکتا ہے وہ آپ کی سمجھ سے زیادہ تیز آ رہے ہوں۔

☆...... **موٹر سائیکل سوار** - موٹر سائیکل چلانے والے بھی گاڑیوں کی نسبت مشکل سے دکھائی دیتے ہیں اسلئے

-ایک دفعہ سوچیں **-دوسری دفعہ سوچیں** **-بائیک کے بارے میں سوچیں۔**

جب پورا یقین ہو کہ جانا محفوظ ہے تب جائیں۔

یاد رکھیں - کبھی بھی ایک جھلک دیکھنے سے پورا یقین نہ کرلیں۔بلکہ تمام حالات کا اچھی طرح جائزہ لیں۔
اگر دوسری گاڑی یا پیدل چلنے والے آپ کی نظر سے اوجھل ہیں تو اسی طرح آپ بھی اُن کی نظر سے اوجھل ہیں دوسرے روڈ کو استعمال کرنے والوں سے نظریں ملانے سے یہ بھی یقین ہو جاتا ہے کہ اُنہوں نے آپ کو دیکھ لیا ہے۔

پیچھے کی ٹریفک پر غور (مشاہدہ) کرنا - آپ کیلئے جتنا آگے کی ٹریفک کا جاننا ضروری ہے۔ اتنا ہی پیچھے کی ٹریفک کا جاننا بھی ضروری ہے۔

ہمیشہ گاڑی کو حرکت دینے۔ ڈائریکشن میں یا سپیڈ میں تبدیلی کرنے سے پہلے یہ جاننا ضروری ہے کہ آپ کے کسی بھی عمل سے روڈ استعمال کرنے والے دوسروں پر کیا اثر پڑے گا۔

آپ کو اس بات سے بھی باخبر ہونا چاہئے کہ کوئی اور آپ کو اوورٹیک کرنا تو نہیں چاہتا۔

شیشوں کا استعمال - شیشوں کے صحیح اور باقاعدہ استعمال سے یہ فائدہ ہوتا ہے آپ کو ہر وقت آگے کی طرح پیچھے کے بارے میں بھی پتہ چلتا رہتا ہے کہ آپ کے پیچھے کیا ہو رہا ہے۔ شیشے صاف اور صحیح ایڈجسٹ کرنا بھی بہت لازمی ہے تاکہ آپ کو ہر چیز صاف دکھائی دے۔

شیشوں کا استعمال کب کرنا چاہئے۔

سگنل دینے کے ارادہ یا اور کسی مینوور سے پہلے۔ مثلاً

☆......حرکت کرنے سے پہلے

☆......ڈائریکشن میں تبدیلی سے پہلے

☆......رائیٹ یا لیفٹ مُڑنے سے پہلے

☆......اوورٹیک کرنے سے پہلے

☆......لینز تبدیل کرنے سے پہلے

☆......آہستہ ہونے یا سٹاپ ہونے سے پہلے

☆......گاڑی کا دروازہ کھولنے سے پہلے

سائیڈ پر فوراً سرسری نظر ڈالنا - بعض اوقات سائیڈ پر سرسری نظر ڈالنا بھی بہت مفید ثابت ہوتا ہے۔
مثال کے طور پر پوشیدہ ایریا کو چیک کرنا

☆......موٹروے یا ڈیول کیرج وے پر لینز تبدیل کرنے سے پہلے

☆......جس جگہ بھی ٹریفک لیفٹ یا رائیٹ سے شامل ہو رہی ہو۔

چاروں طرف دیکھنا - گاڑی کو حرکت دینے سے پہلے آپ کو پوشیدہ ایریا میں مُڑ کر دیکھنا چاہئے۔
مگر حرکت ہوتے ہوئے مُڑ کر دیکھنا خطرناک ثابت ہو سکتا ہے۔ خاص کر جب تیز سپیڈ میں گاڑی چلا رہے ہوں جس وقت آپ مُڑ کر دیکھیں گے تو اُس وقت آگے کا پتہ نہ چلے گا کہ کیا ہو رہا ہے۔
یاد رکھیں کہ جب گاڑی 70 میل فی گھنٹہ سے چل رہی ہو تو 30 میٹر (100 فٹ) کا فاصلہ ایک سیکنڈ میں طے کرتی ہے اور مُڑ کر دیکھنے میں بیشک صرف آدھا سیکنڈ ہی لگا ہو تو بھی اُس آدھے سیکنڈ میں 15 میٹر فاصلہ طے کرے گی تو اُس دوران آگے کچھ بھی ہو سکتا ہے۔

صرف دیکھنا ہی کافی نہیں - جو کچھ دیکھیں اس پر سُوجھ بُوجھ سے عمل کریں اور پچھلی ٹریفک کی سپیڈ، رویّہ اور اُن کے ممکن ارادے پر دھیان رکھیں۔

دوسرے ڈرائیور کا پوشیدہ ایریا - ڈرائیونگ کے دوران کسی دوسرے ڈرائیور کے پوشیدہ ایریا میں ضرورت سے زیادہ نہ رہیں۔

ٹریفک لائیٹ میں سبز لائیٹ پر پہنچنا - اپنے آپ سے پوچھیں کہ

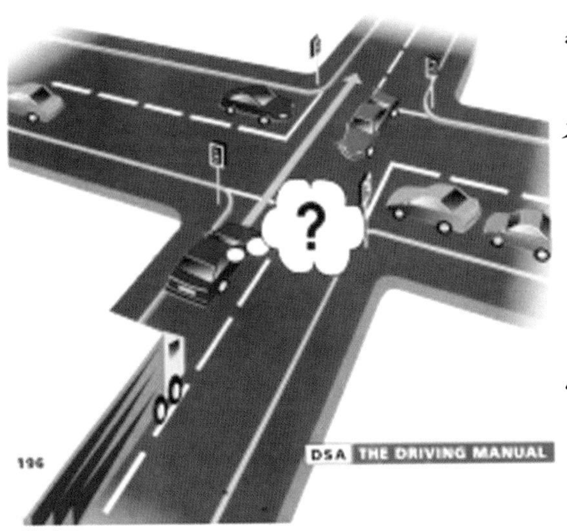

☆......سبز لائیٹ کو ہوئے کتنی دیر ہوچکی ہے ؟

☆......کیا جنکشن پر کسی بھی سائیڈ پر بہت سی گاڑیاں پہلے سے انتظار کر رہی ہیں (اگر لمبی قطار ہے تو یقیناً لائیٹ تبدیل ہونے کو ہے)

☆......کیا میرے پاس سٹاپ ہونے کیلئے وقت ہے ؟

☆......کیا میرے پیچھے والی گاڑی رُک سکتی ہے ؟

اگر پیچھے ایک سامان والی لمبی لاری ہے تو ہو سکتا ہے اُس کو رکنے کیلئے زیادہ فاصلہ کی ضرورت ہو۔

کبھی نہ کریں

☆......گاڑی کو بہت تیز کر کے ٹریفک لائیٹ کو مات دینے کی کوشش کرنا۔

☆......تیز جاتے رہنا اور آخری لمحہ جلد بریک کا استعمال کرنا۔

یادرکھیں کہ سخت بریک کے استعمال سے گاڑی سکڈ ہو سکتی ہے۔

یاد رکھیں - ہوسکتا ہے کہ دوسرے ڈرائیور سرخ اور پیلی لائیٹ پر ہی تیز نکلنے کی کوشش کریں اسلئے آپ کیلئے بھی ضروری ہے کہ سبز لائیٹ کو دیکھیں تو زیادہ سپیڈ کر کے ریس نہ لگائیں۔ کیونکہ دونوں طرف سے ٹریفک کا عمل بعض اوقات اکٹھا ہو جاتا ہے اور لائیٹ کے تبدیل ہونے پر اکثر ایکسیڈینٹ ہوتے ہیں اسلئے اِن سے بچیں۔

ٹریفک سگنلز خراب ہونا-جب بھی ٹریفک سگنل خراب ہو جائے تو ایسے حالات میں وہی طریقہ اختیار کریں جو بغیر مارکنگ اور سائین والے جنکشن پر کیا جاتا ہے اور بہت احتیاط سے آگے بڑھیں۔

سگنل دینا -سگنل کا مطلب یہ ہوتا ہے کہ دوسرے ڈرائیوروں کو اپنے ارادہ سے آگاہ کرنا یا اُن کی مدد کرنا۔

روڈ استعمال کرنے والے اور لوگ

☆...... آنے جانے والے ڈرائیورز

☆...... موٹر سائیکل

☆...... سائیکل سوار

☆...... پیدل چلنے والے

☆...... کراسنگ سپر وائیزر

☆...... ٹریفک کی رہنمائی کرنے والی پولیس

☆...... گھوڑا سوار

سگنل کا صحیح اور وقت پر استعمال

سگنلز کا صحیح اور وقت پر استعمال کریں جیسے کہ ہائی وے کوڈ میں تفصیل سے بتایا گیا ہے۔

ڈائریکشن انڈیکیٹر سگنلز - روڈ کو استعمال کرنے والے دوسروں کو اپنے ارادہ سے باخبر کر کے مدد کریں۔

☆......وقت پر سگنل دیں تاکہ دوسروں کے پاس اتنا وقت ہو کہ آپ کا سگنل دیکھ کر وقت پر ردِ عمل کر لیں۔

☆......جس طرف بھی جانے کا ارادہ ہو اُس کے مطابق صحیح اور وقت پر پوزیشن بنا لیں۔

متضاد سگنلز یا سگنل سے غلط فہمی ہونا - لیفٹ انڈیکیٹر سے یہ مطلب ہوتا ہے کہ ''میں لیفٹ مُڑنا چاہتی / چاہتا ہوں'' یا ''لیفٹ رُکنا چاہتی / چاہتا ہوں'

اگر آپ کسی لیفٹ جنکشن کے فوراً بعد رکنا چاہتے ہیں تو جنکشن سے پہلے کبھی سگنل نہ دیں کیونکہ جو ڈرائیور جنکشن پر نکلنے کیلئے موقع کی تلاش میں ہیں ہو سکتا ہے وہ یہ سمجھیں کہ آپ لیفٹ مُڑنا چاہتے ہیں اور غلط فہمی کی وجہ سے آپ کے راستہ میں آجائیں۔

Is it turning left?

☆......جب تک جنکشن سے گزر نہ جائیں انتظار کریں اُس کے بعد سگنل دیں کہ آپ سٹاپ ہونا چاہتے ہیں۔

☆......فٹ بریک کو آرام سے استعمال کر کے

گاڑی کی سپیڈ کو کم کریں بریک لائیٹس پچھلے ڈرائیوروں کو آگاہ کر دیتی ہیں۔

اگر آپ کسی جنکشن پر نکلنے کا انتظار کر رہے ہیں اور کسی دوسری گاڑی کا مُڑنے کے ارادہ سے لیفٹ انڈیکیٹر آن ہے۔اس سے پہلے کہ آپ نکلنا شروع کریں۔ اُس کا انتظار کر لیں کہ وہ صحیح لیفٹ مُڑ رہی ہے۔ ورنہ آپ اُس کے راستہ میں آکر ایکسیڈینٹ کر سکتے ہیں۔

یاد رکھیں کہ راؤنڈاباؤٹ پر ٹریفک کی کئی لینز ہوتی ہیں اور گاڑیاں اپنی سپیڈ اور ڈائریکشن کو تبدیل کرتی ہیں اس لئے بہت ہی ضروری ہے کہ آپ کوئی بھی سگنل صحیح اور وقت دیں۔

وارننگ سگنلز

ہیڈ لائیٹ کو فلیش کرنا- اپنی موجودگی سے آگاہ کرنے کیلئے ہارن دینے کی بجائے لائیٹ کو فلش کریں۔دونوں کا مطلب ایک ہی ہے۔

کبھی کسی کو آگے جانے کا کہنے کے لئے یا لیفٹ مُڑنے کے کہنے کیلئے لائیٹ کو فلیش نہ کریں۔

اگر آپ کو کوئی لائیٹ فلیش کرتا ہے تو کُچھ کرنے سے پہلے تسلی کر لیں کہ

☆...... کیا آپ کو سمجھ آ گیا ہے کہ دوسرے ڈرائیوروں کا فلیش لائیٹس سے کیا مطلب ہے۔

☆...... کیا آپ کو یقین ہے کہ وہ آپ ہی کو سگنل دے رہے ہیں۔

کبھی بھی سگنل سے یہ خیال نہ کریں کہ اس کا مطلب ہے آگے بڑھیں

پہلے اپنے آپ سے پوچھیں

☆......دوسرا ڈرائیور مجھے کیا بتانے کی کوشش کر رہا ہے مثلاً۔ سٹاپ ۔ جاؤ ۔ موڑو یا شکریہ ؟

☆......اگر میں گاڑی کو حرکت دوں تو کیا یہ محفوظ ہو گا ؟

☆...... کیا دوسرے ڈرائیور نے جو سگنل دیا ہے وہ صرف میرے لئے ہے یا کسی اور کیلئے ہے ؟

☆...... کیا میں جس جگہ پر ہوں کسی کے راستہ کی رکاوٹ تو نہیں بن رہا ؟

☆...... کیا دوسرے ڈرائیور نے صحیح معنوں میں سگنل دیا ہے یا ویسے ہی ہیڈ لائیٹ فلیش ہو گئی ہے ؟

اگر کوئی حادثہ ہو گیا تو نتیجہ یہ ہو گا کہ تمام زندگی کیلئے پچھتاوا رہے گا۔

موٹروے اور ڈیول کیرج وے - اگر آپ یہ سمجھتے ہیں کہ وارننگ دینا لازمی ہے تو ہارن دینے کی بجائے بہتر یہی ہو گا کہ ہیڈ لائیٹ کو فلیش کر دیں

دوسرے ڈرائیور جو آپ کو وارننگ دے رہے ہیں اُن کیلئے بھی ہوشمندی سے کام لیں ۔

اگر کوئی پچھلا ڈرائیور لائیٹس فلیش کرنا شروع کر دے اور خطرناک ڈرائیونگ کرتے ہوئے نزدیک آجائے تو

☆...... پریشان نہ ہوں پُر سکون رہیں۔ ☆...... خوفزدہ نہ ہوں۔

جیسے ہی آپ کو محفوظ جگہ دکھائی دے لیفٹ ہینڈ لین کے کسی ڈرائیور کے راستے کی رکاوٹ بنے بغیر محفوظ طریقہ سے لیفٹ لین میں واپس چلے جائیں۔

یاد رکھیں - بہت ہی حفاظت سے حرکت کر کے راستہ تبدیل کرنا آپ کی ذمہ داری ہے

قانونی لحاظ سے ہیڈ لائیٹ کو فلیش کرنے کا صرف ایک ہی مطلب ہے کہ دوسرے ڈرائیوروں کو معلوم ہو کہ آپ اس جگہ پر موجود ہیں جیسے کہ ہارن دینے کا مطلب ہے۔

سوچ بچار اور سمجھ سے کام لیں۔

ہارن کا استعمال - چند ایسے حالات ہیں جب آپ کو ہارن استعمال کرنے کی ضرورت پڑے گی۔

ہارن دینے سے یہ مطلب نہیں ہے

☆...... کہ آپ کو راستہ دیا جا رہا ہے

☆...... کہ آپ محفوظ ڈرائیونگ کی ذمہ داری سے آزاد ہو گئے ہیں۔

ہارن صرف مندرجہ ذیل حالات میں ہی استعمال کریں۔

☆......اگر آپ سوچتے ہیں کہ دوسرے ڈرائیور نے ہو سکتا ہے آپ کو نہ دیکھا ہو

☆...... کسی دوسرے ڈرائیور کو اپنی موجودگی سے آگاہ کرنا چاہتے ہیں ۔ مثال کے طور پر پوشید موڑ یا جنکشن پر کسی کو تنگ کرنے یا لعن طعن کرنے کے لئے ہرگز ہارن کا استعمال نہ کریں۔

مندرجہ ذیل حالات میں ہارن کا استعمال کبھی نہ کریں ۔

☆......جب آپ کی گاڑی رُکی ہوئی ہے۔

☆......رات کے وقت ڈرائیونگ کے دوران (11.30 بجے سے صبح 7.00 بجے تک) آبادی کے علاقہ میں تاوقتیکہ کوئی چلتی ہوئی گاڑی خطرہ نہ بن رہی ہو۔

یاد رکھیں - کبھی اونچی آواز میں ہارن نہ دیں جس سے پیدل چلنے والے ڈر جائیں۔
اگر معمولی ہارن سے کسی پیدل چلنے والے پر کوئی اثر نہیں ہوتا تو اس کا مطلب ہے کہ وہ کانوں سے بہرہ ہے

ڈرائیونگ میں رکاوٹیں (خطرے)

رکاوٹ (خطرہ) سے مراد ایسے حالات ہیں جن کی وجہ سے ڈرائیور کو سپیڈ اور راستہ میں کوئی تبدیلی کرنی پڑ جائے۔ خطرہ کو پہچاننے کیلئے آگے دُور تک خطرہ کی نشانی پر ضرور دھیان رکھیں۔ مثلاً

☆......روڈسائینز

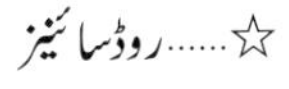

☆......روڈ کی کنڈیشن میں تبدیلی

☆......پارک کی ہوئی گاڑیاں

☆......جنکشنز

☆......سائیکل سوار

☆......موٹر سائیکل

☆......پیدل چلنے والے

☆......گھوڑا سوار

☆...... جانور خاص کر کُتے جو بغیر رسی کے ہیں۔

یاد رکھیں- جیسے ہی کوئی خطرہ نظر آئے شیشوں کو استعمال کریں اور اندازہ لگائیں۔

☆......روڈ استعمال کرنے والے دوسرے لوگ آپ کی منصوبہ بندی پر کیا اثر ڈالیں گے۔

☆...... آپ کا عمل پچھلی ٹریفک پر کیا اثر ڈالے گا۔

وقت اور وقفہ دینا - اپنے آپ کو زیادہ وقت اور جگہ دیں۔ آگے کے حالات پر قابو پانے کیلئے ہمیشہ

☆......سب طرف دیکھتے رہیں۔

☆...... آگے پیچھے دُور اور نزدیک سب طرف دھیان رکھیں خاص کر ٹاؤن میں جہاں پر حالات میں جلد سے جلد

تبدیلیاں ہوتی رہتی ہیں۔

☆......شیشوں میں باقاعدگی سے چیک کریں کہ آپ کے پیچھے کیا ہے۔

☆......سائینز کو دیکھیں کہ آگے کیا ہونے والا ہے۔

مثال کے طور پر پارک گاڑی بھی خطرے کی نشانی ہے اگر اُس میں کوئی ڈرائیور بیٹھا ہے یا سردی کے موسم میں کسی گاڑی کے ایگزوسٹ سے دھواں نکل رہا ہے تو اس سے ظاہر ہوتا ہے کہ

☆......گاڑی کا دروازہ اچانک کھُل سکتا ہے۔ ☆......ممکن ہے کسی وارننگ کے بغیر گاڑی چل پڑے۔

اگر آپ پارک گاڑی کے نیچے کی طرف نظر ڈالیں اور آپ کو دوسری سائیڈ پر کسی کے پاؤں ہی نظر آجائیں تو ایک پیدل چلنے والا گاڑی کے پیچھے سے اچانک ظاہر ہوسکتا ہے۔ **مکمل** دھیان اور پیش بینی آپ کی سب سے بڑی حفاظت ہے۔

گاڑیوں کے درمیان وقفہ - ہمیشہ اپنی گاڑی اور آگے کی گاڑی کے درمیان بہت زیادہ فاصلہ رکھیں۔ اپنی گاڑی کی سپیڈ کے ہر میل فی گھنٹہ کے لئے کم از کم ایک میٹر یا ایک گز کا وقفہ رکھنا ضروری ہے یا دو سیکنڈ رُول استعمال کریں۔

اگر موسم خراب ہو تو وقفہ فاصلہ کا ڈبل کر دیں یا (دو سیکنڈ کی بجائے) چار سیکنڈ ٹائم کا وقفہ رکھیں۔

ٹیل گیٹنگ- اگر کوئی گاڑی آپ کی گاڑی کے پیچھے بہت ہی نزدیک ہے تو اپنی گاڑی کو آرام سے آہستہ کریں اور اگلی گاڑی اور اپنی گاڑی کے درمیان وقفہ زیادہ کر دیں۔

بڑی گاڑیاں - بڑی گاڑیوں کے پیچھے جاتے زیادہ احتیاط کریں۔ خاص کر جنکشن راؤنڈ آباؤٹ یا داخل ہونے کے گیٹ وغیرہ پر ڈرائیور ہوسکتا ہے ایسا طریقہ اختیار کریں جو آپ کو غلط نظر آئے گا۔ مثال کے طور پر لیفٹ مُڑنے سے پہلے رائیٹ کی طرف ہو جائیں گے۔

بڑی گاڑیوں سے بہت دور رہیں جو مینوورنگ کا عمل لیفٹ یا رائیٹ کی طرف کر رہی ہیں۔ اسلئے کبھی لیفٹ کی طرف سے گزرنے کی کوشش نہ کریں۔

بڑی گاڑیاں آپ کے آگے کے منظر میں رکاوٹ بن سکتی ہیں اگر آپ اُن سے دور رہیں گے تو آپ کی دیکھنے اور پلاننگ کی صلاحیت بڑھ جائے گی۔

یاد رکھیں

اگر آپ بڑی گاڑی کے پیچھے بہت نزدیک ہیں تو ہوسکتا ہے لاری ڈرائیور آپ کو شیشوں میں دیکھ نہ سکے۔

خطروں کو پہچاننا - ایک ہی وقت میں اہم واقعہ ہوسکتا ہے یا ایک کے بعد دوسرے کئی واقعات ہوجاتے ہیں۔ تصویر میں ۔ سبز گاڑی والا ڈرائیور پارک ویگن کے پاس سے گزرنے کیلئے ضرور باہر نکلے گا ۔ تو

☆......کیا نیلی گاڑی ضرور لیفٹ مُڑنے کیلئے جارہی ہے؟ (ہوسکتا ہے کہ ڈرائیور سگنل آف کرنا بھول گیا ہو جو وہ پہلی لیفٹ ٹرن کر کے آیا ہے)

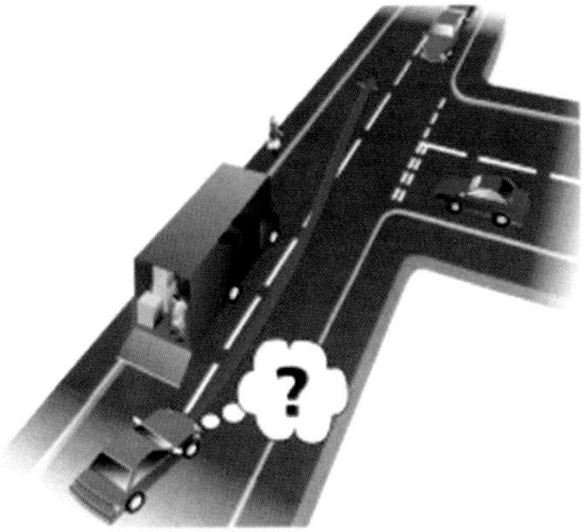

☆......اگر نیلی گاڑی مُڑ جاتی ہے تو کیا پیدل چلنے والا روڈ کراس کرے گا ؟

☆......سبز گاڑی والا ڈرائیور کب سرخ گاڑی کو دیکھ سکے گا جو ہوسکتا ہے لیفٹ مُڑنا چاہتی ہو؟

اگر آپ بہت ہی تیز گاڑی چلارہے ہیں تو زیادہ چیزوں کے بارے میں سوچ بھی نہیں سکیں گے اور اتنے سارے واقعات پر ایک ہی بار قابو پانا مشکل ہو جائے گا۔

اس طرح کئی دوسرے روڈ کو استعمال کرنے والے جو کبھی بھی کوئی غلطی سرزد نہیں ہونے دیتے آپ کی وجہ سے اُن کو بھی ایسے حالات کا سامنا کرنا پڑجاتا ہے۔ڈرائیونگ میں اگر ایک انسان غلطی کرتا ہے تو اس کا یہ مطلب نہیں ہوتا کہ غلطی کرنے والے کا ہی نقصان ہوتا ہے بلکہ کئی بے قصور لوگ اس کی لپیٹ میں آجاتے ہیں۔

بچنے کیلئے ہر ایک خطرہ کیلئے مختلف عمل کرنا پڑے گا۔ایسا عمل جس میں سپیڈ کو کم کرنا یا راستہ بدلنا ہو تو اُس کو ''مینوور'' کہتے ہیں۔

مینوور یہ بھی ہے کہ تھوڑی سی گاڑی آہستہ کرنا۔ کسی بہت ہی مصروف روڈ پر مُڑتے ہیں تو مُڑنے کیلئے پہنچنے تک کئی اور مینوور ہوسکتے ہیں۔

یاد رکھیں - محفوظ ڈرائیور وہ ہے جو ہمیشہ۔

☆...... صحیح پوزیشن میں ہو

☆......روڈ، ٹریفک اور موسم کی کنڈیشن کے مطابق صحیح سپیڈ میں سفر کرے۔

☆...... صحیح گیئر میں گاڑی چلائے۔

☆...... ٹریفک کے حالات میں آنے والی اگلی تبدیلی کیلئے پیش بینی کرے اور اس کیلئے پہلے سے تیار رہے۔

کسی بھی رکاوٹ (خطرہ) کے قریب پہنچنا

کسی بھی خطرہ کو پہچانتے وقت ایم ایس ایم / پی ایس ایل روٹین کو استعمال کریں۔

شیشے - جو ٹریفک آپ کے پیچھے آرہی ہے اُس کی پوزیشن کو چیک کریں۔

سگنل -اگر آپ کے راستہ میں کسی قسم کی تبدیلی یا گاڑی کو آہستہ کرنے کا ارادہ ہے تو سگنل صحیح اور وقت پر دیں

مینوور - اگر مینوور کرنے کیلئے محفوظ ہے تو مینوور کریں ، مینوور کے بھی تین حصے ہیں۔ پوزیشن۔سپیڈ اور دیکھنا۔

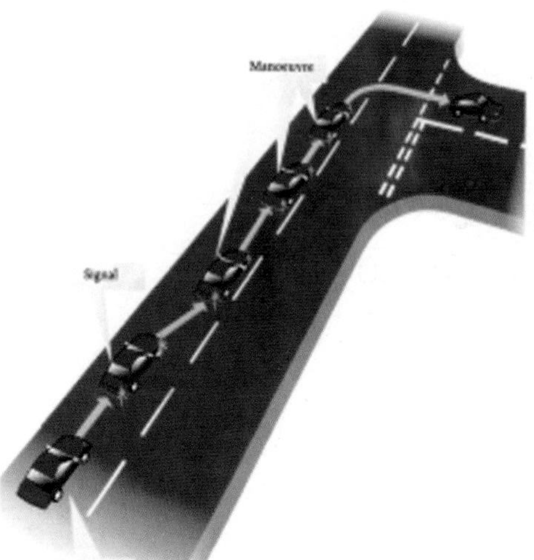

پوزیشن- وقت پر صحیح پوزیشن بنانا ہی خطرہ کو ختم کرنا ہے۔اس سے روڈ کے استعمال کرنے والے دوسروں کو پہلے ہی سمجھنے میں مدد مل جاتی ہے کہ آپ کیا کرنا چاہتے ہیں۔

آپ کے پوزیشن دیر سے بنانے سے خطرہ ہو سکتا ہے۔

اپنے آپ سے پوچھیں ۔

☆...... کیا میں دیکھ سکتی / سکتا ہوں اور دوسروں کو نظر آ سکتی / سکتا ہوں؟

☆...... کیا دوسری گاڑیاں میرے عمل میں رکاوٹ تو نہیں بن رہیں؟

☆...... کیا میرے پاس مشکلات سے نکلنے کیلئے اتنی گنجائش ہے ؟

کوشش کریں کہ کبھی دوسرے ڈرائیوروں یا سواروں کا راستہ نہ کاٹیں۔

اگر آپ کی لین بند ہے یا روڈ پر کام کی وجہ سے جگہ کم ہے تو وقت پر مناسب لین میں آ جائیں۔

☆......اتنی دیر تک انتظار نہ کریں جب تک کہ وقت نہ بچے ۔

☆...... ہرگز اوورٹیک کر کے زبردستی دوسری ٹریفک میں نہ داخل ہوں اِس سے جو ڈرائیور پہلے سے انتظار کر رہے ہیں آپ اُن کی پریشانی میں اضافہ کر دیں گے۔

سپیڈ- اپنے آپ سے پوچھیں

☆......اگر آگے والی گاڑی ایک دم اور زور کی بریک لگائے تو کیا میں اپنی گاڑی کو وقت پر روک سکوں گی / گا؟

☆...... کیا میں روڈ کی کنڈیشن کے مطابق بہت زیادہ سپیڈ میں تو گاڑی نہیں چلا رہی / رہا ہوں ؟

☆...... کیا میری گاڑی صحیح گیئر میں ہے جو کنٹرول کیلئے ضروری ہے ؟

جیسے ہی خطرہ کے نزدیک پہنچیں آہستہ ہونے کیلئے تیار ہو جائیں ۔

ہمیشہ گاڑی کو روکنے کیلئے تیار رہیں

دیکھنا- تمام ممکن خطروں کا اندازہ لگانے کیلئے آگے دیکھتے رہیں۔

یہ خاص کر جنکشنز پر تو اور بھی لازمی ہے۔

اگر آپ کسی بھی روڈ میں شامل ہو رہے ہیں تو جیسے ہی ایک روڈ سے دوسرے روڈ میں مُڑتے ہیں سب طرف دیکھتے رہیں۔

مندرجہ ذیل پر خاص نظر رکھیں۔

☆......ٹریفک جو آپ کا راستہ استعمال کر کے مُڑ رہی ہے۔ ☆......پیدل چلنے والے

دیہات یا گاؤں میں روڈ - دیہات کے روڈ پر اُن کے اپنے ہی طرح کے خطرے ہوتے ہیں اسلئے جب کسی موڑ یا کسی جنکشن کے نزدیک پہنچیں تو زیادہ احتیاط کریں اور گاڑی کی سپیڈ کم کرلیں۔

موڑ اور جنکشنز - موڑ آپ کے تصّور سے بھی زیادہ اتنے ٹیڑے ہو سکتے ہیں کہ یہ دوسرے استعمال کرنے والوں کو بھی اپنے پیچھے پوشیدہ کر سکتے ہیں جیسے کہ پیدل چلنے والے ، گھوڑا سوار ،سائیکل سوار اور بہت ہی بڑے بڑے ٹریکٹر جو بہت ہی آہستہ چلتے ہیں۔

اور ایسے چھوٹے چھوٹے جنکشن جو صرف کسان ہی ٹریکٹروں کیلئے استعمال کرتے ہیں اور اُن جنکشن کیلئے کوئی سائین بھی نہیں ہوتے اور ہو سکتا ہے یہ جنکشن پوری طرح نظر بھی نہ آرہے ہوں۔

روڈ کو استعمال کرنے والے دوسرے لوگ

دیہاتی ایریا میں روڈ کے کنارے پر پیدل چلنے والوں کیلئے کوئی فالتو جگہ یا فٹ پاتھ بھی نہیں ہوتا۔اسلئے پیدل چلنے والوں کو بتایا جاتا ہے کہ وہ روڈ کی رائیٹ ہینڈ سائیڈ پر چلیں جس سے وہ آنے والی ٹریفک کو دیکھ سکتے ہیں۔

اسلئے آپ کو اُن لوگوں کیلئے محتاط رہنا چاہئے جو آپ کی سائیڈ پر چہل قدمی یا دوڑ لگاتے ہوئے آرہے ہوں۔

گھوڑا سوار اور سائیکل سوار بھی اگر دیہاتی روڈ پر نظر آئیں تو اُن کو زیادہ جگہ دیں اور ہمیشہ صبر اور انتظار کریں اور جب تک کہ محفوظ نہ ہو اوورٹیک نہ کریں خاص کر تنگ یا بل کھاتے روڈ پر زیادہ احتیاط کریں۔

تنگ روڈ سے گزرنے کیلئے جگہ

Single
track
road
with
passing
places

تنگ سنگل روڈ پر دُور تک دیکھیں۔اگر کوئی گاڑی آتی ہوئی نظر آئے تو رُکنے کیلئے تیار ہو جائیں۔

☆......اگر لیفٹ سائیڈ پر راستہ دینے کی جگہ ہے تو اُس جگہ گاڑی کھڑی کرلیں۔

☆......اگر راستہ دینے کی جگہ رائیٹ سائیڈ پر ہے تو آپ اُس جگہ کے برعکس انتظار کرلیں۔

اگر آپ کو "موڑ یا جھاڑیوں" کی وجہ سے آگے دکھائی نہیں دے رہا تو گاڑی کی سپیڈ کم کرلیں اور زیادہ احتیاط کریں۔

اگر کوئی ڈرائیور آپ کو اوورٹیک کرنا چاہتا ہے تو آپ انتظار کرنے والی جگہ کی طرف

ہو جائیں یا رُک کر اُس کو اوورٹیک کرنے دیں۔

روشنی اور موسم کی کنڈیشن

رات کے وقت مندرجہ ذیل کو دیکھیں۔

☆...... چمکنے والے سائینز

☆...... روشنی پڑنے سے چمکنے والے سائینز

☆...... سفید لائینز کے درمیان ریفلکٹرز

☆...... گاڑی کی ہیڈ لائٹس کی چمک جب درختوں اور بلڈنگ پر پڑتی ہے تو چمک سے موڑ یا جنکشن بھی نظر آجاتے ہیں۔

احتیاط کرنا

☆...... گاڑی کی ہیڈ لائیٹس سے سپیڈ اور فاصلہ کا اندازہ لگانا مشکل ہو سکتا ہے۔

☆...... کچھ گاڑیوں کی بہت تیز لائیٹس کی وجہ سے کم لائیٹس والی چیزوں کا نظر آنا مشکل ہو جاتا ہے مثلاً سائیکل اور کم پاور والی موٹر سائیکل وغیرہ۔

☆...... شاپ اور مختلف قسم کے اشتہار کے سائینز جو آپ کی توجہ ہٹاتے ہیں اُن کی طرف مت دیکھیں۔ اپنا پورا دھیان پیدل چلنے والے کراسنگ۔ ٹریفک لائیٹس اور دوسرے روڈ کو استعمال کرنے والوں پر رکھیں۔

گیلے روڈ

☆...... گیلے روڈ پر لائیٹس منعکس ہو کر دیکھنا اور بھی مشکل بنا دیتی ہیں۔

☆...... جو چیز روشن نہ ہونے سے مشکل سے دکھائی دیتی ہے۔ گیلے روڈ پر اور بھی مدھم نظر آتی ہے۔

بارش - رات کے وقت بارش ہیڈ لائیٹس کی روشنی کو کم کر دیتی ہے۔ اندھیرے اور کم روشنی والے روڈ پر گاڑی کو آہستہ چلائیں اور کم نظر آنے والی چیزوں پر زیادہ دھیان رکھیں۔ مثلاً روڈ پر کام کرنے والوں کے سکیپز یا پارک گاڑیاں۔

بارش میں بہت آہستہ اور احتیاط سے ڈرائیو کریں۔ روڈ کنڈیشن کے مطابق سپیڈ رکھیں۔

روڈ کی سطح – آگے روڈ کی سطح کیلئے بہت ہوشیار رہیں کیونکہ ہو سکتا ہے کہ آپ کو بریک استعمال کرنی پڑے۔

اپنے آپ سے پوچھیں

☆...... کیا روڈ گیلا یا پھسلنے والا ہے؟ ☆...... بریک استعمال کرنے کیلئے سطح ٹھیک ہے؟

اگر روڈ کی سطح گیلی ہے تو روکنے کیلئے وقت زیادہ رکھیں۔

گیلے روڈ سے مطلب

☆...... بریکز کم اثر کرتی ہیں

☆...... رکنے کیلئے فاصلہ بھی زیادہ ضرورت ہے

☆...... سکڈ ہونے کے خطرات زیادہ ہیں۔

گیلے روڈ پر بہت آہستہ ڈرائیو کریں اور زیادہ احتیاط کریں۔

روڈ کو استعمال کرنے والے دوسرے لوگ

سائیکل سوار – سائیکل سواروں کیلئے گنجائش رکھیں کیونکہ روڈ پر اُن کا بھی پورا حق ہے اور اُن کو زیادہ جگہ دیں۔ کم عمر سائیکل سواروں کی طرف بھی زیادہ توجہ دیں۔

سائیکل سوار ہو سکتا ہے مندرجہ ذیل کریں

☆...... سائیکل سوار جب گھوم کر دیکھتا ہے تو ہو سکتا ہے وہ روڈ سے باہر نکلنا یا مُڑنا چاہتا ہو۔

☆...... سائیکل سوار اچانک سائیڈ کے راستہ سے آپ کے راستہ میں بھی آسکتا ہے

☆...... بعض اوقات سائیکل پر ہلکا لیکن بڑا سامان باندھا ہوتا ہے جس سے وُہ سائیکل پر کنٹرول اور توازن برقرار نہیں رکھ سکتے۔

☆...... سائیکل سوار شائید اِدھر اُدھر ہو جائیں، آہستہ ہو جائیں یا رُک جائیں یا چڑھائی پر سائیکل سے اُتر جائیں۔

☆......گڑھوں سے بچنے کیلئے زیادہ روڈ کی طرف ہو جائیں۔

☆......خراب موسم اور خاص کر سائیڈ سے تیز ہوا کی وجہ سے اُنہیں مشکل پیش آسکتی ہے۔

☆......روڈ کی خراب سطح پر یا جہاں روڈ پر ٹرام لائینز ہوتی ہیں اُن کو مشکل پیش آسکتی ہے۔

موٹر سائیکل - موٹر سائیکل والوں کیلئے گنجائش رکھیں

موٹر سائیکل والے بھی سائیکل سوار کی طرح ہی ہوتے ہیں اور بہت ہی غیر محفوظ ہوتے ہیں۔ ان سے کئی ایکسیڈینٹ ہوتے ہیں کیونکہ ڈرائیور اُن پر خاص کر جنکشنز پر پورا دھیان نہیں دیتے۔

یاد رکھیں -سائیکل سوار اور موٹر سائیکل سوار گاڑیوں کی نسبت دیکھنے میں مشکل ہیں اور خطرہ بنتے ہیں خصوصاً

☆......خراب موسم میں

☆......پھسلنے والے روڈ پر

☆......روڈ کی غیر ہموار سطح پر

جنکشن پر اُن کا زیادہ دھیان رکھیں

معذور لوگوں کی گاڑیاں -یہ بہت ہی چھوٹی گاڑیاں ہوتی ہیں جو معذور لوگ فٹ پاتھ یا روڈ پر چلا سکتے ہیں۔

یہ روڈ پر تو بہت ہی غیر محفوظ ہوتی ہیں۔ کیونکہ

☆......چھوٹا سائیز خاص کر اُونچائی بہت کم ۔

☆......اور ان کی سپیڈ بہت کم ہوتی ہے یعنی زیادہ سے زیادہ 8 میل فی گھنٹہ ہوتی ہے۔

ایسی گاڑیاں آسانی سے دکھائی بھی نہیں دیتیں۔ڈیول کیرج وے پر پیلی لائیٹ آن کریں گی۔ مگر دوسرے روڈ پر ایسا کرنا منع ہے۔

بس اور کوچ - دُور تک بس سٹاپ پر بس اور کوچ پر دھیان رکھیں اور ان سے خبردار رہیں۔

☆......جب لوگ بس یا کوچ سے اُترتے ہیں تو روڈ کراس کرنے سے پہلے پورا دھیان نہیں دیتے ۔ (اگر وہ دیکھتے بھی ہیں تو بھی اُن کو پوری طرح نظر نہیں آتا)

☆......بس سٹاپ سے جب بھی بس یا کوچ باہر نکلتی ہیں اگر وہ چلنے کا سگنل دیتی ہیں تو ہمیشہ اُن کو راستہ دیں اگر آپ راستہ دینے کیلئے محفوظ ہیں۔

پیدل چلنے والے - جب بھی ایک روڈ سے دوسرے روڈ میں مُڑنا ہو تو

☆......پیدل چلنے والوں کا پورا خیال رکھیں ☆......جو بھی کراس کر رہا ہو ضرور راستہ دیں

پیدل چلنے والوں کے کراسنگ - پیدل چلنے والوں کے کراسنگ کے نزدیک کبھی بھی اوورٹیک نہ کریں۔

بوڑھے اور ضعیف - کئی وجوہات ہوتی ہیں جن کی وجہ سے ضعیف زیادہ غیر محفوظ ہوتے ہیں۔ مثلاً کمزور نظر، کانوں سے کم سنائی کی وجہ سے آنے والی ٹریفک سے بے خبر ہوتے ہیں۔
اس طرح کے لوگ روڈ کراس کریں گے تو بہت آہستہ آہستہ اگر اُن کو خطرہ معلوم بھی ہو جائے تو بھی اس قابل نہیں ہوتے کہ جلد کراس کر سکیں ہو سکتا ہے گھبرا جائیں ۔
ممکن ہے وہ کراس کرنے میں زیادہ وقت لیں۔ ایسے حالات میں صبر کریں کبھی انجن کی آواز زیادہ کر کے رش نہ کریں یا آگے نہ بڑھیں۔ ضعیف لوگوں کو سمجھنا بھی ایک اچھے ڈرائیور کی خوبی ہے۔

پیدل چلنے والے معذور - ایسے لوگوں کی بہت ہی احتیاط کریں خاص کر جن کی نظر کمزور ہے یا معذور ہیں۔
یاد رکھیں کہ جو لوگ کانوں سے بہرے ہیں اُن کی آسانی سے پہچان نہیں ہوتی۔
کُچھ معذور لوگوں کی پہچان یہ ہے اگر کوئی اندھا ہے تو اُس کے ہاتھ میں سفید لاٹھی یا گائیڈ کیلئے کُتا ہوگا اور جو اندھے اور بہرے بھی ہیں اُن کے ہاتھ میں ایک سفید لاٹھی جس پر سرخ لائینز لگی ہوتی ہیں۔ جب بھی ایسے لوگوں کو روڈ کے کنارے پر کراسنگ کے پاس دیکھیں تو بہت خیال رکھیں۔

بچے - آبادی کے علاقہ۔ سکول اور پارک کے پاس بچوں کے بارے میں زیادہ احتیاط کرنی پڑتی ہے۔
جب سکول کراسنگ وارڈن آپ کو بہت ہی مصروف روڈ پر بچوں کو حفاظت سے کراس کرانے کیلئے روکتی ہے تو بہت ہی ہوشیار رہیں۔
بچے بہت بے چین ہوتے ہیں اکثر یکدم ایک طرف جاتے جاتے دوسری طرف دوڑ پڑیں گے۔
اسلئے تنگ روڈ پر جہاں پر پارک گاڑیوں کی وجہ سے آپ کو بھی مکمل دکھائی نہیں دیتا گاڑی آہستہ ڈرائیو کریں۔
آئس کریم کی گاڑی پر بہت ہی دھیان دیں۔ بچے ٹریفک کی طرف دھیان دینے کی بجائے آئس کریم میں زیادہ دلچسپی لے رہے ہوتے ہیں اور ہو سکتا ہے روڈ پر بغیر رکے دوڑنے لگیں۔

جانور - جانور تو ویسے بھی گاڑی کی آواز یا نزدیک آتی ہوئی گاڑی کو دیکھ کر ڈر جاتے ہیں۔
آپ کو چاہئے
☆......جانوروں کے پاس سے گزرتے وقت سپیڈ کم رکھیں اور خاموشی سے گزریں۔ ہارن نہ بجائیں ۔
☆......انجن کی سپیڈ کم رکھیں۔ انجن کی آواز نہ نکالیں۔
☆......ایسے علاقے جہاں کوئی گیٹ وغیرہ نہ ہوں وہاں جانوروں کے بارے میں اور بھی احتیاط کریں۔

جب جانوروں کے پاس سے گزرنا پڑ جائے تو جتنا بھی ممکن ہو اُن کو زیادہ جگہ دیں ۔

جانوروں کا رکھوالا -اگر کوئی آدمی جو جانوروں کا رکھوالا ہے اور آپ کو گاڑی روکنے کا سگنل دے تو گاڑی کھڑی کر کے انجن سوئچ آف کر دیں۔

حفاظت کیلئے کُتے - معذور لوگ جن کو دکھائی نہیں دیتا اُن کیلئے کُتا ہوتا ہے جس کے جسم پر خاص قسم کے بیلٹ باندھے ہوتے ہیں۔ یاد رکھیں گائیڈ کُتے کو اگر کوئی گاڑی نزدیک ہو تو انتظار کرنے کی تربیت دی گئی ہوتی ہے ۔

اگر کسی انسان کو سننے میں مشکل ہو تو اُسکی حفاظت کرنے والے کتے کا امتیازی نشان رسی اور کالر پیلا ہوتا ہے۔

اگر کوئی پیدل چلنے والا خاص کر خراب موسم میں آپ کو آتے ہوئے دیکھنے میں ناکام ہوتا ہے تو بہت ہی احتیاط کریں۔

گھوڑا سوار - اگر گھوڑا یا گھوڑسوار کو دیکھیں تو بہت احتیاط کریں۔ خاص کر اگر بچے گھوڑے پر سواری کر رہے ہوں تو اور بھی حفاظت سے اور زیادہ دُور سے گزریں اور سوار اگر اشارہ دیں تو اُس پر بھی دھیان دیں۔ گھوڑوں کی چال ڈھال پر دھیان دیں سوار کو ہو سکتا ہے کنٹرول کرنے میں مشکل پیش آ رہی ہو۔ جب سواروں کا سکول کا گروپ ہو تو بہت ہی احتیاط کریں ۔اُن میں سے ہو سکتا ہے نا تجربہ کار سوار بھی ہوں۔

ہمیشہ گھوڑوں کو سخت خطرہ تصور کریں۔ جب اُن کے پاس سے گزریں تو زیادہ احتیاط کریں۔

یاد رکھیں -ہمیشہ اپنے بارے میں ہی نہیں بلکہ روڈ کو استعمال کرنے والوں کا بھی خیال رکھیں۔

سیکشن 11 موٹروے ڈرائیونگ

موٹروے عام روڈ کی نسبت مختلف ہوتے ہیں۔ یہ اس طرح ڈیزائن کئے گئے ہیں تا کہ ٹریفک محفوظ اور تیز چلنے میں کوئی دقت پیش نہ آئے۔اس میں ڈرائیور اور گاڑی دونوں پر کُچھ فرائض عائد ہوتے ہیں۔

ایسے روڈ میں کئی خصوصیات ہیں یہ بہت ہی تیز اور محفوظ ہوتے ۔ لیکن کُچھ ڈرائیور گاڑی کو تو تیز چلا لیتے ہیں مگر محفوظ نہیں ہوتے اور کُچھ ڈرائیور آہستہ چلانے سے بھی محفوظ نہیں ہوتے کیونکہ اُن کو موٹروے کے بارے میں پورا علم نہیں ہوتا یا قانون سے لاپرواہی کرتے ہیں۔ موٹروے پر تیز سپیڈ کی وجہ سے کسی ڈرائیور کی غلطی سے کئی گاڑیوں کے ایک ہی وقت میں اکیسیڈینٹ ہو جاتے ہیں یہاں تک کے کئی ڈرائیور بہت بُری طرح زخمی ہو جاتے ہیں یا زندگی سے ہاتھ دھو بیٹھتے ہیں۔

ٹریفک بہت تیزی سے چلنے کی وجہ سے حالات میں بھی تبدیلی جلدی جلدی ہوتی ہے۔ ڈرائیور کو ہر وقت خبردار رہنا پڑتا ہے اور پورے دھیان سے گاڑی چلانی پڑتی ہے۔

موٹروے پر کس طرح حفاظت سے ڈرائیونگ کرنے کیلئے خاص مہارت کی ضرورت ہوتی ہے اور کن حالات سے گزرنا پڑتا ہے، اُس کی تفصیل اس سیکشن میں بیان کی گئی ہے۔

اس سیکشن میں مندرجہ ذیل موضوعات ہیں

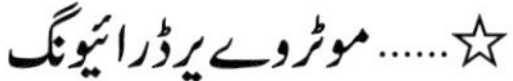

☆...... موٹروے پر ڈرائیونگ

☆...... موٹروے سائنز اور سگنلز

☆...... موٹروے میں داخل ہونا

☆...... موٹروے پر چلنا

☆...... لین ڈسپلن

☆...... بریکنگ

☆...... اوورٹیکنگ

☆...... موٹروے کو چھوڑنا

☆...... موٹروے پر موسم کی کنڈیشن

☆...... موٹروے پر گاڑی کھڑی کرنا

☆...... موٹروے پر رات کے وقت ڈرائیونگ

☆...... موٹروے کی مرمت

☆...... موٹروے پر نئے ڈرائیور

موٹروے پر ڈرائیونگ

☆...... جو بھی گاڑی آپ چلا رہے ہیں اُس کا مکمل لائیسنس ہونا ضروری ہے۔

☆...... ہائی وے کوڈ کے مطابق موٹروے کا پورا علم ہونا ضروی ہے۔

☆...... موٹروے پر تمام وارننگ سائینز اور سگنل کا جاننا اور سمجھنا ضروری ہے۔

☆...... کسی جگہ بھی گاڑی چلانے کے لئے آپ کا تندرست اور ہوشیار ہونا بہت ہی ضروری ہے۔ اگر آپ کی صحت ٹھک نہیں یا آپ تھکاوٹ محسوس کرتے ہیں تو خاص کر موٹروے پر گاڑی نہ چلائیں۔

☆...... سوائے ایمر جنسی کے ہارڈ شولڈر یا سلیپ روڈ پر گاڑی کھڑی کرنا ایک جرم ہے ۔ اگر آپ تھکاوٹ محسوس کرتے ہیں اور تازہ دَم ہونا چاہتے ہیں تو صرف سروس ایریا میں ہی گاڑی پارک کرسکتے ہیں۔

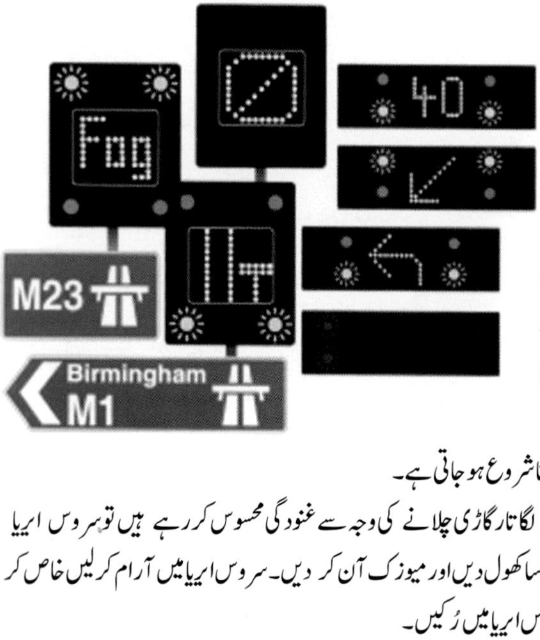

تازہ ہوا کا آنا جانا- گاڑی کے اندر تازہ ہوا بہت ضروری ہے۔ اسلیئے ونڈو کو ملی میٹر کے قریب کھلا رکھیں ورنہ گاڑی کا اندر سے گرم ہونے یا تازی ہوا کا نہ آنے سے ڈرائیونگ کے دوران جلد نیند اور تھکاوٹ محسوس ہونا شروع ہو جاتی ہے۔

اگر آپ کسی لمبے سفر پر جا رہے ہیں اور لگا تار گاڑی چلانے کی وجہ سے غنودگی محسوس کر رہے ہیں تو سروس ایریا تک پہنچنے تک گاڑی کے ونڈو کو معمولی سا کھول دیں اور میوزک آن کر دیں۔ سروس ایریا میں آرام کرلیں خاص کر رات کو تو بہت ہی ضروری ہے کہ سروس ایریا میں رُکیں۔

موٹروے پر گاڑی - ضروری ہے۔ کہ

☆...... موٹروے پر اُسی گاڑی کو ڈرائیو کریں جس کی اجازت ہے۔

☆...... گاڑی کے بارے میں پوری تسلی کرلیں کہ موٹروے پر چلنے کیلیئے صیح اور محفوظ ہے۔

موٹروے پر مندرجہ ذیل کو اجازت نہیں ہے

☆...... پیدل چلنے والے ☆...... سائیکل سوار ☆...... گھوڑا سوار

☆......گاڑی اور موٹر سائیکل کے عارضی لائیسنس والے۔

مندرجہ زیل کو موٹروے پر ہرگز نہیں چلا سکتے ۔

☆...... موٹر سائیکل جو '50 cc' سے کم ہے

☆...... آہستہ چلنے والی گاڑیاں جن پر سامان بھی بہت زیادہ ہو۔ سوائے خاص اجازت کے

☆...... کھیتوں میں کام کرنے والے ٹریکٹر

موٹروے کو استعمال کرنے سے پہلے

زیادہ سپیڈ اور لمبے سفر کی وجہ سے گاڑی میں مشینی خرابی خطرہ کو بڑھاتی ہے ۔

موٹروے پر گاڑی کو لے جانے سے پہلے مندرجہ ذیل کا چیک کرنا ضروری ہے۔

☆......**ٹائرز** - تمام ٹائرز کی کنڈیشن اور پریشر صحیح ہونا ضروری ہے۔ جب گاڑی پر سامان ہو تو پریشر مختلف ہوتا ہے جو گاڑی کی کتاب میں بتایا ہوا ہے۔

☆......**انسٹرومنٹ** - پوری تسلی کریں کہ ان میں کسی قسم کی کوئی خرابی نہ ہو۔

☆......**وارننگ لائیٹس**- تسلی کریں کہ ہر ایک لائیٹ کام کرتی ہے۔

☆......**شیشے** - تسلی کر لیں کہ صحیح ایڈجسٹ ہیں اور صاف ہیں۔

☆......**ونڈ سکرین اور ونڈوز** - ونڈ سکرین اور ونڈو صاف ہیں اور وائیپر کام کرتے ہیں اور ونڈ سکرین کے واشر کی ٹنکی میں پانی ہے اور واشر کام کرتے ہیں۔

☆......**لائٹس اور انڈیکیٹرز** - تسلی کر لیں کہ پوری طرح کام کرتے ہیں

مندرجہ ذیل کی بھی تسلی کریں

☆......**فٹ بریکز** - فٹ بریک صحیح ہوں کہ گاڑی وقت پر کھڑی ہو سکے۔

☆......**سٹئیرنگ**-سٹئیرنگ بھی صحیح کام کرتا ہو۔

حفاظت ، سہولت اور گاڑی کی احتیاط کیلئے آپ کو مندرجہ ذیل بھی چیک کرنا چاہئے

☆......**پٹرول** - سفر کیلئے پٹرول کتنا ہے۔

☆...... **تیل**- تیز سپیڈ کی وجہ سے تیل زیادہ استعمال ہوتا ہے ۔اگر ختم ہو گیا تو خطرناک ہوگا اور مہنگا پڑے گا۔

☆......**پانی** - تیز سپیڈ سے گاڑی کا انجن جلد گرم ہو جاتا ہے اور پانی زیادہ استعمال ہوتا ہے۔

گاڑی پر سامان کا محفوظ ہونا

گاڑی پر یا ٹریلر پر سامان کی بھی پوری تسلی کر لیں کہ مضبوطی سے باندھا ہوا ہے کیونکہ اگر کوئی چیز موٹروے پر گر

جائے تو یہ دوسرے ڈرائیوروں کیلئے خطرہ بن سکتی ہے اور اگر کوئی چیز گر جائے تو کبھی خود اُٹھانے کی کوشش نہ کریں گاڑی کو ہارڈ شولڈر پر کھڑی کرلیں اور پولیس کو اطلاع دیں۔

کبھی بھی کوئی چیز خود اُٹھانے کی کوشش نہ کریں اس سے جان کا خطرہ ہوتا ہے۔

موٹروے سائینز اور سگنلز -

سائینز

موٹروے میں داخل ہونا - ڈائریکشن عام روڈ سے موٹروے میں شامل ہونے کے سائینز پر نیلے رنگ پر سفید لکھائی ہوتی ہے اور کنارہ بھی سفید ہوتا ہے۔

یہ سائینز مندرجہ ذیل ہوتے ہیں

☆......اکیلا سائین

☆......کسی دوسرے بڑے سائین کے ساتھ مختلف رنگوں میں بھی ہوتے ہیں۔

موٹروے پر - موٹروے پر مندرجہ ذیل بناوٹ کے سائینز ہوتے ہیں

☆......ایڈوانس ڈائریکشن سائین

☆......کاؤنٹ ڈون مارکرز

☆......سروس ایریا کے بارے میں انفورمیشن سائینز

☆......ٹورسٹ کیلئے سائینز جن کا بیک راؤنڈ براؤن ہوتا ہے اور اگلا راستہ چھوڑنے سے پہلے یہ سائین لگا ہوتا ہے

یہ سب سائینز عام روڈ کی نسبت بہت بڑے سائیز کے ہوتے ہیں تاکہ آپ کو بہت دُور سے ہی نظر آنے لگیں اور یہ یاد دہانی کیلئے بھی اچھا ہے تاکہ آپ موٹروے پر ہر مینوور کو وقت پر لازمی کر سکیں۔

ہر جنکشن کے خاص نمبر ہوتے ہیں جو روڈ کے نقشہ میں بتائے ہوتے ہیں اور آپ اپنے رُوٹ کے بارے میں اور موٹروے کو چھوڑنے کے بارے میں پہلے ہی معلوم کر لیتے ہیں۔

سپیڈ لیمٹ سائینز

☆......سپیڈ کے سائینز جس میں سرخ دائرہ کے اندر بتایا ہوا ہے کہ اس ایریا کی زیادہ سے زیادہ سپیڈ کتنی ہے۔ آپ کیلئے ان سائین پر عمل کرنا لازمی ہے۔ اگر حکم نہیں مانیں گے تو جرمانہ بھی ہو سکتا ہے۔

☆......کالا اور سفید مستطیل سائین یہ بتاتا ہے کہ جو سپیڈ بتا چکے ہیں اُس پر قائم رہیں۔

سگنلز - سگنل آپ کو آنے والے خطروں کی وارننگ دیں گے۔ مثلاً

☆......ایکسیڈینٹ ☆......فوگ یا دھند ☆...... آئسی روڈ

فلیشنگ پیلی لائیٹس - فلیشنگ پیلی لائیٹس اور سائینز جو کسی بھی سنٹرل ریزرویشن یا سر کے اوپر (اوور ہیڈ) ہو تواُن پر پورا دھیان دیں۔

یہ آپ کو آگاہ کرتے ہیں۔ کہ

☆......لین بند ہے ☆......روڈ پر کام ہو رہا ہے ☆......کئی اور خطرات ہیں

اور بعض اوقات یہ بھی بتایا ہوا ہوتا ہے کہ آگے وقتی طور پر عارضی سپیڈ لیمٹ کتنی ہے

☆......گاڑی بتائی ہوئی سپیڈ کے مطابق آہستہ کر لیں

☆...... آگے خطرہ (رکاوٹ) کے پاس سے گزرتے وقت آہستہ ہونے کیلئے تیار رہیں۔

☆......پولیس سائینز پر دھیان دیں۔

☆......جب تک وقتی طور والی سپیڈ کے سائین کو کینسل نہ کیا جائے اُسی سپیڈ پر قائم رہیں۔

سرخ لائیٹس - بعض اوقات سرخ لائیٹس چمک رہی ہوتی ہیں۔

اِن لائیٹس کا مطلب ہے کہ جس لین میں یہ لائیٹ چمک رہی ہے اُس لین میں اور آگے نہ جائیں۔

☆......وقت پر آہستہ ہونا شروع کریں۔ ☆......لین بدلنے کیلئے تیار رہیں۔

اگر سلیپ روڈ پر سرخ لائیٹس چمک رہی ہو تو اُس میں مت جائیں

اگر سرخ لائیٹس سنٹرل ریزرویشن یا روڈ کی ایک سائیڈ پر فلش کر رہی ہوں تو اس سگنل سے آگے کسی لین میں ہرگز نہ جائیں۔

موٹروے پانا

موٹروے میں کیسے شامل ہو سکتے ہیں۔

☆...... جہاں پر ایک بڑا روڈ موٹروے میں تبدیل ہوتا ہے وہاں ایک سائین دیا ہوتا ہے جس پر لفظوں میں لکھا ہوتا ہے۔

☆......موٹروے میں شامل ہونے کا خاص سلیپ روڈ جو سیدھا موٹروے میں جاتا ہے۔

موٹروے میں داخل ہونا - موٹروے میں شامل ہونے والے سلیپ روڈ پر اپنی سپیڈ کو موٹروے پر جو ٹریفک پہلے سے جا رہی ہے اُس کے مطابق ایڈجسٹ کرلیں۔

جو ٹریفک پہلے سے موٹروے پر جا رہی ہے اُس کو پہلے موقع دیں۔

جب کوئی لیفٹ لین میں مناسب وقفہ آئے تو داخل ہو جائیں۔

ایم ایس ایم / پی ایس ایل روٹین کو استعمال کریں۔

دوسری ٹریفک کی صحیح پوزیشن معلوم کرنے کیلئے ہو سکتا ہے کہ آپ کو سائیڈوں پر جلد سرسری نظر ڈالنے کی ضرورت ہو۔اور کوشش کریں کہ سلیپ روڈ کے آخر میں بغیر رکے لین میں داخل ہو جائیں جب تک کہ آپ کو دوسری آہستہ چلنے والی گاڑیوں کے قیو میں شامل نہ ہونا پڑ جائے۔

کئی خاص ایریا میں جہاں پر رائیٹ ہینڈ سائیڈ سے لین ملتی ہے۔ایسی جگہ پر جہاں پر دوسری ٹریفک کے ساتھ شامل ہونا یا گزرنا پڑ جائے تو بہت احتیاط کریں۔

لازمی کریں

☆......موٹروے میں داخل ہونے کیلئے انڈیکیٹر دیں

☆......یہ تسلی کر لیں کہ آپ دوسروں کو نظر آ سکتے ہوں۔

☆......داخل ہونے سے پہلے موٹروے پر ٹریفک کی سپیڈ کا اندازہ لگائیں۔

ایسا مت کریں

☆......چلتی ہوئی ٹریفک میں زبردستی گھسنے کی کوشش۔

☆......ہارڈ شولڈر پر گاڑی چلانا۔

اگر آپ موٹروے میں داخل ہو چکے ہیں تو جب تک دوسری ٹریفک جو پہلے سے موٹروے پر موجود ہے اُس کی سپیڈ کا اندازہ اور اپنی گاڑی کی سپیڈ اُن کے مطابق ایڈجسٹ نہ کرلیں اُس وقت تک لفٹ لین میں ہی رہیں۔

جب دوسری گاڑیاں موٹروے میں داخل ہوتی ہیں

جب آپ کسی نکلنے والے راستہ کے پاس سے گزر جاتے ہیں تو اُس کے بعد عموماً داخل ہونے کا راستہ آتا ہے

جہاں سے دوسری ٹریفک داخل ہوتی ہے۔

☆......دوسری ٹریفک جب سلیپ روڈ پر ہو تو کبھی اُن کے ساتھ ریس لگانے کی کوشش نہ کریں بلکے دوسروں کو بھی شامل ہونے کا موقع دیں۔

☆......دُور تک دھیان رکھیں اگر بہت ساری گاڑیاں موٹروے میں داخل ہو رہی ہیں تو اپنی گاڑی کی سپیڈ کو ایڈجسٹ کرنے کیلئے تیار رہیں۔

☆......اگر محفوظ ہو تو اپنی گاڑی کو دوسری لین میں لے جائیں تاکہ شامل ہونے والی گاڑیوں کیلئے آسانی ہو جائے

موٹروے پر

خود دیکھ سکیں اور دوسروں کو بھی دکھائی دیں

پوری یہ تسلی کر کے کہ شیشے، ونڈ سکرین ، ونڈوز اور لائیٹس سب ٹھیک ہیں تو سفر شروع کریں۔
جب بھی ضروری ہو واشر، وائیپر ز اور ڈائی میسٹر استعمال کریں تاکہ آپ ہر چیز صاف دیکھ سکیں ۔
موٹروے پر زیادہ سپیڈ ہونے کی وجہ سے شیشوں کا استعمال جلدی جلدی اور بار بار بہت ضروری ہے۔
کوشش کریں کہ کبھی بھی کسی دوسری گاڑی کے پوشیدہ ایریا میں زیادہ دیر نہ رہیں خاص کر جب یہ بڑی گاڑی ہو تو اور بھی احتیاط کریں۔

مئوثر مشاہدہ (دھیان)۔روڈ پر اور شیشوں میں اور سائیڈوں پر یعنی چاروں طرف اسطرح مکمل دھیان رکھیں کہ آپ کو ہر وقت پتہ چلتا رہے کہ ارد گرد کیا ہو رہا ہے۔ لگاتار اور بار بار ٹریفک کی نقل و حرکت کا اندازہ لگاتے رہیں۔

☆......دُور تک سامنے (نزدیک / دُور)

☆......اپنے دونوں سائیڈ پر

☆......اپنے پیچھے کی ٹریفک

زیادہ سپیڈ کی وجہ سے حالات میں بھی اچانک تبدیلی ہوتی ہے تو مکمل دھیان رکھنے سے آپ کو یہ فائدہ ہوتا ہے کہ یکدم کچھ ہونے پر آپ پہلے سے تیار ہونگے۔ مثال کے طور پر
اگر آگے بہت سی ٹریفک جمع ہوتی نظر آ رہی ہے تو اس کا مطلب ہے کہ گاڑیاں آہستہ ہو رہی ہیں اور جمع ہو رہی ہیں یا فلیشنگ پیلی لائیٹ آپ کو آہستہ ہونے کی وارننگ دے گی یہاں تک کہ آپ کو تسلی رہے گی کہ آگے کیا ہو رہا ہے۔
اگر آپ دیکھتے ہیں کہ آگے کوئی بہت ہی خطرناک بھیڑ بھاڑ ہے تو آپ اپنے سے پچھلے ڈرائیوروں کو ہوشیار کرنے کیلئے ہذرڈ لائیٹس آن کر سکتے ہیں۔

اس طرح آپ پچھلی سائیڈ کے ایکسیڈینٹ سے بچ جائیں گے، خاص کر خراب موسم میں اور بھی احتیاط کریں ۔

موٹروے پر آپ بھی نظر آسکیں

زیادہ سپیڈ ہونے کی وجہ سے موٹروے پر عام روڈ کی نسبت آپ کی گاڑی کا جلد نظر آجانا ضروری ہے۔

دن کے وقت کم روشنی - اگر دن کے وقت روشنی کم ہو تو آپ اپنی گاڑی کی ہیڈ لائیٹس کو آن کر لیں۔

فوگ یا دُھند - اگر فوگ اتنی زیادہ ہو گئی ہے کہ آپ کو 100 میٹرز (328 فٹ) سے آگے دکھائی نہیں دے رہا تو بہتر ہو گا کہ ہیڈ لائیٹ کے علاوہ فوگ لائیٹ بھی آن کر دیں۔

یاد رکھیں - جب فوگ لائیٹ کی ضرورت نہ ہو تو آف کر دیں ورنہ یہ قانون کی خلاف ورزی ہے۔ یہ دوسرے ڈرائیوروں کو غلط فہمی میں ڈال سکتی ہیں اور اُنکی آنکھیں چندھیا سکتی ہیں۔ فوگ لائیٹس بہت تیز ہونے کی وجہ سے آپ کی گاڑی کی بریک لائیٹس کو مدھم بھی کر سکتی ہیں۔

ہیڈ لائیٹ فلیشنگ - عام روڈ کی نسبت موٹروے پر خصوصاً بارش کے موسم میں شور زیادہ ہوتا ہے اور دوسرے روڈ کو استعمال کرنے والے ممکن ہے آپ کے ہارن کی آواز نہ سن سکیں۔ اسلئے اگر وارننگ دینا ضروری ہو تو ہارن کی بجائے ہیڈ لائیٹ کو فلش کر دیں۔

دھیان رکھیں کہ کوئی اور ہو سکتا ہے آپ کو اس قسم کی وارننگ دے رہا ہو ۔

گاڑیوں سے فاصلہ رکھنا - ٹریفک میں جتنی تیزی ہو تو آپ کو ڈرائیونگ کے ہر عمل کیلئے اتنا ہی زیادہ وقت اور فاصلہ بھی چاہیئے۔

آپ کیلئے ضروری ہے کہ

☆...... عام روڈ کی نسبت موٹروے پر ضرورت سے زیادہ فاصلہ رکھیں۔

☆...... تسلی کریں کہ اپنی اور آگے والی گاڑی میں مناسب فاصلہ ہے۔

ٹریفک عام طور پر زیادہ سپیڈ میں ہوتی ہے. کیونکہ مندرجہ ذیل نہیں ہوتے۔

☆...... عام جنکشنز ☆...... راؤنڈ آباؤٹ ☆...... زیادہ گہری پہاڑیاں ☆...... ٹریفک لائیٹس

☆...... شارپ موڑ

عموماً آہستہ چلنے والی گاڑیاں موٹروے پر لے جانا منع ہوتا ہے۔

کُچھ موٹروے جُڑے ہوتے ہیں جہاں پر موٹروے کے ہی قانون وضوابط لاگو ہوتے ہیں اُن میں راؤنڈ آباؤٹ اور شارپ موڑ وغیرہ بھی ہوتے ہیں

گاڑیوں کے درمیان گنجائش / وقفہ - گاڑی کی سپیڈ کے مطابق کم از کم ایک میٹر ہر میل فی گھنٹہ کے حساب

سے گیپ ہونا ضروری ہے۔ سب سے مفید طریقہ جو پہلے بتایا جا چکا ہے دو سیکنڈ رول۔

یہ دو سیکنڈ رول کئی موٹروے جہاں پر ' چیرون پینٹ ' کئے ہوتے ہیں بہت مددگار ثابت ہوتا ہے۔ اپنی گاڑی اور آگے کی گاڑی کے درمیان کم از کم دو چیرون کا گیپ رکھیں۔

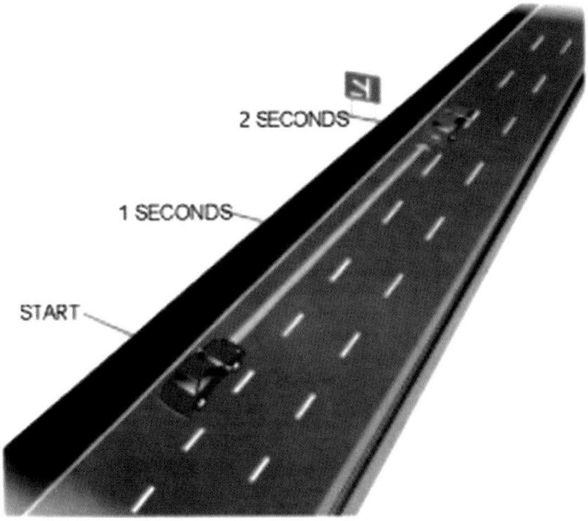

موسم- اگر موسم خراب ہے۔ مثلاً روڈ گیلا اور پھسلنے والا ہے تو گیپ ڈبل رکھنا پڑتا ہے اور اگر موسم بہت ہی خراب ہو تو دس گنا زیادہ فاصلہ رکھنا پڑتا ہے۔

ٹیل گیٹنگ -اس کا مطلب ہے کسی کے سہارے پر چلنا اور یہ بہت ہی خطرناک طریقہ ہے۔ خاص کر موٹروے پر تو اس کی وجہ سے بہت خطرناک ایکسیڈینٹ ہو سکتے ہیں۔

لین ڈسپلین

موٹروے پر لین ڈسپلن بہت ہی لازمی ہے۔ عام طور پر آپ کو ڈرائیونگ لیفٹ ہینڈ لین میں کرنی چاہیئے۔

موٹروے پر لینز تبدیل کرنا

☆......جب تک لین تبدیل کرنے کی ضرورت نہ پڑے لین تبدیل نہ کریں۔

☆......اپنی گاڑی کو لین کے درمیان متوازی رکھیں۔

☆......ایک لین سے دوسری لین میں اِدھر اُدھر نہ ہوں۔

ایم ایس ایم روٹین - جب بھی آپ کا لین تبدیل کرنے کا ارادہ ہو تو اُس سے پہلے ایم ایس ایم روٹین کا استعمال کرنا نہ بھولیں۔

موٹروے پر گاڑیاں زیادہ سپیڈ میں چلتی ہیں اسلئے بہت ہی ضروری ہے کہ ایم ایس ایم روٹین کا استعمال وقت سے بہت پہلے شروع کریں۔

اگر دوسرے ڈرائیوروں کو بتانے کیلئے سگنل ضروری ہے تو وقت پر سگنل دیں۔

یاد رکھیں ہو سکتا ہے کہ پچھلی گاڑیاں بہت تیزی سے پہنچ آئیں۔

جتنا جلدی آپ سگنل دیں گے اتنا ہی جلدی دوسری ٹریفک کو آپ کی نقل و حرکت کا پتہ چل جائے گا اور

وہ ٹریفک کے طور طریقہ میں تبدیلی کو سوچ لیں گے اور اُن کے پاس اتنا وقت ہو گا کہ اس کیلئے اپنے آپ کو تیار کر لیں گے۔

دو لین ڈسپلن۔ موٹروے جو دو لین والا ہوتا ہے وہاں پر ڈرائیونگ کی صحیح پوزیشن لیفٹ ہینڈ لین میں ہوتی ہے۔ رائیٹ ہینڈ لین صرف اوور ٹیک کرنے کیلئے ہوتی ہے۔

جب آپ اوور ٹیک کر لیتے ہیں تو جتنی جلدی ہو سکے حفاظت سے واپس لیفٹ ہینڈ لین میں آ جائیں۔

یہ نہ سوچیں کہ سیکنڈ لین زیادہ سپیڈ والی ہوتی ہے۔

دو لین والے موٹروے پر سامان کی بڑی گاڑیاں کوئی بھی لین استعمال کر سکتی ہیں۔

تین یا چار لین ڈسپلین - زیادہ ٹریفک ہونے کی وجہ سے دونوں سائیڈ پر تین یا چار لین ہوتے ہیں۔ لیکن گاڑی کو لیفٹ ہینڈ لین میں ہی رکھیں صرف اُس حالت میں سیکنڈ لین کو استعمال کریں جب آپ کے آگے والی گاڑیاں بہت ہی آہستہ چل رہی ہوں۔

لین کو بار بار تبدیل نہ کریں۔ صرف اُس وقت سیکنڈ اور تھرڈ لین میں جائیں جب آپ بہت ہی آہستہ چلنے والی گاڑیوں کو اوور ٹیک کرتے ہیں۔ اوور ٹیک کرنے کے بعد ضرورت سے زیادہ اُس لین میں نہ رہیں۔ کیونکہ اس طرح پچھلی ٹریفک کو آگے نکلنے کا موقع نہیں ملتا۔

بڑی سامان والی گاڑیاں، بسیں، کوچیں اور کوئی بھی ایسی گاڑی جو چھکڑے کو کھینچ رہی ہے ان سب کیلئے رائیٹ ہینڈ لین استعمال کرنا منع ہے۔ یہ صرف ایسے حالات میں رائیٹ ہینڈ لین استعمال کر سکتی ہیں۔ جب روڈ پر کام کی وجہ سے وقتی طور پر لیفٹ ہینڈ لین بند ہو۔

ضرورت سے زیادہ اوور ٹیکنگ لین میں نہ رہیں۔ اوور ٹیک کر کے حفاظت سے واپس اپنی لین میں آ جائیں۔ ایسی لین میں زیادہ دیر نہ رہیں جس لین کی ٹریفک کو باہر کی لین استعمال کرنے کی اجازت نہیں ہے اُن کیلئے رکاوٹ نہ بن جائیں۔

چڑھائی پر جانے والی لین - موٹروے پر زیادہ چڑھائی ہونے کی وجہ سے ہو سکتا ہے کہ ایک علیحدہ لین آہستہ اور بھاری گاڑیوں کے استعمال کیلئے بنائی گئی ہو، تاکہ دوسری ٹریفک کی رفتار پر اثر نہ ہونے پائے۔

بریک لگانا

موٹروے پر گاڑی کو آہستہ کرنے کیلئے بریک کا صحیح استعمال

☆...... جلدبازی یا رش نہ کریں ☆...... رفتہ رفتہ سپیڈ کو کم کریں

یاد رکھیں

☆...... اپنی گاڑی اور آگے والی گاڑی کے درمیان زیادہ فاصلہ رکھیں تاکہ بریک سے کنٹرول کرسکیں۔

☆...... ہمیشہ بریک کے استعمال سے پہلے شیشوں میں پچھلی ٹریفک کو چیک کریں۔

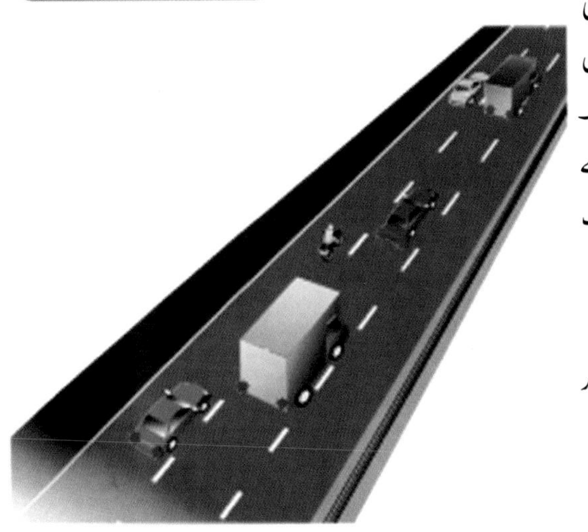

دفاعی (یا بچاؤ کی) ڈرائیونگ

☆...... اپنے بچاؤ کیلئے پہلے سے تیار رہیں اس سے پہلے کہ کوئی واقعہ ہو جائے۔

☆...... صحیح وقت پر آہستہ ہو جائیں۔

☆...... اگلی گاڑی سے مناسب فاصلہ رکھیں۔

کبھی بھی بریک اچانک نہ لگائیں

اگر آپ دھیان اور احتیاط سے ڈرائیونگ کریں تو ایکدم بریک لگانے کی ضرورت ہی نہیں پڑے گی۔

اوورٹیکنگ

جس گاڑی کو اوورٹیک کرنا ہے تو اُس گاڑی اور اپنی گاڑی کے درمیان محفوظ فاصلہ رکھیں۔

ایم ایس ایم / پی ایس ایل روٹین کے مناسب حصہ کو استعمال میں لائیں مثال کے طور پر

شیشہ – پچھلی ٹریفک کی سپیڈ، راستہ اور پوزیشن کو چیک کریں۔

پوزیشن – یکدم حرکت کئے بغیر آپ اپنی گاڑی آرام سے رائیٹ کی طرف لے جائیں۔

سپیڈ – یہ ضرور تسلی کرلیں کہ آپ کی سپیڈ اتنی تیز ہو یا تیز ہوسکے کہ آنے والی ٹریفک کے راستہ میں رکاوٹ بنے بغیر آپ جلد سے اوورٹیک کرسکیں۔

دیکھنا - دُور تک آگے کی ٹریفک اور شیشوں میں پیچھے کی ٹریفک کو چیک کریں کہ کیا کوئی چیز آپ کو حفاظت سے اوور ٹیک کرنے کیلیئے روک رہی ہے۔ مثال کے طور پر آگے کوئی لین بند ہے یا پیچھے سے رائیٹ ہینڈ لین میں ٹریفک بہت تیز سپیڈ میں آ رہی ہے۔

آگے کے بارے میں پہلے سے سوچ لیں کہیں آگے والی گاڑی اوور ٹیک کیلیئے باہر تو نہ نکل آئے گی۔

نوٹ- لین تبدیل کرنے سے پہلے بعض اوقات یہ بھی ضروری ہوتا ہے کہ رائیٹ سائیڈ پر پوشیدہ ایریا میں جلد سرسری نظر ڈالنی پڑتی ہے۔

یاد رکھیں

☆......دیکھیں۔

☆......فیصلہ کریں ،رش نہ کریں۔

☆...... آگے دور تک حالات کا اندازہ لگائیں

☆......جب محفوظ ہو تو عمل کریں۔۔

شیشے - شیشوں کو باقاعدگی سے اور سوچ سمجھ سے استعمال کریں۔

یہ بھی یاد رکھیں کہ رائیٹ ہینڈ لین میں ہو سکتا ہے کہ گاڑی آپ کے اندازے سے بھی زیادہ تیز آ رہی ہو اور اُن گاڑیوں پر بھی دھیان دیں جو گاڑیاں واپس اُسی لین میں آ رہی ہو جس لین کو آپ استعمال کرنا چاہتے ہیں

سگنل -جیسے ہی باہر کی طرف نکلنا ہو تو سگنل وقت سے تھوڑا پہلے دیں تاکہ دوسرے ڈرائیوروں کو پہلے سے سوچنے کا خاصا وقت مل جائے کہ آپ کیا کرنا چاہتے ہیں اور وہ بھی جو مینوور کرنا چاہتے ہیں کر سکیں۔

گاڑی کو اوور ٹیک کرنے کیلیئے باہر نکالنا -اوور ٹیک کرنے سے پہلے شیشوں میں دوبارہ چیک کرو اور پوشیدہ ایریا میں فوراً سرسری نظر ڈالیں اور محفوظ طریقہ سے اوور ٹیک کی لین میں گاڑی کو جتنا جلدی ہو سکے حفاظت سے لے جائیں۔اوور ٹیک حفاظت سے اور جلد سے جلد کریں۔

واپس اپنی لین میں جانا -اوور ٹیک کرنے کے بعد واپس لفٹ ہینڈ لین میں آنے کیلیئے سگنل دیں ۔جب پوری تسلی ہو جائے کہ آپ محفوظ ہیں تو جلد سے جلد واپس اپنی لین میں آ جائیں۔

جس گاڑی کو اوور ٹیک کر رہے ہیں اُس کے آگے سے واپس ہٹنے کیلیئے اُسکا راستہ نہ کاٹیں ۔

آگے دور تک دھیان دیں کہ جس لین میں آپ واپس آنا چاہتے ہیں کوئی اور گاڑی اُس لین سے باہر نکلنے والی تو

نہیں ہے۔ ہمیشہ زیادہ جگہ رکھیں۔ اور یہ بھی تسلی کرلیں کہ آپ نے سگنل آف کردیا ہے۔

مصروف موٹروے -اگر آپ اوورٹیک کرتے وقت ایسی ٹریفک کے پیچھے ہو جاتے ہیں جو آپ کی گاڑی سے بھی آہستہ ہے تو صبر سے کام لیں۔

☆......اگلے ڈرائیور کو بار بار ہیڈ لائیٹ فلیش سے نہ ڈرائیں اور اُس کے پیچھے بہت نزدیک خطرناک ڈرائیونگ نہ کریں۔

☆......اتنی دیر تک انتظار کریں جب تک کہ اگلی گاڑی حفاظت سے لیفٹ لین میں نہ چلی جائے پھر آگے جائیں۔

لیفٹ سائیڈ سے اوورٹیک کرنا -

کبھی لیفٹ سائیڈ سے اوورٹیک نہ کریں اگر آپ کسی لمبی قطار میں ہیں اور آپ کی رائیٹ ہینڈ سائیڈ کی لین والی گاڑیاں اور بھی آہستہ چل رہی ہیں تب لیفٹ ہینڈ لین سے اوورٹیک کرسکتے ہیں۔

دفاعی (یا بچاؤ کی) ڈرائیونگ - جو ڈرائیور آپ کی گاڑی سے تیز جانا چاہتے ہیں اُن کو جانے دیں خواہ وُہ سپیڈ لیمٹ کی قانونی حد کی خلاف ورزی ہی کررہے ہوں۔ آپ کبھی دوسروں کو صحیح سپیڈ میں لانے کیلئے زبردستی نہ کریں۔ بلکے اُن کو خود ہی سزا مل جائے گی۔ آپ قانون کو اپنے ہاتھ میں نہ لیں اس سے آپ کو خطرہ درپیش آسکتا ہے۔ لفٹ ہینڈ لین کو اوورٹیک کرنے کیلئے استعمال نہ کریں۔

ہارڈ شولڈر کو اوورٹیک کیلئے استعمال نہ کریں صرف اُس وقت ہارڈ شولڈر کو استعمال کرسکتے ہیں۔ جب روڈ پر کوئی کام ہورہا ہو یا کوئی اور وجہ ہو اور پولیس اجازت دیتی ہے یا سائین لگا ہوا ہے۔

ٹریفک کی کنڈیشن میں تبدیلیاں - عام روڈ کی طرح موٹروے پر بھی ٹریفک کی کنڈیشن میں تبدیلیاں ہوتی رہتی ہیں۔ شہروں کے نزدیک مصروف وقت میں روڈ پر کام کے نزدیک بھی بہت زیادہ ٹریفک ہوتی ہے اور کئی دوسری جگہیں جہاں پر ہمیشہ رش ہوتا ہے۔

یہ فرق دو لین والے موٹروے پر اور بھی زیادہ اثرانداز ہوتا ہے۔

دفاعی (یا بچاؤ کی) ڈرائیونگ کریں -ٹریفک کی کنڈیشن میں تبدیلی کے بارے میں بہت پہلے سوچ لینا چاہئے۔ ٹریفک کی کنڈیشن کے بارے میں سوچنے میں دیر مت کریں تاکہ آپ کو ردِعمل مجبوراً نہ کرنا پڑے۔

موٹروے پر تبادلہ -جہاں پر موٹروے شروع یا الگ الگ ہوتے ہیں۔ ہوسکتا ہے آپ کو لین تبدیل کرنے کی ضرورت پڑجائے بعض اوقات ایک سے زیادہ بار بھی تبدیل کرنے کی ضرورت پڑجاتی ہے۔

اوور ہیڈ ڈائریکشن سائینز پر دھیان دیں اور صحیح وقت پر مناسب لین میں آجائیں۔

جس جگہ ہیچ مارکنگ یہ بتائے کہ آئی لینڈ الگ الگ ہو رہا ہے تو وہاں پر اپنی لین میں ہی رہیں۔

آگے کی کنڈیشن کا اندازہ لگائیں اور دوسرے ڈرائیوروں کی ایک لین سے دوسری لین میں تبدیلی پر بھی دھیان دیں۔

موٹروے کو چھوڑنا

اگر آپ نے موٹروے کے ختم ہونے تک جانا ہے تو الگ بات ہے ورنہ آپ نے موٹروے کو چھوڑنا ہے تو اس کیلئے پہلے لیفٹ ہینڈ لین میں اور پھر سلیپ روڈ میں آنا ہو گا اس کیلئے صحیح وقت سے پہلے لین تبدیل کر لینی چاہئے ۔

اِس کیلئے بہت پہلے منصوبہ بندی کر لینی چاہئے خاص کر جب آپ تین یا چار لین والے موٹروے پر ہوں۔

روڈ سائینز - روڈ سائین اور روڈ مارکنگ پر دُور سے ہی نظر ڈال لیں جو آپ کو راستہ دکھانے میں وقت پر مدد کریں گے اور شیشوں میں دیکھ کر مناسب انڈیکیٹر آن کر دیں۔

اس طرح آپ کے پاس مناسب وقت بھی ہو گا کہ رش کئے بغیر آرام سے سائین پر غور کر کے فیصلہ کر سکیں گے۔

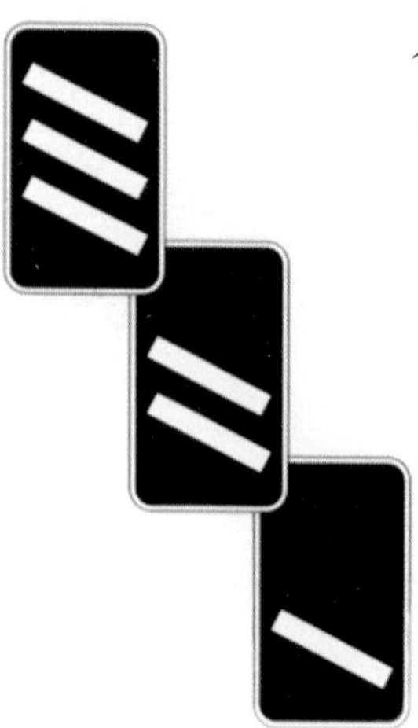

راستہ آنے سے پہلے ایک میل - جنکشن کا سائین اور روڈ نمبر نظر آجاتے ہیں۔ بشرطیکہ کہ راستے ایک دوسرے کے نزدیک نزدیک ہوں۔

راستہ آنے سے پہلے آدھا میل - اس راستہ سے پہنچنے والی جگہوں کے ناموں کا سائین آتا ہے۔

راستہ سے پہلے 270 میٹر پر - کاؤنٹ ڈون مارکرز پہلا 270 میٹر، دوسرا 180 میٹر اور تیسرا 90 میٹر سلیپ روڈ شروع ہونے سے پہلے لگے ہوتے ہیں۔

موٹروے چھوڑنا

شیشوں اور سگنل کا استعمال صحیح وقت پر کریں ایم ایس ایم / پی ایس ایل روٹین کو نہ بھولیں۔

اپنی لین میں پہلے ہی آجائیں بشرطیکہ آپ پہلے سے لیفٹ ہینڈ لین میں ہیں۔

تین یا چار لین والے موٹروے پر ہو سکتا ہے آپ کو کئی مرتبہ لین تبدیل کرنی پڑ جائے تو یاد رکھیں کہ ہر ایک لین ایم ایس ایم روٹین کے مطابق تبدیل کریں۔

ضرور عمل کرنا۔ شیشوں کا اور لیفٹ سگنل کا استعمال صحیح وقت پر کر کے لیفٹ ہینڈ لین میں چلے جائیں۔

ایسا مت کریں

☆......ایک دم راستہ کاٹ کر سلیپ روڈ میں آنا

☆......ایک سے زیادہ لین چھوڑ کر لیفٹ لین میں آجانا۔

☆......آخری منٹ پر خاص کر تین یا چار لین والے موٹروے کی سیکنڈ لین سے راستہ کاٹنا۔

ہارڈ شولڈر باہر نکلنے کا راستہ نہیں ہے اور اُس پر قیو یا قطار ہرگز نہ بنا لیں۔

جہاں موٹروے ملتے ہیں وہاں کبھی کبھار ایسا نکلنے کا راستہ (EXIT) ہوتا ہے جو آپ کے مطلوبہ راستے (EXIT) سے پہلے آتا ہے۔ اِن جگہوں پر اور جہاں پر سروس ایریاز اِن راستوں (EXITS) کے نزدیک ہیں۔ بہت آگے تک دیکھیں تاکہ آپ کو پیشگی وارننگ سائین نظر آجائیں۔

اگر غلطی سے اپنے راستہ سے آگے نکل جائیں تو پھر آگے جاتے رہیں اور آنے والا راستہ ڈھونڈ لیں

موٹروے کا خاتمہ - موٹروے کے ختم ہونے کے ہر راستہ پر سائین (اینڈ آف موٹروے) لگا ہوتا ہے۔ اس کا مطلب کہ آپ موٹروے کے بعد جس روڈ میں شامل ہو رہے ہیں اُن کے قانون قاعدے مختلف ہیں۔

یاد رکھیں جو بھی سائین نظر آئیں اُس پر خاص دھیان دیں کہ وہ کیا بتا رہے ہیں۔

☆......سپیڈ لیمٹ

☆......ڈیول کیرج وے

☆......دو طرفہ ٹریفک

☆......صاف راستہ

☆......روڈ کا تعلق موٹروے کے ساتھ ہے۔

☆......پارٹ ٹائم ٹریفک لائیٹس

موٹروے چھوڑتے وقت سپیڈ -جب آپ موٹروے پر لگاتار تیز سپیڈ سے گاڑی چلاتے رہتے ہیں تو موٹروے چھوڑنے کے بعد آپ کا سپیڈ کا اندازہ پر ضرور اثر پڑے گا۔ 40 یا 45 میل فی گھنٹہ سپیڈ کو ایسے محسوس کریں گے

کہ گویا 20 میل فی گھنٹہ سپیڈ سے چلا رہے ہیں۔اسلئے مندرجہ ذیل پر دھیان دیں۔

☆......اپنی ڈرائیونگ کو نئی کنڈیشن کے مطابق ایڈجسٹ کریں۔

☆......گاڑی کے سپیڈو میٹر کو چیک کریں تاکہ اِس سے آپ کو صحیح سپیڈ معلوم ہو ۔

پہلے سپیڈ کو کم کرنا –حفاظت کیلئے سب سے پہلے سپیڈ کو کم کرلیں جب تک کہ آپ کنڈیشن کی تبدیلی کے عادی ہوتے ہیں ۔اس کے ایڈجسٹ ہونے میں آپ کو وقت لگے گا۔

موٹروے کے سلیپ روڈ اور دوسرے روڈ اکثر زیادہ مُڑے ہوتے ہیں جن سے گزرنے کیلئے بہت کم سپیڈ ہونی چاہئے۔ دُور تک راؤنڈ آباؤٹ یا ٹریفک سگنل کے پاس ٹریفک کی لمبی لمبی قطاروں پر دھیان دیں ۔

یاد رکھیں –ٹریفک کی کنڈیشن کے تبدیل ہونے پر آپ کو اُن سب پر دھیان رکھنے کی ضرورت ہوگی جن کو موٹروے پر جانا منع ہے۔ مثلاً پیدل چلنے والے۔ سائیکل سوار اور دوسرے روڈ کو استعمال کرنے والے۔

موٹروے پر موسم کی کنڈیشن

خراب موسم میں ڈرائیونگ کرنا اگلے سیکشن میں بتایا گیاہے۔ موٹروے پر یہ اور بھی ضروری ہے۔

گیلا موسم - گاڑیوں کی سپیڈ زیادہ ہونے کی وجہ سے صاف دکھائی نہیں دیتا اور بڑی گاڑیاں گزرتے وقت تمام پانی چھوٹی گاڑیوں پر چھڑکتی جاتی ہیں تو ایسے میں۔

☆......گاڑی کی ہیڈ لائیٹ کو آن کردیں تاکہ دوسرے ڈرائیور آپ کو دیکھ سکیں پچھلی فوگ لائیٹ کو آن نہ کریں۔اس وقت تک جب کہ 100 میٹر سے آگے نہ دکھائی دے۔

☆......جب کنڈیشن بہت ہی خراب ہو تو گاڑی کی سپیڈ کم کردیں ۔کم سپیڈ میں ڈرائیونگ کرنا محفوظ ہے۔

☆......حالات کے مطابق سپیڈ کو ایڈجسٹ کریں اور دوسری گاڑیوں سے فاصلہ بھی زیادہ رکھیں۔ عام فاصلہ سے کم از کم ڈبل فاصلہ ہونا ضروری ہے۔

آئس یا فروسٹ –آئس یا فوگ میں گاڑی کو کنٹرول کرنا مشکل ہوتا ہے ۔

روڈ کی سطح کی کنڈیشن کو جلد سمجھنے کی کوشش کریں اگر گاڑی کا سٹیرنگ ہلکا محسوس ہوتا ہے۔ تو روڈ پر فروسٹ یا آئس ہے۔ بریک کو بہت آہستہ اور بہت کم استعمال کریں اس سے بھی آپ کو روڈ کی سطح کی کنڈیشن کا اندازہ

لگانے میں مدد ملے گی۔

فروسٹ پر بریک کا استعمال عام فاصلہ سے دس گنا زیادہ ہونا ضروری ہے۔

کراس ونڈز (تیز ہوا) - موٹروے پر تیز ہوائیں ایک اور خطرہ ہیں۔ تیز ہوائیں گاڑی کے سٹیئرنگ پر اثر کر سکتی ہیں۔ اگر ہوائیں موٹروے کے ایسا حصہ پر ہیں جہاں ہواؤں کیلئے کوئی رکاوٹ نہیں ہے اور لیفٹ کی طرف سے آرہی ہیں تو خاص احتیاط کریں۔ اچانک ہوا کا تیز جھونکا جیسے ہی کسی بڑی گاڑی کے پاس سے گزرتے ہیں یا کسی پُل کے نیچے سے گزرتے ہیں تو آپ کی گاڑی کو رائیٹ کیطرف دھکیل سکتا ہے۔ تیز آندھی میں اُونچی گاڑیوں کے ڈرائیوروں یا کاروان والے ڈرائیوروں کو بہت ہی مشکل پیش آتی ہے اور موٹر سائیکلز کو بھی ایسی تیز ہوائیں زیادہ اثر کرتی ہیں۔ لہذا جب ان کو اوورٹیک کریں تو اِن حالات کو مدنظر رکھیں۔

فوگ یا دھند -اگر موٹروے پر فوگ ہے تو آپ کو چاہئے کہ جتنے فاصلہ تک صاف دکھائی دیتا ہے گاڑی کو بھی اُسی فاصلہ کی حد میں روک سکیں۔اس لئے

☆......ڈیپ ہیڈ لائیٹس کو استعمال کریں

☆......شیشوں میں بھی چیک کریں اور گاڑی کو آہستہ کرلیں کیونکہ فوگ کی وجہ سے صاف دکھائی نہیں دیتا۔ فوگ سے سپیڈ اور فاصلہ کا صحیح اندازہ نہیں ہوتا۔

☆......اپنی گاڑی کا سپیڈومیٹر چیک کریں اور اپنی اور اگلی گاڑی کے درمیان بہت فاصلہ رکھیں۔

فوگ ایک دم اکٹھی ہوکر یا ٹکڑے بن کر آسکتی ہے۔ اگر ایسا ہو تو موٹروے پر وارننگ سائین "FOG" دکھائی دیتا ہے۔ اُس وقت

☆......تیار رہیں ☆...... صحیح وقت پر سپیڈ کو کم کرلیں۔

بدقسمتی سے فوگی کنڈیشن میں کتنی ہی گاڑیاں ایک دوسری سے ٹکرا کر اوپر تلے ہو جاتی ہیں۔ اس کو ایک واقع نہ کہہ دیں۔ بلکہ یہ سب ڈرائیوروں کی کوتاہیوں کی وجہ سے ہوتا ہے۔ کیونکہ

☆......سفر میں گاڑی بہت تیز چلاتے ہیں

☆......اگلی گاڑی کے بہت نزدیک ڈرائیونگ کرتے ہیں۔

☆......ایسا خیال کرتے ہیں کہ آگے فوگ میں کوئی خطرہ نہیں ہے

☆......صاف نظر آنے والے خطرات کو بھی نظرانداز کر دیتے ہیں۔

ضرور کریں - فوگ لیمپ آن کریں اگر آپ کو 100 میٹر کے فاصلہ سے کم دکھائی دے رہا ہے۔

موٹروے چھوڑنے کیلئے تیار ہو جائیں۔

آگے کسی بھی ایکسیڈینٹ ہونے پر پہلے ہی ہوشیار ہو جائیں ۔

ایمر جنسی گاڑیوں پر دھیان دینا جو پیچھے آ رہی ہیں۔ یہ بھی ممکن ہے کہ ہارڈ شولڈر پر آ رہی ہوں۔

ایسامت کریں- اگلی گاڑی کی لائیٹ کے سہارے پر گاڑی نہ چلائیں اسطرح آپ اگلی گاڑی کے بہت نزدیک ہونگے اگر اگلی گاڑی اچانک رُک گئی تو آپ اپنی گاڑی کو وقت پر نہ روک سکیں گے۔

موٹروے پر گاڑی کھڑی کرنا

صرف مندرجہ ذیل حالات میں موٹروے پر گاڑی کو لازمی روکنا چاہئے۔اگر

☆......سرخ لائیٹ آن ہو

☆......ایمر جنسی کے وقت

☆......ایکسیڈینٹ سے بچنے کیلئے

☆......جب پولیس یا روڈ سائینز یا سگنلز رُکنے کیلئے کہیں تو رُک جائیں۔

موٹروے کے کسی حصہ پر نہ ہی کسی کو اتارنے یا بٹھانے کیلئے رکیں۔سلیپ روڈ پر بھی نہ سٹاپ کریں۔

ہارڈ شولڈر کو صرف ایمر جنسی کے وقت استعمال کریں۔

آہستہ ہونا یا سٹاپ ہونا- اگر آپ کو آگے کیرج وے پر ہنگامی حالات میں گاڑی کو آہستہ کرنا یا رُکنا ہو تو پچھلی ٹریفک کو آگے کی رکاوٹ سے آگاہ کرنے کیلئے "ہذرڈ وارننگ لائیٹس" کو آن کر دیں ۔جب آپ کو یہ یقین ہو جائے کہ پچھلی ٹریفک کو آگے کے حالات نظر آرہے ہیں تو اپنی گاڑی کی "ہاذرڈ وارننگ لائیٹس" کو آف کر دیں۔

گاڑی کا خراب ہونا اور ایکسیڈینٹ - موٹروے پر گاڑی خراب ہو جائے یا ایکسیڈینٹ ہو جائے تو ایسے حالات میں کیا کرنا چاہئے اس کے بارے میں اگلے سبق میں تفصیل سے بتایا گیا ہے۔

پارکنگ - پارکنگ کی سہولتیں صرف سروس ایریا ہی مہیاء کرتا ہے۔

سروس ایریا میں جانے کا طریقہ بھی ویسا ہی ہوتا ہے جیسا کہ موٹروے کو چھوڑنے کا طریقہ۔

موٹروے چھوڑنے کے بعد گاڑی کو فوراً آہستہ کرنا بہت ہی عجیب سا محسوس ہوتا ہے اور بہت احتیاط کرنی پڑتی ہے کہ کار پارک کے ایریا کی طرف جانے کیلئے بہت ہی شارپ موڑ ہوتا ہے۔

جب آپ گاڑی کو پارک کر لیتے ہیں تو بچوں اور جانوروں پر مکمل کنٹرول رکھیں۔

کیونکہ کُچھ ڈرائیور کارپارک کے اندر داخل ہوتے وقت گاڑی کی سپیڈ کم کرنے میں دیر کر دیتے ہیں۔
جب گاڑی پارک کریں تو گاڑی لاک کریں اور قیمتی چیزیں مثلاً کیمرہ وغیرہ سامنے نہ رہنے دیں۔
دوبارہ موٹروے میں شامل ہونا ہو تو وہی طریقہ استعمال کریں جو موٹروے کے شروع ہونے پر اختیار کیا تھا۔

موٹروے پر رات کے وقت ڈرائیونگ

یاد رکھیں۔اگر آپ روشن سروس ایریا سے نکلتے ہیں تو اپنی آنکھوں کو اندھیرے کے ساتھ ایڈجسٹ کرنے کیلئے وقت دیں۔

ہیڈلائیٹس کا استعمال کریں - اگر موٹروے پر روشنی ہو تو بھی رات کو ہمیشہ ہیڈلائیٹس کو آن کریں ۔
گاڑی کی بیم لائیٹس کو مدھم کر دیں تاکہ آپ کے آگے والے ڈرائیوروں اور آنے والے ڈرائیوروں کی آنکھیں چندھیا نہ جائیں۔خاص کر لیفٹ ہینڈ کی گولائی پر بہت احتیاط کریں۔

اگر آپ کی آنکھیں چندھیا گئی ہیں- اگر دوسرے ڈرائیوروں کی لائیٹس سے آپ کی آنکھیں چندھیا گئی ہیں تو گاڑی کو آہستہ کرلیں مگر بریک بہت زور سے نہ لگائیں۔ ممکن ہے آپ کے پیچھے شائید کوئی گاڑی ہو۔

سپیڈ کا اندازہ لگانا -موٹروے پر اور رات کے وقت سپیڈ اور فاصلہ دونوں کا اندازہ لگانا بہت مشکل ہوتا ہے۔
اگر اوورٹیک کرنے کیلئے لین تبدیل کرتے ہیں یا موٹروے کو چھوڑتے ہیں تو انڈیکیٹر کا استعمال اور بھی پہلے کریں اور اپنے آپ کو بھی سوچنے کیلئے زیادہ وقت دیں۔

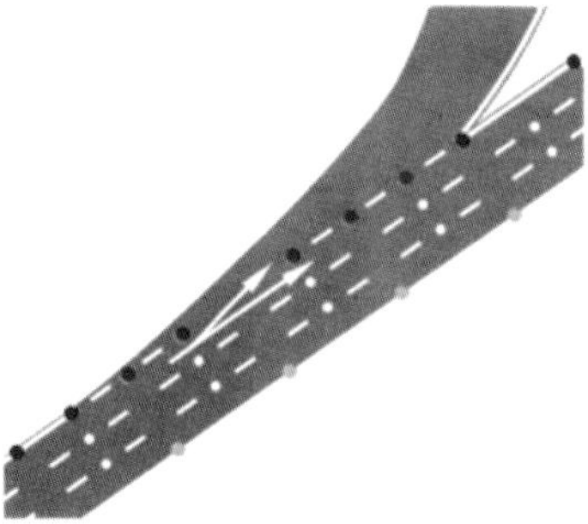

موٹروے پر چمکدار سٹڈز

ایسے ہوتے ہیں

☆......**سرخ** -ہارڈ شولڈر اور کیرج وے کے درمیان۔

☆......**سفید**- لینز کے درمیان۔

☆......**پیلے**-کیرج وے کے کنارے اور سنٹرل ریزرویشن پر

☆......**سبز** -کیرج وے اور سلیپ روڈ (شامل ہونے اور چھوڑنے کا راستہ) کے درمیان۔

☆...... **تیز سبز / پیلے**-روڈ پر کام یا کنڑا،فلو سسٹم پر۔۔

روڈ پر کام

روڈ پر کام کی وجہ سے ڈرائیور عام حفاظتی رولز کو نظر انداز کرتے ہیں تو اسلیئے اکثر ایکسیڈینٹ ہوتے ہیں۔
☆......ایڈوانس وارننگ سائینز اور فلیشنگ سگنلز کو دیکھ کر وقت پر گاڑی کی سپیڈ کو کم کرلیں۔

☆......جس لین کو استعمال کرنے کیلئے بتایا گیا ہے اُس لین میں گاڑی کو وقت پر لے آئیں۔

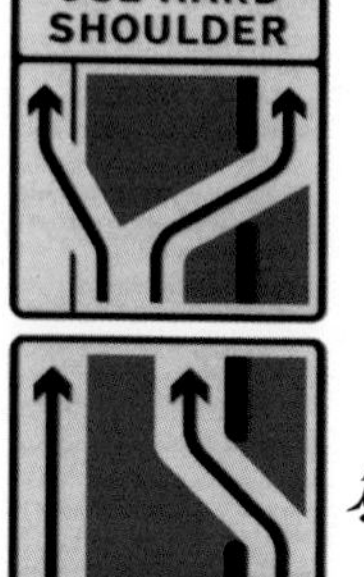

☆......سپیڈ لیمٹ پر عمل کریں۔

☆......اگلی گاڑی سے مناسب فاصلہ رکھیں۔

☆......کبھی بھی زور سے بریک نہ لگائیں اور سٹیئرنگ کو اچانک اِدھر اُدھر نہ کریں۔

☆......کبھی لینز تبدیل نہ کریں جب سائین بتائے کہ اپنی لین میں ہی رہیں۔

☆......اپنی پوری توجہ کو اِدھر اُدھر تبدیل نہ ہونے دیں۔

☆......جب تک روڈ پر کام کے ایریا سے نکل نہ جائیں اُس وقت تک گاڑی کی سپیڈ کو زیادہ نہ کریں۔

کنٹرافلو سسٹم (آنے والے روڈ کو استعمال کا طریقہ)

جب ایک سائیڈ پر روڈ پر کام ہو رہا ہوتا ہے۔ تو ٹریفک کو دوسری طرف کے آنے والے روڈ کا کُچھ حصہ عارضی طور پر استعمال کرنا پڑتا ہے۔اس سے ٹریفک کی آمدورفت اور روڈ پر کام بھی جاری رہتا ہے ۔ عام لینز کی نسبت یہ لینز اکثر تنگ ہوجاتی ہیں اور آنے جانے والی ٹریفک میں فرق رکھنے کیلئے تیز سبز / پیلے سٹڈ لگائے جاتے ہیں۔

نوٹ -جب کنٹرافلو سسٹم موٹروے پر استعمال ہوتا ہے۔ تو ہوسکتا ہے دوسرے زیادہ سپیڈ والے روڈ پر بھی استعمال ہو رہا ہو ۔

مندرجہ ذیل دیکھیں

☆......لین تبدیل ہونے والے سائینز

☆...... آگے خراب گاڑیاں جہاں پر ہارڈ شولڈر بھی نہیں ہے۔

☆......جب اگلی گاڑیاں بریک استعمال کر کے آہستہ ہو رہی ہوں تو اُن سے اپنا فاصلہ صحیح رکھیں۔

موبائل روڈ ورک - بعض اوقات روڈ پر معمولی کام کی وجہ سے لین کو بند کئے بغیر کام جاری رکھنے کیلئے کُچھ کام کرنے والی گاڑیاں بہت آہستہ چل رہی ہوتی ہیں یا کھڑی ہوتی ہیں ۔ایسی گاڑیوں کے پیچھے ایک سائین لگا ہوتا ہے جو پچھلی ٹریفک کو لیفٹ یا رائیٹ سائیڈ سے گزرنے کیلئے آگاہ کرتا ہے۔

جب روڈ پر کام کرنے والی گاڑیاں استعمال ہوتی ہیں تو اُس وقت روڈ پر کوئی نشانات یا کونز وغیرہ نہیں رکھی جاتی ہیں

موٹروے پر نئے ڈرائیور

موٹروے پر ڈرائیونگ کرنے کیلئے ڈرائیور کو زیادہ مہارت ، مشاہدہ ، پیش بینی، منصوبہ بندی ، توجہ اور حاضر دماغی کی بہت ضرورت ہوتی ہے۔

اس سے پہلے کہ آپ بغیر کسی کی زیر نگرانی موٹروے پر گاڑی چلانا شروع کر دیں۔ کیونکہ موٹروے پر جانے سے پہلے ضروری ہدایت کے بارے میں پوری معلومات حاصل کرنا بہت ہی ضروری اور لازمی ہے۔

اگر آپ نے زیادہ عرصہ ڈرائیونگ نہیں کی یا حال ہی میں ڈرائیونگ ٹیسٹ پاس کیا ہے اور زیادہ مصروف ٹریفک اور تیز سپیڈ والے روڈ پر کبھی ڈرائیونگ نہیں کی اور یہ بھی ممکن ہے کہ آپ کا فیصلہ کا تجربہ موٹروے کی ضرورت کے مطابق نہیں ہے۔ تو اِسلئے

☆...... کسی تجربہ کار ڈرائیونگ اِنسٹر کٹر سے مشورہ لیں جو آپ کو قانون وضوابط کے مطابق محفوظ ہدایات دے سکتا ہے ۔

☆...... ہر موقع سے مشاہدہ کرنے (دیکھنے) کا اور سیکھنے کا پورا فائدہ اُٹھائیں۔

☆...... موٹروے کے کسی پُرسکون روڈ پر خوب پریکٹس کریں۔

☆......60-70 میل فی گھنٹہ کی سپیڈ سے گاڑی چلانے کی مشق کریں اور ٹریفک کے مطابق چلانے کی قابلیت حاصل کریں۔

ہر گز -گاڑی کو موٹروے پر لے کر نہ جائیں جب تک موٹروے پر گاڑی چلانے کے قابل نہ ہوں

یاد رکھیں-موٹروے پر ڈرائیونگ صحیح ہونی چاہئے۔

موٹروے پر ڈرائیونگ کرتے وقت خیال رکھیں کہ آپ کے چاروں طرف بڑی لمبی بھاری اور سامان سے لدی تیز سپیڈ لاریاں چل رہی ہوتی ہیں اور اگر آپ اُن میں گاڑی چلاتے وقت کوئی معمولی سی بھی غلطی کریں گے تو خطرناک ایکسیڈینٹ ہو سکتا ہے۔

سیکشن 12 ہر موسم میں ڈرائیونگ

مختلف موسمی حالات کی وجہ سے مختلف موسموں اور مختلف علاقوں میں قسم قسم کی رکاوٹیں پیش آسکتی ہیں۔
بعض دفعہ موسمی رکاوٹوں کو صرف سن وائیزر ڈاؤن کر کے نپٹا جاسکتا ہے۔جب کہ بعض مشکل حالات میں گہری برف کی صورت میں پہیئے گھما کر ایسی رکاوٹ پر قابو پایا جاسکتا ہے۔
سخت موسمی صورتوں میں یعنی سخت گرمی یا سخت سردی میں ڈرائیونگ میں اور گاڑی میں موجود کمزوریاں نظر آجائیں گی۔
سب سے بہتر طریقہ یہ ہے کہ حد سے بُرے موسم میں روڈ پر نہ جایا جائے۔اور ایسے اعلانات پر توجہ دی جائے جو باہر جانے سے منع کرتے ہیں۔
اس طرح ایمر جنسی میں خدمات انجام دینے والے لوگ اصل ایمر جنسیوں پر توجہ دے سکیں گے بجائے اس کے کہ وُہ پھنسے ہوئے ڈرائیوروں پر وقت ضائع کریں۔
اگر ان تمام حالات کے باوجود آپ ڈرائیو کرنے پر مجبور ہوں تو اُس کیلئے ٹریننگ اور تیاری انتہائی ضروری ہے۔
اِس سیکشن میں انتہائی دشوار موسم میں پیش آنے والے مسائل پر توجہ دی گئی ہے اور بحفاظت اِن سے نپٹنے کی تمام تکنیک بیان کی گئی ہے۔

اس سیکشن میں مندرجہ ذیل موضوعات ہیں

☆...... آپ کی گاڑی

☆...... موسم اور نظر

☆...... گیلے روڈ پر ڈرائیونگ

☆...... تیز اور تند ہواؤں (کراس وِنڈز) میں ڈرائیونگ

☆...... فوگ میں ڈرائیونگ

☆...... برف اور آئس میں ڈرائیونگ

☆...... دھوپ اور سخت گرمی میں ڈرائیونگ

☆...... سکڈنگ (پھسلنا)

آپ کی گاڑی

موسم کیسا بھی ہو لیکن آپ کو یہ تسلی کرنی چاہیئے کہ آپ کی گاڑی اور اُسکا سازوسامان اچھی حالت میں ہیں۔اُن کو مکمل طور پر چیک کیا گیا ہے اور گاڑی کی باقاعدہ سروس کی ہوئی ہے۔

ٹائرز -ٹائرز کی حالت اور پریشر باربار چیک کریں۔یہ تسلی کریں ٹائروں کے اچھے ٹریڈ ہیں اور کنارے خراب نہیں ہیں اور اِن میں صحیح پریشر کے مطابق ہوا بھری ہوئی ہے ٹائر کی اندرونی سائیڈوں کو بھی چیک کرنا نہ بھولیں۔

ٹائر کے ربڑ کو چیک کریں کہ گھسا ہوا تو نہیں ہے۔کراس اور گولائی بھی چیک کریں جو کہ میکانیکل نقص بھی ہو سکتا ہے۔
تسلی کرلیں کہ آپ کی گاڑی اچھی طرح چیک ہوئی ہے اور جو بھی خرابی ہے اس کو ٹھیک کر دیا گیا ہے اور اگر نئے ٹائر لگانے کی ضرورت ہے تو لگوا لئے ہیں۔

تیار رہیں -ٹائر کو چیک کرنے میں اتنی دیر نہ کریں کہ جب موسم خراب ہو گا تو موسم کے خراب ہونے پر خود بخود پتہ چل جائے گا بلکہ خود ٹائر کو چیک کر کے معلوم کریں خراب موسم کا انتظار مت کریں اس وقت تک ہو سکتا بہت دیر ہو جائے اور آپ کی زندگی کا انحصار ممکن ہے محض چند ملی میٹر ربڑ پر ہی ہو جو کہ آپ کی زندگی کیلئے وہاں ضرور ہونا چاہیئے۔
صحیح ٹائرز خاص کر برف، آئسی روڈ اور زیادہ بارش کیلئے بہت ہی ضروری ہیں۔

بریکز - بریکز بھی بالکل صحیح حالت میں ہوں۔اگر روڈ گیلا یا سلیپری (پھسلنے والا) ہے تو گاڑی کو رُوکنے کیلئے زیادہ وقت لگتا ہے خواہ بریکز بالکل درست ہی کیوں نہ ہوں۔

موسم اور منظر

سب سے بڑا خطرہ اُس وقت ہوتا ہے جب کوئی ڈرائیور دُور تک مکمل دیکھنے کیلئے ناکام رہے۔اگر آپ روڈ کو صاف دیکھ نہیں سکتے تو درست فاصلہ کرنے کی صلاحیت سے محروم ہو جائیں گے۔
ہمیشہ گاڑی کی وِنڈسکرین. وِنڈوز اور شیشے صاف رکھیں تاکہ ہر چیز صاف دکھائی دے۔

وائیپرز اور واشرز - تسلی کرلیں کہ گاڑی کے وائیپر کے بلیڈ بالکل صحیح ہیں۔

واشرز پوری طرح کام کرتے ہیں اور واشرز کی ٹنکی پانی سے بھری ہوئی ہے اور اڈیٹیو (گلاس صاف کرنے والا پانی) کو پانی میں ملائیں ۔اس سے

☆......سردی میں پانی جمتا نہیں۔

☆......گرمی میں اس پانی سے سکرین سے مرے ہوئے کیڑے اور داغ دھبے صاف ہو جاتے ہیں اور سکرین میں سے ہر چیز صاف دکھائی دیتی ہے

دھندلا پن (بھاپ) - شیشے اور گلاس اندر سے دھندلے ہو جانے کی وجہ سے آپ کو صاف دکھائی نہیں دے سکتا ۔ گرمیوں میں بھی بعض اوقات بارش کی وجہ سے اندر سے ونڈو کے شیشے دھندلے ہو سکتے ہیں۔

صاف کرنے کیلئے

☆......ایک صاف اور خشک کپڑا رکھیں جس سے اندرونی شیشے صاف کرلیں۔

☆......گاڑی کو چلانے سے پہلے تمام شیشے صاف کرلیں۔

☆......ڈائی میسٹر کا استعمال کریں ، اگر آپ کی گاڑی کی ونڈسکرین گرم کرنے کا بندوبست ہے تو جلدی کریں ۔اور پچھلے ونڈو کو بھی گرم کریں تاکہ صاف دکھائی دیتا رہے۔

☆......اگر ضروری ہو تو بھاپ کو صاف کرنے کیلئے ونڈو کھولیں۔

گاڑی کی کتابیں پڑھیں اور بنانے والے کی ہدایات گرم کرنے اور تازہ ہوا لینے کیلئے غور سے پڑھیں اور اُن پر عمل کریں۔

کئی اور بھی طریقے ہیں جن سے ونڈو کے گلاس صاف رکھے جاتے ہیں۔ مثلاً

☆......گلاس صاف رکھنے کیلئے دوائی کا استعمال

☆......ڈی آئیسر

☆......خاص گلاس صاف کرنے والا کپڑا۔

☆......الیکٹریکلی ہیٹڈ گلاس

خشک گرم ہوا - جب انجن گرم ہو جائے تو گرم ہوا کو استعمال کریں جس سے گلاس صاف رہتا ہے۔

مگر جب آپ ٹھنڈے انجن کو سٹارٹ کرتے ہیں تو اس وقت وہ گرم ہوا مہیاہ کرنے کے قابل نہیں ہوتا۔اس لئے کوئی خشک کپڑا استعمال کریں۔ اگر آپ کی گاڑی میں کوئی سواری بیٹھی ہے تو اُس کو کہیں کے پچھلے سائیڈ ونڈو صاف کرنے میں مدد کرے۔ مینوورینگ کرتے وقت تو یہ اور بھی لازمی ہے۔

آئسی موسم - موسم خاص کر آئسی ہے تو آپکی گاڑی کے ونڈو اور سکرین پر پانی زیادہ جم سکتا ہے۔

گاڑی چلانے سے پہلے اتنا انتظار کریں کہ گاڑی کے ہیٹر اور ڈائی میسٹر صحیح کام کرنا شروع کر دیں اس وقت تک گاڑی نہ چلائیں جب تک تمام سکرین اور پچھلے ونڈو صاف نہ ہو جائیں۔

بہت احتیاط کریں کہ وائیپر کے بلیڈ کو نقصان نہ ہونے پائے جو کہ ونڈ سکرین اور پچھلی سکرین پر جم گئے ہیں۔ ونڈ سکرین صاف کرنے کیلئے اُبلا ہوا پانی ہر گز نہ ڈالیں اس سے گلاس ٹوٹ سکتا ہے۔

بارش - بارش میں اگر روشنی کم ہو جائے تو ڈپٹ ہیڈ لائیٹس کو استعمال کریں (جیسے بارش، بوندا باندی، دھند، یا بہت کم روشنی) تاکہ دوسرے ڈرائیور آپ کو دیکھ سکیں۔

بارش کی وجہ سے ونڈ سکرین اور ونڈو اور باہر کے شیشوں میں سے صاف دکھائی نہیں دیتا۔ اسلئے وائیپر آن کر دیں تاکہ سکرین جلد سے جلد صاف ہو جائے اور گلاس کو بھی صاف کریں اور کسی کپڑے سے سائیڈ کے شیشے بھی صاف کرنا نہ بھولیں۔

گاڑی میں واشر بوتل کو ہمیشہ فُل رکھیں۔

بہت زیادہ گیلے موسم میں گاڑی کو آہستہ چلائیں کیونکہ بہت زیادہ بارش میں کُچھ ونڈ سکرین وائیپر اس قابل نہیں ہوتے کہ بہت زیادہ بارش میں پوری طرح کام کر سکیں۔

خراب موسم میں ہمیشہ گاڑی کے ونڈوز، سکرینز اور انڈیکیٹر لائیٹس کو جتنی بار ضرورت پڑے صاف کریں۔

وارننگ - جب تک آپ سب طرف پورا اور مکمل دیکھ نہ سکتے ہوں کسی بھی موسم میں آپ ڈرائیو نہ کریں۔

گیلے روڈ پر ڈرائیونگ

گیلے روڈ گاڑی کے ٹائرز کی گرفت کم کر دیتے ہیں۔ اسلئے آہستہ کرنے اور روکنے کیلئے اپنے آپ کو بہت سا وقت اور جگہ دیں۔ دوسری گاڑیوں سے زیادہ دُور رہیں۔

گیلے روڈ پر خشک روڈ کی نسبت رُکنے کیلئے ڈبل فاصلہ بھی چاہئے۔ تاکہ اگر گاڑی روکنے کی ضرورت پڑے تو آپ گاڑی کو وقت پر روک سکیں۔

کُچھ عرصہ خشک موسم کے بعد جب بارش ہوتی ہے تو روڈ کی سطح کو زیادہ پھسلنے والا بنا دیتی ہے تو بہت احتیاط کریں خاص کر کونے پر موڑتے ہوئے گاڑی کے سکڈ ہونے کا بھی خطرہ ہوتا ہے۔

یہ بھی ضروری دھیان میں رکھیں کہ مختلف روڈ کی سطح بھی ٹائرز کی گرفت پر اثر کرتی ہے۔

یہ بھی یاد رکھیں کے جتنا ٹائرز پر ربڑ کم ہو گا گاڑی رکنے میں زیادہ فاصلہ لے گی۔

گیلے روڈ پر ڈرائیونگ (اقواپلانیگ) - اگر آپ گیلے روڈ پر گاڑی کو بہت تیز سپیڈ سے چلاتے ہیں تو بارش کا پانی روڈ اور ٹائرز کے درمیان گرفت کو کمزور کر دیتا ہے۔ بیشک ٹائر بہت اچھی حالت میں ہیں۔ ٹائر کی گرفت روڈ کی سطح پر کم ہو جاتی ہے اور گاڑی پانی کی وجہ سے آگے کی طرف سلائیڈ ہو جاتی ہے۔ اسکو انگلش میں ''اقواپلانیگ'' کہتے ہیں۔

ایسی حالت میں سٹیرنگ ایک دم بہت ہلکا محسوس ہوتا ہے۔ اگر ایسا محسوس ہو تو گاڑی کو گیس کم کر کے آہستہ کر لیں لیکن بریک سے آہستہ نہ کریں اور نہ ہی ڈائریکشن کو تبدیل کریں۔ کیونکہ اُس وقت سٹیرنگ اور بریک دونوں پر بالکل کنٹرول نہیں رہتا۔

گیلے روڈ پر گاڑی کی سپیڈ جتنی زیادہ ہوگی تو اقواپلانینگ زیادہ ہوگا۔ آپ سپیڈ کو بہت کم رکھیں اور روڈ کی سطح پر پانی کے گڑھوں سے ہوشیار رہیں۔

بریکیز -پانی کا اثر بریک پر بھی پڑتا ہے اسلیئے جب بھی گاڑی پانی میں سے گزرے تو اُس کے بعد بریکیز کو ضرور استعمال کر کے ٹیسٹ کر لیں۔

پانی کا چھڑکاؤ - گیلے روڈ پر گاڑی کی سپیڈ کم رکھنے کی ایک اور وجہ یہ بھی ہے کہ دوسری گاڑیاں بھی آپ پر بارش کا پانی پھینکتی ہیں۔ اوورٹیکنگ کرنا یا کسی بڑی گاڑی کی طرف سے آپ کو اوورٹیک کرنے کی کوشش صبر آزما تجربہ ہوتا ہے جس سے ہوش وحواس بھی اُڑ سکتے ہیں۔ بعض اوقات وائپر پوری سپیڈ سے چل رہے ہوتے ہیں تو بھی ونڈ سکرین کو صاف نہیں کر سکتے اس سے یہ نتیجہ نکلتا ہے کہ ڈرائیور وقتی طور پر آگے کی کنڈیشن دیکھنے کے قابل نہیں رہتا۔

اگر بارش کے پانی کا چھڑکاؤ بونٹ کے نیچے سے ہو تو انجن سٹاپ ہو سکتا ہے یا الیکٹرونک کنٹرول کو خراب کر سکتا ہے۔

سیلاب سے واسطہ -جب آپ کو پانی سے گزرنا پڑے تو تھوڑا سوچ لیں۔ گاڑی کو روک کر پانی کا اندازہ لگائیں کہ کتنا گہرا ہے۔ کبھی ایک دم اس میں ڈرائیو نہ کریں۔ بعض اوقات روڈ پر سیلاب معمولی گہرا ہوتا ہے۔ گہرائی کو وہاں چیک کر لیں۔

گہرا پانی - اگر آپ کی گاڑی کی نسبت پانی زیادہ گہرا ہے تو گاڑی کو واپس موڑ کر کوئی اور روڈ استعمال کر کے سیلاب

سے بچ کر چلے جائیں۔ ہو سکتا ہے آپ کو اس طرح لمبا راستہ استعمال کرنا پڑ جائے لیکن پانی میں کھڑے رہنے سے بہتر ہو گا۔

اگر پانی بہت گہرا ہے تو ہو سکتا ہے کہ

☆......ایگزوسٹ میں پانی چلے جانے سے انجن سٹاپ ہو جائے

☆......ممکن ہے پانی انجن کے (air intake system) میں چلا جائے جو انجن کو نا قابل تلافی نقصان پہنچا سکتا ہے۔

کم گہرا پانی – اگر پانی زیادہ گہرا نہیں ہے تو گاڑی کو آہستہ آہستہ چلائیں۔ یہ تسلی کریں کہ روڈ کے جس حصہ پر پانی بہت کم ہے اس پر سے گزریں۔ یہ بھی یاد رکھیں کہ روڈ کا درمیانہ حصہ یعنی کراؤن والا ایریا پر کم پانی ہوتا ہے اور کرب کی سائیڈ پر عموماً پانی زیادہ ہوتا ہے۔

سیلاب جیسے پانی میں ڈرائیونگ کرنا-گاڑی کو پہلے گیئر میں جتنا ممکن ہو سکے آہستہ چلائیں۔ لیکن کلچ کو استعمال کرتے ہوئے انجن کی سپیڈ کو تیز اور لگاتار رکھیں۔ مثلاً

☆......اگر انجن کی سپیڈ بہت کم ہو تو ہو سکتا ہے انجن سٹال ہو جائے۔

☆......اگر آپ گاڑی کو تیز چلائیں گے تو لہریں پیدا ہونگی اور زیادہ پانی سے انجن چلنا بند ہو جائے گا کوشش کریں کے توازن بر قرار رہے۔

پیدل چلنے والوں پر توجہ دینا - پیدل چلنے والے پاس سے گزرتی ہوئی گاڑیوں سے آسانی سے بھیگ جاتے ہیں ۔ دُور تک نظر رکھیں ، پیدل چلنے والوں کا خیال رکھیں ، جب محفوظ ہو تو ایسا کریں کہ گاڑی کو آہستہ کر لیں اور اُن سے دور سے گزریں۔

انجن اور پانی - کُچھ قسم کے ڈیزل انجن ایسے ہوتے ہیں جن کو اتنے پانی سے کوئی نقص نہیں پڑتا۔ لیکن کُچھ فیول سسٹم ایسا ہوتا ہے کہ پانی سے خراب ہو جاتا ہے۔

پٹرول والے انجن کے الیکٹریکل حصے کو معمولی سا پانی بھی نقصان پہنچا دیتا ہے ۔ جیسے کہ انجن کے کام کرنے کا سسٹم ،کوئل ڈیسٹری بیوٹر اور تاریں وغیرہ۔

پانی سے گزرنے کے بعد-جب آپ پانی میں سے حفاظت سے گزر گئے ہیں ۔ تو پہلے شیشوں میں دیکھیں کہ پیچھے کیا ہے اور پھر بریکز کو ٹیسٹ کریں۔

اگر بریکز مکمل طور پر کام نہیں کر رہیں اور آپ گاڑی کو آہستہ چلاتے ہوئے بریکز پر ہلکا دباؤ ڈالیں گے تو اس سے یہ فائدہ ہو گا کہ بریکز خشک ہو جائیں گی۔ جب تک آپ کو تسلی نہ ہو جائے کہ بریکز صحیح طریقہ سے کام کرنا

شروع ہو گئی ہیں گاڑی کو تیز نہ چلائیں۔

کراسنگ فورڈ(پانی سے گزرنا) - زیادہ تر سردیوں میں موسم کی وجہ سے روڈ پر پانی جمع ہو جاتا ہے ممکن ہے کہ گہرائی کا پیمانہ ہو۔ اگر آپ کی گاڑی کیلئے پانی زیادہ گہرا نہیں تو سیلاب والی تکنیک استعمال کریں۔ گزرنے کے بعد بریکز کو چیک کرلیں۔ ہوسکتا ہے کہ کوئی نوٹس بھی ہو کہ آپ کیلئے بریکز چیک کرنا لازمی ہے۔

ایسا نہ کریں - فلڈ یا فورڈ میں پانی کو دھکیل کر یا چھینٹے اُڑا کر اِدھر اُدھر نہ کریں

☆...... آپ گاڑی کا کنٹرول کھو سکتے ہیں

☆...... شائید آپ کی گاڑی کھڑی ہو جائے

☆...... آپ کی وجہ سے روڈ بلاک ہو سکتا ہے۔

کراس وِنڈز میں ڈرائیونگ

کراس وِنڈز میں کچھ گاڑیاں توازن برقرار نہیں رکھ سکتیں۔ کیونکہ اُنکا اوپر کا حصہ بڑا اور اس نسبت سے وزن کم ہوتا ہے۔

اس طرح کے واقعات زیادہ تر موٹروے کے کشادہ روڈ اور پُلوں پر ہوتے ہیں۔

خاص کر سٹئیرنگ پر بہت اثر پڑتا ہے سٹئیرنگ گاڑی کو ادھر اُدھر کھینچتا ہے۔ ممکن ہے کہ گاڑی دوسری گاڑیوں کے آگے چلی جائے۔

بعض اوقات تو پوری گاڑی ہی ایک لین سے دوسری لین میں یا روڈ سے ہی اُتر جاتی ہے اور انجام بہت ہی خطرناک ہوتا ہے۔

سائیکل اور موٹر سائیکل سوار - آندھی میں سائیکل اور موٹر سائیکل ہلکی اور پتلی ہونے کی وجہ سے سائیڈ سے اُڑی ہوئی گاڑیوں کے سامنے آجاتی ہیں۔ اسلئے یہ بہت ہی ضروری ہے کہ ایسے حالات میں اوورٹیک کرتے وقت مناسب وقفہ رکھیں۔

ہائی سائیڈڈ گاڑیاں (لاریاں یا ٹرک)

اونچی سائیڈوں والی گاڑیوں کے ڈرائیور یا کاروان ،ٹریلرز ، گھوڑے لے جانے والے بکس وغیرہ کیلئے

☆...... تیز ہواؤں کے بارے میں پہلے ہی اندازہ کر لینا ضروری ہے۔

☆...... خطرناک اوراونچے پُل جن کے بارے میں اچھی طرح جانتے ہوں اُن سے دور رہیں۔

اس طرح کے ڈرائیوروں کو پُلوں اور بڑے بندوں کے پاس سے گزرتے وقت تیز ہواؤں میں متواتر بہت ہوشیار رہنا چاہیئے۔ ویسے عام سفر میں مناسب کنڈیشن میں بھی اِن سے ہوشیار رہنالازمی ہے۔

دوسرے ڈرائیوروں کو بھی اس قسم کی گاڑیوں سے اوورٹیک کرتے وقت یا اوورٹیک کرنے پر ایسی باتوں کے بارے میں محتاط رہنا چاہیئے۔

فوگ میں ڈرائیونگ

فوگ توسب سے خطرناک موسم کی کنڈیشن ہے۔

اگرڈرائیور ایک دوسرے کے بہت نزدیک ڈرائیونگ کررہے ہوں تو ایک گاڑی کے ایکسیڈینٹ ہونے پر جلد ہی کئی اور گاڑیاں شامل ہوجاتی ہیں۔

بعض اوقات تو فوگ میں موٹروے پر درجنوں گاڑیوں کے انبار لگ جاتے ہیں۔

فوگ میں جب بھی ایکسیڈینٹ ہوتے ہیں کئی زندگیاں ختم ہوتی ہیں یا بہت زیادہ لوگ زخمی ہوجاتے ہیں۔

ایسے حادثوں کا آسانی سے بچاؤ ہوسکتا ہے۔

صاف چیزیں دیکھیں -اگر آپ کو آگے صرف تھوڑے فاصلہ تک دکھائی دے رہاہے تو یہ ہی فوگ کا سائین سمجھیں۔ ضروری نہیں کوئی سائین ہی لگا ہوکہ آگے فوگ ہے۔

یاد رکھیں- اگر بہت ہی گہری دھند ہے اور آپ سامنے والی گاڑی کی فوگ لائیٹ دیکھ سکتے ہیں۔تب

ایمرجنسی میں کھڑی کرتے وقت بھی آپ کی گاڑی اگلی گاڑی کے بہت نزدیک ہے۔

فوگ میں ڈرائیونگ سے پرہیز کریں - اگر ممکن ہوتو اپنا سفر ملتوی کردیں یا کسی دوسری ٹرانسپورٹ کا انتظام کرلیں۔

اگر آپ کولازمی ڈرائیوکرنا ہے تو مکمل تیاری کریں وِنڈسکرین کو اچھی طرح صاف کریں تمام لائیٹس چیک کریں۔اپنے آپ کوسفر کیلیئے زیادہ وقت دیں اور وقت سے بہت پہلے سفر شروع کریں۔

فوگ کے ٹکڑے

فوگ میں تبدیلی۔ بعض اوقات فوگ گھنے ٹکڑے میں ہوتی ہے۔ ایک لمحے کیلیئے صاف ہوجاتی ہے اور دوسرے ہی لمحے بہت ہی گھنی ہوجاتی ہے۔ایسی تبدیلی کے دوران کبھی سپیڈ زیادہ کرنے کے بہکاوے میں نہ آئیں۔

فوگ میں لائیٹس کا استعمال - جب فوگ میں ڈرائیونگ کریں فوگ لائیٹس کو اگر صحیح ایڈجسٹ کریں تو یہ بہت مددگار ثابت ہوسکتی ہیں دن کی روشنی میں بھی اگر کسی وقت آپ کو صاف دکھائی نہیں دے رہا تو ڈپڈ ہیڈ لائیٹس یا فرنٹ فوگ لائٹس کو ضرور استعمال کریں۔

☆......سائیڈ لائیٹس کی نسبت یہ بہت ہی دُور فاصلہ سے نظر آجائیں گی۔

☆......دن کے وقت یہ دوسرے ڈرائیوروں یا پیدل چلنے والوں کی آنکھوں کو چندھیاتی بھی نہیں۔

☆......اگر آپ کی گاڑی میں فوگ لائیٹس لگی ہیں تو استعمال کریں۔

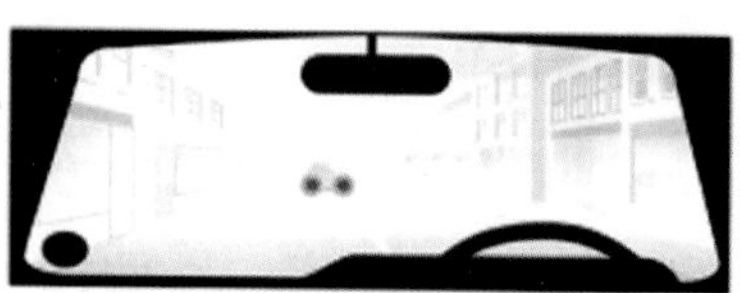

دھندلا ہونا-جب آپ کو دھندلا نظر آئے یا کسی اور وقت تاریکی ہو تو ڈپڈ بیم استعمال کریں۔

رات کے وقت - بہت زیادہ اندھیرے میں ہوسکتا ہے آپ کو تمام تر انحصار فوگ لائٹس پر کرنا پڑے یا فوگ لائٹس اور ڈپڈ بیم کو باری باری زیادہ گہری دھند اور ہلکی دھند کے درمیان استعمال کرنا پڑے۔

گاڑی کی پچھلی تیز فوگ لائٹس- اگر آپ کی گاڑی میں پچھلی بہت تیز فوگ لائیٹس لگی ہوئی ہیں تو صرف اس وقت استعمال کریں جب 100 میٹر سے کم فاصلہ تک دکھائی دیتا ہو۔

یاد رکھیں ۔جب روشنی ہو جائے اور ہر چیز صاف نظر آئے تو فوگ لائٹس کو آف کرنا لازمی ہے۔کسی اور وقت جیسے کہ بارش میں استعمال کرنے سے پیچھے آنے والے ڈرائیوروں کی آنکھیں چندھیا سکتی ہیں۔

لائیٹس کو ایڈجسٹ کرنا - لائیٹس کو کنڈیشن کے مطابق تبدیل کریں۔مثال کے طور پر جب آپ کسی لمبی قطار میں ہیں اور پچھلے ڈرائیور نے آپ کو دیکھ لیا ہے تو بہتر ہوگا کہ پچھلی فوگ لائیٹس کو وقتی طور پر آف کر دیں۔اس سے ڈرائیور کی آنکھیں چندھانے سے بچ جائیں گی۔ضرورت پڑنے پر پھر آن کر دیں

فوگ میں ڈرائیونگ کرنا - چیزوں کا صاف دکھائی نہ دینا پریشان کُن ہے اور اِس کا آنکھوں پر بھی بہت بُرا اثر پڑتا ہے۔جس سے وقت پر فوری عمل کرنے کی قوت کا بھی کم ہونے کا اندیشہ ہے۔

ویسے بھی فوگ میں فاصلہ اور سپیڈ کا اندازہ لگانا مشکل ہوتا ہے جب کے گاڑیوں کے کنارے بھی فوگ میں نظر آنا مشکل میں یا الجھن میں ڈال دیتے ہیں۔خاص کر جس روڈ پر کبھی گئے ہی نہیں تو وہاں پر پتہ ہی نہیں چل سکتا کہ روڈ کس طرف جاتا ہے اور آپ آسانی سے مصیبت میں پھنس سکتے ہیں۔

مندرجہ ذیل ضرور کریں۔

☆...... آہستہ ہو جائیں۔گاڑی کا سپیڈومیٹر رفتہ رفتہ چیک کریں۔

☆......جتنے فاصلہ تک دکھائی دیتا ہے اُس فاصلہ کے اندر اندر گاڑی کو روکنے کے قابل ہوں۔

☆......وائیپر کو استعمال کر کے باہر سے ونڈ سکرین کو صاف رکھیں۔

☆......ڈیمسٹر کو استعمال کر کے اندر سے سکرین کو صاف رکھیں۔ اگر آپ کی گاڑی میں وِنڈ سکرین ہیٹر ہیں تو استعمال کریں۔

فوگ میں کسی گاڑی کے پیچھے جانا

Slow down in FOG

گاڑی ہمیشہ آہستہ چلائیں اور اگلی گاڑی سے رُکنے کیلئے زیادہ فاصلہ رکھیں۔
بعض اوقات سامنے کُچھ فاصلہ پر کوئی رکاوٹ ہوتی ہے جسے آپ دیکھ نہیں سکتے جب تک کہ آپ اُس رکاوٹ کے بہت نزدیک پہنچ نہ جائیں ۔ اگر آگے والی گاڑی اچانک رُک جائے تو آپ کے پاس بہت وقت یا فاصلہ ہونا چاہئے کہ آپ بھی صحیح وقت پر گاڑی روک سکیں۔
ہو سکتا ہے کہ آگے آپ دیکھ نہ سکیں یا سمجھ ہی نہ سکیں کہ اگلی گاڑی بریک سے آہستہ ہو رہی ہے یا کھڑی ہو چکی ہے جس طرح کہ آپ صاف موسم میں جلد سے جلد سمجھ جاتے ہیں۔
آپ کو چاہئے کہ ضرورت کے وقت گاڑی کو حفاظت سے روک سکیں یاد رکھیں کہ فوگ میں روڈ کی سطح پھسلنے والی ہوتی ہے۔ بریک لگاتے وقت موسم اور روڈ کو مدِ نظر رکھنا ضروری ہے۔
اوورٹیکنگ – فوگ میں اوورٹیک کرنا بہت ہی خطرناک ہے آپ سوچ بھی نہیں سکتے کہ آگے کتنی زیادہ خراب حالت ہے اور آپ اس قابل بھی نہیں ہیں کہ آگے سے آنے والی ٹریفک کو بہت پہلے دیکھ سکیں۔
یاد رکھیں- فوگ ہونا بربادی یا موت نہیں ہے بلکہ فوگ کے مطابق ڈرائیونگ اصول کے مطابق نہ کرنے سے موت اور تباہی واقع ہوتی ہے۔ اگر آپ ڈرائیونگ کو منصوبہ بندی سے کریں تو اس سے بچ سکتے ہیں ۔

مندرجہ ذیل کریں

☆......گاڑی حالات کے مطابق اور محفوظ سپیڈ سے چلائیں سفر وقت سے پہلے شروع کر دیں۔ اگلی گاڑی سے مناسب وقفہ رکھیں۔ اپنے فیصلہ پر مضبوط رہیں کبھی دوسرے ڈرائیوروں کے دھکیلنے پر گاڑی تیز چلانا نہ شروع کر دیں۔

☆......ایمرجنسی گاڑیوں پر نظر رکھیں اس سے پتہ چلتا ہے کہ آگے کوئی ایکسیڈینٹ ہوا ہے۔

ایسامت کریں

☆......اگلی گاڑی کے بہت نزدیک چلانا۔

☆......اگلی گاڑی کے سہارے پیچھے پیچھے جاتے رہنا۔ اسطرح آپ اس غلط خیال میں مبتلا ہو جائیں گے کہ اگلی گاڑی کی لائیٹس کو دیکھتے جانے سے آپ کو فوگ میں ڈرائیونگ کرنے میں مدد ملے گی۔

☆...... فوگ میں جاتے ہوئے بیم لائیٹس آن کرنا

-فوگ لائیٹس کو منعکس کرتی ہے تو آپ کی آنکھیں چندھیا سکتی ہیں اور آپ کی بینائی میں اور کمی ہو جاتی ہے

-بیم لائیٹس دوسرے ڈرائیوروں کی آنکھیں چندھیا سکتی ہیں۔

فوگ میں جنکشنز - فوگ میں جنکشنز پر بہت ہی احتیاط کی ضرورت ہوتی ہے۔ خاص کر جب رائیٹ مُڑنا ہو۔

مندرجہ ذیل ضرور کریں

☆...... گاڑی کے وِنڈو کھول دیں اور ریڈیو/ٹیپ/سی ڈی کو آف کر دیں تاکہ دوسری ٹریفک کے آنے کی آواز سُن سکیں۔

☆...... انڈیکیٹر کو جتنا جلدی ہو سکے وقت سے پہلے آن کر دیں۔

☆...... اگر گاڑی کھڑی کرنا ہے تو پاؤں بریک پر دبائے رکھیں تو بریک لائیٹس سے بھی پچھلے ڈرائیوروں کو اور زیادہ وارننگ ملتی ہے۔ جتنی بھی لائیٹس ممکن ہوں آن کر دیں۔

☆...... اگر آپ کے خیال میں ہارن سے دوسروں کو فائدہ ہو سکتا ہے تو ہارن ضرور استعمال کریں اور دوسروں کا ہارن بھی سُنیں۔

ایسا نہ کریں

☆...... جب تک گاڑی کا حفاظت سے مُڑنے کا پورا یقین نہ ہو اُس وقت تک گاڑی کو نہ موڑیں۔

روڈ مارکنگز - ڈِپ ہیڈ لائیٹس سے آپ کو روڈ پر چمکتے ہوئے سٹڈ نظر آتے رہیں گے۔ جب آپ فوگ میں ڈرائیونگ کرتے ہیں تو دوسری روڈ مارکنگ کی پہچان اتنی آسان نہیں ہوتی۔

ہمیشہ کوشش کریں کہ آپ کی گاڑی کی پوزیشن لائینز اور سٹڈ کے درمیان لین میں رہے اور کبھی لین لائینز اور سنٹر لائینز کو مکس نہ ہونے دیں۔

اگر آپ گاڑی کو سنٹر کے بہت نزدیک چلائیں گے اور اسی طرح آنے والی گاڑیاں بھی سنٹر کے بہت نزدیک آ رہی ہوں تو دونوں کیلئے خطرہ ہو گا۔

اگر آپ اپنا راستہ پانے کیلئے سنٹر لائین پر گاڑی چلا رہے ہیں تو بہت ہی خطرناک ہے۔

فوگ میں پارکنگ - فوگ میں گاڑی کو کبھی روڈ پر پارک نہ کریں۔ روڈ سے دُور کسی گلی وغیرہ میں پارک کرنے کی کوشش کریں۔ اگر کسی وجہ سے روڈ پر پارک کرنی پڑ جائے تو پارکنگ یا سائیڈ لائیٹس کو ضرور آن رکھیں۔

گاڑی کا خراب ہونا - اگر آپ کی گاڑی روڈ پر خراب ہو جائے۔ ممکن ہو تو اُسے روڈ سے ہٹا دیں۔ پولیس کو

اطلاع کریں اور اگر یہ راستہ کی رکاوٹ بن رہی ہو تو جلد سے جلد اُٹھوانے کی کوشش کریں۔ بغیر وارننگ لائیٹس کے یا روڈ کی غلط سائیڈ پر گاڑی چھوڑ کر نہ جائیں۔

برف اور آئس میں ڈرائیونگ

کیا آپ کا سفر بہت ہی ضروری ہے ؟

سردیوں میں اگر موسم خراب ہے تو سفر کی تیاری کرنے سے پہلے موسم کے بارے میں پوری معلومات کرنا ضروری ہے۔ اگر پتہ چلے کہ برف باری ہے تو ڈرائیونگ نہ کریں۔ جب تک کہ سفر بہت ہی ضروری نہ ہو۔

اگر آپ نے فیصلہ کر ہی لیا ہے کہ سفر کرنا ضروری ہے تو پوری تیاری کرنا بھی لازمی ہے۔ مثلاً ایک بیلچہ، گرم کپڑے، گرم چائے اور ایمرجنسی کیلئے خوراک لے لیں تاکہ اگر سفر میں گاڑی خراب ہو جائے تو آپ کو تکلیف نہ ہو۔

ڈرائیونگ - جب برف پڑ رہی ہو تو مکمل دکھائی نہیں دیتا اسلئے ڈپ ہیڈ لائیٹس آن کریں جیسا کہ بہت زیادہ بارش اور دھند میں آن کرتے ہیں۔ جب تازہ برف پڑتی ہے مدھم لائیٹس آن کر لیں اور

☆......اگلی گاڑی سے اپنی گاڑی کو دور رکھیں ۔

☆...... بریک کو نرمی سے وقتاً فوقتاً ٹیسٹ کرتے رہیں کیونکہ برف پہیوں یا بریکوں میں جانے سے سٹیئرنگ اور بریکنگ پر اثر پڑتا ہے۔

☆......اپنے ہاتھوں سے تازہ برف سکرین سے صاف کرتے رہیں کیونکہ ہوسکتا ہے وائیپر برف کو سکرین سے صاف نہ کر سکیں۔ اور برف گاڑی کی لائیٹس اور انڈیکیٹر پر جمع ہو جائے۔

☆......گاڑی کے پچھلے وِنڈوز کو چلنے سے پہلے صاف کر لیں اور صاف ہی رکھیں۔

یہ ایسے اریا کیلئے بہتر ہے جہاں پر برف بہت عرصہ تک جاری رہتی ہے۔

☆......پہیوں پر چین لگالیں

☆......پہیوں پر خاص ڈیزائن کے ٹائیر استعمال کریں جو برف اور کیچڑ جیسی کنڈیشن کیلئے مفید ثابت ہوتے ہیں۔

یاد رکھیں- برف روڈ مارکنگ کو بھی ڈھانپ لیتی ہے۔ جس سے ڈرائیوروں کو یہ پتہ نہیں چلتا کہ کس کو رکنا ہے اور کس کو جانا ہے اسلئے خصوصی احتیاط کریں۔

برف اور آئس پر بریک کا استعمال

برف اور آئس پر بریک کا معمولی سا استعمال بھی گاڑی کے پہیوں کو لاک کر دیتا ہے۔

اگر فرنٹ پہیے لاک ہو جائیں تو آپ گاڑی کا رُخ نہیں بدل سکتے اور خطرے سے بھی نہیں بچ سکتے۔ایسے حالات میں بہتر یہی ہوگا کہ آپ گاڑی کو روکنے کیلئے گیئر ڈاؤن کر کے سپیڈ کو کم کریں تاکہ گاڑی پھسلنے سے بچ جائے اور بریک کو بہت ہی معمولی استعمال کر کے سپیڈ کنٹرول میں رکھیں۔

بریکنگ فاصلہ - آئس پر بریکنگ فاصلہ عام فاصلہ کی نسبت دس گُنا زیادہ ہوتا ہے۔

ڈھلوان پر بریکنگ - گاڑی کی سپیڈ کو بہت ہی احتیاط سے کنٹرول کرنا ہوتا ہے اس لئے ڈھلوان شروع ہونے سے پہلے ہی گاڑی کو چھوٹے گیئر میں کرلیں اس سے انجن بھی گاڑی کی سپیڈ کو کنٹرول کرنے میں مدد کرتا ہے۔

اینٹی. لاک بریکز-اینٹی لاک بریکنگ سسٹم سے جب گاڑی کو برف یا آئس پر بریک لگائیں گے تو یہ ڈولنے یا جھُولنے سے بچ جائی گی۔ تاہم یہ سسٹم زیادہ تیز سپیڈ یا غلط فیصلے سے نہ بچا سکے گا۔ یہ برف یا آئس پر آپ کے ٹائیروں کی گرفت قائم رکھنے میں بھی کوئی مدد نہیں کر سکتا۔

آئس - رات کو زیادہ ٹھنڈ کی وجہ سے روڈ کی سطح آئسی ہو جاتی ہے۔خاص کر کم استعمال ہونے والے روڈ۔

اسلئے فروسٹ کے سائین جو کناروں پر لگے ہیں اُن پر غور کریں۔

جب روڈ پر پانی جم رہا ہوتا ہے یا پگھل رہا ہوتا ہے تو خطرہ اور بھی زیادہ بڑھ جاتا ہے۔

آئیس اور پانی مل کر روڈ کی سطح کو زیادہ سلیپری بنا دیتے ہیں۔

بارش روڈ پر جمنا شروع ہو جاتی ہے ایسی آئس کو بلیک آئس بھی کہتے ہیں۔یہ نظر نہ آنے کی وجہ سے اور بھی خطرناک ہوتی ہے۔اس سے سٹئیرنگ ویل بہت ہلکا محسوس ہونے لگتا ہے۔

آئسی روڈ پر ڈرائیونگ میں مندرجہ ذیل طریقہ اختیار کریں۔

☆......سپیڈ کم رکھیں۔

☆......گاڑی کے تمام کنٹرول مثلاً فٹ بریک ،ایکسلیٹر،
سٹئیرنگ ، کلچ اور گیئرز کو بہت ہی احتیاط اور نرمی سے استعمال کریں۔

اگر بہت سردی ہے تو ہمیشہ گیلی جگہ پر بہت احتیاط کریں کیونکہ جو بھی گیلی جگہ نظر آئے گی سمجھ لیں وہاں پر پانی جم گیا ہے اور ٹائر سے کوئی آواز یا کُچھ محسوس نہیں ہو رہا تو اس کا مطلب ہے روڈ پر آئس ہے۔

آئس اور برف میں کونے سے مُڑنا - آئس اور برف میں موڑ پر گاڑی کو چلاتے ہوئے گاڑی کی سپیڈ کو ایڈجسٹ کرنے کیلیئے بریک کو کبھی بھی استعمال نہیں کرنا چاہیئے۔ بلکہ گاڑی کو کم سے کم سپیڈ میں اور کم سے کم گیئر میں چلائیں۔

ایک جیسی سپیڈ میں کورنر پر پہنچیں جتنا بھی ممکن ہو مناسب اور ہائی گیئر استعمال کریں۔

☆......ایکسیلریٹر کو بہت نرمی سے استعمال کریں۔

☆......جب تک انتہائی ضروری نہ ہو کلچ کو استعمال نہ کریں ۔

☆......سٹیئرنگ کو اچانک حرکت نہ دیں بلکہ نرمی سے استعمال کریں۔

☆......کورنر موڑنے کے بعد بھی جتنی بھی ہو سکے احتیاط کریں۔

ایسے موڑ جو آئس اور برف سے ڈھکے ہوئے ہوں وہاں پر بریک کا استعمال بہت ہی خطرناک ہے۔ اگر آپ بریک لگانے کی کوشش کریں گے تو گاڑی کے پہّیے پوری طرح گرفت نہیں کریں گے اور گھومنا شروع ہو جائیں گے اور اس طرح گاڑی بھی گھومنے لگے گی ۔

برف میں بچاؤ - اگر آپ بہت ہی زیادہ برف میں سے گاڑی کو نکالنا چاہتے ہیں تو انجن کو تیز نہ کریں اس سے گاڑی کے پہّیے گھوم کر برف کی گہرائی میں چلے جاتے ہیں۔

گاڑی کو ریورس گئیر میں معمولی سا پیچھے کر کے پھر آگے کر لیں برف میں پہّیوں سے بنی ہوئی نالی سے نکال کر جس جگہ پہّیوں کی گرفت زیادہ ہے اُس طرف گاڑی کو سیدھا کریں ۔ جتنا بھی ہو سکے ہائی گئیر استعمال کریں۔

ایسے حالات میں اگر آپ نے اپنے پاس ایک بیلچہ اور کُچھ ٹاٹ یا بوری کے خالی تھیلے رکھے ہوں جب آپ برف میں پھنس جائیں تو یہ بہت ہی مفید اور مددگار ثابت ہوتے ہیں۔

برف کیلیئے خاص زنجیر سے بنے ہوئے غلاف مل جاتے ہیں جو پہّیوں پر چڑھانے سے برف میں پھنسنے اور سکڈ ہونے کے خطرے سے بچ سکتے ہیں۔

برف اور آئس میں چڑھائی چڑھنا - سلیپری روڈ پر چڑھائی چڑھتے وقت گاڑی کی سپیڈ بہت تھوڑی ہونی چاہیئے۔ لیکن سپیڈ کم کرنے سے کئی دوسری مشکلات پیش آنا شروع ہو جاتی ہیں۔

مثال کے طور پر چڑھائی چڑھتے ہوئے ہو سکتا ہے گاڑی کی قوت ختم ہو جائے اور اگر چڑھائی کیلیئے سپیڈ زیادہ کرنے کی کوشش کریں تو پہّیے گھومنا شروع ہو جائیں گے اور گاڑی کنٹرول نہ ہو سکے۔

اگر آپ کو گاڑی کھڑی ہو جائے تو دوبارہ حرکت کرنا مشکل ہو جائے گا۔

ہمیشہ اگلی گاڑی سے اپنی گاڑی کا بہت زیادہ فاصلہ رکھیں۔ اگر اگلی گاڑی رُک جاتی ہے تو آپ کے پاس کم از کم اتنا موقع ہو کہ اُس کے دوبارہ سٹارٹ کرنے تک لگا تار جاتے رہیں گے یا اُس کے پاس سے گزر جائیں گے۔

پہّیوں کو گھومنے سے بچاؤ کیلئے آپ جو بھی مناسب طور پر ہو سکے ہائی گئیر استعمال کریں۔

یہ سوچ کر چڑھائی کیلئے رش نہ کریں کہ چڑھائی پر گئیر کم کر لیں گے بلکے چڑھائی چڑھنے سے پہلے ہی مناسب گئیر لگائیں جس سے تمام چڑھائی چڑھ جائیں ۔

آئسی یا سلیپری چڑھائی پر گئیر کا تبدیل کرنا آسان نہیں ہوتا ہے۔ اس لئے گئیر تبدیل کرتے پاؤں کا استعمال اتنی احتیاط سے کریں کہ پہّیے گھومنے نہ پائیں اور سپیڈ بھی کم نہ ہونے پائے۔

برف اور آئس پر دوسری گاڑیاں – اگر کوئی دوسری گاڑی گھوم کر آپ کی طرف ہونے لگے تو اسکا مطلب ہے کہ وہ کنٹرول سے باہر ہے ۔ اگر آپ کے پاس وقت ہے تو کوشش کریں کہ زیادہ سے زیادہ انجن بریکنگ کر لیں۔

اگر بریک پیڈل کو ضروری استعمال کرنا ہے تو جتنا ممکن ہو آہستہ سے استعمال کریں۔

آئسی یا سلپری روڈ پر راستہ سے ہٹنے کیلئے سٹئیرنگ اور بریکنگ دونوں کو ایک ہی وقت کبھی استعمال نہ کریں آئسی کنڈیشن میں دونوں بہت ہی خطرناک ہیں۔

آگے کے حالات کا ہمیشہ اندازہ لگائیں کہ آگے کیا ہو رہا ہے۔ تیار رہیں اور بچنے کا راستہ نکالیں۔

دھوپ اور گرم موسم میں ڈرائیونگ

لمبا سفر شروع کرنے سے پہلے یہ تسلی کر لیں کہ آپ موسم کے مطابق تیار ہیں۔

ٹائرز – جب ٹائر ٹھنڈے ہوں تو پریشر چیک اور ایڈجسٹ کرنا چاہئے۔

اگر آپ نے گاڑی چلائی ہے اور ٹائر گرم ہیں تو اُس وقت پریشر چیک کرنے سے صحیح معلوم نہ ہو سکے گا کہ پریشر درست ہے کہ نہیں۔

پانی (کُولینٹ) – سفر شروع کرنے سے پہلے گاڑی کے سسٹم میں کُولینٹ کا لیول چیک کریں۔

وِنڈ سکرین کا صاف ہونا – عام طور پر گرم موسم میں مکھیاں اور چھوٹے چھوٹے کیڑے ہوتے ہیں اور سکرین

جلدی گندی ہو جاتی ہے اسلئے سکرین کو صاف رکھنے کی ضرورت ہے۔
وِنڈ سکرین کو جتنا بھی ممکن ہو پانی اور گریس کے دھبوں سے صاف رکھیں۔اس سے یہ فائدہ ہوتا ہے کے آنکھوں میں چمک کم پڑتی ہے۔
واشر کی ٹنکی کا لیول چیک کریں اگر ضرورت ہو تو پوری بھر دیں۔وِنڈ سکرین کو صاف رکھنے کیلئے ایک خاص دوائی ہوتی ہے اُس کو واشر کی ٹنکی میں ڈالیں اس کے استعمال سے سکرین بہت ہی صاف رہتی ہے۔

آنکھوں میں چمک پڑنا – لمبے سفر میں سورج کی روشنی آنکھوں میں دیر تک پڑتے رہنے سے ڈرائیونگ پر پوری توجہ نہیں رہ سکتی۔اسلئے بہتر یہ ہو گا کہ دھوپ کی عینک پہن لیں جس سے آپ کی آنکھیں سورج کی روشنی کی چمک سے محفوظ ہو جائیں گی۔

اگر آپ کسی غیر ملک میں ڈرائیونگ کرتے ہیں جہاں پر بہت زیادہ گرمی ہے سورج کی روشنی بہت تیز ہے جس کے آپ عادی نہیں ہیں ۔ تو دھوپ کی عینک پہننا اور بھی ضروری ہے۔
اگر روڈ گیلے ہوں تو دھوپ کی چمک آپ کی آنکھوں پر اثر کرے گی اور آپ کو دیکھنے میں مشکل ہو گی تو گاڑی آہستہ چلائیں اور زیادہ احتیاط کریں۔

شام (سورج غروب ہونا) - گرمی ہو یا سردی شام کے وقت جب سورج آسمان پر نیچے کی طرف غروب ہونے کو جاتا ہے تو سورج کی روشنی کی چمک سیدھی آنکھوں میں جاتی ہے۔اسلئے سورج کی عینک پہنیں یا وائیزر کو استعمال کر کے جتنا ہو سکے چمک کو کم کریں۔ سیدھا سورج کی طرف مت دیکھیں۔

گرمی سے بچاؤ کی تجویز - گاڑی میں مناسب ٹھنڈک کا انتظام ہونا ضروری ہے ۔ اگر آپ کی گاڑی میں ائیر کنڈیشن ہے تو اس سے بڑی مدد ملتی ہے۔ سفر میں کئی بار کھانے پینے کیلئے وقفہ کریں ۔
اگر نیند محسوس ہو تو کسی محفوظ جگہ پر گاڑی روک کر آرام کر لیں۔ مگر یہ یاد رکھیں کہ اگر آپ تھکاوٹ محسوس کرتے ہیں تو ہارڈ شولڈر پر ہر گز گاڑی نہ کھڑی کریں۔ موٹروے کے سروس ایریا میں تفریح کریں یا موٹر وے سے دُور کسی اور جگہ آرام کریں۔

خاص کر جب کُچھ عرصہ خشک رہنے کے بعد اچانک بارش ہوتی ہے تو تیل اور پانی روڈ کی گرم سطح کو سلپری اور خطرناک بنا دیتے ہیں ۔ تو اسلئے اپنی گاڑی کی سپیڈ اور اگلی گاڑی سے فاصلہ پر دھیان دیں اور بہت احتیاط کریں۔

نرم ٹارمک—زیادہ عرصہ گرمی کی وجہ سے روڈ کی سطح پر ٹارمک نرم پڑ جاتا ہے۔اسلئے بریک لگاتے اور کورنر پر

موڑتے وقت خاص خیال رکھیں۔

ڈھیلی بجری - گرمی کے دوران بہت ساری "ہائی وے اتھارٹی" روڈ پر بجری ڈال دیتی ہیں۔اسلئے ہمیشہ وارننگ سائین پر توجہ دیں جو خاص کر سپیڈ کے بارے میں لگے ہوتے ہیں اور اگلی گاڑی سے زیادہ دُور رہیں۔

ڈھیلی بجری پر گاڑی چلانے سے صرف آپ کی گاڑی کا نقصان ہی نہیں ہوتا بلکہ اسکی وجہ سے پیدل چلنے والے اور دوسرے روڈ کو استعمال کرنے والے بھی بہت زخمی ہو جاتے ہیں۔

یاد رکھیں -سفر شروع کرنے سے پہلے ریڈیو سے ٹریول انفورمیشن سُنیں اور اگر معلوم ہو جائے کہ کسی روڈ پر ٹریفک بہت زیادہ رُکی ہوئی ہے تو اُس طرف مت جائیں کیونکہ دیر تک قیو میں رُکے رہنے سے گاڑیاں زیادہ گرم ہو جاتی ہیں اور انجن کو نقصان ہوتا ہے اور ایسے حالات میں زیادہ تر گاڑیاں خراب ہو جاتی ہیں۔

سکڈینگ

مندرجہ ذیل تین اہم وجوہات ہیں جن کی وجہ سے گاڑی سکڈ ہوتی ہیں اہمیت کے حساب سے اُن کی ترتیب یہ ہے۔

☆......ڈرائیور ☆......گاڑی ☆......روڈ کنڈیشن۔

سکڈ ایک واقعہ نہیں ہوتا کہ گاڑی خود سکڈ ہو گئی ہے بلکہ یہ کہیں کہ ڈرائیور نے گاڑی سکڈ کر دی ہے کیونکہ جب پہلے سے پتہ ہو کہ روڈ پر ٹائر کی گرفت کم ہے اس کے باوجود لاپرواہی کی جائے تو گاڑی سکڈ ہو سکتی ہے۔

جب آپ گاڑی کی سپیڈ یا ڈارکشن میں ایک دم یا اچانک تبدیلی لاتے ہیں اور اُس وقت ٹائرز روڈ پر مضبوطی سے گرفت نہیں رکھ سکتے۔ تو گاڑی سکڈ ہو جاتی ہے۔

مندرجہ ذیل عمل کرتے وقت گاڑیاں سکڈ ہو جاتی ہیں۔

☆...... آہستہ کرتے وقت

☆......سپیڈ کو زیادہ کرتے وقت

☆......کورنر سے موڑتے یا کسی موڑ پر جاتے ہوئے

☆......چڑھائی پر یا ڈھلوان پر ڈرائیونگ کرتے

پھسلنے والے روڈ سکڈ ہونے میں اور بھی اضافہ کرتے ہیں۔

بریک سے سکڈ ہونا - سکڈ ہونے کی سب سے بڑی وجہ جب سخت اور غلط طریقہ سے بریک لگائی جائے۔

بریکز میں رکنے کیلئے بہت زیادہ پاور ہوتی ہے۔

سخت بریک لگانے سے گاڑی کا وزن آگے کی طرف چلا جاتا ہے۔ جتنی زیادہ زور سے بریک لگائیں گے تو فرنٹ پہیوں پر اور زیادہ وزن پڑیگا اور پچھلے پہیوں پر کم وزن پڑتا ہے تو گاڑی سکڈ ہو جاتی ہے۔

پچھلے پہیوں پر کم وزن کی وجہ سے اُن میں لاک ہونے کے زیادہ مواقعہ ہوتے ہیں۔

خشک روڈ پر سکڈ ہونا -گاڑی کے ٹائر کی حالت بیشک کتنی ہی اچھی کیوں نہ ہو مگر یکدم سخت بریک لگانے سے گاڑی خشک روڈ پر بھی سکڈ ہو جاتی ہے۔

Excessive braking

گاڑی کا تمام وزن آگے کی طرف جاتا ہے تو گاڑی کو سیدھا رکھنا ناممکن ہو جاتا ہے اور وُہ ایک طرف جھکنا شروع کر دیتی ہے۔ کسی چیز کو چھونے سے ہی گاڑی کے اُلٹ جانے کا خطرہ ہوتا ہے۔

انٹی لاک بریکز -انٹی لاک بریکز سے یہ فائدہ ہوتا ہے کہ آپ بریک کے ساتھ سٹئیرنگ سے پہیّے بھی ٹرن کر سکتے ہیں۔ لیکن گیلے اور پھسلنے والے روڈ پر ایسا نہیں ہو سکتا۔

Over-steering

بریکز اتنی ہی اچھی ہوتی ہیں جتنی زیادہ روڈ پر ٹائرز کی گرفت ہوتی ہے۔

سٹئیرنگ سے سکڈ ہونا -اگر گاڑی بہت زیادہ سپیڈ سے چل رہی ہو اور سٹئیرنگ کو زیادہ موڑ دیا جائے تو بھی گاڑی سکڈ ہو جاتی ہے۔

ایکسیلریشن سے سکڈ ہونا - ایکسیلریشن خاص کر کم گئیر میں یکدم یا بہت زیادہ تیز ہو اور موڑ بھی کاٹ رہے ہوں تو ہو سکتا ہے پہیّے روڈ کی سطح پر گھومنا شروع کر دیں۔ خواہ ایکسیلریٹر کو بھی فوراً آف کر دیں پھر بھی گاڑی سکڈ ہو گی کیونکہ پہیّے گھوم رہے ہیں۔

Over-acceleration

بریکنگ اور سٹئیرنگ سے سکڈ ہونا ۔ اگر آپ غلط بریکنگ اور غلط سٹئیرنگ کو اکٹھا استعمال کرتے ہیں تو آپ خود مصیبت کو گلے لگا رہے ہیں۔

اگر گاڑی موڑ پر بہت زیادہ سپیڈ سے جا رہی ہو تو ٹائر کی گرفت کم ہو جاتی ہے اور بریک لگاتے ہی گاڑی سکڈ ہو جاتی ہے۔

جیسے ہی کورنر شروع ہو تو بریک کے استعمال سے گاڑی سکڈ ہو سکتی ہے۔ ٹائر پر ایسی امید مت رکھیں کہ جو کام ناممکن ہے وُہ بھی وہ کر سکتے ہیں۔

بہت ہی آسان حل ہے کہ روڈ کی کنڈیشن کے مطابق سپیڈ کو ایڈجسٹ کریں اس کیلئے آپ اپنے آپ کو بہت جگہ دیں اور اگر روڈ گیلا یا آئسی ہے تو ٹائر کی گرفت بہت ہی کم ہو گی۔

سکڈ سے بچاؤ - سکڈ سے بچنے کا اس سے برعکس کوئی طریقہ نہیں مگر ڈرائیونگ ایسے طریقہ سے کریں جو سکڈ سے بچائے ۔ سکڈ کی وجہ ڈرائیورز ہوتے ہیں۔اس کو واقعہ نہیں کہنا چاہئے۔

گاڑیاں خود بخود سکڈ نہیں ہوتیں۔ اگر ڈرائیور پوری طرح ڈرائیونگ کے ہنر میں مہارت رکھتے ہوں تو وُہ مندرجہ ذیل پر عمل کر کے گاڑی کو سکڈ ہونے سے محفوظ رکھ سکتے ہیں۔

☆......خشک روڈ کی نسبت سلیپری سطح پر رکنے کا فاصلہ دس گنا زیادہ رکھیں۔

☆......سلیپری روڈ کے سائین پر غور کریں بیشک گرمی کا موسم ہو گیلے روڈ پر بہت ہی محتاط ہو کر ڈرائیونگ کریں۔ مثلاً بارش۔ آئیس۔ برف۔ کیچڑ۔ کچا روڈ۔ جہاں پانی جم گیا ۔ درختوں کے گیلے پتے وغیرہ۔

☆......اگر آپ کو روڈ سلیپری ہونے کا شک ہو تو گاڑی کی سپیڈ کم کر دیں کیونکہ جب ٹائر کی گرفت روڈ پر کم ہوتی ہے تو بریکز آپ کو مشکل سے نہیں بچا سکیں گی۔ بریکز کو استعمال کرنے سے اور بھی مشکل بڑھ جائیگی۔

☆......انجن سے گاڑی کو آہستہ کریں اس کیلئے صحیح وقت پر گیئر کم کر دیں ۔ لیکن یہ بھی خیال رکھیں کہ گیئر کم کرتے وقت اکسیلریٹر اور کلچ کو بہت احتیاط سے استعمال کریں کیونکہ بہت ہی سلیپری کنڈیشن ہو تو اس سے بھی گاڑی سکڈ ہو جاتی ہے۔

☆......گاڑی کو صحیح کنڈیشن میں رکھیں تاکہ سکڈ کرنے سے بچ جائے

-سلیپری روڈ پر یک دم سخت بریک لگانا یا یکدم بریک سے پاؤں ہٹانا بھی بہت خطرناک ہوتا ہے

-اچانک بہت زیادہ ایکسیلریٹر دینے سے بھی گاڑی کے پہیّے گھوم کر سکڈ ہو جاتے ہیں۔

سکڈ سے واسطہ -اگر آپکی گاڑی سکڈ کر رہی ہے تو اُس صورت میں کتنے ہی طریقے ہیں جو آپ کو کرنے چاہئے ۔

☆......بریک پیڈل کو پوری طرح ڈھیلا کر دیں۔ڈرائیور اکثر اس کے برعکس کرتے ہیں سکڈنگ کے باوجود بریک کو پوری دبا دیتے ہیں اور گاڑی سکڈ کر جاتی ہے۔اسلئے خیال رکھیں کہ گاڑی کے سکڈ ہونے پر بریک سے دباؤ ختم کر دیں تو گاڑی سکڈ ہونے سے بچ جائے گی۔

☆......گاڑی جس سائیڈ سکڈ کرے سٹیئرنگ کو بھی اُسی سمت موڑیں اور ایکسلریٹر سے دباؤ ختم کر دیں۔ خاص کر اگر سکڈ معمولی سی زیادہ ہے۔ تو اس سے پہئیوں کو لائین میں دوبارہ لانا چاہئے۔

☆......اگر سکڈ معمولی پھسلنے سے زیادہ ہے تو ایکسلریٹر کو ختم کر دیں اور جس سائیڈ پر سکڈ ہو بالکل اُسی سائیڈ پر موڑیں۔

-اگر گاڑی کی پچھلی سائیڈ لیفٹ سکیڈ کرے تو آپ کو چاہیۓ کہ سٹئیرنگ کو لیفٹ گھما کر فرنٹ پہیّوں کو پچھلے پہئیوں کے ساتھ لائین میں لے آئیں۔

-اگر پچھلی سائیڈرائیٹ سکیڈ کرے تو سٹئیرنگ رائیٹ ہی گھمائیں۔

یہ خیال رکھیں کہ سٹئیرنگ کو ضرورت سے زیادہ گھما کر حد سے زیادہ ٹھیک نہ کریں۔ بہت زیادہ فرنٹ پہئیوں کو حرکت دینے سے ایک اور سکڈ دوسری سمت ہو جائے گی۔

اگر فرنٹ پہیۓ سیدھے ہونے کی بجائے پھسلنے لگ جائیں یا اسی طرح پچھلے پہیۓ بھی ،تو ایکسلریٹر سے پاؤں ہٹا دیں سٹئیرنگ کو اور نہ کوشش کریں جب تک کہ پہیۓ دوبارہ گرفت کرنا نہ شروع کریں۔

بہت زیادہ پاور فرنٹ ویل ڈرائیو گاڑی پر ہو تو یہ پھر اُسے مشکل میں ڈال سکتی ہے اسلئے دوبارہ ایکسلریٹر سے پاؤں ہٹادیں۔

یاد رکھیں

☆......علاج سے پرہیز بہتر ہے۔

☆......ہمیشہ محفوظ ڈرائیونگ کے طریقوں پر عمل کریں تاکہ سکیڈ سے بھی محفوظ رہیں۔

☆......کنڈیشن کے مطابق ڈرائیونگ کریں اور وقت زیادہ استعمال کریں تاکہ ہر عمل حفاظت سے اور وقت پر ہو۔

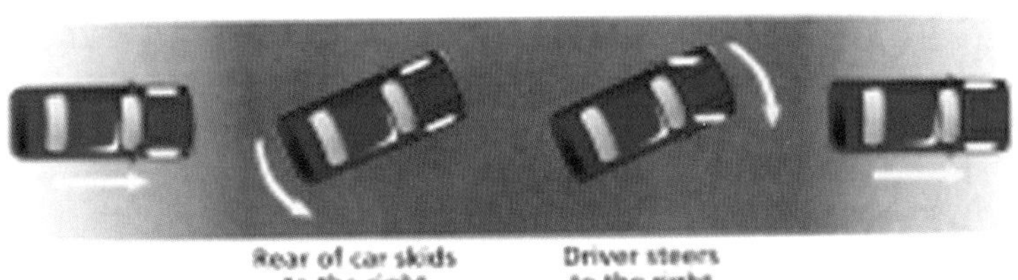

سیکشن 13 رات کوڈرائیونگ کرنا

رات کو گاڑی چلانے کیلئے خصوصی تکنیک اور احتیاط کی ضرورت ہوتی ہے۔

رات کو گاڑی چلانے کے مسائل مختلف صورتوں میں مختلف ہوتے ہیں مثلاً روڈ کی قسم اور ٹریفک کے زور کو مدِ نظر رکھتے ہوئے اس کے مطابق طریقہِ کار اپنانا پڑے گا۔ رات کی ڈرائیونگ کی مشکلات یہ ہیں کہ رات کو اندھیرے کی وجہ سے دُور دُور تک روڈ اور ٹریفک میں تبدیلیوں کی پوری پکچر دکھائی نہیں دیتی ۔

یہ سیکشن رات کی ڈرائیونگ کے بہت ہی اہم پہلوؤں پر روشنی ڈالے گا۔

اس سیکشن میں مندرجہ ذیل موضوعات ہیں

☆...... آپ کی گاڑی کی لائیٹس

☆......رات کوڈرائیونگ کرنا

☆......رہائشی ایریا

☆......رات کواوورٹیکنگ کرنا یا گاڑیوں کے پیچھے چلنا

☆......رات کوپارکنگ

☆......رات کو تنگ راستے سے گزرنا

آپ کی گاڑی کی لائیٹس

رات کے وقت گاڑی کی لائیٹس دونوں یعنی آپ اور دوسرے روڈ کے استعمال کرنے والوں کیلئے ضروری معلومات مہیا کرنے کا بہت ہی اہم ذریعہ ہیں۔

لائیٹس ہی سے دوسرے ڈرائیوروں کو آپ کی نقل و حرکت کا پتہ چلتا ہے۔

لائیٹس کو احتیاط اور ہوشمندی سے استعمال کریں۔

ہمیشہ لائیٹس کے بارے میں مندرجہ ذیل باتوں کا خیال رکھیں

☆......ہیڈ لائیٹس کو صاف رکھیں

☆......رات کے وقت جو مناسب ہو وہی لائیٹس آن کریں۔ مثلاً ڈپ یا فُل بیم

☆......بے شک دن ہو روشنی کم ہونے پر کسی بھی وقت ڈپ ہیڈ لائیٹس کو آن کر دیں۔

آپ کو چاہئے

☆......کسی سفر سے پہلے اور لمبے سفر کے دوران تمام لائیٹس کو ضرور چیک کریں۔

☆......لائیٹس میں کوئی بھی خرابی ہو تو فوراً دور کرلیں اس میں آپ کی اور دوسرے روڈ کو استعمال کرنے والوں کی حفاظت ہے۔ فالتو بلب بھی پاس رکھیں۔

☆......گاڑی کے پچھلے حصہ پر اگر زیادہ وزن ہو تو ہیڈ لائیٹس دوسرے روڈ استعمال کرنے والوں کی آنکھوں کو چندھیا دیتی ہیں۔ موجودہ وقت میں کُچھ گاڑیوں کے ہیڈ لمپ ایڈجسٹر بھی ہوتے ہیں۔ اسلئے اُن کو ایڈجسٹ کرلیں۔

مددگار ڈرائیونگ لائیٹس - مدد کے طور پر استعمال کرنے والی خاص بیم ہیڈ لائیٹس بھی رکھیں جو ہو سکتا ہے آگے روڈ کے منظر کو زیادہ صاف دکھانے میں مفید ثابت ہوں۔ لیکن اُن کو صرف ضروری خاص بیم ہیڈ لائیٹس کے ساتھ ملا کر استعمال کریں اور آف کرتے وقت ضروری ہے کہ سب سوئچ ایک ساتھ آف کریں۔

صرف دو ڈپڈ بیم ہیڈ لائٹس ہو سکتا ہے گاڑی کے ساتھ لگی ہوں۔ فرنٹ فوگ لائیٹس کو آگے کے روڈ کے منظر کو صاف دیکھنے کیلئے نہ استعمال کریں۔ سوائے اس وقت کے جب کہ بہت ہی کم نظر آتا ہو۔

رات کے وقت جنکشن سے گزرنا

بریک لائیٹس بھی آنکھوں کو چندھیا سکتی ہیں۔

اگر آپ جنکشن پر انتظار کر رہے ہیں یا ٹریفک کی قطار میں ہیں تو سوائے فوگ میں اپنا پاؤں بریک پیڈل سے ہٹادیں ، ہینڈ بریک کو استعمال کرلیں۔

ہوسکتا ہے بریک لائیٹس یا انڈیکیٹر سے دوسرے ڈرائیوروں کی آنکھیں چندھیا رہی ہوں تو کُچھ لمحہ کیلئے انڈیکیٹر کو آف کر دیں مگر حرکت کرنے پر دوبارہ آن کرنا نہ بھولیں۔

رات کوڈرائیونگ کرنا

آپ کو معلوم ہو گا کہ آپ رات کے اندھیرے میں بہت دُور تک نہیں دیکھ سکتے جس طرح آپ دن کے وقت دیکھ سکتے ہیں۔اسلیئے رات کو بہت ہی کم انفورمیشن کا پتہ چلتا ہے۔
دُور تک روڈ کی حالت اور ٹریفک کنڈیشن کا پتہ نہیں چلتا تو بہت زیادہ مشکل پیش آتی ہے۔

رات کے وقت گاڑی کی سپیڈ -رات کے وقت زیادہ توجہ اور ہوشمندی کی ضرورت ہوتی ہے۔ رات کے وقت آپ تیز اور حفاظت سے ڈرائیونگ نہیں کر سکتے جیسا کہ دن کی روشنی میں کر سکتے ہیں۔ موسم اچھا ہو تب بھی شام کا دھندلکا پھیلنے یا صبح کا اجالا ہوتے وقت بھی ڈرائیونگ رات میں ہی شامل ہے۔
کبھی گاڑی اتنی تیز نہ چلائیں کہ جتنے فاصلہ تک آپ صاف دیکھ نہ سکتے ہوں یا اُس فاصلے کے اندر روک نہیں سکتے۔ یہ فاصلہ لائیٹس کی حد کے اندر تک ہو۔
اگر لائیٹس کی حد کے اندر نہیں روک سکتے تو اس کا مطلب یہ ہے کہ آپ گاڑی بہت تیز چلا رہے ہیں۔

نوٹ - شوخ یا چمکنے والے کپڑے جو دن کی روشنی یا دھندلے میں صاف نظر آسکیں ،اندھیرے میں روشنی کو منعکس کرنے والے میٹریل جو ڈرائیوروں کی ہیڈ لائیٹس سے چمکتے نظر آسکیں اُن کو پہنیں۔

شام کا وقت - آپ کیلئے مفید ہو گا کہ لائیٹس آن کرنے کے وقت سے پہلے ہی لائیٹس آن کر دیں۔
گبھرائیں نہیں کہ آپ پہلے ڈرائیور ہیں کہ پہلے ہی لائیٹس آن کر دی ہیں۔
لائیٹس آن کرنے سے یہ فائدہ ہوتا ہے کہ آپ دیکھ بھی سکتے ہیں اور دکھائی بھی دیتے ہیں ۔

صبح ہونے پر-اس کے برعکس ہوتا ہے۔
اپنی لائیٹس کا سوئچ آف نہ کریں جب تک کہ آپ کو تسلی نہ ہو جائے کہ اب آف کرنا محفوظ ہے۔
یہ تسلی ضروری کریں کہ آپ دیکھ سکتے ہیں اور دکھائی بھی دے رہے ہیں۔
اگر آپ گہرے رنگ کی گاڑی ڈرائیو کر رہے ہیں۔ مثلاً گہری نیوی بلیو ، براون بلیک ،گرے رنگ ،جو رنگ مشکل سے دکھائی دیں تو آپ کو چاہیئے کہ

☆......گاڑی کی لائیٹس وقت سے پہلے آن کر دیں۔ ☆......لائیٹس آف دیر سے کریں ۔

جب آپ لائیٹس آن کر کے ڈرائیونگ کرتے ہیں تو دوسرے ڈرائیور آپ کو دیکھ سکتے ہیں۔

☆......جلد دیکھ لیتے ہیں

☆......لائیٹ آن رکھنے سے پتہ چل جاتا ہے کہ آپ کس طرف جا رہے ہیں خاص کر بہت ہی صبح سویرے جب روشنی بہت ہی کم ہو تو اکثر دیکھنے میں مشکل پیش آتی ہے۔

رات کے وقت آپکی آنکھیں - آپ کو اپنی نظر باقاعدگی سے چیک کروانی چاہئے۔

ہمیشہ اپنے آپ سے پوچھیں کہ کیا میں جتنی دُور تک دیکھنا چاہوں صاف دیکھ سکتی / سکتا ہوں۔ اگر آپ رات کو بہت اچھی طرح نہیں دیکھ سکتے تو ہو سکتا ہے کہ آپکی آنکھوں میں کمزوری ہے۔

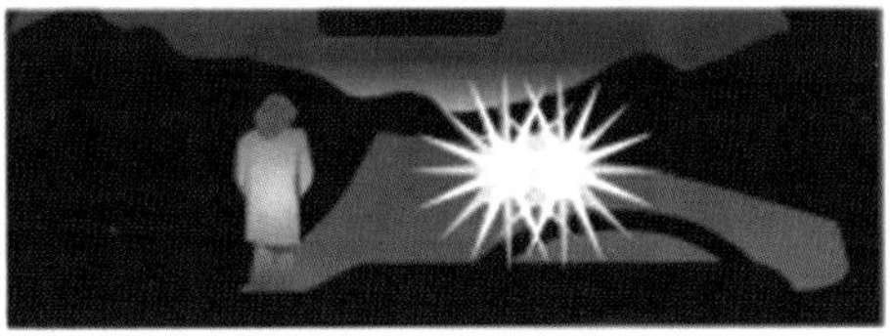

رات کی ڈرائیونگ سے ہو سکتا ہے آپ کو پتہ چلے کہ نظر ٹیسٹ کروانے کی ضرورت ہے۔

کتنی دُور آپ دیکھ سکتے ہیں - اپنے آپ کو کسی مناسب جگہ پر ٹسٹ کریں

اپنی گاڑی کی لائیٹس کی حد میں کسی چیز کا نشانی کے طور پر انتخاب کریں اور دیکھیں اگر آپ اُس کے پاس پہنچتے ہوئے وقت پر گاڑی سٹاپ کر سکتے ہیں۔

آپ کیلئے بہت ہی حیرانگی ہوگی کہ بغیر لائیٹ والے روڈ پر لائیٹس مدھم کرنے سے نظر آنا کتنا مشکل ہے۔اسلئے بہتر ہوگا کہ لائیٹ مدھم کرنے سے پہلے آگے کا ایریا اچھی طرح نوٹ کر لیں۔

چمکدار چیزیں رات کو آسانی سے دیکھی جاسکتی ہیں۔

اندھیرے کیلئے ایڈجسٹ کرنا - رات کے وقت خاص کر کسی روشن جگہ یا کسی بلڈنگ سے باہر نکلتے ہیں تو اپنی آنکھوں کو تاریکی میں ایڈجسٹ ہونے کیلئے ایک یا دو منٹ کا وقت دیں۔

ان چند منٹ کو گاڑی کی لائٹس شیشے اور ونڈ سکرین کو صاف کرنے پر لگا سکتے ہیں وغیرہ

یاد رکھیں کہ جب آپ موٹروے سروس ایریا سے آرام کر کے نکلتے ہیں یا پٹرول کیلئے رکتے ہیں۔ایسا وقت ایک صاف سکرین آنکھوں کو چندھیانے سے بچاتی ہے۔

ایسا نہ کریں

☆......ٹنٹڈ عینک ،دھوپ کی عینک یا رات کی ڈرائیونگ کی عینک پہننا۔

☆......وِنڈ سکرین پر یا وِنڈو پر رنگ دار پانی چھڑکنا۔

رہائشی ایریا

رہائشی ایریا میں مدھم ہیڈ لائٹس یا ڈِم ڈپ اگر گاڑی میں ہیں تو اُن کو استعمال کریں اس سے دوسروں کو مدد

ملتی ہے کہ وُہ آپ کو دیکھ لیتے ہیں۔
جہاں سٹریٹ لائیٹس کی وجہ سے کُچھ حصے دکھائی نہیں دیتے یعنی سائے وغیرہ تو پیدل چلنے والوں پر دھیان رکھیں خاص کر جنہوں نے گہرے رنگ کے کپڑے پہنے ہوں۔ جن کو دیکھنا مشکل ہو سکتا ہے۔

یاد رکھیں

☆......پیدل چلنے والوں کیلئے بہت ہوشیار رہیں۔

☆......پیدل چلنے والے کراسنگ پر مناسب سپیڈ سے پہنچیں تاکہ اگر گاڑی روکنے کی ضرورت پڑ جائے تو حفاظت سے روک بھی سکیں۔

☆......سائیکل سواروں اور دوڑ لگانے والے لوگوں پر بھی دھیان رکھیں۔

رات کو شور - رات کو شور کم سے کم ہو

☆......انجن کی آواز زیادہ نہ کریں۔ ☆......گاڑی کے دروازے خاموشی سے بند کریں۔

یاد رکھیں ہو سکتا ہے ہمسائے اور بچے سوگئے ہوں

☆......گاڑی کا الارم ایڈجسٹ کرتے وقت بہت احتیاط کریں۔

رات کو ساڑھے گیارہ بجے اور صبح سات بجے کے درمیان ہارن کا استعمال قانونی منع ہے (بشرطیکہ جب کوئی چلتی ہوئی گاڑی آپ کیلئے خطرہ بن رہی ہو)۔

اگر رات کے وقت کسی دوسری گاڑی کو اپنی موجودگی کے بارے میں آگاہ کرنے کی ضرورت ہو تو صرف ہیڈ لائیٹس فلش کریں۔

رات کو اوورٹیک کرنا یا پیچھے چلنا

رات کے وقت اوورٹیک کرنے کی کوشش سے پہلے آپ کو بہت زیادہ احتیاط کی ضرورت ہوگی۔ یہ اور بھی زیادہ مشکل ہے کیونکہ آپ بہت کم فاصلہ تک دیکھ سکتے ہیں۔

اوورٹیک صرف اُس وقت کریں جب آپ کو آگے کے بارے میں پوری تسلی ہو اُس وقت کے بعد بھی آگے روڈ صاف رہے گا کہ جب تک کہ آپ مینوور مکمل کرلیں گے۔

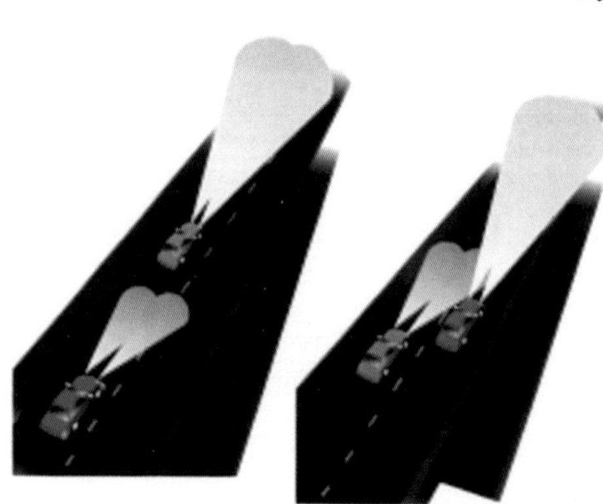

ہرگز اوورٹیک نہ کریں

☆......روڈ جنکشن

☆......موڑ

☆......چڑھائی یا پُل سوائے ڈیول کیرج وے

☆......پیدل چلنے والے کراسنگ

☆......روڈ مارکنگ بتائیں گی کہ آگے روڈ کے درمیان ڈبل سولڈ لائینز ہیں۔

یا کوئی ایسا امکان ہے

☆......کوئی گاڑی اوورٹیک کر رہی ہو یا رائیٹ مُڑ رہی ہو۔

☆......کوئی اور سخت خطرہ ۔

فاصلہ رکھنا اور ڈپ لائیٹ - جب آپ کسی گاڑی کے پیچھے ڈرائیو کر رہے ہوں۔ تو اگلی گاڑی سے محفوظ فاصلہ رکھیں اور اپنی گاڑی کی لائیٹس کو ڈِپ کر دیں تاکہ اگلے ڈرائیور کی آنکھیں آپ کی گاڑی کی لائیٹس سے چندھیانہ جائیں

آپ کی گاڑی کی بیم لائیٹس اگلی گاڑی کے پچھلی سائیڈ کے تھوڑے حصہ تک پڑنی چاہئے۔

اگلی گاڑی اور اپنی گاڑی کے درمیان مناسب فاصلہ ضرور رکھیں۔

ڈیول کیرج وے یا موٹروے پر جہاں پر اوورٹیک کرنا ممکن ہے پوری بیم لائیٹ کو آنے والے ڈرائیوروں کے چہرے پر استعمال نہ کریں تاکہ آنے والی گاڑیوں کے ڈرائیوروں کی آنکھیں چندھیانے سے بچ جائیں۔

اگر کوئی آپ کو اوورٹیک کر رہا ہے

جیسے ہی گاڑی آپ کے پاس سے گزرے اپنی گاڑی کی لائیٹس جتنی جلدی ہو سکے مدھم کر دیں۔

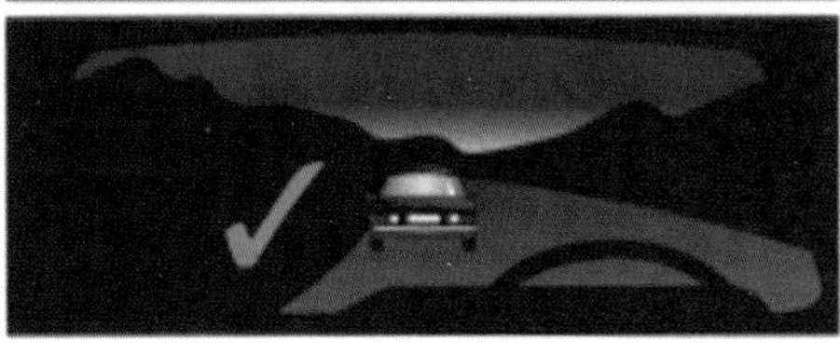

رات کے وقت پارکنگ

کاریں اور ہلکے سامان کی گاڑیاں ، انویلڈ کیر یج اور موٹر سائیکل ایسے ایریا میں جو 30 میل فی گھنٹہ والا ہے بغیر لائیٹس کے پارک کر سکتے ہیں ۔ مگر یہ دھیان رکھنا چاہئے کہ قانونی طور پر پارکنگ کیلئے کوئی پابندی نہ لگی ہو اور جنکشن سے 10 میٹر کے فاصلہ کے اندر نہ پارک کریں۔

گاڑی کو روڈ کے کنارے کے نزدیک اور متوازی پارک کریں۔ لیفٹ ہینڈ سائیڈ پر پارک کریں۔ گاڑی کی فرنٹ سائیڈ اُسی طرف ہو جس طرف گاڑیاں جا رہی ہیں۔

ہمیشہ - گاڑی کو پارک کرنے کے بعد لائٹس ضرور آف کریں بیشک تھوڑی دیر کیلئے ہی پارک کی ہو۔

اگر آپ گاڑی کو پارک کر کے لائیٹس آن رہنے دیتے ہیں تو یہ قانون کی خلاف ورزی ہو گی اور کھڑی گاڑی کی لائیٹس زیادہ تیز اور چندھیانے والی بھی ہو نگی خاص کر کسی بھی وجہ سے گاڑی روڈ کی آف سائیڈ پر پارک کی ہے اور آنے والی گاڑیوں کی طرف فرنٹ ہے۔

ایسا نہ کریں

☆......اپنی گاڑی کو کسی بھی دوسرے روڈ پر بغیر سائیڈ یا پارکنگ لائیٹس کے چھوڑنا بشرطیکہ سائین بتا رہا ہو کہ لائیٹس کی ضرورت نہیں ہے؛ بہتر ہے کہ روڈ سے دور کھڑی کریں

☆...... اپنی گاڑی کو روڈ کی رائیٹ ہینڈ سائیڈ پر پارک کرنا ، سوائے ون وے سٹریٹ کے۔

رات کے وقت دوسری ٹریفک کے پاس سے گزرنا (میٹنگ)

رات کے وقت دوسری گاڑیوں کی لائٹس سے اُن کے جانے کی سمت کا علم ہو جاتا ہے اور اُن کی سپیڈ کا اندازہ بھی ہو جاتا ہے۔ جب آپ آنے والی ٹریفک کی لائیٹس دیکھتے ہیں تو آپ کے ذہن میں کئی قسم کے سوالات ابھرتے ہیں۔ جیسے کہ

☆......دوسری گاڑی کتنی دُور ہے اور وہ کتنی تیز چل رہی ہے ؟

☆......جب ہم ایک دوسرے کے پاس سے گزریں تو کیا مجھے آہستہ ہونا چاہئے ؟

☆......مجھے کتنی جلدی اپنی گاڑی کی لائٹس مدھم کرنی چاہئے ؟

☆......لائیٹ ڈِپ کرنے سے پہلے میں آگے کتنے دُور دیکھ سکتا ہوں ؟

☆......کیا جب میں اپنی گاڑی کی لائیٹس مدھم کروں تو میری سائیڈ روڈ کے کنارے پر کوئی ہے جس کیلئے ہو سکتا ہے کہ میں خطرہ ہوں یا جو ہو سکتا ہے میرے لئے خطرہ ہو مثلاً پارک گاڑی ، سائیکل سوار ، پیدل چلنے والا یا کوئی کام کرنے والوں کا سکیپ لائیٹس کے بغیر ہو وغیرہ۔

ہیڈ لائیٹس فُل بیم - جب آپ کی گاڑی کی فُل بیم ہیڈ لائیٹس آن ہیں۔

☆......تو آنے والی گاڑیوں کیلئے لائیٹس کو جلد مدھم کر دیں تا کہ اُن کی آنکھیں چندھیانے سے بچ جائیں۔ لیکن بہت جلدی بھی نہ کریں۔

☆...... مدھم کرنے سے پہلے لیفٹ ہینڈ سائیڈ کے علاقہ کو چیک کر لیں۔

جب آپ کی آنکھیں چندھیائیں - اگر آنے والی گاڑی کی ہیڈ لائیٹس سے آپ کی آنکھیں چندھیائیں تو گاڑی کو آہستہ کر لیں اگر ضروری سمجھیں تو روک لیں اور کبھی آنے والی گاڑی کی لائٹس کو سیدھا نہ دیکھیں۔ کبھی اپنی گاڑی کی فُل ہیڈ لائیٹس آن رکھ کر انتقام لینے کیلئے آنے والے ڈرائیور کی آنکھیں چندھیانے کی کوشش نہ کریں۔

لیفٹ ہینڈ موڑ پر

کچھ دیر پہلے ڈِپ کر لیں

لیفٹ ہینڈ موڑ پر آپ کی گاڑی کی ہیڈ لائیٹس سیدھی آنے والے ڈرائیور کی آنکھوں میں پڑیں گی۔

رائیٹ ہینڈ موڑ پر جاتے ہوئے ہو سکتا ہے ایسا نہ ہو یا ایسا بہت جلد نہ ہو ۔

سیکشن 14 روڈ پر گاڑی کا خراب ہو جانا

اگر باقاعدہ دیکھ بھال کرتے رہیں اور معمولی معمولی خرابی محسوس ہونے پر چیک کرواتے رہیں تو آپ گاڑی کو خراب ہونے سے بچا سکتے ہیں ۔ لیکن آپ کتنی بھی احتیاط کریں اس کے باوجود گاڑی بعض اوقات خراب ہو جاتی ہے۔ جیسے اچانک ٹائر کا پنکچر ہو جانا یا پھٹ جانا۔

ہر ایک ڈرائیور کیلئے اتنا علم ہونا بہت ہی ضروری ہے کہ ایسے حالات میں کیا تدبیر یا کیا طریقہ کرنا ہے۔

اس سیکشن میں مندرجہ ذیل موضوعات ہیں

☆......گاڑی خراب ہو جانا

☆......موٹروے پر گاڑی خراب ہو جانا

☆......ڈیول کیرج وے پر گاڑی خراب ہو جانا

☆......ٹائر کا پنکچر ہونا یا پھٹ جانا

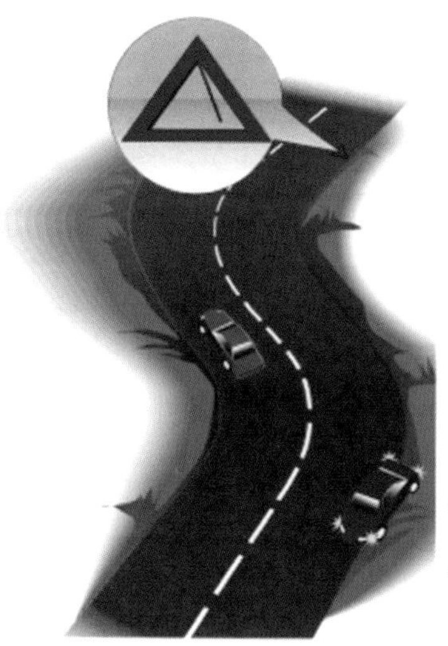

گاڑی خراب ہو جانا

مندرجہ ذیل وجوہات کی وجہ سے گاڑی خراب ہو جاتی ہے۔ مثلاً

☆...... لاپرواہی

☆...... باقاعدہ چیک نہ کرنا

☆...... معمولی خرابی کو نظرانداز کرنا

☆...... گاڑی کا غلط استعمال کرنا

اگر گاڑی کی تھوڑی بہت دیکھ بھال کرتے رہیں تو یہ یقیناً جلد خراب نہیں ہو گی۔ لیکن اچھی دیکھ بھال کے باوجود بھی گاڑی کبھی کبھار خراب ہو سکتی ہے۔

جب گاڑی میں کوئی آواز یا عجیب علامت ظاہر ہو تو ڈرائیور لاپرواہی نہ کریں ہو سکتا ہے معمولی سی خرابی بہت ہی نقصان دہ ہو جائے تو اُس وقت آپ کو پچھتاوا ہونے لگے ۔

مسائل حل کرنے کی تیاری - گاڑی میں ایمرجنسی کیلئے مندرجہ ذیل ہتھیار رکھنا بہت فائدہ مند ہیں۔

☆...... وارننگ تکون	☆...... پلاسٹک ٹیپ	☆...... ٹو کرنے کیلئے رسی
☆...... فالتو بلب اور فیوزز	☆...... وائر یا تار	☆...... پلائرز
☆...... ایک ٹارچ	☆...... جمپ لیڈز	☆...... پانی کیلئے پلاسٹک کا ڈبہ

نیشنل تنظیم یا ادارہ - کسی نیشنل سروس کا ممبر ہونا یا گاڑی کے خراب ہونے کی انشورنس کروا لینا بہت سستا پڑتا ہے اور اس طرح آپ گاڑی کے خراب ہونے پر وقت اور پیسے بچا سکتے ہیں۔ کیونکہ بعض سروسز آپ کی گاڑی اور سواریوں کو آپ کے گھر یا جہاں آپ چاہتے ہیں پہنچا دیتی ہیں۔

آپ کی گاڑی موٹروے پر خراب ہو جانے سے سروس کیلئے جو خرچا ہوتا ہے اس ایک بار کے خرچہ کی نسبت سال بھر کیلئے بریک ڈاؤن انشورنس کی فیس بہت ہی کم ہوتی ہے۔

وارننگ کا سامان جس کی اجازت ہے

جب آپ کی گاڑی خراب ہو جاتی ہے تو دوسروں کو آگاہ کرنے کیلئے روڈ پر رکھنے کیلئے کئی قسم کی وارننگ کی چیزیں مل جاتی ہیں جو آپ خرید سکتے ہیں۔

لیکن ان میں سے کوئی چیز بھی مندرجہ ذیل روڈ پر استعمال نہ کریں۔

☆...... موٹروے

☆...... کسی بھی خطرناک پوزیشن میں گاڑی کو چھوڑ کر ہرگز نہ جائیں۔

وارننگ تکون – وارننگ تکون فولڈ ہو جاتی ہے اور گاڑی میں زیادہ جگہ نہیں لیتی ہے۔گاڑی کے خراب ہو جانے یا ایکسیڈینٹ ہو جانے کے وقت اگر آپ کی گاڑی خطرناک پوزیشن میں ہے یا راستہ میں رکاوٹ بن رہی ہو تو دوسرے ڈرائیوروں کو آگاہ کرنے کیلئے تکون کا استعمال کرنا ضروری ہے۔

تکون رکھنے کی پوزیشن– وارننگ تکون اپنی گاڑی سے کافی دُور رکھنی چاہیئے ۔

☆...... سیدھے روڈ پر اپنی گاڑی سے 45 میٹر کے فاصلہ پر

☆...... پہاڑی اور بل کھاتے ہوئے روڈ۔ تکون کو ایسی جگہ پر رکھیں جہاں سے دوسرے ڈرائیور دیکھ سکیں۔ اس سے پہلے کہ اُن کو روڈ پر موڑ یا ہمپ سے واسطہ پڑے گا۔

☆...... تنگ روڈ ہو تو تکون روڈ پر نہ رکھیں بلکہ فٹ پاتھ کے کنارے پر روڈ کی طرف رکھیں۔

وارننگ تکون کے ساتھ ہی گاڑی کی خطرے کی وارننگ لائیٹ بھی آن کر دیں خصوصاً رات کو۔

وارننگ کے کئی دوسرے سامان – گاڑی کے خراب ہونے پر دوسرے ڈرائیوروں کو جلد بتانے کیلئے کونز کا استعمال بھی کر سکتے ہیں۔گاڑی کے پیچھے چار کونز رکھنی پڑتی ہیں ایک لائیٹ والی بھی رکھ سکتے ہیں مگر لائیٹ والی اکیلی نہیں رکھ سکتے۔

کونز کو اسطرح رکھا جائے کہ دوسری ٹریفک کو گزرنے میں مشکل پیش نہ آئے۔

ایک اور صورت بھی کہ ایک پیلی چادر گاڑی پر رکھ کر اُس کے اوپر سرخ تکون رکھ سکتے ہیں خیال رکھیں کہ نمبر پلیٹ اور لائیٹس نظر آتی رہیں۔

آپ کی گاڑی خراب ہو جانے پر –

عام قانون کے مطابق اگر گاڑی خراب ہو جائے تو بریک کو آہستہ آہستہ استعمال کریں اور کوشش کر کے گاڑی کو روڈ کی لیفٹ سائیڈ کی طرف کر دیں تا کہ آنے والی ٹریفک کو مشکل پیش نہ آئے۔

اگر گاڑی کے کنٹرول پر اثر پڑے تو مندرجہ ذیل پر عمل کرو

☆...... سٹیرنگ کو مضبوطی سے پکڑ کر گاڑی کو سیدھا رکھنے کی کوشش کریں

☆...... تیز بریک نہ لگائیں

☆...... کوشش کریں کہ جیسے ہی گاڑی آہستہ ہو سٹیرنگ سے گاڑی کو آہستہ آہستہ روڈ کی ایک سائیڈ پر کر دیں۔ اگر ممکن ہو تو گاڑی کو روڈ سے دُور ہٹا دیں۔

☆...... گاڑی کی وارننگ لائیٹس آن کر کے دوسروں کو اطلاع دے دیں۔

☆......اگراندھیرا ہے یا دکھائی کم دیتا ہے تو سائیڈ کی لائیٹس آن کردیں۔

☆......گاڑی کے پیچھے کھڑے نہیں ہونا چاہیئے کیونکہ اسطرح دوسرے ڈرائیوروں کو گاڑی کی لائیٹس دکھائی نہیں دیتیں۔

☆......وارننگ تکون کچھ فاصلہ پر رکھ دو مگر موٹروے پر ایسا کوئی طریقہ نہ استعمال کرو۔

بچوں اور جانوروں کو اپنے کنٹرول میں رکھیں اور روڈ سے بھی دُور رکھیں ۔

اگر آپ کی گاڑی راستے کی رکاوٹ بن رہی ہے تو پولیس کو اطلاع کر دیں ۔ اگر آپ خود خرابی کو درست کرنے کے قابل نہیں ہیں تو پھر بریک ڈاؤن سروس کو اطلاع کریں۔

ایسا ہرگز نہ کریں

☆......پاس سے گزرتے اجنبی سے مدد نہ مانگیں

☆......اجنبی کی مدد لینے کیلیئے راضی نہ ہوں

☆......ضرورت سے زیادہ دیر کیلیئے گاڑی کو چھوڑ کر نہ چلے جائیں۔

اکیلے سفر کرنا - اگر آپ اکیلے سفر کر رہے ہیں اور آپ محسوس کرتے ہیں کہ آپ مصیبت میں پھنس گئے ہیں اور خاص کر جب کسی الگ لمبے روڈ، ڈیول کیرج وے یا موٹروے پر گاڑی خراب ہو گئی ہے۔

آپ کو چاہیئے کہ جتنا ہو سکے کم سے کم وقت گاڑی سے دور رہیں۔

جب کسی سروس کو فون کریں تو اپریٹر کو یہ ضرور بتائیں کہ آپ اکیلے سفر کر رہے ہیں۔اس سے وہ ضرور آپ کیلیئے جلد پہنچیں گے۔

گاڑی کو کھینچ کر لے جانا

جس جگہ گاڑی خراب ہو گئی ہے وہاں اگر ٹھیک نہیں ہو سکتی تو وہاں سے ہٹانے کی ضرورت ہو گی۔

ہٹانے کے مندرجہ ذیل تین طریقے ہیں۔

☆......کوئی نیشنل سروس کو بلانا جس کے آپ ممبر ہیں (سب سے اچھا اور سستا طریقہ)

☆......لوکل گیراج کو بلانا (شائید سب سے مہنگا)

☆......اپنے دوست سے مدد لینا (سب سے خطرناک -کسی بھی حالت میں ناتجربہ کار ڈرائیور سے ایسا کام نہ کروائیں)۔

موٹروے پر گاڑی کا خراب ہونا

اگر آپ کی گاڑی موٹروے پر خراب ہو گئی اور اگلے راستہ سے یا سروس ایریا سے بھی دور ہیں اور گاڑی محفوظ طریقہ سے ہارڈ شولڈر پر کھڑی کر دیں اور جتنا بھی ہو سکے ٹریفک سے دُور لیفٹ کی طرف کر دیں۔

جب سٹاپ کرلیں تو بہتر ہوگا کہ گاڑی کے پہیئے لیفٹ کی طرف موڑ دیں تاکہ گاڑی کو پیچھے سے کوئی ٹکر مارے تو گاڑی ٹکر سے بڑے کیرج وے پر نہ جانے پائے۔

جب گاڑی سٹاپ کریں - جب آپ نے گاڑی سٹاپ کرلی ہے تو

☆......دوسرے ڈرائیوروں کو خبردار کرنے کیلیئے کہ آپ کی گاڑی خراب ہوگئی ہے ہیزرڈ لائیٹس آن کر دیں۔

☆......رات کے وقت یا کم روشنی کے وقت سائیڈ لائیٹس ضرور آن کر دیں

☆......روڈ کی طرف دروازہ مت کھولیں

☆......اپنی سواریوں کو گزرتی ہوئی گاڑیوں کے خطرے کے بارے میں خبردار کر دیں

☆......جانوروں کو گاڑی کے اندر ہی رکھیں

☆......اپنی سواریوں کو محفوظ طریقہ سے نیر سائیڈ دروازے سے باہر نکالیں ۔ فرنٹ سواری کی سیٹ کے دروازے کے علاوہ تمام دروازے لاک کر دیں

☆......اپنی سواریوں کو گاڑی کے نزدیک ہی انتظار کرنے کیلیئے کہیں لیکن کیرج وے اور ہارڈ شولڈر سے دور رہنے کا کہیں۔

☆......ایمرجنسی سروس کو فون کریں اگر ممکن ہو تو موبائل فون کی بجائے جو فون روڈ پر آپ کی سائیڈ پر نزدیک ہے اُس کو استعمال کریں تاکہ آپ کی گاڑی کی صحیح پوزیشن کا ایمرجنسی کو اندازہ ہوجائے۔

کبھی بھی

☆......موٹروے پر کوئی بھی معمولی سی مرمت نہ کریں

☆......کسی قسم کی وارننگ تکون کیرج وے پر یا ہارڈ شولڈر پر نہ رکھیں

معذور ڈرائیورز- اگر آپ معذور ڈرائیور ہیں تو گاڑی میں ہی بیٹھے رہنا چاہیے۔اور

☆......ہیزرڈ وارننگ لائیٹس کو آن کر دیں

☆......مدد کی جھنڈی کو سامنے گاڑی پر لگادیں یا موبائل فون اگر ہو تو استعمال کر کے ایمرجنسی سروس سے رابطہ کریں۔

مدد حاصل کرنا

ایمرجنسی ٹیلی فون - موٹروے پر ہر ایک میل کے وقفہ پر پولیس کنٹرول ایمرجنسی ٹیلیفون لگا ہوتا ہے۔ ٹیلی فون کا سائین اور مارکر پوسٹ پر 100 میٹر کے فاصلہ پر ہارڈ شولڈر کے سائیڈ پر تیر بتائے ہیں کہ آپ کی سائیڈ کیرج وے پر کس طرف نزدیک ٹیلی فون ہے۔ ہارڈ شولڈر کے اندر کی طرف سے پیدل چل کر ٹیلی فون تک جائیں۔پولیس کو صحیح مقام بتائیں کہ آپ کی گاڑی کہاں کھڑی ہے۔

کبھی بھی-ٹیلی فون کیلئے یا کسی اور مقصد کیلئے کوئی نکلنے کا راستہ یا سلیپ روڈ یا کیرج وے کو کراس نہ کریں۔

ایمر جنسی فون کا استعمال - ٹیلی فون پر رابطہ پولیس کے ساتھ ہوتا ہے اور پولیس آپ کو ایمر جنسی سروس کے ساتھ رابطہ کروا دیتی ہے۔ ہمیشہ فون کو استعمال کرتے وقت اپنا چہرہ یا آنکھیں آنے والی ٹریفک کی طرف رکھیں۔

فون کرنے پر آپ سے پوچھا جائے گا

☆...... ٹیلی فون پر جو نمبر دیا گیا ہے جس سے آپ کے بارے میں پتہ چلے گا کہ آپ کس جگہ پر ہیں۔

☆...... آپ کی گاڑی کی اور ممبر شپ کی تفصیل اگر آپ اُن کے ممبر ہیں

☆...... گاڑی میں خرابی کی تفصیل۔

اگر آپ کوئی کمزور ڈرائیور یعنی اکیلی عورت ہو تو اپریٹر کو یہ بھی ضرور بتائیں۔

اور وُہ آپ کو یہ اتنا بتا دینگے کہ آپ کو اندازاً کتنی دیر انتظار کرنا ہوگا۔

موبائل فون - اگر آپ کسی مجبوری کی وجہ سے ایمر جنسی فون کو استعمال نہیں کر سکتے تو اگر آپ کے پاس موبائل فون ہے تو اُس کو استعمال کریں اور جس جگہ سے فون کر رہے ہیں تو اُس جگہ کی پہچان کیلئے ہارڈ شولڈر کے سائیڈوں پر لگے ہوئے مارکر پوسٹس کے بارے میں صاف بتائیں تاکہ ایمر جنسی سروس والے آپ کو ڈھونڈ سکیں۔

ایمر جنسی سروس کیلئے انتظار کرنا -کنارے پر اپنی گاڑی کے قریب ہی انتظار کریں اس طرح ایمر جنسی سروس کو آتے دیکھ سکتے ہیں۔

گاڑی کے اندر بیٹھ کر انتظار نہ کریں جب تک کوئی ڈرائیور آپ کے نزدیک گاڑی روکے اور آپ کو خطرہ محسوس نہ ہو۔

موٹروے کے ہارڈ شولڈر پر دوسرے گاڑی ڈرائیور پاس سے گزرتے ہوئے کئی لوگوں کو اپنی گاڑی کے نیچے کُچل کر مار دیتے ہیں۔ جب آپ ہارڈ شولڈر پر کھڑے ہیں تو آپ کسی آدمی کے حملہ کی نسبت موٹروے کی ٹریفک سے زیادہ زخمی ہو سکتے ہیں۔

اگر کوئی آپ کی طرف آرہا ہو تو یہ کریں۔

☆...... گاڑی میں بیٹھ جائیں

☆...... تمام دروازے لاک کر دیں

☆...... معمولی ساونڈو کھولیں

☆...... معمولی سے ونڈو کے گیپ میں سے بات کریں

مندرجہ ذیل پوچھیں

☆......اُس کی شناخت کا ثبوت پوچھیں

☆......اُس کو بتائیں کہ آپ نے پولیس کو اطلاع کی ہوئی ہےاور ایمر جنسی سروس آرہی ہے۔

اگروُہ آپ کو کہے کہ وُہ ایمر جنسی سروس کی طرف سے آیا ہے تو

☆......اُسکی شناخت کا کارڈ(شناختی کارڈ) دیکھیں

☆...... آپ اپنی تفصیل اُس سے پوچھیں کہ آپ کا نام اور آپ کی گاڑی کی خرابی کی معلومات کیا ہیں۔

جونہی آپ کو محسوس ہو کہ اب خطرہ کی کوئی بات نہیں تو پھر گاڑی سے باہر نکل جائیں۔

اگر آپ اپنی گاڑی کو ہارڈ شولڈر پر نہیں لے جاسکتے

ہازرڈلائیٹس آن کر دیں اور اپنی گاڑی کو تبھی چھوڑ سکتے ہیں جب آپ حفاظت سے کیرج وے سے ہٹ گئے ہوں۔

موٹروے میں دوبارہ شامل ہونا- ٹریفک میں شامل ہونے سے پہلے ہارڈ شولڈر پر گاڑی کی سپیڈ تیز کرلیں جب محفوظ وقفہ آئے توشامل ہو جائیں۔

اگلی گاڑی کے پیچھے سے باہر نکلنے کی کوشش نہ کریں یا تیز سپیڈ ٹریفک میں زبردستی راستہ لینے کی کوشش نہ کریں یہ بہت ہی خطرناک ہے۔

یاد رکھیں حرکت کرنے پر ہازرڈ وارننگ لائیٹس کو آف کرنا نہ بھولیں۔

ڈیول کیرج وے پر گاڑی کا خراب ہونا

کئی ڈیول کیرج وے بھی موٹروے سے ملتے جلتے ہوتے ہیں اور گاڑی کھڑی کرنے کیلئے ہارڈ شولڈر ہوتے ہیں اور ایمر جنسی ٹیلی فون بھی باقاعدہ کچھ وقفہ پر موجود ہوتے ہیں۔

زیادہ تر ڈیول کیرج وے کے ہارڈ شولڈر کی چوڑائی ضرورت کے مطابق نہیں ہوتی تو وہاں گاڑی خراب ہونے پر

☆...... حفاظت سے روڈ سے ہٹا کر گھاس پر کھڑی کر دیں اور بہت ہی احتیاط کریں کہ لمبی گھاس کو انجن کی تپش سے

آگ بھی لگ سکتی ہے۔

☆......ہیزرڈ وارننگ لائیٹس آن کر دیں اور دوسرے ڈرائیوروں کو خبردار کرنے کیلئے وارننگ تکون کنارے پر رکھ دیں۔

☆......نزدیک کا ٹیلی فون استعمال کر کے اسسٹنٹ سے رابطہ قائم کریں۔

☆......جانوروں کو گاڑی میں ہی حفاظت سے باندھ کر رکھیں۔

ٹائر کا پنکچر ہونا یا پھٹ جانا -اگر آپ کی گاڑی میں اچانک کوئی تبدیلی یا سٹئیرنگ میں کُچھ مشکل محسوس ہو تو اس کا مطلب ہے کہ ٹائر خراب ہو گیا ہے پنکچر ہو گیا ہے یا پھٹ گیا ہے تو گھبرائیں نہیں

☆......ایکسیلریٹر سے پاؤں ہٹا دیں

☆......یکدم بریک نہ لگائیں

☆......سٹئیرنگ ویل کو مضبوطی سے پکڑ کر پہیوں کو سیدھا رکھیں

☆......بریک کو آہستہ آہستہ استعمال کر کے گاڑی کو روڈ کی سائیڈ پر کھڑی کر دیں

☆......اگر موٹروے پر ہو تو گاڑی کو ٹریفک سے دُور ہو کر ہارڈ شولڈر پر لے آئیں۔

اگر ہو سکے تو گاڑی کو بہت آہستہ آہستہ محفوظ جگہ پر لے آئیں ایسا کرنے کیلئے بہت آہستہ حرکت دیں تاکہ ٹائر یا ویل ریم اور زیادہ خراب نہ ہونے پائیں۔

ویل تبدیل کرنے سے پہلے گاڑی کو کسی محفوظ جگہ پر لے آئیں۔

اگر آپ گاڑی کو حرکت نہیں کر سکتے خاص کر جب آپ کسی موڑ کے نزدیک ہیں تو دوسری ٹریفک کو آگاہ کرنے کیلئے کوئی وارننگ تکون یا کوئی اور وارننگ کا سامان استعمال کریں۔ مگر خیال رکھیں کہ موٹروے پر وارننگ کیلئے کوئی ایسی چیز کا استعمال ہرگز نہ کریں۔

اگر ضروری ہو تو مدد کا انتظار کریں۔

یاد رکھیں

☆......جب بھی ویل تبدیل کرنا ہو تو گاڑی کو محفوظ جگہ پر کھڑی کریں اور ہینڈ بریک کو مضبوطی سے لگائیں۔

☆......ویل تبدیل کرنے کیلئے گاڑی کسی ہموار جگہ پر کھڑی کریں۔

☆......ویل تبدیل کرنے کے بعد ویل نٹ کو مضبوطی کے ساتھ ٹائٹ کر دیں۔

سیکشن 15 گاڑی کی حفاظت

گاڑیوں خصوصاً کاروں کی چوری تو ناقابلِ برداشت حد تک بڑھ گئی ہے۔ کچھ شہری علاقوں میں یہ وباء کی صورت اختیار کر گئی ہے۔

کُچھ چور تو "وقتی" ہیں جبکہ "پیشہ ور" چوروں کی بھی کمی نہیں ہے ۔ جو اکثر گروہوں کی صورت میں کام کرتے ہیں اور خاص خاص ماڈلوں کی چوری کرتے ہیں۔ جن کیلئے اُن کے پاس پہلے سے گاہک موجود ہوتے ہیں۔ جو بعض دفعہ دوسرے ممالک میں رہتے ہیں۔

سب سے زیادہ اور عام چوری ذاتی گاڑیوں کی ہے۔اس میں بھی کچھ تعداد" وقتی " چوروں کی ہوتی ہے بغیر تالوں کی گاڑیوں سے قیمتی اشیاء چوری کر لیتے ہیں جبکہ "پیشہ ور" چور تمام علاقوں کی تلاشی لیتے ہیں اور کار ریڈیوز کی چوری ایسی گاڑیوں سے کرتے ہیں جو بغیر تالے کے ہوتی ہیں یا انکا تالا کمزور ہوتا ہے۔ آپ کی گاڑی چوری ہو جائے یا اس میں سے کوئی چیز چوری ہو جائے تو یہ آپ کیلئے تکلیف دہ اور پریشان کن ہے۔جب کہ مضبوط ارادے والے چور کوئی بھی گاڑی چوری کر سکتے ہیں یا اس میں نقب لگا سکتے ہیں لیکن وہ زیادہ تر ناقص تالے والی گاڑیوں کی چوری میں مصروف رہتے ہیں اگر آپ کی گاڑی کو اچھا تالہ لگا ہوا ہے اور اس میں سکورٹی الارم بھی لگا ہوا ہے یا کوئی اور ایسی تکنیک کی گئی ہے کہ گاڑی چوری کی صورت میں چل نہ سکے تو وُہ آپ کی گاڑی شائید چوری نہ کر سکیں۔

اِس سیکشن میں مختصر طور پر ایسی احتیاطی تدابیر کا تذکرہ کیا گیا ہے جن سے آپ اپنی کار کو زیادہ سے زیادہ محفوظ بنا سکیں گے۔

اس سیکشن میں مندرجہ ذیل موضوعات ہیں

☆......حفاظتی تدابیر

☆......پارکنگ

حفاظتی تدابیر

گاڑی کو مالک کی مرضی کے بغیر لے جانا یا اسے بہت غلط طریقہ سے استعمال کرنا۔

قانون کی خلاف ورزی ہے۔ ایسے غلط رویہ سے بعض اوقات دوسرے روڈ کو استعمال کرنے والے بے قصور اور معصوم لوگوں کی موت واقع ہو جاتی ہے۔ چوروں اور موقع پرستوں کیلئے مشکل بنانے کیلئے آپ ایسے مضبوط طریقے استعمال کریں کے کہ وُہ کوشش کے باوجود ناکام ہو جائیں۔

☆...... گاڑی میں سکورٹی الارم لگوائیں

☆...... سکورٹی سسٹم لگوائیں (سٹئیرنگ ویل یا ہینڈ بریک کو لاک لگوائیں)

☆...... اپنی گاڑی کا رجسٹریشن نمبر تمام ونڈو پر کھدوائیں ۔

وہیکل واچ - اگر آپ کے ایریا میں وہیکل واچ سکیم ہے تو اُس میں شامل ہو جائیں۔

پارکنگ

گاڑی کو کسی ایسی جگہ پارک نہ کریں جو پوری طرح روشن نہیں ہے یا جو ایریا خطرے کیلئے مشہور ہے۔ ممکن ہو تو

☆...... گاڑی کو محفوظ جگہ پارک کریں جہاں پر کوئی چوکیدار دیکھ بھال کرتا ہو

☆...... رات کے وقت ایسی جگہ پارک کریں جہاں لائیٹس کا اچھا انتظام ہو

☆...... اگر آپ کے پاس گیرج ہے تو اُسے استعمال کریں

جس جگہ بھی گاڑی پارک کریں

☆...... لاک ضرور کریں ☆...... گاڑی سے چابی نکال لیں

☆...... سٹئیرنگ لاک کریں

☆...... اگر گاڑی میں الارم ہے یا چوری سے بچنے کے آلات ہیں تو سیٹ کر دیں

☆...... ونڈو مکمل طور پر بند کر دیں

☆...... قیمتی چیزیں نکال لیں یا سامنے نہ رہنے دیں

☆......گاڑی کے ضروری کاغذات گاڑی میں نہ رہنے دیں۔

ریڈیو - ریڈیو کو چوری کرنا چوروں کا پہلا کام ہے۔

بہتر ہے کہ سکورٹی کوڈڈ ریڈیو لگوائیں۔ یہ ایسا ریڈیو ہوتا ہے کے اگر چور چوری کرے بھی تو اُس کے کسی کام کا نہیں ہو گا۔

کچھ کمپنیاں نئی گاڑیوں میں ریڈیو کیلئے سکورٹی کوڈِنگ مہیا کرتی ہیں۔

ایک اور قسم کا ریڈیو بھی ہوتا ہے جو دوسرے قسم کے ریڈیو سے ملتا جُلتا ہے اور گاڑی سے نکال بھی سکتے ہیں اور آپ اس کو اپنے ساتھ یا گاڑی کی ڈگی میں بھی رکھ سکتے ہیں۔ اسلئے ضروری ہے کہ جب بھی گاڑی پارک کریں تو ریڈیو کو گاڑی سے نکال کر اپنے پاس یا گاڑی کی ڈگی میں محفوظ کر دیں۔ ریڈیو کی وجہ سے گاڑی کا نقصان زیادہ ہوتا ہے اور پریشانی بھی ہوتی ہے۔

سافٹ ٹاپ وہیکلز - کیبری ولٹ (cabriolet)یا سافٹ ٹاپ وہیکل کبھی ایسی جگہ نہ چھوڑیں جہاں اسکو نقصان پہنچنے کا زیادہ احتمال ہو

یاد رکھیں - گاڑی لاک کریں گے تو پریشانی سے بچ جائیں گے اور اگر لاک نہ کریں گے تو پچھتائیں گے۔